마테오 리치 저작

『교우론』(交友論)
『스물다섯 마디 잠언』(二十五言)
『기인십편』(畸人十篇)

— 연구와 번역 —

宋 榮 培 譯註

서울대학교출판문화원

이 책은 대한민국학술원의 2002 우수학술도서로 선정되었습니다.

청년으로 한국에 와 평생을 선교 사업에 봉사하는 나의 친구 세바스챤 로틀러(Sebastian Rothler 1935-, 분도회) 신부에게 이 책을 바칩니다.

마테오 리치(**1552-1610**)

"기독교와 희랍 문화(와의 융합)과 관련하여, 교부들이
생각했던 것과 꼭 마찬가지로, 마테오 리치도 기독교
신앙이 중국 문화에 어떠한 해를 끼치는 것이
아니라 오히려 중국 문화를 더욱 풍부하고
완전하게 할 수 있다는 올바른 확신을
가지고 있었다."

교황 요한 바오로 2세
(마테오 리치의 중국 도착 400주년 기념 '국제리치연구학술회의',
Macereta, 1982년에서)

마테오 리치의 연보(年譜)

1552년 10월 6일	이탈리아 교황청 소속령 마체레타(Macereta)에서 출생
1561년	마체레타의 예수회(초등)학교에 입학
1568년	로마에서 법학 공부 시작
1571년 8월 15일	로마 성 안드레아의 큐리날(St. Andrew's Quirinale) 신학원에 입학, 동시에 예수회 견습 수사가 됨.
1572~1573년	프로렌스(Florence), 예수회 대학(Jesuit College)에서 수학
1573~1577년	로마 예수회 대학에서 수학
1577년 여름	포르투갈의 코임브라(Coimbra)에 가서 포르투갈어 학습
1578년 3월	포르투갈 국왕 세바스티안(King Sebastian) 알현
1578년 3월 24일	범선 '성 루이'(St. Louis)호를 타고 리스본을 출발
1578년 9월 13일	인도의 고아(Goa)에 도착. 신학을 배우며, 라틴어와 그리스어를 강의
1580년	코친(Cochin)에 거주, 이 해 7월 말 사제의 서품을 받음.
1581년	고아로 다시 돌아옴.
1582년 4월 26일	고아를 출발
1582년 6월	말라카(Malaca)에 도착

1582년 8월 7일	마카오(Macao)에 도착
1583년 9월 10일	미쉘 루지에리(Michele Ruggieri) 신부와 함께 중국의 '짜오칭'(肇慶)에 안착
1584년 10월	『여지산해전도』(輿地山海全圖)를 '짜오칭'에서 출판
1589년 8월 15일	'짜오칭'에서 축출됨.
1589년 8월 24일	'사오조우'(韶州)의 남화사(南華寺)에 기거
1589년 8월 28일	'사오조우'의 읍내에 정착
1589년 10월(?)	'취타이수'(瞿太素, 원래의 이름은 汝夔)가 '사오조우'로 찾아와 일 년 간 머물면서 천주교 교리 및 서양의 수학과 과학 사상을 배우고, 마테오 리치는 그로부터 유교 경전을 배우기 시작함.
1591년 12월	『사서』(四書)의 라틴어 번역 시작
1592년 2월	'취타이수'의 초청으로 '난슝'(南雄)에 중국인 관리, 지식인, 상인 등을 사귐.
1593년 1월	'난징'(南京)의 예부상서 '왕쭝밍'(王忠銘)이 '사오조우'에 들러 '마테오 리치'를 만나서 담론하고, 그는 그 후 리치의 후원자가 됨.
1594년 11월	『사서』(四書)의 라틴어 번역을 시작함.
1595년	『사서』의 라틴어 번역본(tetriabilion Sinese de Moribus)을 탈고하고 새로 온 예수회 선교사들에게 『오경』(五經)을 강의하기 시작함. 1584년에 서둘러 출판한 『천주성교실록』(天主聖教實錄)의 배포를 금지하고 중국의 지식인을 위한 새로운 교리서인 『천주실의』(天主實義)의 집필을 구상함. 승려복 대신 유자(儒者)의 복장을 착용
1595년 4월 18일	'베이징'(北京)의 병부상서인 '스싱'(石星)을 따라서 '베이징'의 진입을 목적으로 '사오조우'

	를 떠남.
1595년 5월 중순	배의 조난으로 동행한 마카오 청년 John Barradas가 익사함.
1595년 6월 28일	'난창'(南昌)에 안착, 그 이후 많은 지인을 사귀고 건안왕(建安王) 등을 만나서 환대를 받고, 그의 비상한 기억술을 과시함.
1595년 10월	첫 한문(漢文) 저작 『교우론』(交友論)을 저술
1596년 봄	『서양기억술』(『記法』)의 초고 저술
1597년 8월	새로 성립된 '중국전교단'(China mission)의 최고책임자로 지명됨.
1598년 9월 7일~11월 5일	'베이징' 진입의 첫 시도, 그러나 거주에 실패
1599년 2월 6일	'난징'(南京)에 정착
1599년 8월15일	그 후 『스물다섯 마디 잠언』(二十五言)을 저술
1600년 초	서광계(徐光啓)가 '난징'을 지나면서 마테오 리치를 만남.
1600년	'난징'의 이부(吏部)의 주사 '우종밍'(吳中明)의 간청에 의하여 다시 '난징'에서 『여지산해전도』(輿地山海全圖) 개정판을 냄.
1600년 11월	명(明) 신종(神宗) 황제(통치 1573-1620)에게 바치는 진공(進貢) 품목 중에서 예수의 십자가상을 환관 '마탕'〔馬堂〕이 중국 황제를 저주하려는 부적으로 오인하여 마테오 리치를 '텐진'(天津)의 감옥에 억류
1601년 1월 24일	제2차 '베이징' 진입
1601년 2월	중국 황제를 위하여 『크라비어코드를 위한 8곡』(西琴八曲) 작성
1601년 5월 28일	서양 시계 '자명종'(自鳴鐘) 수리의 명목으로 베이징 거주를 허가
1602년 8월	『곤여만국전도』(坤輿萬國全圖) 개정판 출판

1603년 8월~겨울	『천주실의』(天主實義) 출판
1604년	『교우론』의 재판, 『스물다섯 마디 잠언』의 재판
1604년 8월 중순	화려한 플란틴(Plantin)체*의 다국어판 『성경』이 베이징에 도착
1606년 1월	묵원(墨苑) 주인, 즉 인쇄업자, '청따웨'(程大約)에게 간단한 해설을 붙인 네 폭의 그림을 선사
1607년 5월	유크리트의 『기하원본』(幾何原本)의 전반부 6권을 '쉬꽝치'(徐光啓)와 공동 번역하여 출판
1608년 1~4월	『기인십편』(畸人十篇) 출판
1608년 가을~겨울	『예수회에 의한 기독교의 중국 전교에 관하여』(*Della entrata della compagnia di Gesùe Christianità nella Cina*)를 집필
1609년 9월 8일	중국에 최초로 '성모 마리아회'를 창립
1610년 5월 11일	'베이징'에서 사망

* '플란틴' 체: Christophe Plantin(1514-1589), '플랑드르'의 안트워즈(Antwerp) 출신의 인쇄업자로서 16세기 플레미쉬체를 기본으로 '플란틴' 체의 금속활자를 인쇄 · 보급했음.

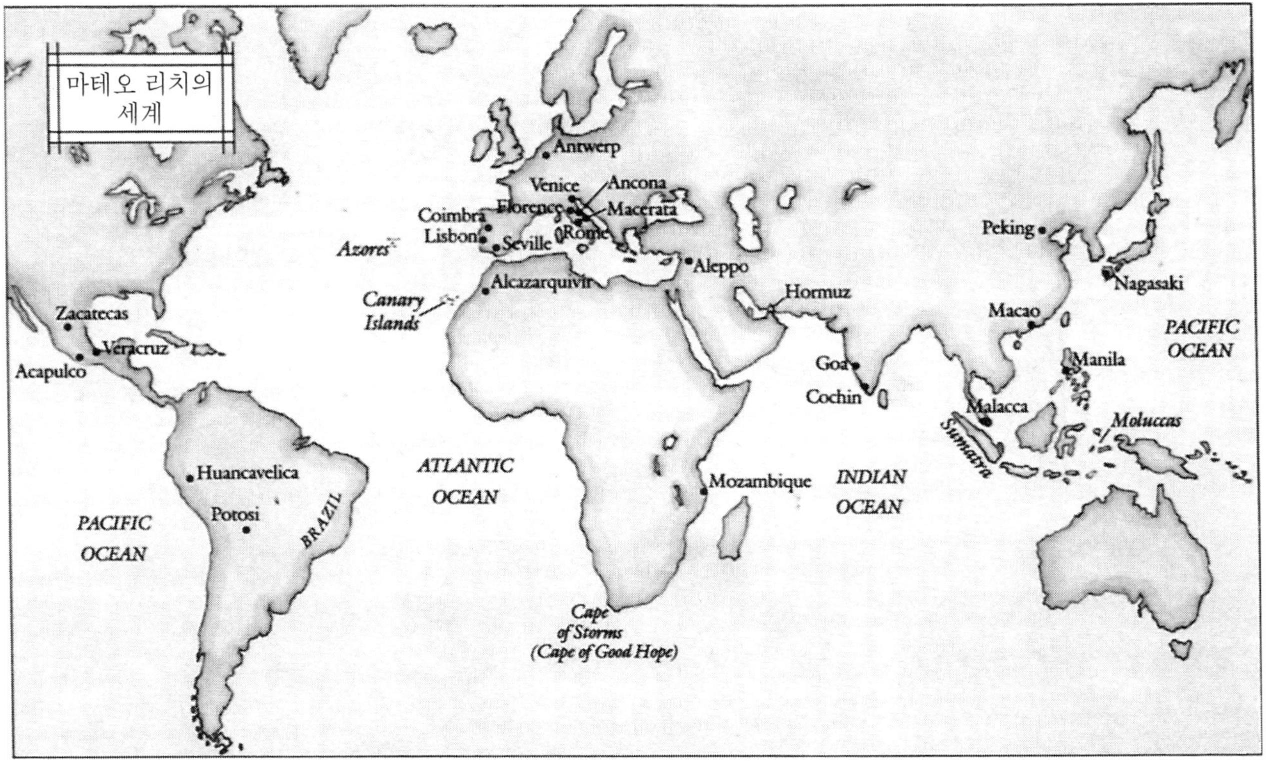
마테오 리치의 세계
Antwerp
Venice
Ancona
Florence
Macerata
Coimbra
Lisbon
Seville
Rome
Azores
Aleppo
Alcazarquivir
Canary Islands
Peking
Nagasaki
Hormuz
Zacatecas
Veracruz
Acapulco
Macao
PACIFIC OCEAN
Goa
Manila
Cochin
Malacca
Sumatra
Moluccas
Huancavelica
ATLANTIC OCEAN
Mozambique
INDIAN OCEAN
Potosi
BRAZIL
PACIFIC OCEAN
Cape of Storms (Cape of Good Hope)

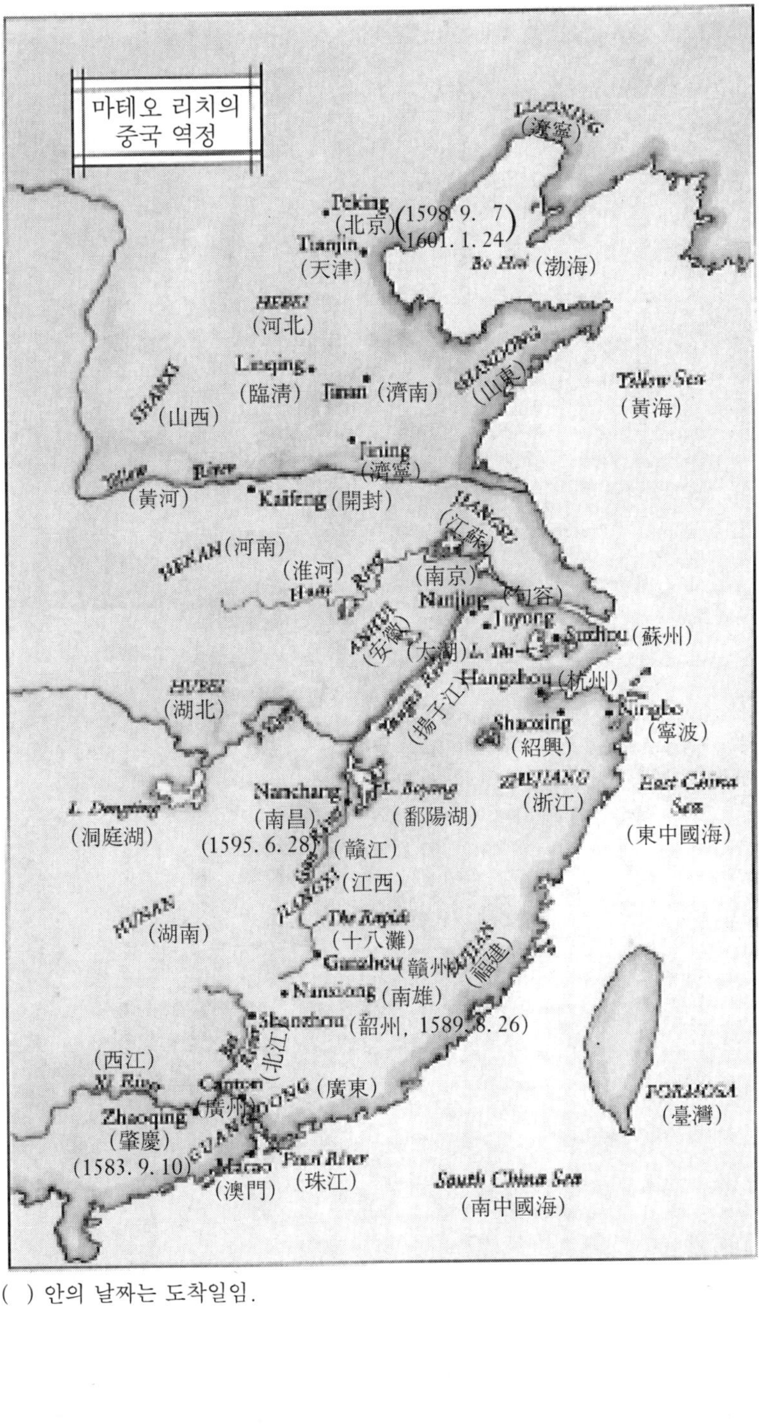
마테오 리치의
중국 역정
LIAONING
(遼寧)
Peking
(北京)
(1598. 9. 7
1601. 1. 24)
Tianjin
(天津)
Bo Hai (渤海)
HEBEI
(河北)
Linqing
(臨淸)
Jinan (濟南)
SHANDONG
(山東)
Yellow Sea
(黃海)
SHANXI
(山西)
Jining
(濟寧)
(黃河)
Kaifeng (開封)
JIANGSU
(江蘇)
HENAN (河南)
(淮河)
(南京)
Nanjing
(句容)
Jurong
Suzhou (蘇州)
ANHUI
(安徽)
(太湖) L. Tai
Hangzhou (杭州)
HUBEI
(湖北)
(揚子江)
Ningbo
(寧波)
Shaoxing
(紹興)
ZHEJIANG
(浙江)
Nanchang
(南昌)
(1595. 6. 28)
L. Poyang
(鄱陽湖)
East China
Sea
(東中國海)
L. Dongting
(洞庭湖)
(贛江)
JIANGXI
(江西)
HUNAN
(湖南)
The Rapids
(十八灘)
Ganzhou (贛州)
FUJIAN
(福建)
Nanxiong (南雄)
Shaozhou (韶州, 1589. 8. 26)
(北江)
(西江)
Xi River
Canton
(廣州)
GUANGDONG (廣東)
FORMOSA
(臺灣)
Zhaoqing
(肇慶)
(1583. 9. 10)
Macao
(澳門)
Pearl River
(珠江)
South China Sea
(南中國海)

( ) 안의 날짜는 도착일임.

머리말

동서의 문명의 교류에는 서로 상대를 철저하게 배제하고 파괴해야만 자신이 살아남을 수 있는 야만적 적대성 이외의 다른 대화의 길은 없는 것일까? 서로 상보적으로 융합하는 대화의 길은 어떻게 처음부터 차단되었을까? 도대체 이런 새로운 대화의 지평은 어떻게, 그리고 어디에서부터 다시 찾아져야 할 것인가?

유럽 대륙에서 프랑스 혁명의 열기와 혼돈이 거세게 몰아치는 대변혁의 와중에 — 런던에서는 1792년 9월에 이런 공식적인 대화의 장을 열기 위하여 — 대규모 공식 사절단이 아주 비밀리에 중국으로 파견되었다. 그리고 그로부터 꼭 일 년 뒤인 1793년 9월에는 대영제국을 대표하는 공식 사절인 매카트니 경(Earl Macartney 1737-1806) 일행은 청(淸)나라 황제의 여름 궁전이 있는 만리장성 밖의 '열하'(熱河)의 천막 속에서 건륭(乾隆: 통치 1736-1795) 황제의 알현을 기다리고 있었다. 이들은 당시 영국의 첨단 과학 문명을 자랑할 수 있는 각종 문명 기기들과 뛰어난 무기들을 세 척의 전함에 탑재하고 이것들을 중국 황제에게 조공으로 바침으로써 동서의 양대국 간의 평등한 외교 관계를 수립하고자 하였다. 물론 인구나 영토는 중국과 비견될 수 없을 만큼 작지만 당시 세계 최강의 선진국인 대영제국은 이렇게 오랜 동양의 문명국이지만 이제는 "낙후된" 중국과 평화적인 정식 통상 교역의 문을 열고자 한 것이다.

그러나 이들 서양의 신문명국에서 온 사절단은 중국 황제에 대하여 — 그가 아무리 동양의 오랜 문화적 전통 속에서 온 천하의 유일한 절대자로 치부되고 존숭되었다고 할지라도 — 그 중국 "황제의 권위"에 복종하고 그 성은에 감읍하는 상징적 의식인 '커토우'〔磕頭〕를 감당할 수가 없었다. 중국 황제의 "권위"에 대한 바로 이 서양 신문명의 도전은 — 아무리 그 신문명의 괴력이 우수하다고 할지라도 — 중국의 "오래 된 당당한" 문화적 자긍심과 자존심에 결정적인 흠집을 내었다. 이 결과 당시 동서 양대 문명의 평화적 평등적 교류는 좌절될 수밖에 없었다.

사실 17 · 18세기에 — 이들 영국 사절의 일행보다 약 한 세기 먼저 — 중국에 와서 청조의 강희(康熙)와 건륭(乾隆) 황제의 궁정에서 봉사하던 예수회 신부들은 중국 황제의 "기쁨"을 사기 위하여 수십 년에 걸친 정성을 들여서 베르사이유 궁전을 모방한 서양식 건축물들을 축조하였고, 이런 "서양〔야만인의〕 건축물들이" 수많은 호수로 이루어진 아름다운 중국식 정원 속에 잘 어울리도록 설계해 놓았다. 이제 서양인의 "무례"에 몹시 불쾌해진 건륭 황제는 바로 자기의 문명적 권위의 상징인 중국 황제의 비원, 즉 '원명원'(圓明園)의 절경을, 프랑스의 유명한 문필가 알렝 뻬이르피트(Allain Peyrefitte)에 의하면, 베이징에 돌아온 이들 대영제국의 사절에게 감상하게 하였다고 한다. 그리고 매카트니 경은 이런 동서 문명의 절묘한 "융합"에 찬사를 보내면서 "〔각종의〕 꽃과 약초들과 분수들로 점철되어 있는 〔이 정원〕의 풍경의 위대함에 충격을 받았다."[1]고 한다.

그러나 그로부터 다시 70여 년이 지난 1860년에는 세계 최강의 제국주의 국가가 된 영국의 엘진 경(Lord Elgin)은 또 다른 제국주의 국가 프랑스와 함께, 무지(無知)한 병사들을 이끌고서 이 '원명원'을 무력으로 침입하여 무참하게 약탈하고 완전히 폐허로 만들었다. 이렇게 하여 무자비한 서양 제국주의의 침탈에 의하여 중국 문명의 "신비"는 산산히 파괴되어 버린 셈이다.

---

1) Alain Peyrefitte, *The Collison of Two Civilizations: The British Expedition To China in 1792-1794*(원본: *L'Empire Immobile ou Le Choc des Mondes*, Paris, 1989), London: Harvill, 1993, 135쪽 참조.

지금 우리가 베이징에 가면 이 폐허의 잔해들을 만나게 된다. 어디에도 더 이상 비경(秘境)이라는 정감을 느껴 볼 수 없고 오직 조야한 몇 개의 호수들만을 볼 수 있는 이 잔해의 더미 속에서 우리는 '서양의 폭력'에 의해 깨어진 '중국 문명의 현주소'를 실감하게 되는 것이다. 혹자는 동양(중국) 문명의 실질은 아마도 이 '현재의 잔해'의 모습, 이것이 전부이고 그 이상은 없다고 말할 것이다. 그리고 오직 힘써 배워야 할 것은 서양의 '보편적' 문명의 학습과 실천뿐이라고 말할 것이다. 우리는 이런 '전통 비판적'이고 '근대 문명 지향적'인 전반서화론자(全般西化論者)들의 계몽적인 목소리가 아직도 우리 주변 도처에서 강한 설득력을 가지고 있음을 보게 된다.

그러나 이제 우리는 이상스럽게도 서양 문명의 본거지의 도처에서부터, 18세기 이래 전세계를 지배해 온 '계몽주의'에 바탕을 둔, '근대 이성'의 '도구적 폭력성'에 대한 비판의 목소리를 또한 듣게 되는 것이다. (생산) 수단의 극단적인 합리화가 엄청난 물질적 사회 생산의 부를 축척해 가고 있지만, 그러나 이런 계량적 합리성에만 호소하는 자본주의적 생산 관계는, 루카치의 지적처럼, 결국 모든 것(인간과 자연)의 소외, 즉 "사물화"(*Verdinglichung*) 현상을 심화시키고 있는 것이다. 그리고 지금에 와서는 급기야 "생명의 보금자리"(*Habitat*)를 근원적으로 파괴해 가는 "생태계의 위기"까지를 초래하고 있는 것이다. 여기에서 우리 인류는 지금 근대 이성의 찬란한 위력과 동시에 가공할 만한 폭력성을 만나고 있는 것이다. 그렇다면, 이런 근대 이성의 위기로부터의 탈출은 과연 가능한 것인가?

여기에 대하여 (서양) 세계의 철학자들은 모두 갖가지 처방들을 내놓고 있다. 소위 "포스트모더니즘"이란 이런 "근대 이성"의 패러다임에 대한 원천적 "부정"의 라디칼한 목소리라고 할 수 있다. 이와는 달리 하버마스는 한편 인간의 노동(*Arbeit*), 즉 생산 행위를 이끌어 가는 자본주의 "체제"(*System*)의 폭력성을 예리하게 보면서도, 다른 한편 이성적 인간의 또 다른 행위, 즉 "의사소통의 행위"(*kommunikatives*

Handeln)를 통하여 "공론의 장을 넓혀 감으로써, 점차 소외로부터 해방되는 "생활세계"(*Lebenswelt*)의 구축을 가능한 것으로 설득하고 있다. 그러나 이 점에 대하여, 미국에서 주로 활동하는 맥킨타이어는 하버마스보다 훨씬 더 회의적이다. 그는 계몽주의 이래 인간의 목적론적 본성이 송두리째 부정되었다고 본다. 그리고 다만 "욕구"(*desires*)의 충족만을 추구하는 "현실적인 인간"의 본성을 "정의주의적 자아"(*the emotivist self*)에서 찾고 있는 한, 결국 어떤 도덕적 신념들도 그저 개개인들의 사적인 "취향들"(*preferences*)에 불과한 것이기 때문에, 어떠한 도덕적인 담론들도 남의 행동을 규제하고 영향을 미칠 수 있는 규범성을 확보할 수 없다는 것이다. 여기에서 맥킨타이어는 현대 윤리학에서의 도덕적 논쟁이란 서로 끝까지 결말을 볼 수 없는 허무맹랑한 것임을 지적하고 있다.

그에 의하면, "삶"은 결코 단자적으로 고립된 "삶"들일 수 없다. 삶이 "탄생과 생의 활동들과 죽음"으로 이어지며, 변화해 가는 것은 마치 연속되는 "이야기의 역사"(*a narrative history*)에서 "시작과 전개와 끝"이 있는 것과 마찬가지이다. 이런 "이야기의 역사"〔흐름〕은 또한 허다한 "테두리들"(*settings*)을 떠나서는 무의미한 것이다. 예를 들어, "정원을 손질한다.", "건강을 위해 운동을 한다.", "부인을 기쁘게 한다."는 결국 "정원이 있는 집"과 "결혼 생활"이라는 두 가지의 테두리 속에서 이어지는 하나의 "이야기의 역사"라는 것이다. 이와 같이 인간의 삶의 행위는 "나 하나로" 고립되어 있는 것이 아니라 더불어 사는 이웃들과의 "공동의 삶의 장", 즉 공동체 속에서 의미를 가지고 있다는 것이다. 따라서 규범적 윤리학이 가능하려면, 공동체의 다른 인간들과의 연관 관계에서 그 개인의 역할, 또는 그 이상적 덕성(*virtues*)을, 규정해 낼 때 — 예를 들어 아리스토텔레스식의 목적론적 세계관을 전제할 때 — 에야 비로소 가능하다는 것이다. 이와 같이 그는, 계몽주의 이래 강하게 뿌리 내린 개인주의적 자유주의와는 입장을 달리하면서, 현대사회의 도덕적 혼란의 극복의 가능성을 — 결국 개인들의 행위가 구체적으로 전개되는 공동체와의 연결 맥락 속에서 — 인간의 덕성의 발견에서 천착하고 있다. 사실 인간이란 관념적으로 추상화된 보편적 존재가 아니고, 결국 사회적 · 정치적, 즉 총체적 문화 흐름을 겪고 사는 "역사적 존재"(*the historical*)이기 때문에, 현재 인류들이 각기 속해 있는 서로 다른 — 다원주의적 — 문화적 · 역사적 전통의 흐름 속에서 각각 고유한 "덕성"의 발견과 실천을 권장하고 있다.

이제 우리가 만약 이러한 맥킨타이어의 현대 윤리학 비판의 담론에 주목할 가치가 있다고 보고, 그의 입론에 동조를 한다면, 우리는 과연 동양 문화의 폐허 속에서 그것의 가치를 전적으로 부정하고 — 앞서 언급한 전반서화론자(全般西化論者)들처럼 — 단순히 서양 문명의 모방과 학습만을 강조하는 것만에 안주할 수 있겠는가?

사실 오늘날 철저하게 파괴된 우리 문화의 정체성에 대한 문제는 너무나 심각하다. 원명원(圓明園)에 무너져 버린 대리석 기둥을 보고서 우리가 "동서 문명의 융합의 찬란한 위용과 중국 황제의 근엄한 권위"를 더 이상 실감할 수 없듯이, 서양적 가치관들과 문물들이 엄청나게 쏟아지는 그 속에서 — 몇몇 전문가들이 『퇴계집』(退溪集)이나 『율곡집』(栗谷集) 속에서 몇몇 구절을 발견하고 그것의 "신비스런" 철학적 위대성을 아무리 열심히 설명한다고 해도 — 현대인들에게 그 동양 신비의 비경의 맛이 제대로 전달되기는 그리 쉽지 않을 것이라고 생각된다. 왜냐하면 우리 현대 한국인들에게는 자기의 전통 문화에 대하여 무지할 뿐더러, 또한 그것에 대한 주체적인 자긍심이 철저하게 파괴되어 버렸기 때문이다. 대학 교육을 받은 청년이나 지성인들에게, 퇴계나 율곡의 말씀은 아무래도, 로크나 칸트의 말씀보다 훨씬 더 생소하게 들리기 때문이다.

그렇다면 우리는 이제 어떻게 동양과 서양 문화의 대화를 이끌어 가야 할 것인가? 그것은 적어도 서로 간에 상당한 자기 문화에 대한 실체적인 자긍심을 가지면서도 다른 문화의 세계관이나 가치관에 존경을 표시하는 사람들 간의 대화이어야 할 것이다. 따라서 — 하버마스의 말처럼 — 우리들 스스로가 인류를 "소외"로부터 해방시켜 나가는 진정한 "생활세계"를 열기 위한 열린 마당에서의 대화에는 서로 간의 "선이해"(*Vorverständnis*)가 이미 암묵적으로 전제되어야 한다. 이런 '선이해'를 가진 정신적 태도에서 출발하는 담론의 형태에 아주 근접하는 대화의 방식을 우리는 — 실제로 명말(明末), 정확히 1583년에 중국에 왔던 이탈리아 출신의 예수회 선교사, 마테오 리치(1552-1610)의 『천주실의』(天主實義, 1603년 北京 출판)나 『기인십편』(畸人十篇, 1608년 北京 출판) 등과 같은 저작들에서 만나 볼 수 있다고 나는 믿는다. 왜냐하면 이 『천주실의』와 『기인십편』 속에서는 성리학적 전통에 철저하게 서 있는 '중국 선비'〔中士〕의 질문에 대하여 중국의 유교 경전, 특히 『사서』(四書)와 『삼경』(三經, 詩經, 書經, 周易)을 상당히 깊게 이해하면서도 근본적으로 아리스토텔레스의 형이상학과 스콜라 철학에 훈련을 받은 마테오 리치〔西士〕 사이의 진지한 대화가 전개되고 있기 때문이다.

사실 이 『천주실의』와 『기인십편』 등은 명말의 유명한 과학자요 재상인 서광계(徐光啓 1562-1633)나 이지조(李之藻 1565-1630) 같은 거물 유학자들에게 천주교를 수용하는 데 결정적인 영향을 미쳤을 뿐만이 아니다. 마테오 리치와 그 뒤를 이어서 중국에 온 예수회 신부들은 그들의 한문(漢文) 저술 활동을 통하여 소위 '서학'(西學)을 성립시켰다. 그리고 이 '서학'은 당시 유교 문화권에 신선한 충격을 주었다. 특히 임진왜란(1592-1598) 뒤의 조선의 문인들 중에서 '서학'에 관심을 두는 이들이 많이 나타나게 되었다. 이수광(李睟光 1563-1628)은 이미 그의 저서 『지봉유설』(芝峰類說)에서 『천주실의』, 『교우론』 등에 대한 자세한 내용 소개를 하고 있다. 그 뒤로 이 책들은 조선의 일부 지식인들에게 전해져 결국 이승훈(李承薰 1756-1801)이 1783년 베이징(北京)에 가서 천주교 세례를 받음으로써 한국에서 최초로 천주교회가 서게 되는 역사적 계기를 마련하게 하였다.

따라서 마테오 리치의 한문 저작들은 좁게는 한국에 최초로 그리스도 교회가 서는 초석의 역할을 했을 뿐만 아니라, 넓게는 중국 중심의 유교 문화권에 그것과 다른 새로운 세계관을 제시해 줌으로써 — 전통적인 중국 문화의 지평을 넘어서서 — 18세기 이후 조선의 지성계가 새로운 문화에 대한 지평을 보다 폭넓게 주체적으로 열어 나가는 조선의 '실학'(實學) 사상 등장에 결정적인 계기가 되었다고 본다.

여하튼 지금 우리 독자들은 거의 400년 전에 베이징에서 출판되었고, 적어도 한국 땅에서 18세기부터는 호기심 많은 조선의 지식인 청년들에게 열심히 읽혀졌던『천주실의』,『기인십편』,『교우론』등과 만남으로써, 서양의 철학과 종교 사상이 유교적인 문인들에게 어떤 새로운 메시지를 전하였는지를 보게 될 것이다. 그것은 우선 유교의 기본적 가치를 수용하면서 그것에 맞추는 기독교의 이야기의 전개였다. 그러면서도 성리학의 '무신론적'(또는 범신론적) 경향은 가차없이 비판되고 있다. 이런 정보들은 적어도 동서 사상의 문화 교류나 기독교 사상과 우리의 전통적 문화 가치와의 만남, 특히 기독교의 토착화를 문제삼는 이들에게 많은 참고가 될 것이다.

마테오 리치의 한문 저작들을 번역해 나가면서, 그 초점은 단순히 기독교의 토착화 문제의 차원을 넘어서서, 동양적 세계관과 서양적 세계관의 유의미한 만남이 갖는 의미가 제대로 부각이 되도록 세심한 주의를 기울였다. 특히 금년 초에 이미 출간된『천주실의』의 번역 과정에서는, 여러 옛날 판본들을 교감하여, 명확한 문헌 텍스트의 교정과 확정에 힘을 썼을 뿐만 아니라, 또한 한문으로 처음 표현된 서양적 개념의 확정을 위하여 이미 나와 있는 기존의 외국 번역본 모두를 참고하고 대조하였다. 이 과정에서 특히 Douglas Lancashire/Peter Hu Kuo-chen 예수회 신부들의 영문 공역본: *The True Meaning of the Lord of Heaven* (T'en-chu Shih-i)과 '리우더쑨'(劉德順) 역주,『天主實義』(言文對照)는 그들의 주목할 만한 업적 때문에 자주 참조하였다. 그리고 이들의 번역을 실제로 검토하는 과정에서 위의 영문 번역은 주로 '리우더쑨'의 중국어 번역본에 많이 의거하고 있음을 또한 알 수 있었다. 특히 영문 번역에서는 마테오 리치가 말하는 인간의 윤리 실천의 전제가 되는 〈의(意)〉, 즉 '(자유) 의지'(*free will*)를 행위의 '동기'(*motive*)로 오역하고 있는 중대한 실수가 보인다. 여하튼 이 두 번역 모두가 예수회의 리치연구소, 또는 카톨릭 수도자에 의하여 번역된 것이기 때문에 기독교 교리의 전달에 주로 초점이 맞추어져 있다. 그렇기 때문에 중국의 (유교) 사상, 특히 성리학의 철학적 함축과 기독교의 사유가 실제로 어떻게 대립되고 있는지에 대한 세심한 배려가 제대로 보이지 않았다. 따라서 바로 동서 사상의 대립점을 특징적으로 드러내고 있다는 점에서 지난번에 이미 출판된 『천주실의』는 그 이전의 다른 (외국의) 번역본들과 성격상 확연히 구분된다. 가능한 한 상세한 주석을 보태어 이런 동서 사상 간의 사유의 맥락 차이의 부각에 각별한 신경을 썼음을 말하고 싶다.

이런 『천주실의』가 공역으로 금년(1999) 2월에 서울대학교 출판부에서 출판되기 전부터 나는 마테오 리치가 구체적으로 서양과는 근원적으로 다른 유교적 문화권 안에서 — 리치 자신과는 — 전혀 다른 세계관을 가진 중국의 지성인들에게 어떻게 사상적으로 다가갔는가를 탐구해 보기 위하여, 그가 중국에 온 지 12년 만에 최초로 발표한 한문 저작인 『교우론』(1595년 작)과 『스물다섯 마디 잠언』(二十五言, 1599년 작)을 번역하기 시작하였다. 그것들은 한 마디로 — 거의 기독교적인 내용의 소개 없이 — 스토아 철학적인 입장에서 풀어 쓴 지식인들의 정신적인 도덕수양론이며, 특히 중국과 같이 문인들이 지배하는 사회 속에서 친구들이 지녀야 할 우정이나 덕목에 대한 간단하면서도 감동적인 설명이었다. 마테오 리치는 이 두 저작을 통하여, 중국의 지성인들로 하여금 동양과 서양은 오직 "언어"와 "문자"만 다를 뿐 "똑같은 마음"(同心)에 "똑같은 도리"(同理)를 가졌다는 것을 그들이 써 준 많은 서문과 발문 등에서 고백하게 하였다.

마테오 리치는 바로 이런 지적인 융합의 분위기 속에서 『천주실의』를 발표한 것이다. 그는 당시 중국을 지배하는 주자의 성리학을 우선 무신론으로 파악한 반면, 중국의 고대에 성립된 유교의 경전들 속에서는 인격신의 뚜렷한 흔적을 보았기 때문에, 중국 고대의 '천'(天) 개념의 인격신적인 특성과 그가 말하는 기독교의 '하느님'은 똑같다고 설파하였다. 그리고 주자의 성리학은 불교나 도교와 같은 무신론에 영향을 받아서 왜곡된 것이라는 무리한 주장을 하였다. 사실 마테오 리치는 『천주실의』를 통하여, 유일신적 인격신의 존재 증명을 함과 동시에 정면으로 성리학의 핵심 개념인 '이'(理) 또는 '태극'(太極)의 존재에 대한 철저한 부정을 하고 있다. 그리고 또한 불교와 도교에 대하여는 너무나 천박한 비판과 부정의 태도를 『천주실의』에서 보여 주고 있다. 따라서 『천주실의』는 성리학에 비판적인, 또는 그것의 철학적 지평을 넘어서고자 하는, 중국이나 조선의 혁신적인 유학자들에게는 상당히 고무적인 영향을 주었다. 그러나 완고한 성리학 옹호론자들이나 불교나 도교에 대하여 기본적인 이해를 가지고 있는 지식인들에게는 극도의 반감을 사게 되었다. 그리고 무엇보다도 문제되는 것은 『천주실의』에서는 마테오 리치가 말하는 기독교적인 신앙과 윤리관에 대하여 보다 더 깊이 있게 논의될 수 있는 여지가 충분치 못하다는 점이다. 리치는 이러한 부족점을 좀더 충실하게 보완하고자 하였다.

마테오 리치는 사실상 『천주실의』의 집필을 끝내고 난 다음인 1601년 이후로 베이징에 안정적으로 정착을 하면서, 그가 그 곳에서 1610년 사망하기까지 당시 중국의 최고의 지식인 엘리트들과 지속적인 접촉을 갖게 되었다. 이 과정에서 그는 중국의 문화적 풍토를 그만큼 더 깊숙하게 체험하게 되었다. 그가 이와 같이 당대의 중국적 문화 풍토에 보다 더 깊게 순화되어 가면서 자신과 이미 천주교를 받아들인 중국 지식인들 간의 대화를 더 심도 있게 다룬 것이 바로 『기인십편』(畸人十篇)이다. 그는 『천주실의』의 출판으로부터 5년 뒤인 1608년에 그것을 베이징에서 출판하였다.

이 『기인십편』의 특징은 우선 다른 사상이나 학파에 대한 부정이나 비난이 전혀 없다는 점이다. 그리고 대화자의 실명(實名)들을 거론하고 그들과의 진솔한 대화를 보여 주고 있다. 대부분 인격신으로서의 '하느님'(上帝)을 믿으면서도, 이들 중국 지식인들과 리치 사이에는 상당한 관심의 차이를 보인다. 그것은 바로 이 현세에 대한 관심의 차이다. 중국의 유교인들은 비록 인격신을 받아들이고 믿으면서도, 현세에서의 인간의 도덕적 책임과 수양을 매우 중요한 것으로 보고 있다. 그러나 리치는 자신을 중국의 지식인들과 구분하여 특별히 '기인'(畸人), 즉 '별난 사람'으로 부르고 있다.

사실 이 '기인'이란 말은 『장자』(莊子)의 「대종사」(大宗師) 편에서 리치가 빌려 온 용어이다. 장자는 "'별난 사람'이란 사람들에게는 유별나지만 하늘과 합치한다."(畸人者, 畸於人, 而侔於天也.)고 말하고 있다. 리치는 중국의 지식인들이 이 '현세의 삶'에 집착하고 있지만, 이 현세에서의 삶이란, 리치의 기독교적인 관점에 의하면, 바로 사후에 인간이 누리게 될 '영원한 삶'을 찾아가기 위한 '임시 숙소'에 불과한 것이다. 따라서 사후의 '진정한 삶'을 찾기 위하여 덕을 쌓고 하느님께 의지하고 수양해 나가는 자신은 바로 '별난 사람', 즉 '기인'일 수밖에 없다고 본 것이다. 이러한 마테오 리치와 중국 기독교인들과의 진지한 신앙의 대화가 『기인십편』 속에서 전개되고 있다.

앞서 출판된 『천주실의』 이외에 이제 『교우론』, 『스물다섯 마디 잠언』, 그리고 『기인십편』이 한국어로 번역 출판됨으로써, 대략 400년 전부터 동양의 지성사에 던져졌던 마테오 리치의 동·서양 간의 대화 내용이 거의 그 전체의 모습을 드러내게 되었다. 이제 이런 마테오 리치 주요 저작의 원문과 주석을 제1부로 하고, 그 당시에 마테오 리치와 교류한 중국 지식인들의 사상적 입장, 또는 리치에 대한 평가를 이해하기 위하여 그들의 여러 서문과 발문을 제2부로, 끝으로 제3부에는 마테오 리치 저작의 철학적인 의미와 문제점, 그리고 동서양의 사유의 차이 등에 대한 연구에 초석을 깔기 위하여, 지나간 나의 연구 업적 몇 편을 실었다. 이런 나의 작은 정성이 동서 문명의 융합, 또는 그리스도교의 토착화를 시도하는 여러분에게 조금이나마 도움이 되었으면 한다. 그리고 천학비재한 탓으로 내가 처음 시도한 번역이기 때문에 아직까지 해결을 보지 못한 몇몇 옛날 서양의 인명·지명 등에 대하여는 그것의 본이름들이 후일 밝혀질 때까지 각별한 양해를 구하는 바이다. 이제 사계의 많은 선배 학자, 그리고 동료나 후학들로부터 많은 가르침과 함께 질정(叱正)을 구하는 바이다.

이번에 이 방대한 분량의 번역 작업이 빠른 시일 내에 가능하게 된 것은 바로 서울대학교 동양철학 대학원 과정에서 몇 년간 강독을 같이 해 온 학생들의 수고가 결정적인 도움이 되었다. 우선 이들 모두에게 감사를 드린다. 그리고 특히 번역 원고의 수정과 정리에 상당한 힘을 기울여 준 박정철(박사과정, 현 철학과 조교) 군에게 특별한 감사를 드리는 바이다. 또한 원고를 꼼꼼히 읽고 윤색하는 데 도움을 준 조호현(석사과정) 군에게도 고마운 마음을 표하는 바이다. 그리고 바쁜 중에도 『기인십편』에 인용된 『성경』의 출처를 세심하게 대조하여 밝혀 주신 김창락(한신대학교 신학과) 교수님과 박승찬 박사에게 각별한 감사의 말씀을 드리고 싶다. 끝으로 지난번 『천주실의』(공역)의 출판에 이어서 이번의 마테오 리치 한문 저작(사상)의 출판을 기꺼이 맡아 주신 서울대학교 출판부 전 부장 김용덕 교수에게 감사의 말씀을 드리는 바이다.

2000년 2월
관악산 연구실에서
의산(宜山) 송영배

일러두기

1. 번역저본(飜譯底本):

『重刻畸人十篇』 二卷「附西琴曲意」一卷, 利瑪竇述, 後學 汪汝淳 較梓; 『交友論』一卷, 歐邏巴人 利瑪竇 譔; 『重刻二十五言』一卷, 大西 利瑪竇 述, 新都, 後學 汪汝淳 較梓

이 모두는 李之藻 編, 『天學初函』(臺灣學生書局 影印本, 1965)에 수록되었다.

그리고 〈學生書局板本〉의 글자를 대조해 보기 위하여 또한 北京大學圖書館藏明刻天學初函本을 참고하였다.

그리고 이 明刻天學初函本은 『四庫全書存目叢書』(臺南의 莊嚴文化事業有限公司, 1995년 發行) · 子部九三에 수록된 것을 참조하였다.

2. 번역문에 사용한 기호 설명

〔 〕: 원문의 번역 과정에서 역자가 앞뒤 맥락을 잡아 주기 위해 첨가한 단어나 문장을 표시하는 괄호임.

또한 원문(原文)의 오자(誤字)를 바로잡을 경우, 오자 바로 뒤의 〔 〕 안에 바로잡은 글자를 표시했음.

* : 『교우론』의 경우, 마테오 리치의 원래의 주를 표시함.

차 례

마테오 리치의 연보(年譜) ix
머리말 xvii
일러두기 xxix

제1부 마테오 리치의 저작

『교우론』(交友論, 1595년) • 3
『스물다섯 마디 잠언』〔重刻二十五言, 1604년 재판본〕 • 37
『기인십편』(畸人十篇; 1608년) • 73
부록: 「서양 비파 곡의 가사 8장」(附西琴曲意八章) • 387

제2부 중국 지식인들의 서문과 발문

구여기(瞿汝夔), 서역 사람 이마두의 『교우론』에 붙인 서문
〔大西域利公友論序, 1599〕 • 401
풍응경(馮應京), 『교우론』 출간에 붙인 서문
〔刻交友論序, 1601〕 • 407
풍응경(馮應京), 『스물다섯 마디 잠언』의 재판 서문
〔重刻二十五言序, 1604〕 • 411
서광계(徐光啓), 『스물다섯 마디 잠언』의 발문
〔跋二十五言, 1604〕 • 416
이지조(李之藻), 『기인십편』의 서문
〔刻畸人十篇, 1608〕 • 424

주병모(周炳謨), 『기인십편』의 재판 서문 • 431
왕가식(王家植), 『기인십편』의 서문
〔題畸人十篇小引〕 • 438
이지조(李之藻), 『기인십편』의 서문 • 442
냉석생(冷石生)의 『기인』의 열 가지 가르침의 풀이
〔冷石生演畸人十規〕 • 447

제3부 마테오 리치의 저작에 대한 연구 논문

마테오 리치의 전교 활동의 개략과 그의 유교관 • 465
『천주실의』와 토착화의 의미 • 478
유교와 기독교의 충돌과 대화의 모색 — 『천주실의』의 분석을 중심으로 • 506
중국적 사유와 서양적 사유 — 언어의 차이와 사유의 차이/쟈끄 제르네 • 533

참고문헌 • 551
찾아보기 • 557

사진 · 지도

마테오 리치(1552-1610) • v
마테오 리치의 세계 • xiii
마테오 리치의 중국 역정 • xv
마테오 리치와 서광계 • 107
마테오 리치가 왕반에게 그려 준 최초의 세계 전도 • 399
마테오 리치, 아담 샬, 페르디난드 베르비스트 • 463

제 1 부

마테오 리치의 저작

『교우론』(交友論, 1595년)

유럽인〔歐羅巴人〕
마테오 리치 저술〔利瑪竇 譔〕

송영배(宋榮培) 역주

交友論

歐邏巴人　利瑪竇　譔

竇也自最西航海入中華仰
大明天子之文德古先王之遺教卜室嶺表星霜亦
屢易矣今年春時度嶺浮江抵於金陵觀
上國之光沾沾自喜以爲庶幾不負此遊也遠覽未
周返棹至豫章停舟南浦縱目西山玩奇挹秀計
此地爲至人淵藪也低回留之不能去遂捨舟就
舍因而赴見　建安王荷不鄙許之以長揖賓序

『교우론』: 마테오 리치는 韶州에서 兵部侍郎인 石星을 따라서 北京에 진입하고자 하였다. 그러나 여의치 못하여 1595년 5월 31일에 南京에 도착하였다. 그 당시는 임진왜란(1592-1598) 중이어서 南京에 외국인의 주거가 엄격하게 통제되었기 때문에, 마테오 리치는 어쩔 수 없이 韶州로 되돌아갈 수밖에 없었으나, 의사인 王繼樓와 巡撫인 陸仲學의 도움으로 뜻밖에도 그 해 6월 28일에는 南昌에 안착할 수가 있었다. 이 때 陸仲學의 추천으로 마테오 리치는 建安王(본명 朱多㸅)을 만날 수 있었고, 그의 간청에 의하여 마침내 章本淸과 瞿汝夔(호 太素, 1549-?)의 도움을 받아서 저술한 것이 『交友論』(1595년 10월 출간)이다. 『교우론』은 마테오 리치가 중국 도착(1583) 이후 12년 만에 최초로 저술한 한문 저작으로서 친구를 중시하는 유교적 전통의 지식인들에게 큰 호응과 반향을 일으켰다.

◘ 〈머리말〉:

저는 서쪽 끝으로부터 항해하여 중국에 들어왔습니다.

竇也, 自最西航海入中華.

위대한 명나라 천자의 아름다운 덕과 옛 선왕이 남기신 가르침을 흠모하여, 영표(嶺表)[1] 땅에 거처를 마련한 지 수년이 지났습니다.

仰大明天子之文德, 古先王之遺教. 卜室嶺表, 星霜亦屢易矣.

올해 봄,[2] 산맥(嶺)[3]을 넘고 장강(長江)을 타고 금릉(金陵)[4]에 닿았습니다.

今年春時, 度嶺浮江, 抵於金陵.

중국의 여러 곳을 관광하면서 점점 즐거워져서, 이 여행이 거의 헛수고가 되지 않았으면 하고 생각했습니다.

觀上國之光. 沾沾自喜, 以爲庶幾不負此遊也.

멀리 유람을 하다가 미처 다 보지 못하고 예장(豫章)[5]으로 되돌아

---

1) 오늘날의 廣東省과 廣西省에 해당하는 지역.

2) 여기서 '올해'(今年)는 1595년을 말한다. 마테오 리치가 먼저 거주지인 '사오조우'(韶州)를 떠나서 兵部侍郎인 石星(1538-1599, 字는 拱宸, 號는 東泉)의 도움으로 어려운 항해 끝에 처음으로 南京에 도착한 날짜는 1595년 5월 31일(음력 4월 23일)의 일이다. 『利瑪竇評傳』, 下冊, 636쪽; 『中國キリスト教布教史』, 一, 312쪽; 張奉箴, 『利瑪竇在中國』, 112쪽 참조.

3) 嶺은 산맥 이름이다. 호남성과 광동 · 광서 두 성의 경계에 있는 산맥. 따라서 廣東省 지역을 보통 嶺南이라고 부른다.

4) 金陵은 지금의 南京을 말한다.

5) '豫章'은 지금의 江西省의 '난창'(南昌) 시를 말함. 마테오 리치는 '난징'(南京)에 정착하고 싶었지만, 당시는 明나라가 朝鮮에서 日本과 전쟁을 하는 '壬辰倭亂'(1592-1598) 기간이라 외국인의 수도권의 거주가 엄격히 통제되었다. 따라서 마테오 리치는 南京의 거주가 좌절되고, 다시 廣東省으로 쫓겨 가던 중 우연히 그의 知人들의 도움으로 '南昌'에서의 거주가 허용된다.

왔습니다.

遠覽未周, 返棹至豫章.

배를 남포(南浦)에 대고 눈을 들어 서산(西山)을 보니 풍광이 수려하여 수재를 끌어들일 만하였습니다.

停舟南浦, 縱目西山, 玩奇挹秀.

이 땅이 걸출한 인물들이 모일 만한 곳이라고 생각하였습니다.

計此地爲至人淵藪也.

머뭇머뭇 맴돌며 떠나지 못하다가 드디어 배에서 내려서 여관에 들었습니다.

低回留之不能去, 遂捨舟就舍.

그로 인해 건안왕(建安王)[6]을 찾아뵙고, 열지 않은 〔은덕을〕 입었습니다.

因而赴見建安王, 荷不鄙.

큰절을 올리는 것을 허락하였고, 좋은 음식을 차려서 손님으로 맞아 주며 매우 환대하였습니다.

許之以長揖, 賓序設醴驩甚.

왕이 곧 자리를 옮겨 와 내 손을 잡으며 말하였습니다:

王乃移席, 握手而言, 曰:

"무릇 덕행을 갖추신 군자가 제 영지에 와 주셨을 때는 일찍이 벗이 되어 달라고 청하고 또 그를 공경하지 않은 적이 없었습니다.

"凡有德行之君子, 辱臨吾地, 未嘗不請而友且敬之.

6) 明나라의 제도에 의하면, 황제의 자식들이 王의 자리에 봉해졌으나 그들은 전혀 정치 세력이 없었다. 마테오 리치가 만난 왕은 建安王, 樂安王 등이다. 여기에 언급된 建安王의 이름은 朱多爀이다. 『利瑪竇中國札記』, 中華書局, 300쪽 참조.

서양의 나라는 도의를 〔숭상하는〕 나라라고 하니, 벗의 도리에 대해 어떻게 말씀하시는지를 듣고 싶습니다."

西邦爲道義之邦, 願聞其論友道何如?"

제가 물러나서 예전에 젊었을 때 들은 바를 서술하여 벗의 도리에 관한 책 한 부를 완성했으니, 삼가 그 내용을 다음과 같이 적어 보았습니다.

竇退, 而從述曩少所聞, 輯成友道一帙, 敬陳於左.

〈본문〉:

◘ 1:

나의 벗은 타인이 아니라 바로 나의 반쪽이니, 바로 '두 번째의 나'라고 할 수 있다.[7)]

吾友非他, 卽我之半, 乃第二我也.

그러므로 마땅히 벗을 자기처럼 여겨야 한다.

故當視友如己焉.

◘ 2:

벗과 나는 비록 두 개의 몸이지만, 두 몸 안의 그 마음은 하나일 따름이다.

友之與我, 雖有二身, 二身之內, 其心一而已.

---

7) 이 구절의 내용과 거의 같은 내용이 Marcus Tullius Cicero(기원전 106-43)의 *de Amicitia* (on Friendship) 7에 보인다: "In the Face of a True Friend a Man Sees as it were a Second Self", in: *Letters of Marcus Tullius Cicero with his Treatises on Friendship and Old Age*, New York: P. F. Coller & Sons, 1909, 16쪽 참조.

◆ 3:

서로를 필요로 하고 서로를 돕는 것이 벗으로 맺어지는 이유이다.

相須相佑, 爲結友之由.

◆ 4:

효자는 마치 부친의 직업을 계승하듯이, 부친의 교우 관계를 그대로 이어받는다.

孝子繼父之所交友, 如承受父之產業矣.

◆ 5:

때로는 평소에 아무 일 없을 경우 벗의 진위를 가려 내기 어렵지만 어려움이 닥쳤을 때 벗의 진실이 드러난다.

時當平居無事, 難指友之眞僞, 臨難之頃, 則友之情顯焉.

대체로 일이 급할 때 진실한 벗은 더욱 가까워지고, 거짓된 벗은 더욱 소원해진다.

蓋事急之際, 友之眞者益近密, 僞者益疎散矣.

◆ 6:

큰일을 할 수 있는 군자에겐 특별한 원수가 없고, 반드시 훌륭한 벗이 있다.

有爲之君子無異仇, 必有善友.*8)

◆ 7:

벗을 사귀기 전에 마땅히 먼저 〔그 사람의 사람됨을〕 살펴야만 하고, 사귄 후에는 마땅히 그를 믿어야 한다.

交友之先, 宜察; 交友之後, 宜信.

---

*8) 원주 — 만일 특이한 원수가 없다면 더욱 경계해야 할 것이고, 반드시 선한 벗이 있다면 서로 도움을 주고받을 수 있을 것이다(如無異仇, 以加儆, 必有善友, 以相資.).

◆ 8:

비록 지혜로운 사람이라도 자신의 벗을 잘못 헤아리는 일이 실제보다 많다.

雖智者, 亦謬計己友多乎實矣.*9)

◆ 9:

벗이 벗에게 음식을 보내면서 보답을 바란다면 이는 진정으로 음식을 보내는 것이 아니다. 시장에서 〔물건〕 사고 파는 것과 다를 바 없다.

友之饋友, 而望報, 非饋也. 與市易者等耳.

◆ 10:

벗과 원수는 음악이나 싸움〔의 관계〕와 같아서 모두 화합 여부에 의해 구별될 뿐이다. 그러므로 벗의 〔사귐〕은 화합을 근본으로 한다.

友與仇, 如樂與鬧, 皆以和否辨之耳. 故友以和爲本焉.

화합하면 작은 일도 크게 키울 수 있고, 다투면 큰일도 없어져 버리거나 망치게 된다.

以和微業長大, 以爭大業消敗.*10)

◆ 11:

걱정이 있을 때 나는 즐겨 벗을 만날 뿐이다.

在患時, 吾惟喜看友之面.

그러나 근심거리가 있을 때나 좋은 일이 있을 때나, 벗이 유익하지

---

*9) 원주 — 어리석은 사람은 망령되이 스스로 과장하여 말하니, 벗이 있는 것 같아도 실은 없다(愚人, 妄自侈口, 友似有而還無.). 지혜로운 사람도 혹 잘못 헤아릴 수가 있으나, 벗이란 많을 수가 없고 실제로는 적은 것이다(智者抑或謬計, 友無多而實少.).

*10) 원주 — 음악으로 화합을 이끌어 낼 수 있다. 시끄럽게 다투면 화합을 잃는다(樂以導和, 鬧則失和.). 친구들이 화합하는 것은 음악과 같고, 원수들이 화합하지 않는 것은 다툼과 같다(友和, 則如樂, 仇不和, 則如鬧.).

않은 때가 있겠는가?

然或患或幸, 何時友無有益?

〔벗은〕 근심스러울 때는 근심을 덜어 주고 즐거울 때는 즐거움을 더해 준다.

憂時減憂, 欣時增欣.

◆ 12:

원수가 증오로써 원수를 해치는 것은 벗이 사랑으로 벗에게 은혜를 베푸는 것보다 심하다.

仇之惡以殘仇, 深於友之愛以恩友.

이 어찌 세상 〔사람들〕이 선에 약하고 악에 강하다는 증거가 아니겠는가!

豈不驗: '世之弱于善, 强于惡' 哉!

◆ 13:

사람이 하는 일의 실정을 헤아릴 수 없다면, 우정도 믿기 어려운 것이다.

人事情莫測, 友誼難憑.

오늘의 벗이 나중에 변해서 원수가 되기도 하고, 오늘의 원수가 변해서 벗이 되기도 한다. 어찌 삼가고 삼가지 않을 수 있겠는가!

今日之友, 後或變而成仇, 今日之仇, 亦或變而爲友. 可不敬愼乎!

◆ 14:

다만 내게 기쁜 일이 있을 때만을 가지고 시험한다면 그 친구는 믿을 수가 없다.

徒試之于吾幸際, 其友不可恃也.*11)

*11) 원주 — 맥은 왼손으로 재는데, 왼손은 불행한 때를 〔의미한다〕(脉以左手驗耳, 左手不幸際也.).

◆ 15:

이미 죽은 벗이라도 내가 그를 생각할 때에는 근심이 없다.

旣死之友, 吾念之無憂.

그가 있을 때는 그를 잃을 듯이 〔정성껏〕 그를 대했고, 이미 없을 때에도 여전히 있는 듯이 그를 생각하기 때문이다.

蓋在時, 我有之如可失. 及旣亡, 念之如猶在焉.

◆ 16:

각각의 사람들이 모든 일에 다 완벽할 수는 없다. 그래서 하느님이 벗을 사귀게 하여서 피차 서로 돕도록 하신 것이다.

各人不能全盡各事. 故上帝命之交友, 以彼此胥助.

만약 세상에서 이러한 도리를 없애 버리면, 인류는 반드시 흩어져 멸망해 버리고 말 것이다.

若使除其道於世者, 人類必散壞也.

◆ 17:

더불어 나의 마음을 다 드러내 〔보일 수〕 있을 때 비로소 자기를 알아 주는 벗이 된 것이다.

可以與竭露發予心, 始爲知己之友也.

◆ 18:

덕과 뜻이 서로 비슷해야 그 벗의 〔사귐〕은 비로소 공고해진다.

德志相似, 其友始固.*12)

◆ 19:

바른 벗은 항상 〔자기에게〕 순응하는 벗도 아니고, 항상 자기를 거

*12) 원주 — '𠬞'(友의 원형)은 두 개의 '또'〔又〕니, 그는 또한 나이고 나는 또한 그인 것이다('𠬞' 也. 双又耳. 彼又我, 我又彼.).

스르는 벗도 아니다.

正友不常順友, 亦不常逆友.

도리에 합당한 경우 순응하고, 도리에 합당치 않는 경우 거스르는 것이다.

有理者順之, 無理者逆之.

따라서 바른 말을 하는 것만이 오로지 벗의 책무인 것이다.

故直言獨爲友之責矣.

◆ 20:

벗과 사귀는 것은 병을 치료하는 것과 같다.

交友如醫疾然.

의사가 진실로 병자를 사랑하면 반드시 그 병을 미워하게 된다.

醫者, 誠愛病者, 必惡其病也.

그는 병을 구완한다는 이유로 병자의 몸을 상하게 하기도 하고 그의 입을 쓰게 만들기도 할 것이다.

彼以捄病之故, 傷其體, 苦其口.

의사는 병자의 〔병든〕 몸을 차마 〔그대로 두지〕 못하는데, 벗이 벗의 악을 차마 〔그대로 두어야〕 하겠는가?

醫者, 不忍病者之身; 友者, 宜忍友之惡乎?

충고하고 충고하라!

諫之, 諫之!

어찌 그의 귀에 거슬릴 것을 걱정하며 그가 이마를 찌푸릴 것을 두려워하는가?

何恤其耳之逆, 何畏其額之蹙?

◆ 21:

벗의 칭찬과 원수의 헐뜯음은 모두 완전히 믿어서는 안 된다.

友之譽及仇之訕, 竝不可盡信焉.

◆ 22:

벗이라면 〔자신의〕 벗에 대해서 어느 때 어느 곳에서든 한결같을 따름이다.

友者於友, 處處時時一而已.

진실로 〔벗에게는〕 가깝고 멂, 안과 밖, 앞과 뒤, 다른 말과 다른 마음이 없는 것이다.

誠無近遠, 內外, 面背, 異言異情也.

◆ 23:

나를 선하게 해 주지 못하는 벗과 나를 해롭게 하지 못하는 원수는 마찬가지다.

友人無所善我, 與仇人無所害我, 等焉.

◆ 24:

벗이 지나치게 칭찬하는 〔데서 오는〕 해로움은 원수가 지나치게 비난하는 〔데서 오는〕 해로움보다 더 크다.

友者過譽之害, 較仇者過訾之害, 猶大焉.*13)

◆ 25:

재물이나 세력을 보고 사람을 사귀는 자는, 재물이나 세력이 없어지면 곧 물러나 헤어진다.

---

*13) 원주 — 벗이 나를 칭찬하면 그로 인해 내가 혹시 스스로 뽐내는 마음을 가질 수도 있다(友人譽我, 我或因而自矜.). 원수가 나를 비방하면 내가 그로 인해 혹시 더욱 몸가짐을 삼가게 될 수도 있다(仇人訾我, 我或因而加謹.).

視財勢友人者, 其財勢亡, 卽退而離焉.

〔이는〕 처음에 〔사람을〕 사귀었던 이유가 보이지 않게 되면 벗으로서의 마음도 드디어는 흩어져 버린다는 것을 말한다.

謂: '旣不見其初友之所以然, 則友之情遂渙' 也.

◆ 26:

내가 결정 못하는 데 벗이 결정하는 일은 보면 알 수 있다.

友之定於我之不定事, 視之可見矣.

◆ 27:

네가 나의 진정한 벗이라면, 〔나의〕 마음 때문에 나를 사랑하지 〔내가 가진〕 물건 때문에 나를 사랑하지는 않을 것이다.

爾爲吾之眞友, 則愛我以情, 不愛我以物也.

◆ 28:

벗과 사귀면서 만약 오로지 자기의 이익만 알고 〔벗에게〕 보탬〔이 되는가〕에 재차 마음 쓰지 않는다면, 그 벗은 장사치일 뿐이지 벗이라고 말할 수 없다.

交友使獨知利己, 不復顧益, 其友是商賈之人耳. 不可謂友也.*14)

◆ 29:

벗의 물건은 모두 함께 공유해야 한다.

友之物, 皆與共.

◆ 30:

벗을 사귐의 귀천은 그 사귀는 바의 뜻에 달려 있다.

交友之貴賤, 在所交之意耳.

---

*14) 원주 — 소인은 친구를 사귀는 것이 장부책을 펴놓은 듯하여 오직 이익이 얼마일까만을 계산한다(小人交友, 如放帳, 惟計利幾何.).

다만 덕에 근거해서 서로 사귀는 사람들이 오늘날에는 몇 쌍이나 될까?

特據德相友者, 今世得幾雙乎?

◆ 31:

친구간에 마땅히 서로 용서해 주어야 하는 것에도 한계가 있다.

友之所宜相宥, 有限.*15)

◆ 32:

벗이 의로움보다 쾌락을 더 중시한다면, 그를 오래 벗삼아서는 안 된다.

友之樂多於義, 不可久友也.

◆ 33:

벗의 악을 참아 주는 것은 곧 그의 악을 자신의 악으로 만드는 것이다.

忍友之惡, 便以他惡爲己惡焉.

◆ 34:

내가 할 수 있는 일을 벗이 대신해 주기를 바라서는 안 된다.

我所能爲, 不必望友代爲之.

◆ 35:

벗이란 옛날에는 존경을 〔표하는〕 말이었다.

友者, 古之尊名.

오늘날엔 이 〔벗〕을 들고 나와서 다른 것을 사니, 화폐에 비견되게 되었다.

---

*15) 원주 — 벗이 혹 〔신의를〕 저버리면 가벼운 것은 용서해 줄 수 있다(友或負罪, 惟小可容.). 그러나 벗이 만약 義를 저버린다면 그것이 위중한 경우 비로소 〔벗을〕 버린다(友如犯義, 必大乃棄.).

今出之以售, 比之於貨.

안타깝도다!

惜哉!

◆ 36:

벗은 형(兄)처럼 가까운 것이다. 그래서 벗들은 서로를 형이라고 불렀던 것이다.

友於昆倫邇. 故友相呼謂兄.

그러나 형제보다 더 좋은 것이 벗이다.

而善於兄弟爲友.

◆ 37:

벗이 세상에 보탬이 되는 것은 재물보다 더하다.

友之益世也, 大乎財焉.

재물을 사랑한다고 해서 〔자신이〕 재물이 되고자 하는 사람은 없지만, 벗을 사랑하여 특별히 벗이 되고자 하는 사람은 있〔기 때문이〕다.

無人愛財爲財, 而有愛友特爲友耳.

◆ 38:

지금은 〔진실된〕 벗은 이미 없어져 버렸다.

今也友旣沒.

말만 꺼내면 아첨하는 사람들은 말 재주꾼이다.

言而諂諛者爲佞.

그래서 오직 남아 있는 원수들에게서만 우리는 진실된 말을 들을 수 있구나.

則惟存仇人以我聞眞語矣.

◆ 39:

만약 내가 혹 벗에게 피해를 입었다면, 자신의 피해를 한탄할 뿐만 아니라 그 피해가 벗으로부터 나왔다는 것을 더욱 한탄해야 한다.

設令我或被害於友, 非但恨己害, 乃滋恨其害自友發矣.

◆ 40:

친밀한 벗이 많다는 것은 곧 〔진정한〕 친밀한 벗이 없는 것이다.

多有密友, 便無密友也.

◆ 41:

만일 내게 항상 좋은 일만 있고 재앙이 없다면 어떻게 벗의 진실함 여부를 알 수 있겠는가!

如我恒幸無禍, 豈識友之眞否哉!

◆ 42:

벗〔을 맺는〕 도리는 매우 넓다.

友之道, 甚廣濶.

비록 가장 천한 인간이 도둑질을 일삼는다 해도, 반드시 벗들과 무리를 이루어야 비로소 도둑질도 할 수 있는 것이다.

雖至下品之人, 以盜爲事, 亦必似結友爲黨, 方能行其事焉.

◆ 43:

벗을 자기 자신처럼 여기면, 멀리 있는 자는 가까이 올 것이고, 약한 자는 강해질 것이며, 근심이 있는 자는 행복해지고 병이 있는 자는 나을 것이다.

視友如己者, 則遐者邇, 弱者强, 患者幸, 病者愈.

어찌 많은 말이 필요하겠는가? 죽었어도 아직 살아 있는 것과 같은 것이다.

何必多言耶? 死者猶生也.

◆ 44:

내게 두 벗이 있어 내 앞에서 송사를 벌인다고 할 때, 나는 〔그들의 송사를〕 듣고 시비를 가려 주고 싶지 않다.

我有二友, 相訟於前, 我不欲爲之聽判.

한 사람은 나를 원수로 여기게 될 것을 걱정하기 때문이다.

恐一以我爲仇也.

내게 두 원수가 있어 내 앞에서 송사를 벌인다고 할 때, 나는 오히려 듣고 시비를 가려 줄 수 있다.

我有二仇, 相訟於前, 我猶可爲之聽判.

둘 중의 한 사람은 반드시 나를 벗으로 여기게 될 것이기 때문이다.

必一以我爲友也.

◆ 45:

신용은 원수에게도 잃어선 안 된다.

信于仇者, 猶不可失,

하물며 벗에게 있어서랴!

況于友者哉!

벗에 대한 신용은 말할 것도 없다.

信于友不足言矣.

◆ 46:

벗의 직분은 의로움에 이르러서야 완성된다.

友之職, 至於義而止焉.

◘ 47:

만일 벗의 수가 적다면 자신이 〔느끼는〕 즐거움도 적고 근심도 적을 것이다.

如友寡也, 予寡有喜, 亦寡有憂焉.

◘ 48:

옛 친구는 좋은 벗이니 버려서는 안 된다.

故友爲美友, 不可棄之也.

이유 없이 새 친구로 옛 친구를 갈아치운다면 오래지 않아 후회하게 될 것이다.

無故以新易舊, 不久卽悔.

◘ 49:

이미 벗이 되었다면 매사를 함께 의논해서 결정해야 한다. 그러나 먼저 잘 생각해서 벗을 결정해야 한다.

旣友, 每事可同議定. 然先須議定友.

◘ 50:

벗은 피붙이보다 낫다.

友於親, 惟此長焉.

피붙이라도 서로 사랑하지 않을 수 있지만, 친한 벗의 경우에는 그렇지 않기 때문이다.

親能無相愛, 親友者否.

대체로 피붙이들 간에는 사랑이 없더라도 친족을 가깝게 대하는 윤리가 여전히 존재한다.

蓋親無愛, 親親倫猶在.

〔그러나〕 친구 관계에서 사랑을 제거해 버리면 벗의 도리가 어디에 있을 수 있겠는가?

除愛乎友, 其友理焉存乎?

◆ 51:

오직 벗이 있어야 〔자신의〕 일을 일으킬 수 있다.

獨有友之, 業能起.

◆ 52:

벗의 친구를 벗삼고 벗의 원수를 원수 삼으면 두터운 벗이 된다.

友友之友, 仇友之仇, 爲厚友也.*16)

◆ 53:

위급한 벗을 도와 주지 않으면 급한 일을 당했을 때 도움을 줄 사람이 없게 된다.

不扶友之急, 則臨急無助者.

◆ 54:

속된 친구들은 모이면 〔감각적인〕 즐거움이 〔내면에서 우러나는〕 기쁨보다 많고, 헤어지면 근심을 남긴다.

俗友者同, 而樂多於悅, 別而留憂.

의로운 벗들은 모였을 땐 〔내면에서 우러나는〕 기쁨이 〔감각적인〕 즐거움보다 많고, 헤어졌을 때도 부끄러움이 없다.

義友者聚, 而悅多於樂, 散而無愧.

◆ 55:

우리들은 〔모르는〕 남들에게는 대비하고 방비할 수 있다.

---

*16) 원주 — 나의 벗은 반드시 어진 이이므로 그는 사람을 사랑하고 미워할 줄 안다(吾友必仁, 則知愛人, 知惡人.). 따라서 나는 이에 의거하면 〔되는 것〕이다(故我據之.). 마테오 리치의 이 주석은 『論語』의 孔子의 이런 말씀을 상기시킨다. "子曰: 唯仁者, 能好人, 能惡人.", 〔里人〕(4:3) 참조.

我能防備他人.

벗이라면, 어찌 그를 방비하겠는가?

友者, 安防之乎?

만약 벗을 의심한다면, 곧 벗의 도리를 크게 어기게 되는 셈이다.

聊疑友, 卽大犯友之道矣.

◆ 56:

하느님이 인간에게 두 눈과 두 귀, 두 손과 두 발을 준 것은 두 벗이 서로 돕도록 하기 위해서였으니, 그래야만 비로소 일이 성사되기 〔때문이다〕.

上帝給人雙目 雙耳 雙手 雙足, 欲兩友相助, 方爲事有成矣.*17)

◆ 57:

세상에 벗이 없으면 즐거움도 없다.

天下無友, 則無樂焉.

◆ 58:

거짓으로 벗을 대하면 처음엔 그를 속일 수 있을 듯하지만, 오래 되면 거짓이 탄로나 도리어 벗이 자기를 싫어하고 홀대하게 된다.

以詐待友, 初若可以籠人, 久而詐露, 反爲友厭薄矣.

정성으로 벗을 대하여 처음부터 자신의 마음을 다하는 것이 오래 되면 그 정성이 믿음을 얻어서 벗이 더욱 자신을 존경하고 따르게 된다.

---

*17) 원주 — '友' 자는 篆書에서는 '㕛' 로 표기되었다(友字古篆作㕛). 이는 곧 두 손으로서, 〔인간에게〕 없어서는 안 되는 것이다(卽兩手也. 可有而不可無.). '朋' 자는 篆書에서는 '羽' 로 표기되었다(朋字古篆作羽). 이는 곧 두 '习' 로서, 새는 이를 갖추어야 비로소 날 수 있는 것이다(卽兩 '习' 也. 鳥備之, 方能飛.). 옛날의 현자가 벗을 보는 시각이 어찌 이와 같지 않았겠는가?(古賢者, 視朋友, 豈不如是耶?).

以誠待友, 初惟自盡其心, 久而誠孚, 益爲友敬服矣.

◆ 59:

내가 이전에 가난하고 미천했다가 나중에 부유하고 귀해졌다면, 옛날에 사귄 〔벗〕은 버려선 안 되는 반면 새로 〔사귄 벗〕은 혹 세력과 재화 때문에 서로 어울릴 수 있다.

我先貧賤而後富貴, 則舊交不可棄, 而新者或以勢利相依.

내가 이전에 부유하고 귀했다가 나중에 가난하고 미천해졌다면, 옛날에 사귄 〔벗〕은 믿을 수 없는 반면 새로 〔사귄 벗〕은 혹 도의(道義)로써 서로 의기 투합했을 수가 있다.

我先富貴而後貧賤, 則舊交不可恃, 而新者或以道義相合.

벗이 이전에 가난하고 미천했다가 나중에 부유하고 귀해졌다면, 나는 그의 마음을 잘 관찰해야 한다.

友先貧賤而後富貴, 我當察其情.

'내가 벗을 새롭게 대하려고 하지만 벗은 혹 나를 멀리할 수도 있음'을 생각해야 한다.

恐: '我欲新友, 而友或踈我' 也.

벗이 전에는 부유하고 귀했다가 나중에 가난하고 미천해졌다면, 나는 그를 더욱 공경해야 한다.

友先富貴而後貧賤, 我當加其敬.

'벗이 나를 소원히 대하게 되고 나도 드디어 스스로 소원해져 버릴 수도 있음'을 생각해야 한다.

恐: '友防我踈, 而我遂自處于踈' 也.

◆ 60:

이 시대는 어떤 시대인가? 〔시비를 가리지 않고〕 순응하는 말은 벗을 만들고, 〔시비를 가려 주는〕 곧은 말은 원한을 만든다.

夫時, 何時乎? 順語, 生友; 直言, 生怨.

◆ 61:

그 사람의 벗들이 숲처럼 〔많은 것〕을 보면 그의 덕이 융성하다는 것을 알 수 있고,

視其人之友如林, 則知其德之盛,

그 사람의 벗들이 새벽 하늘에 보이는 별처럼 〔적은 것〕을 보면 그의 덕이 희박하다는 것을 알 수 있다.

視其人之友, 落落如晨星, 則知其德之薄.

◆ 62:

군자와 벗하기는 어렵고, 소인과 벗하기는 쉽다.

君子之交友難, 小人之交友易.

〔그러나〕 어렵게 만나면 흩어지기 어렵고, 쉽게 만나면 쉽게 헤어진다.

難合者, 難散; 易合者, 易散也.

◆ 63:

평소엔 잘 지내다가 하루 아침에 사소한 이해 관계에 임해서 마침내 원수처럼 되어 버리는 것은, 그 사귐이 바른 데서 비롯하지 않았기 때문이다.

平時交好, 一旦臨小利害, 遂爲仇敵, 由其交之未出於正也.

사귐이 이미 바르다면 이익도 나눌 수 있고 해로움도 함께 할 수 있다.

交旣正, 則利可分, 害可共矣.

◆ 64:

내가 영화로울 때는 청해야만 비로소 오고, 근심이 있을 때는 청하

지 않아도 스스로 오는 사람, 그가 바로 벗이다!

我榮時, 請而方來, 患時不請而自來, 夫友哉!

◆ 65:

세상의 물건들이 많지만 각각의 떨어져 있을 때에는 쓸모가 없고 함께 있어야 비로소 유익하게 된다. 사람만이 어찌 홀로 이와 같지 않겠는가?

世間之物多, 各而無用, 同而始有益也. 人豈獨不如此耶?

◆ 66:

좋은 벗과 서로 사귀는 맛은 그 벗을 잃은 후에야 더욱 뼈저리게 느낄 수 있다.

良友相交之味, 失之後, 愈可知覺矣.

◆ 67:

염료 가게에 살면서 염료를 가까이 하는 경우, 사람이 색깔 있는 염료를 가까이 하면서 자기 몸을 더럽히지 않기는 힘들다.

居染廛而狎染, 人近染色, 難免無汚穢其身矣.

악인과 사귀는 경우에도 항상 그 추악한 일들을 보고 들으면 반드시 그에 익숙하게 되어 본심을 더럽히게 된다.

交友惡人, 恒聽視其醜事, 必習之, 而浼本心焉.

◆ 68:

내가 현명한 친구를 우연히 만나서 비록 겨우 한 번 서로 의기 투합을 하고 헤어진 경우라도, 일찍이 선을 행하고자 하는 나의 뜻을 윤택하게 하는 데 조금의 도움이나 보탬이 되지 못한 경우는 없었다.

吾偶候遇賢友, 雖僅一抵掌[18]而別, 未嘗: '少無裨補, 以洽吾爲善之志' 也.

---

18) 抵掌은 擊掌, 즉 '손바닥을 마주친다' 는 뜻이다. 친구를 만나 서로 의기 투합하여 박수를 치며 신나게 이야기하는 모양을 말한다.

◆ 69:

벗을 사귀는 취지는 다른 것이 아니다. 그의 선함이 나보다 나으면 내가 그 선함을 본받아 익히고, 나의 선함이 그보다 나으면 내가 그를 교화시키는 것이다.

交友之旨, 無他. 在彼善長於我, 則我效習之, 我善長於彼, 則我教化之.

이 경우 배움은 곧 가르침이고 가르침은 곧 배움인 것이니, 두 사람이 서로 상대방에게 힘입는 것이다.

是學而卽教, 教而卽學, 兩者互資矣.

만약 그의 선함이 본받아 익히기에 부족하고 그의 악함이 변화시켜 움직일 수 없는 것이라면, 종일토록 서로 만나 놀아도 공연히 시간만 허비한 경우와 무엇이 다르겠는가?

如彼善不足以效習, 彼不善不可以變動, 何殊盡日相與遊謔, 而徒費陰影乎哉?*19)

◆ 70:

가령 어떤 사람이 이런 〔천주교의 바른〕 도리를 독실하게 믿지 못하고 있으며, 또한 〔믿음의〕 덕을 닦은 것이 아직은 안정되지 못하여, 좋은 것은 내보내고 속은 추악한 것을 받아들여서, 마음에서 다툼이 일어나지만, 아직 자기의 의심을 척결해 내려고 결심을 하지 못하고 있다고 생각해 보자.

使或人未篤信斯道, 且脩德尚危, 出好入醜, 心戰, 未決於以剖釋其疑.

〔이 경우〕 어떻게 그의 덕을 배양하여 타락하려는 그를 구해 낼 것인가? 선한 벗과 사귀는 것보다 더 좋은 계책은 없다.

安培其德而捄其將墜? 計莫過于交善友.

---

*19) 원주 — 무익한 친구는 시간을 훔치는 도둑이니, 시간을 도둑맞은 손해는 재물을 도둑맞은 것보다 더 심하다(無益之友, 乃偸時之盜. 偸時之損, 甚於偸財.). 재물은 다시 모을 수 있지만 시간은 그럴 수 없기 때문이다(財可復積, 時則否.).

대체로 자신이 자주 듣고 보는 것이 점점 가슴 속에 젖어들면 홀연히 탁 트여서 깨우치게 된다.

蓋吾所數聞, 所數覩, 漸透於膺, 豁然開悟.

〔이는〕 진실로 '생명을 소생시키는 방법'〔活法〕과 같아서 선(善)으로 나가도록 나를 권유하고 채근하는 것이다.

誠若活法, 勸責吾於善也.

엄숙한 군자여! 엄숙한 군자여!

嚴哉君子! 嚴哉君子!

때로 비록 말을 하지 않고, 노여운 얼굴빛을 드러내지도 않지만 또한 위엄 있는 덕으로 좋지 못한 행동을 막는구나!

時雖言語未及, 怒色未加, 亦有德威以沮不善之爲與!

◆ 71:

너희들이 나와 벗이 될 수 없는 것은, 너희들 모두가 아양떨고 아첨하는 자들이기 〔때문이로다〕!

爾不得用我爲友, 而[20]均爲嫵媚者!

◆ 72:

벗들이 서로를 칭찬하는 예(禮)는 쉽게 베풀지만, 무릇 서로 〔비판을〕 참아 주는 벗이 되기는 어려운 것이다.

友者, 相褒之禮, 易施也; 夫相忍友, 乃難矣.

그러나 대부분 벗이 되면, 모두 자기를 칭찬하는 말은 〔좋게〕 느끼면서도 자기〔의 비판을〕 참는 덕은 잊어버린다.

然大都友之, 皆感稱己之譽, 而忘忍己者之德.

왜 그런가? 하나는 자신의 장점을 드러내고 다른 하나는 자신의 단

---

20) 而는 여기에서 爾, 즉 '너'의 뜻으로 통한다.

점을 드러내기 때문이다.

何歟? 一顯我長, 一顯我短故耳.

◆ 73:

한 사람이라도 상대방을 사랑하지 않으면 두 사람은 벗이 될 수 없다.

一人不相愛, 則耦不爲友.

◆ 74:

필요할 때가 되었을 때 갑자기 그가 〔진실한〕 친구가 아니라는 것을 알게 되니, 가엾구나.

臨當用之時, 俄識其非友也, 愍矣.

◆ 75:

새 친구를 만드는 데 힘쓰더라도 옛 친구의 우의를 잊어선 안 된다.

務來新友, 戒毋誼舊者.

◆ 76:

벗이란 가난한 자의 재산이요 약한 자의 힘이며, 병자의 약이다.

友也, 爲貧之財, 爲弱之力, 爲病之藥焉.

◆ 77:

나라에 재물 창고는 없어도 되지만 벗이 없어선 안 된다.

國家可無財庫, 而不可無友也.

◆ 78:

원수의 음식은 벗의 몽둥이만 못하다.

仇之饋, 不如友之棒也.

◆ 79:

세상에 벗이 없는 것은 하늘에 해가 없는 것과 같고, 몸에 눈이 없는 것과 같다.

世無友, 如天無日, 如身無目矣.

◆ 80:

벗이란 오래 두고 찾아도 얻기가 드물며 유지하기도 힘들다. 혹 〔벗이〕 눈에 보이지 않으면 곧 마음에서 그를 그리워하게 된다.

友者, 既久尋之, 既少得之, 既難存之. 或離于眼, 卽念之于心焉.

◆ 81:

벗의 유익함을 아는 〔이는〕 무릇 문을 나서서 사람들을 만날 때 반드시 한 명의 새로운 벗을 사귀려고 노력한 후에 집에 돌아온다.

知友之益, 凡出門會人, 必圖致交一新友, 然後回家矣.

◆ 82:

아첨하는 벗은 벗이 아니라 도둑이다. 〔벗이라는〕 이름을 도둑질하여 거짓으로 친구 행세를 할 뿐인 것이다.

諛諂友, 非友, 乃偸者. 偸其名而借之耳.

◆ 83:

나의 복이 데려다 준 벗은 반드시 내게 오는 재앙을 피해 가게 해 준다.

吾福祉所致友, 必吾災禍避之.

◆ 84:

한 번 벗이 되면 서로 우정을 끊지 않도록 주의해야 한다. 한 번 끊어진 우정은 잠시 서로 붙일 수는 있지만 다시 완전하게 회복하기는 어렵다.

友既結成, 則戒一相斷友情. 情一斷, 可以姑相著, 而難復全矣.

옥 그릇에 붙인 자국이 있으면 보기에도 나쁘고 쉽게 깨어지며, 유용성도 적지 않은가?

玉器有所黏, 惡于觀, 易散也, 而寡有用耶?

◆ 85:

의사의 마음은 쓴 약으로 다른 사람의 병을 치료하고자 하는 것이나, 아첨하는 친구의 속내는 감언으로 다른 사람의 재산을 노리는 것이다.

醫士之意, 以苦藥瘳人病, 諂友之向, 以甘言干人財.

◆ 86:

자신을 벗이 되게 할 수 없다면 어떻게 다른 사람을 벗할 수 있겠는가?

不能友己, 何以友人?

◆ 87:

지혜로운 자는 거짓된 친구를 떼어 버리고자 할 때 점점 그를 멀리하지, 신속하게 그[와의 관계]를 끊어 버리지 않는다.

智者, 欲離浮友, 且漸而違之, 非速而絶之.

◆ 88:

많은 사람들과 모두 친구 관계를 유지하는 것은 번거롭다. 나는 종내 원수지지 않는 것만으로 만족할 뿐이다.

欲於衆人交友, 則繁焉. 余竟無寃仇, 則足已.

◆ 89:

저 사람이 벗이 아닌데도 너를 믿어 준다면, 너는 그를 속일 수 없을 것이다. 속이는 것은 지극히 미워할 때 나타나는 행동이기 때문이다.

彼非友信爾, 爾不得而欺之. 欺之, 至惡之之效也.

◆ 90:

영원한 덕은 영원한 벗의 좋은 음식이다.

永德, 永友之美餌矣.

모든 것은 오래 되면 사람들이 싫어하지 않는 것이 없는데, 오로지 덕만은 오래 될수록 더욱 사람의 마음을 감동시킨다.

凡物無不以時久爲人所厭, 惟德彌久彌感人情也.

원수가 지닌 덕도 사랑할 만한데, 하물며 벗이 지닌 덕이야!

德在仇人, 猶可愛, 況在友者歟!

◆ 91:

알렉산더 대왕*[21]이 사태가 다급해져서 몸소 본진에 뛰어들려고 할 때, 보필하던 신하가 그를 말리면서 말했다:

歷山王値事急, 躬入大陣時, 有弼臣, 止之, 曰:

"상황이 이렇게 위험한데 폐하께서는 어떻게 위험에서 몸을 피하려고 하십니까?"

"事險若斯, 陛下安以免身乎?"

왕이 말했다:

"너는 〔내가〕 친구를 속이고 원수를 영예롭게 만들어 줄 〔오명에서〕 나를 면하게 해 주려고 하는구나. 〔그러나 나는〕 스스로 그 오명을 막을 수 있다."

王曰: "汝免我于詐友且顯仇也. 自乃能防之."

◆ 92:

알렉산더 대왕이 또한 현명한 선비와 벗이 되고자 하였는데, 그의 이름은 '싼눠' (善諾)[22]이었다.

---

*21) 원주 — 서역에 있었던 큰 나라의 옛날 대왕이다(大西域, 古總王). 즉 Alexander 대왕(기원전 356-323)이다.

歷山王亦冀交友賢士, 名爲善諾.

먼저 사람을 시켜서 그에게 수만 금을 주게 하였다.

先使人奉之以數萬金.

'싼눠'는 발끈하여 말했다:
"왕께서 내게 이런 것을 주시다니, 나를 어떤 사람으로 생각하고〔이러시는가〕?"

善諾怫而, 曰: "王貺吾以玆, 意吾何人耶?"

〔왕의〕 사자가 말했다:
"그렇지 않습니다. 왕께서는 선생님이 지극히 청렴하다는 것을 알기에 이를 바치는 것일 뿐입니다."

使者曰: "否也. 王知夫子爲至廉, 是奉之耳."

그가 말했다:
"그렇다면 내가 청렴하다는 것을 인정하셔야 한다."

曰: "然則當容我爲廉已矣."

그리고는 손을 내저으며 받지 않았다.

而麾之不受.

역사가들은 이를 평하여 이렇게 말했다:
"왕이 〔재물로〕 선비의 우정을 사려 했으나 선비가 〔돈에〕 팔리지 않았다."

史斷之, 曰: "王者欲買士之友, 而士者毋賣之."

◘ 93:

알렉산더 대왕이 대왕의 지위를 얻기 이전에는 나라의 창고가 없었다.

歷山王未得總位時, 無國庫.

획득한 재물을 모두 사람들에게 후히 나누어 주었기 때문이다.

---

22) 서양의 이름은 미상.

凡獲財厚頒給與人也.

〔당시 알렉산더 대왕에게〕 필적할 만한 나라의 왕은 부유하고 융성했으나, 창고를 채우는 데에만 힘썼다.

有敵國王富盛, 惟事務充庫.

〔그가〕 알렉산더 대왕을 이렇게 비웃었다:

譏之, 曰:

"그대의 창고는 어디에 있는가?"

"足下之庫, 在於何處?"

알렉산더 대왕이 말했다:
"벗의 마음 속에 있다."

曰: "在於友心也."

◆ 94:

과거에 친구를 잘 대해 주고 풍성하게 은혜를 베풀어 자기 집의 가산을 다 탕진하는 사람이 있었다.

昔年有善待友而豐惠之, 將盡本家産也.

측근 중에 어떤 사람이 물었다:
"재물을 다 친구에게 줘 버리면 자기에게는 무엇이 남습니까?"

傍人或問之, 曰: "財物畢與友, 何留於己乎?"

〔그가〕 대답하였다: "벗에게 은혜를 베푸는 맛이 남지요."

對曰: "惠友之味也." *23)

*23) 원주 — 별전에는 그가 "벗에게 은혜를 베풀려는 희망이 남지요"라고 대답했다고 되어 있다(別傳對曰: "留惠友之冀也.). 뜻의 함의는 다르지만 마찬가지로 아름다운 말이다(意俚異, 而均美焉.).

◆ 95:

옛날에 두 사람이 동행하고 있었는데, 한 사람은 매우 부유했고 한 사람은 매우 가난했다.

古有二人同行, 一極富, 一極貧.

어떤 이가 말했다:
"두 사람은 우정이 매우 친밀합니다."

或曰: "二人爲友, 至密矣."

'또우파더'〔竇法德〕*24)가 이것을 듣고 이렇게 말했다:

竇法德聞之, 曰:

"그렇게 〔친한 벗이〕라면 어떻게 한 사람은 부유하고 한 사람은 가난할 수 있겠는가!"

"旣然, 何一爲富者, 一爲貧者哉!" *25)

◆ 96:

옛날에 의롭지 못한 일을 해 달라고 자기 친구에게 요구하던 사람이 있었는데, 응낙을 받지 못하자 이렇게 말했다:

昔有人求其友, 以非義事, 而不見與之, 曰:

"만약 자네가 내 요구를 들어 주지 않는다면, 어떻게 다시 자네와 친구가 될 수 있겠는가?"

"苟爾不與我所求, 何復用爾友乎?"

그가 말했다:
"만약 자네가 의롭지 못한 일을 나에게 요구한다면 어떻게 다시 자네와 친구가 될 수 있겠는가?"

彼曰: "苟爾求我以非義事, 何復用爾友乎?"

---

*24) 원주 — 옛날의 이름난 현자(古者名賢).

*25) 원주 — '벗의 재물은 모두 서로 공유한다.'는 뜻이다(言: '友之物, 皆與共'也.).

◆ 97:

서양의 한 선대의 왕이 한 선비를 사귀어, 서울에서 그를 후히 대접하고 그가 지혜롭고 현명하다고 여겼다.

西土之一先王, 曾交友一士, 而腆養之于都中, 以其爲智賢者.

〔그런데〕 하루가 다가도 충고하는 말을 듣지 못하자 드디어 왕이 말하였다:

日曠, 弗見陳諫, 卽辭之, 曰:

"짐도 사람이니 허물이 없을 수 없소. 그러니 당신이 〔짐의〕 허물을 보지 못했다면 〔당신은〕 지혜로운 선비가 아니고, 보고도 말하지 않았다면 〔당신은〕 현명한 벗이 아니오."

"朕乃人也, 不能無過. 汝莫見之, 則非智士也, 見而非諫, 則非賢友也."

선대의 왕들도 자신의 허물을 지적 받지 못하면 역시 이러하였다.

先王弗見諫過且如此.

만약 요즈음 학문이 뛰어난 사람이라면, 마땅히 어떻게 해야 하겠는가?

使値近時文餙過者, 當何如?

◆ 98:

'스띠아'〔是的亞〕*26)의 풍속엔 오직 친구를 많이 가진 사람을 부유하다고 칭찬하였다.

'是的亞' 俗, 獨多得友者, 稱之謂富也.

◆ 99:

'커리쒀'〔客力所〕*27)는 필부로서 대국을 차지하였다.

客力所, 以匹夫得大國.

---

*26) 원주 — 이것은 북방의 나라 이름이다(是北方國名).

*27) 원주 — 서양 나라의 왕 이름(西國王名).

어떤 현인이 나라를 얻기 위해 그가 실천한 큰 원칙을 물었다.

有賢人問: 得國之所行大旨.

그가 대답하였다:

"나의 벗에게는 은혜를 베풀고 나의 원수에게는 앙갚음을 하는 것입니다."

答曰: "惠我友, 報我仇."

현인이 말했다:

"벗에게는 은혜를 베풀고 은혜로써 원수를 친구로 만드는 것만은 못하군요."

賢曰: "不如: '惠友而用恩, 俾仇爲友' 也."

◘ 100:

'모워피'〔墨臥皮〕*28)가 큰 석류를 가르자 어떤 사람이 물었다:

'墨臥皮' 折開大石榴, 或人問之曰:

"선생님이 얻고자 하시는 것은 무엇입니까? 자식이 많은 것 따위입니까?"

"夫子何物願獲? 如其子之多耶?"

그가 말했다:

"충직한 친구이다."

曰: "忠友也."

만력(萬曆) 23년(1595) 을미(乙未)년 삼월 보름날

萬曆, 二十三年, 歲次乙未, 三月望日

---

*28) 원주 — (서양의) 고대에 널리 알려졌던 선비(古聞士者).

『스물다섯 마디 잠언』
(重刻二十五言, 1604년 재판본)

대서양인〔大西〕
마테오 리치 저술〔利瑪竇 述〕
신도(新都)*의 후학(後學)
왕여순 교감(汪汝淳 較梓)

송영배(宋榮培) 역주

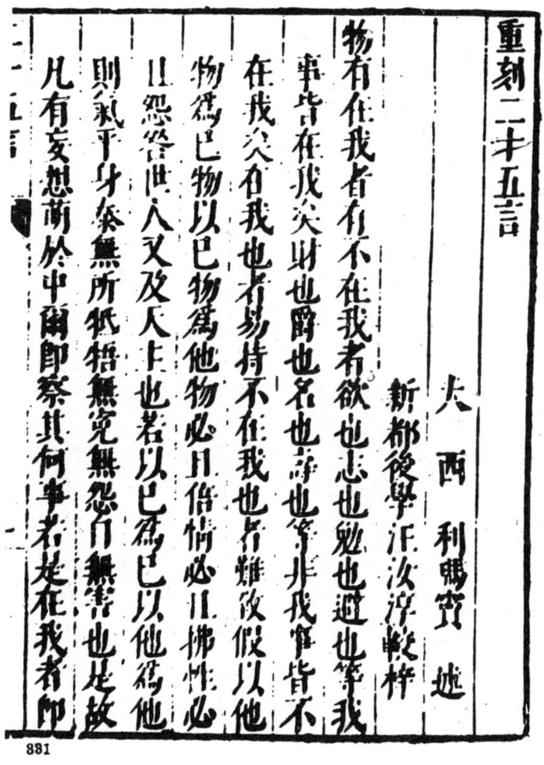
重刻二十五言

大西 利瑪竇 述

新都後學汪汝淳較梓

物有在我者有不在我者欲也志也勉也避也等我事皆在我矣財也爵也名也壽也等非我事皆不在我矣在我也者易持不在我也者難致假以他物爲己物以己物爲他物必且倍情必且拂性必且怨咎世人又及天主也若以己爲己以他爲他則氣平身泰無所牴牾無冤無怨自無害也是故凡有妄想萌於中爾即察其何事若是在我者即

二十五言

331

『스물다섯 마디 잠언』: Christopher Spalatin 신부는, 『스물다섯 마디 잠언』(『二十五言』, 1599)이란, 마테오 리치가 그리스의 스토아 학파에 속하는 Epictetus(대략 60-120)의 아주 짧은 저작인 Enchiridion(소책자, 전체 52장으로 구성됨)으로부터 그것을 거의 그대로 인용하거나, 또는 조금씩 윤색하여 중국의 유교적 지식인들의 구미에 맞게끔 한문으로 각색한, 작은 도덕론 책자인 것으로 밝히고 있다. C. Spalatin, "Matteo Ricci's Use of Epictetus' *Encheridion*", in: *Gregorium*, no. 56/3, 1975, 특히 553-554쪽의 내용 대조표 참조.

* 新都는 지금의 四川성의 成都시에 해당된다.

◆ 1:

대상 사물에는 나에게 달려 있는 〔주체적인〕 것도 있고, 나에게 달려 있지 않은 〔객체적인〕 것도 있습니다.

物有在我者, 有不在我者.[1)]

욕구, 의지, 노력, 기피 등은 나의 〔주체적인〕 일로서 모두 나〔의 실천〕에 달려 있습니다.

欲也, 志也, 勉也, 避也等, 我事, 皆在我矣.

재물, 작위, 명성, 장수 등은 나의 일이 아닌 〔객체적인〕 것으로서 모두 나〔의 주체적 실천〕에만 달려 있지 않습니다.

財也, 爵也, 名也, 壽也等, 非我事, 皆不在我矣.

나에게 달려 있는 것은 유지하기 쉽고, 나에게 달려 있지 않은 것은 빌려 오기도 어렵습니다.

在我也者易持, 不在我也者難致假.

남의 물건을 나의 물건으로 여기고 또 나의 물건을 남의 물건으로 여기는 것은 필연코 〔사람의〕 실정에 어긋납니다.

以他物爲己物, 以己物爲他物, 必且倍情.

〔그것은〕 또한 본성을 거스르는 것이기에, 또한 반드시 세상 사람들이나 천주를 원망하고 허물하게 됩니다.

必且拂性, 必且怨咎世人, 又及天主也.

만약 자기 것을 자기 것으로 보고 남의 것을 남의 것으로 본다면 〔마음의〕 기분이 안정되어 몸이 편안해질 것입니다.

若以己爲己, 以他爲他, 則氣平身泰.

어긋나는 바도 없고 원통해 하거나 원망할 일도 없어서 자신에게

---

1) 『孟子』, 「盡心」上, 3(13:3)에 이와 유사한 말이 나온다. "孟子曰: 求則得之. 舍則失之. 是求有益於得也, 求在我者也. 求之有道. 得之有命. 是求無益於得也, 求在外者也." 참조.

해될 것이 없을 것입니다.

無所牴牾, 無寃無怨, 自無害也.

그러므로 마음에서 헛된 생각이 싹튼다면, 그대는 바로 무엇을 살펴야 하겠습니까?

是故凡有妄想萌於中, 爾卽察其何事?

만일 그것이 나〔의 주관적 의지와 실천〕에 달린 것이라면, '내가 좋게 되기를 바란다' 라고 하면 좋게 되지 않는 것이 없을 것이니 무슨 조급한 일이 있겠습니까?

若是在我者, 卽曰吾欲祥則靡不祥, 何亟焉?

만일 그것이 나에게 달린 것이 아니라면, 곧 '나〔의 의지〕와는 무관하다' 라고 하면 됩니다.

若是不在我者, 便曰: 於我無關矣.

◆ 2:

욕구의 기대는 그것이 바라는 것을 얻고자 하는 기대이고, 기피의 기대는 피하고자 하는 것을 만나지 않기를 기대하는 것입니다.

欲之期, 期於得其所欲也. 避之期, 期於不遇其所避也.

따라서 자기가 바라는 것을 얻지 못하는 것을 불행이라고 말하고, 피하려는 것을 만나는 것을 근심이라고 합니다.

故不得其所欲, 謂不幸焉, 遇其所避, 謂患焉.

가령 내가 얻고자 하는 것이 오직 나〔의 의지〕에 달려 있는 것만을 얻고자 하게 하고, 내가 피하고자 하는 것이 오직 나〔의 의지〕에 달려 있는 것만을 피하고자 하게 하면, 어찌 불행이 있겠으며 조금이라도 근심이 있을 수 있겠습니까?

藉令吾所欲得, 惟欲得其所得之在我耳, 吾所避, 惟避其所不遇之在我耳, 則豈有不幸而稍爲患哉?

그대는 영예, 벼슬, 편안함, 장수를 바라고 그대는 가난, 천함, 병들거나 요절하거나, 죽는 일을 두려워하기에 진실로 〔그것들을〕 벗어날 수 없을 때에 불행하게 되고 자주 근심하게 됩니다.

爾冀榮祿安佚脩壽, 爾畏貧賤夭病死喪, 固不免時, 不幸而屢患也.

◘ 3:

저 사람들은 언제나 부유하고 크게 출세하여 갖가지 음식을 차려 놓고 먹고 마시며 고급 비단을 선물로 보냅니다.

彼恒被遇富顯, 以饌具宴飮之, 以繒帛贈遺之.

그대는 그럴 수 없더라도 그것을 마음에 담아 두지 마십시오.

爾不得焉, 勿以爲意也.

〔그 이유는〕 무엇이겠습니까?

何也?

저 사람들이 하는 일을 그대가 할 수 없다면 그들이 얻은 것들을 그대는 마땅히 얻을 수 없기 때문입니다.

彼所爲, 爾弗爲之, 則彼所得, 爾宜勿得之矣.

그들은 아첨하고 아부함으로써 그런 것들을 얻었을 뿐입니다.

彼以順媚, 以諂諛, 得斯耳.

그대는 아첨하고 아부하려 하지 않으면서도, 다시 〔저들이 얻은 것을〕 다투어 얻으려 하니, 그것은 〔도리에〕 어긋나는 것이 아니겠습니까!

爾不欲順媚諂諛, 而復欲併得, 斯無乃悖乎!

값을 치르지 않고서 물건을 가질 수 있겠습니까?

不予其價, 能取其物乎?

시장에 가면 얼마의 돈을 지불하고 채소를 사는 사람이 있지만 그대는 그렇게 하지 않는 것입니다.

如經過市中, 有買蔬者與若干錢, 而爾否也.

그대가 어떻게 〔채소〕 사는 사람을 시기하며 자기보다 많이 가진다고 생각할 수 있습니까?

爾豈妬買之者, 而以爲得多乎爾耶?

저 사람들이 〔돈을 지불하고〕 채소를 사 갔지만 당신은 돈을 지불하지 않고 〔그냥〕 지나갔으니 마찬가지인 것입니다.

彼携蔬而去, 爾存未費錢而往, 則同矣.

부유하고 출세한 이가 잔치할 음식도 선물할 비단도 없다면, 그대와 다를 것이 없습니다.

富顯者, 無饌宴 · 無繒帛, 予〔與〕爾無他焉.

〔다른 것이 있다면〕 오직 그대만은 잔치 음식과 고급 비단의 대금을 지불하지 못했다는 것뿐입니다.

惟爾, 無饌宴繒帛之價與之耳.

저 사람들이 〔천명에〕 따르고 〔그것을〕 칭찬하는 것이 모두 대금입니다.

彼以順 · 以譽, 皆價也.

그대가 만일 재화를 바란다면, 대금을 아껴서는 안 됩니다.

爾如欲貨, 則勿惜價矣.

그렇다면 나는 잔치 음식과 고급 비단 대신에 무엇을 얻을까요?

然而我代饌宴 · 繒帛者, 獲何物歟?

아첨하지 말고 구차하게 칭찬하지도 말고, 자기의 정직함을 가지고 성실을 쌓아 가면 충분합니다.

不阿順, 不苟譽, 存直蓄忠於己, 則贍矣.

◘ 4:

마침 어려운 일을 당했을 때, 〔그것이〕 아무리 내가 원하는 것이 아니고 또한 피할 수 있는 일이 아니라도 이 때는 그것을 지혜롭게 잘 대처해야 합니다.

適遇難事, 縱非我所願, 又非我所能避焉, 是在用智以善處之.

선비가 세상을 살아가는 것은, 비유하자면 마치 일급의 도박과 같은 것입니다.

士之行世, 譬如博塞之精者.

그런데, 이길 운이 있어서 이기는 것은 누구나 할 수 있습니다.

然値勝數而勝, 夫人之所能也.

이기기 힘든 판을 만나도 〔일급의 도박사는〕 운용을 잘해서 이길 수 있게 만드는 것입니다.

値不勝之數, 而善運之以使勝.

그러므로 지혜는 이길 수 없는 운수를 뒤바꿔 놓는 것입니다.

是以, 智易其不勝之數也.

◘ 5:

'어떤 사람이 당신을 비난하며 당신의 어떤 잘못을 지적하더라' 하고 당신에게 말을 전해 주는 사람이 있다면,

有傳於爾, 曰: "某訾爾, 指爾某過失."

당신은 〔그에게 이렇게〕 말하십시오:

"오히려 나에게는 다른 더 큰 죄악이 있는데, 그 사람이 알지 못하고 있으니 그에게 알려 주도록 하게. 어찌 그 정도로만 나를 비난하는가?"

爾曰: "我猶有別大罪惡, 某人所未及知, 使知之. 何訾我止此歟?"

〔누구든〕 자신의 큰 죄악을 알고 있다면, 진실로 그 자신이 다른 사람의 잘못을 지적하여 논변할 만큼 한가로운 틈이 없는 것입니다.

認已之大罪惡, 固不暇辯: '其指他過失者' 矣.

'프란치스코'[2]는 서양의 성인인데, 평소에 항상 자신에 대해 이렇게 말했습니다:

芳齊, 西邦聖人也. 居恒謂己, 曰:

"나는 세상 사람 중에 아주 악한 사람이다."

"吾世人之至惡者也."

그의 문도 중에 누가 의아해 하며 이렇게 물었습니다:

門人或疑而問之, 曰:

"선생님께서는 '거짓말이 비록 아주 사소하더라도 군자는 모두 그런 거짓말을 하지 않는다' 하고 말씀하셨습니다.

"夫子嘗言, '僞語縱微小, 而君子俱弗爲之.'

〔그런데〕 어째서 겸손을 위해서 거짓말을 할 수 있단 말입니까?

豈惟以謙己可僞乎?

세상에는 남을 해치거나 죽이는 사람도 있고, 도둑질하는 사람도 있으며 간음하는 이들도 있습니다.

夫世有害殺人者, 有偸盜者, 有奸淫者.

선생님께서는 그런 일을 하지 않으셨는데도 어째서 자신을 가장 악한 사람이라고 말하십니까?"

夫子固所未爲, 胡乃稱己如此耶?"

〔그는〕 말했습니다:

"내가 겸손한 척하는 것이 아니라 사실대로 말하는 것이다.

曰: '吾無謙也, 乃寔言也.

〔남을〕 해치고 죽이고 도둑질하고 간음하는 저 무리들이, 나처럼 천주께서 그들을 도와서 이끌어 주셨다면,

彼害殺偸盜奸淫諸輩, 苟得天主祐引之如我,

---

2) '팡지'〔芳齊〕는 프란치스코 성인을 말한다.

나처럼 다른 사람들의 가르침의 도움을 받았더라면, 그들의 덕성은 반드시 나보다 훌륭해졌을 것이다.

苟得人誨助之如我, 其德必盛於我也.

그렇다면 나의 죄악이 어찌 그들〔의 죄악〕보다 더 큰 것이 아니겠는가?"

則我惡豈非甚於彼哉?"

〔프란치스코〕 성인께서도 스스로 이렇게 행동하였는데,

聖人自居于是,

우리들이 어찌 감히 잘못이 없다고 건방 떨면서, 〔우리를〕 헐뜯는 자들과 논변을 벌이겠습니까?

余敢自誇無過失, 而辯訾者乎!

◆ 6:

만약 이득을 얻을 수 있는 사물이 있으면 그것을 아끼고 좋아합니다.

儻有受益於物, 而愛之.

당신은 어떤 부류의 물건을 가장 좋아합니까?

爾極思夫何物類也?

〔그것은 물론〕 가치가 미미한 사물로부터 귀중한 물건에까지 이를 것입니다.

從輕而曁重焉.

〔값싼〕 사발을 아끼는 사람은 말합니다:
"나는 그릇을 아끼지만 깨져도 슬퍼할 만하지는 않다."

愛甌耳, 曰: "吾愛瓦器, 則碎而不足悼矣."

처자식을 사랑하는 사람은 말합니다:
"내가 사람들을 사랑하지만 죽어도 애통해 할 만한 일은 아니다."

愛妻子曰: "吾愛人者, 則死而不足慟矣."

그릇이 깨지고 사람이 죽는 것은 항상 있는 일로 불가피한 것이기 때문입니다.

瓦者毀, 人者喪, 常事難免焉.

◆ 7:

자기 마음을 안정시키고자 하면, 마땅히 먼저 세상살이의 걱정을 버려야 합니다.

欲安靜其心, 當先舍俗慮.

세상살이의 걱정은 이런 것입니다:

俗慮曰:

'나는 재물을 모으는 일에 급급해 하는 것이 아니다.

'我不汲汲於營貲.

끝내 내 배를 〔채울〕 희망이 없을까 걱정하는 것이다.'

恐卒無以望吾腹矣.'

'〔내가〕 언제나 화를 내지 않는다면, 처자와 머슴들이 좋게 되지 못할까 걱정하는 것이다.'

'不恒怒, 則孥僕爲不良矣.'

〔군자가 되려면〕 우리들은 차라리 배고픈 속에서 즐거이 죽기를 바래야지, 풍성한 요리 속에서 고달픈 마음으로 살아서는 안 됩니다.

吾意: 寧甘心死於饑餓也, 無寧憓心生於豊饌也.

차라리 처자와 종들이 좋지 못하게 될지라도 우리들은 못난이들〔小人〕이 되어서는 안 됩니다.

寧孥僕爲不良也, 無寧我爲不肖子也.

마치 홀연 등잔의 기름을 쏟고 〔등잔을〕 깨뜨리는 것과 같은 사소한 일을 〔예로 들어〕 말해 봅시다.

試言其小者, 如忽瀉燈油破碰.

당신은 또한 자신의 놀람과 분노를 막으면서, '〔내 속의〕 마음의 안정이 귀중한가? 〔나 밖의〕 천하〔만물〕이 귀중한가?' 하고 〔당신〕 자신에게 묵묵히 물어 보면,

子且禁其駭怒, 默詢於己, 曰: '心之安靜貴耶? 天下貴耶?',

〔내 속의〕 마음의 안정이 귀중하다는 것은 의심할 나위가 없습니다.

心之安靜貴, 無疑矣.

〔그렇다면〕 지금 어째서 〔당신은〕 소량의 기름과 〔미미한〕 질그릇 파편 하나로 이런 마음의 안정을 사지 않으려는 것입니까?

今何不: '以油一勺[3)]· 以瓦一片, 買此安靜心' 乎?

〔비록 조그만 등잔은 깨졌지만〕 이렇게 귀중한 것을 얻고 그렇게 값어치 없는 것을 잃었다면, 〔그것이〕 어찌 애석한 일이겠습니까?"

所得之貴如此, 捐價之賤如彼, 何惜耶?"

또 당신이 어떤 아이를 부르는데, 그 아이가 대답하지 않을 수 있습니다.

又爾呼兒童, 兒童不應.

그 아이는 당신의 소리를 듣지 못했거나, 아니면 듣기는 들었지만 명령을 피하고 싶었기 때문일 것입니다.

彼或未聞爾聲耳, 或已聞而有所避命耳.

비록 그렇더라도, 당신이 어찌 그 아이 때문에 화를 내고 곧바로 〔마음을〕 어지럽히며 본심을 손상시켜야 하겠습니까?

雖然, 爾豈宜因他心之怍, 卽怒亂而挫損本心哉?

---

3) 勺은 용량을 나타내는 단위의 하나로 홉의 10분의 1이다. 나아가 '작은 양', '얼마 되지 않는 분량'이라는 의미를 가진다. 또 술 같은 것을 뜰 때 쓰는 기구인 구기를 지칭하는데, 구기는 국자 같은 것이다.

◘ 8:

사람이 무릇 뜻을 세워서 학문을 닦을 때는 곧바로 '반드시 나〔의 잘잘못〕을 지적하고 따져 줄 사람이 있는가'를 마땅히 미리 생각하여야 합니다.

人凡立志脩學, 卽當預思: '必有指議我'者.

만일 〔내가〕 단아하게 서서 두 손을 모으고 있는 늠름한 모습을 본다면, 〔그는〕 반드시 '이는 당당한 모습이다' 하고 말할 것입니다.

如見端立拱翼〔翼〕[4], 必且曰: "此, 矜容也."

만일 몸가짐이나 동작이 '예'에 맞는 것을 보면, 반드시 '이는 태도가 장중하다'고 말할 것입니다.

如見周旋[5]中禮, 必且曰: "此, 色莊也."

〔이렇다면〕 모두들 〔나를〕 가리켜 이렇게 말할 것입니다:
"저 사람은 어디에서 홀연히 나타난 성인이란 말인가?"

咸指曰: "夫夫也, 從何處忽發聖者耶?"

우리들은 지금 학문을 닦는데, 그렇게 당당한 모습을 한 것도 아니고 태도가 장중한 것도 아닙니다.

今吾爲學, 惟斯不矜容, 不色莊.

그러나 〔우리는〕 스스로 우뚝 서서 '하느님'〔上帝〕의 명령을 엄숙히 받들고 〔실천해 나가는〕 대열에 줄을 서서 조금의 과실도 저질러서는 안 됩니다.

而卓然自立, 儼如承上帝之命, 列於行伍, 而不敢有尺寸之失焉.

이렇게 되면 〔우리들이 군자가 되는〕 시작인 것입니다.

此則始也.

---

4) 여기에서 문맥상 翼은 마땅히 翼翼(늠름한 모습)이어야 한다. 따라서 翼을 하나 더 보태야만 한다.
5) 周旋은 몸가짐, 동작을 의미한다.

〔남들이〕 지적해 준 것에 대해서 〔우리들〕 스스로 마음에서 그 사실을 받아들이고, 〔자신을〕 닦아 나가며 또한 존경의 마음을 가지고 그들의 〔비판적인〕 논의에 대해 스스로 회개해야 합니다.

指議之者, 自心服其實, 脩且起敬, 自悔其議矣.

만일 그렇지 않고, 한 번 지적해서 논의할 때 재빨리 물러나 버린다면, 더욱 사람들의 큰 웃음거리가 되지 않겠습니까?

若不然, 一因指議, 而驟自退屈, 不將爲人所重笑乎?

처음에는 우리들이 진보하는 것을 보고 웃고, 나중에는 우리들이 퇴보하는 것을 보고 웃습니다.

先笑我進, 後笑我退也.

◆ 9:

〔자신의〕 기발하고 특이한 것에 대해서, 당신들은 오만하게 자랑하지 마십시오.

物之奇異, 爾毋傲而誇也.

만일 어떤 말이 오만하게 '나는 훌륭한 말이다' 라고 말했다면, 〔그것은〕 그뿐인 것입니다.

若馬自傲, 而曰: '我乃良馬也', 則已.

〔그러나〕 당신이 오만하게도 '나라는 사람은 좋은 말을 가지고 있다' 라고 말하면서 얼굴에 부끄러운 내색을 하지 않았다면, 〔그것은〕 짐승을 대신해서 거드름을 피운 것이 아니겠습니까?

爾傲, 而曰: '我有良馬', 不面赧, 代畜而傲乎?

당신은 〔훌륭한〕 말이 아니고, 단지 〔그 훌륭한〕 말을 얻어서 사용할 뿐인 것입니다.

爾非馬也, 但獲馬之用耳已.

우리들이 도의(道義)에 맞게끔 사물을 이용할 수 있는 것은 우리들이 할 일입니다. 그러나 오만해서는 안 되는 것입니다.

吾克以道義用物, 是我事也, 而傲猶不可.

하물며 우리들〔의 의지〕에 달려 있지 않는 것[6]들을 뽐낼 수 있겠습니까?

況, 矜夫不在我者耶?

◆ 10:

물건이란 〔모두〕 빌리지 않은 것이 없으니 잃어버렸다고 말하지 마십시오.

物, 無非假也, 則毋言: '已失之.'

오직 돌려 주었다고 말할 수 있을 뿐입니다.

惟言: '已還之' 耳.

아내가 죽은 것도 이미 돌려보낸 것이고, 자식들이 죽은 것도 이미 돌려보낸 것입니다.

妻死, 則已還之, 兒女死, 則已還之.

논밭을 빼앗긴 것도 역시 돌려보낸 것이 아니겠습니까?

田地被攘奪, 不亦還之乎?

〔우리에게서〕 빼앗아 간 저 사람들은 정말로 나쁩니다.

彼攘奪者固惡也.

하지만 〔우리들이 아닌, 원래의〕 주인이 있는 것입니다.

然有主之者矣.

비유하자면 원래 주인(즉 하느님)이 사람을 시켜 빌려 준 물건을 찾아오게 한 것과 같습니다.

譬如原主使人索所假之物.

---

6) 예를 들면 사람들 모두가 욕구하는 '부귀, 영화, 장수' 등의 세속적인 행복을 말한다.

〔그렇다면〕 우리가 어찌 〔원래 주인을 대리하는〕 심부름꾼이 선한지 악한지를 평가할 수 있겠습니까?

吾豈論其使者之善歟? 惡歟?

특히 물건이 우리들의 수중에 있을 때는 마치 다른 사람의 물건처럼 그것을 모름지기 잘 보존하고 지켜야 합니다.

但物在我手際, 則須存護之, 如他人物焉.

◆ 11:

만일 좋지 않은 일을 당하는 경우가 있다면, 당신은 곧 어떻게 대응할 것인가를 곰곰이 생각할 것입니다.

嘗有所遇諸不美事, 爾卽諦思: '何以應之.'

만일 나쁜 일을 당하면, '올바른 선비'〔君子〕는 반드시 선으로써 대응합니다.

如遇惡事, 君子必有善以應.

힘든 일을 당한다면 노력으로써 대응하고, 뇌물과 관련된 일을 당하면 청렴하게 대응하며, 원망스러운 비방을 당하면 인내로써 대응합니다.

遇勞事, 以力應, 遇貨賄事, 以廉應. 遇怨謗事, 以忍應.

〔누군가가〕 우리를 큰창으로 내리치려 할 때 우리들이 방패를 마련해서 오히려 그것에 대비한다면, 또한 무엇이 두렵겠습니까?

猶以鈇鉞加我, 我設干盾以備之, 又何懼乎?

◆ 12:

당신들이 이 세상에 있을 때는 마땅히 자기 자신을 마치 손님인 듯이 여겨야 합니다.

爾在世界中, 宜視己如作客.

그래서 잔치에서 자리를 배열하고 차린 음식이 푸짐하거나 빈약한 것은 주인에 의한 것이니, 당신들은 〔그것을〕 책망해서는 안 됩니다.

然宴飮列席, 饌具厚薄, 由乎主人, 爾無責望.

구운 고기를 나누어 주는 사람이 순서에 따라 당신에게 오면, 당신은 천천히 조금씩 집어 들면 됩니다.

行炙之人, 以次當及爾, 爾徐徐寡取之.

지나쳐 가 버리고 당신에게 오지 않는다 해도, 당신은 그를 잡아 끌지 마십시오.

行過弗及爾, 爾毋援之.

아직 당신에게 오지 않았을 때도, 그를 불러 오려고 하지 마십시오.

行而未至爾, 爾毋迎之.

당신은 의복이나 수레에 대해서도 그렇게 할 수 있고, 또 처자식이나 재물, 그리고 권세에 대해서도 그렇게 할 수 있습니다.

爾能于所服御如此, 于妻子如此, 于財貨如此, 于權勢如此.

그렇다면 당신은 당연히 천주의 손님이 되어 하늘에서 잔치를 즐길 것입니다.

則爾宜爲天主所客, 宴諸天上矣.

불고기를 나눠 주는 사람이 당신에게 와서 푸짐하게 주는 것은 당신이 관여할 수 있는 일이 아닙니다.

使如行炙人之及爾厚爾, 而爾無與焉.

당신은 이미 하늘 나라의 손님인데, 어찌 아직도 세상 사람들의 손님이 되려고 하십니까?

爾已天上客, 豈猶爲乃世人耶?

◘ 13:

어짊(仁)의 중요한 단서는 '하느님'〔上帝〕을 공경하고 사랑하는 데 있습니다.

夫仁之大端, 在于恭愛上帝.

'하느님'은 만물을 낳는 근원이고 만물을 주재하는 본래의 주인이십니다.

上帝者, 生物原始, 宰物本主也.

어진 사람은 그〔'하느님'〕이 실제로 존재함을 믿으며 또한 그분은 지극히 선하여 조금의 잘못도 없음을 믿습니다.

仁者信: '其實有,' 又信: '其至善而無少差謬.'

그러므로〔어진 사람은 하느님께서〕명령한 바를 한 번 듣게 되면 억지로 열심히 하는 것을 기다리지 않습니다.

是以, 一聽所命, 而無俟强勉焉.

〔따라서 하느님의〕명령에〔자발적으로〕순종하여 그것을 실행할 줄 아는 그것을 지혜라고 합니다.

知順命而行, 斯之謂智.

저〔'하늘'의〕명령은, 우리들이 그것을 잘 따른다면 됩니다.

夫命也, 我善順之則已.

그렇게 하지 않으면, 곧바로 우리들을 마치 소나 양처럼 얽어매어서 억지로 끌고 갑니다.

否則, 卽束縛我如牛羊, 而牽就之.

우주 가운데 무엇이 하느님의 명령을 거스르고도 자기의 소원을 이룰 만한 힘을 가졌는지를 한 번 살펴봅시다!

試觀: '宇宙中, 孰有勇力能抗違后帝命, 而遂己願者'乎!

만일〔우리들 마음〕밖의 것들(外物)을 '얻고' '못 얻고'를 행복과 불행으로 여기고, 외부(사회)로부터 오는 영광과 오욕을 길흉으로 여긴다면, 어떤 이는〔자기가〕얻고자 하지 않은 것을 얻게 될 수 있고, 어떤 이는 얻고자 했던 것을 얻지 못할 수도 있습니다.

如以外物得失爲禍福, 以外至榮辱爲吉凶, 或遭所不欲得, 或不遭所欲得.

이런 이유로 〔하늘의〕 명령을 따르지 않거나 심지어 그것을 원망한다면, 이것은 모두 '어짊'〔仁〕을 잃어버리는 큰 실마리들이 되는 것입니다.

因而不順命, 甚且怨命, 是皆失仁之大端者也.

왜 그렇겠습니까?

何也?

무릇 생명을 가진 존재들은 모두 이익을 추구하고 손해를 피하려 합니다.

凡有生之物, 皆趨利避害.

또한 모두 자신들에게 해를 입히는 원인들을 미워합니다.

而幷怨其害己之緣者也.

해 입는 일을 즐거움으로 여기지 못하고, 반드시 자신을 손상시키는 것을 기쁨으로 여길 수가 없습니다.

不能以受害爲悅, 必不能以損己爲喜.

부자간의 사랑에도 불구하고 서로 해치려 하게 되는 이유는 다른 것이 아닙니다.

父子之恩, 而至於相殘, 無他.

그 부모가 자신이 얻고자 하는 것을 성취시켜 주지 않기 때문입니다.

謂其親不遂其所欲得也.

위 나라의 '첩'(輒)은 아들이고 '괴외'(蒯聵)[7]는 〔그〕 아버지입니다.

---

7) 蒯聵는 춘추시대 衛나라 靈公의 아들이다. 그가 태자로 있을 때, 영공의 부인이며 자기 생모인 南子를 죽이려다가 영공의 분노를 사서 晉나라로 추방당했다. 그의 아들인 첩(輒, 즉 衛의 出公)이 즉위하자 '괴외'가 위나라로 돌아와서 그를 대신하여 왕위에 오르고자 하니, 위나라 出公이 거부하여 들어올 수 없었다. 나중에 괴외는 쿠데타를 일으켜서, 아들 出公을 내쫓고 즉위하니 그가 莊公이다.

衛輒, 子也, 蒯瞶, 父也.

〔그러나〕 아들이면서 아버지를 거부한 것은 바로 나라의 군주 노릇을 복으로 여기고 길한 것으로 여겼기 때문일 뿐입니다.

子而拒父, 正以君國爲福爲吉焉耳.

저 농부가 그 해의 날씨를 원망하고 상인이 때를 원망하고 죽는 사람이 하늘을 원망하는 것도 역시 이와 같습니다.

彼農夫之怨歲也, 商賈之怨時也, 死喪者怨天也, 亦猶是也.

이것은 모두 외부의 이익 때문에 내부〔마음 속〕의 어짊을 잃어버린 것입니다.

是俱以外利失其內仁也.

군자들만은 유독 '자신〔즉 마음 속〕에 있는 것'에 달려 있는 것을 영광과 오욕〔의 기준〕으로 판단하고,[8] 〔자신의〕 길흉을 점치되 외부에 달려 있는 그것을 〔오히려〕 가볍게 봅니다.

君子獨以在我者, 度榮辱, 卜吉凶, 而輕其在外.

〔군자라면〕 바라는 일에서 〔혹시〕 기피하고 싶은 일을 만났을 때는 한결같이 〔그것이〕 도리에 마땅한지 아닌지만을 보아야 합니다.

於所欲, 値欲避, 一視義之宜與否.

비록 아주 다급한 상황이더라도 '하느님'을 섬기는 모든 예는 잠시라도 단절이 있어서는 안 됩니다.

雖顚沛[9]之際, 而事上帝之全禮, 無須臾間焉.

---

8) 이런 생각은 세상 사람들로부터 유래하는 세속적 영예〔世榮〕와 자신의 마음으로부터 유래하는 도덕적 영예〔義榮〕를 구분하는 荀子의 사유 방식과도 유사하다. 『荀子』, 「正論」 편 참조.

9) 顚沛는 엎어지고 자빠진다는 의미로 경황이 없는 상황을 말한다. "君子無終食之間違仁, 造次必於是, 顚沛必於是.", 『論語』, 「里仁」(4:5) 참조.

◆ 14:

세상의 어려운 일 가운데, 붙잡을 기준이 두 개가 있습니다.

天下難事, 執有兩柄.

하나는 잡아도 좋지만, 〔다른〕 하나는 잡아서는 안 됩니다.

一, 可執; 一, 不可執.

아버지나 형이 자식이나 동생을 해치려 하는 경우를 한 번 생각해 봅시다.

試如父兄之欲害其子弟也.

'사람을 해치는 일'이라면, 그것은 곧 붙잡아서는 안 되는 기준으로 이것을 적용하기란 어려운 것입니다.

曰: '害人之事', 是乃不可執之柄, 則難擧之矣.

'아버지나 형'이라면, 이것은 곧 붙잡아도 되는 기준으로 그것은 적용할 수 있는 것입니다.

曰: '父兄也', 是乃可執之柄, 則擧之矣.

그러므로 아버지나 형이 선하지 못해서 아들이나 동생을 해치고자 한다면, 아들이나 동생으로서는 〔그들을〕 원망해서는 안 됩니다.

然則, 父兄不善, 欲害子弟也, 子弟不可怨矣.

비록 아버지나 형이 선하지 못하더라도 조물주께서 우리들에게 귀속시켜 주신 것이니, 어찌 우리들이 〔그들의〕 선과 악을 골라서 택하도록 허용하시겠습니까?

雖有父兄不善, 造物者以我屬焉, 豈容我擇其善否乎?

◆ 15:

만약에 어떤 이가 〔육신의〕 지나친 즐거움을 취하려고 한다면, 그런 생각이 〔이미〕 마음에서 드러납니다.

若或取樂之淫, 想形於心.

당신들은 먼저 부지런히 경계하여 그러한 〔감각적 즐거움에〕 빠져들지 않도록 힘써야 합니다.

汝先勤戒, 勿被其取焉.

그런 즐거움을 취할 때를 나중에 물러나서 생각해 보면, 〔그것은〕 스스로를 더럽힌 것이고 스스로를 부끄럽게 한 것으로 생각됩니다.

後退而念: '取樂之際, 自汚自醜.'

〔그래서〕 한때 얻었던 즐거움이 끝나면 스스로 후회하고 자책하게 됩니다.

一時取樂之畢, 自悔自責.

한때〔의 즐거움〕이 끝나면 이렇게 생각하게 될 것입니다:

一時終, 則思曰:

"〔감각적 쾌락이〕 이렇게 즐겁지 못한 것이라면, 어찌하여 〔나는〕 그것을 저버리고 즐거움을 이겨 내어 자신을 깨끗이 하면서 〔그런〕 쾌락을 그만두지 못하였던가?"

"如此非樂, 何不: '捨之而獨〔剋〕樂,[10] 潔己止樂' 哉?"

〔그렇다면〕 우리들로 하여금 즐거움을 이기게 하는 것이 좋은 것이겠습니까?

使我剋樂, 善乎?

〔아니면〕 즐거움으로 하여금 우리를 이기게 하는 것이 좋은 것이겠습니까?

使樂剋我, 善乎?

'즐거움을 취하는 순간은 잠시이고 가슴 한가운데 오래도록 아픔을

---

10) 여기에서 獨樂(홀로 즐기다)의 뜻은 앞뒤의 문맥으로 보아 그 의미가 통하지 않는다. 아래의 문장을 살펴보면, 그것은 마땅히 剋樂(즐거움을 이기다)의 뜻이 되어야만 의미가 통한다. 따라서 獨을 아마도 剋으로 읽어야 하기에 그렇게 바로잡았다.

남긴다'는 것을 〔나는〕 어째서 생각하지 못했던가?"

寧不思: '取歡之頃瞬息, 而遺長痛于膺中' 乎哉?"

이렇게 〔후회〕하면 반드시 욕심이 저절로 사라지고, 도심(道心)이 크게 자라나서 정신의 즐거움이 당신에게 생겨날 것입니다.

若斯必慾心自消, 道心大長, 而神樂於爾生矣.

◆ 16:

당신들은 '작록을 받은 사람들, 편안하고 즐거운 사람들, 그리고 명망 있는 사람들이 헛된 생각을 싹틔우지 않았다.'는 것을 보고는, 그들이 참된 복을 얻은 것이 정말 다행이라고 말할 것입니다.

爾觀: '受爵祿者, 得安逸者, 有聲望者, 勿萌妄想,' 謂: '彼獲眞福, 而果幸' 也.

〔그러나〕 진정한 복은 〔정말로〕 우리들이 얻고자 하는 것〔즉 마음〕 속에 있으니, 곧 우리로부터 말미암아서 얻을 수 있는 것입니다.

眞福也者, 在於我所欲得, 卽由我得之.

〔그것은 결코〕 우리로부터 말미암지 않는 것들〔즉 작록, 편안함, 명망 등〕에 있는 것이 아닙니다.

不在於得其所不由我者也.

저것들은 모두 우리로부터 말미암는 것이 아니라 외부로부터 오는 것입니다.

彼皆不由我者, 從外而來.

누가 그것을 얻는 일이 우리〔의 마음〕에 달려 있다고 말합니까?

誰言: '其得之在我' 乎?

당신들은 부귀하게 되고 명망을 가지기만 바라지 말고, 단지 덕을 갖춘 올바른 사람이 되기를 원해야만 합니다.

爾不願: '爲富貴有聞名,' 第願有德而爲正人耳.

그러나 덕을 갖추고 올바른 사람이 되는 최선의 길에는, '우리〔의 마음〕으로부터 말미암지 않는 모든 것이란 쓸모없는 것이다'라고 보는 것만한 것이 없습니다.

然行德而爲正人之道, 莫如賤視凡物不由我也.

어리석은 자〔小人〕들은 〔모든 것은〕 끝내 '자기로부터 말미암지 않는다'고 여깁니다.

夫不肖者, 竟不由己.

〔그들은〕 해악을 두려워하며 이익을 바라지만, 〔그런 것들은〕 모두 타인에 의하여 말미암는다고 봅니다.

懼害望利也, 而皆由他人焉.

군자는 〔모든 일〕 하나하나에 대해서 오직 자신에게 책임을 물을 뿐입니다.

君子一一, 責諸己耳.

그리고 항상 말합니다:
"저것들이 우리를 죽일 수 있어도 우리〔의 마음〕을 해칠 수는 없다.

而恒曰: "彼能死我也, 不能害我矣.

저것들이 우리를 부유하게 할 수는 있어도 우리〔의 마음〕을 이롭게 할 수는 없다."

彼能富我也, 不能利我矣."

덕을 쌓으려면 과묵하여 말을 적게 하거나 말은 해도 말이 없는 것 같아야 합니다.

進德之兆, 多默少言, 言而不言.

〔스스로〕 술맛 좋고 안주가 맛있다고 하면 〔그것을〕 헐뜯지 않을 사람은 적을 것입니다.

酒之旨, 殽之美, 不訕人少.

〔그래서〕 남을 칭찬해도, 자신의 장점은 알리지 않는 것입니다.

譽人, 不訴己之長.

〔우연히〕 자기를 칭찬해 주는 소리를 듣게 되면 〔속으로〕 묵묵히 웃을 뿐입니다.

聽己之譽, 則默笑.

칭찬하는 사람은 〔혹시〕 자신을 헐뜯는 소리를 듣게 되어도 〔그 시비를〕 따지지 않습니다.

譽之者, 聽己之訾, 則不辯.

헐뜯는 사람은 마침내, 마치 원수나 도적들〔의 습격에 대비하는 것〕처럼, 자기 자신을 방비해야 합니다.

訾之者, 卒防備己, 如仇如寇焉.

◆ 17:

사람이 세상을 살아가는 것은 마치 배우가 무대 위에서 연기하는 것과 같습니다.

人生世間, 如俳優在戱場上所爲.

세속의 일은 마치 잡다한 연극을 공연하는 것과 같습니다.

俗業, 如搬演雜劇.

여러 제왕, 공경 대부, 지식인, 서민, 노예, 왕후, 아낙네, 노비 등등, 모두 잠시 동안 분장한 것일 뿐입니다.[11)]

諸帝王 · 公卿大夫 · 士庶 · 奴隷 · 后妃 · 婦婢, 皆一時粧飾者耳.

그래서 그들이 걸친 옷은 그들의 옷이 아닙니다.

則其所衣衣, 非其衣.

그들이 당한 해악이나 이득은 〔실제의〕 그들 자신에게는 미치지 못하는 것입니다.

---

11) 인생살이를 다양하게 분장한 배우들이 단지 연극 무대에서의 연출하는 연기에 불과하다는 이 곳의 비유와 거의 똑같은 문장이 또한 『天主實義』, 제6편에도 보인다. 『天主實義』(공역), 제6편(6-10), 300-301쪽 참조.

所逢利害, 不及其躬.

공연이 일단 끝나고 분장을 지워 버리면 아무런 상관도 없게 됩니다.

搬演旣畢, 解去粧飾, 則漫然不相關矣.

그러므로 배우들은 분배된 지위의 높고 낮음이나 길고 짧음을 가지고 기뻐하거나 근심하지 않습니다.

故俳優不以分位高卑 · 長短爲憂喜也.

오직 자기가 받은 각색에 따라 분장하며, 비록 거지〔의 배역〕이라 하더라도 또한 마땅히 진지하고 성실하게 해 내면서 주인의 뜻에 들어맞도록 합니다.

惟扮其所承脚色, 則雖丐子, 亦當眞切爲之, 以稱主人之意焉.

배역을 나누어 주는 것은 전적으로 타인에게 달려 있는 것입니다.

分位全在他.

배역을 수행하는 일은 또한 〔전적으로〕 우리〔인간〕들에게 달려 있는 것입니다.

充位亦在我.

◘ 18:

많이 마시고 먹고 자고 여색을 밝히는 것 등등과 같은, 육신상의 일에 힘쓰는 것은 못난 사내들이 하는 짓입니다.

務形上之工夫, 如多飮 · 多食 · 多眠 · 多色, 是賤丈夫之效也.

대장부의 성실한 의지는 오직 정신적인 마음에만 있을 뿐입니다.

夫大丈夫之誠意, 惟在神心耳.

이미 저런 것들이 드러난 일로 된다면, 그것들을 수치로 여깁니다.

已彼形事, 若恥之焉.

다만 어쩔 수 없을 경우에는 대충 가볍게 처리할 뿐입니다.

但無如之何, 姑輕事之耳.

우리의 육신을 나귀에 비유하면 정신적인 마음은 〔자신의 소중한〕 아들에 비유됩니다.

我身, 譬則驢也; 而神心, 譬則子也.

나귀를 기를 때는 마구간과 말구유를 돌보아 주고 여물을 많이 주며 굴레나 묶는 끈을 화려하게 하고 안장과 재갈에 장식을 합니다.

養驢, 則整其廄櫪, 厚其飮食, 華其羈絡, 飾其鞍轡.

그러나 자신의 하나밖에 없는 아들로 하여금 더럽고 굶주리며 동상에 걸려서 길에서 굶어 죽은 시체가 되게 했다면, 〔그는 정말〕 못난 사람일 것입니다!

而令己獨子, 穢也 · 餒也 · 凍也 · 殍於途中, 夫賤丈夫乎!

아아! 오늘날 못난 사람들이 온 거리에 가득한데도, 사람들은 누구도 그것을 안타까워하지 않습니다.

嗚呼! 今世之賤丈夫盈街, 而人莫之惜也.

◆ 19:

〔우리들의〕 올바른 본성(性)을 알고자 한다면, '다른 사람과 자신〔의 그것〕이 다르지 않다는 것' 을 마땅히 살펴야 합니다.

欲知性之正, 當觀: '人與己不殊事.'

다른 사람의 몸종이 잠깐 사이에 〔실수로〕 단지를 깨뜨린 경우를 한번 생각해 봅시다.

試之如他僕乍壞甁子.

당신은 〔손님에게〕 반드시 "별일 아니네, 염두에 두지 말게나!" 하고 말할 것입니다.

爾必曰: "常事也, 不可念!"

그렇다면 '단지가 깨졌다고 당신이 〔그것을〕 별스럽게 생각하지 않음' 을 알 수 있습니다.

則可知: '爾, 甁子壞, 非怪' 也.

이러한 사소한 것으로부터 〔좀〕 큰일까지 미루어서 봅시다.

自微推巨.

남의 처자식이 죽으면, 〔그것은〕 '운명이다', '운수이다'로 여기고 그렇게 말하지 않는 이가 없습니다.

他妻子死, 無不識曰: '命'也, '數'也.

〔그러나〕 만일 자신이 사랑하는 이가 죽으면, 갑작스레 정신에 타격을 받고 "아아! 아아! 슬프구나! 슬프구나!" 하고 울부짖습니다.

儻己所愛而死, 則遽傷神號泣: "嗚呼! 嗚呼! 哀兮! 哀兮!"

수명이 다하는 일은 언제나 있는 일입니다.

盡年不已.

어째서 지난번에 다른 사람에게 한 말씀을 기억하지 못한단 말씀입니까?

胡不記: '曩爲他人言'乎?

아이들이 장난치는 것을 〔어른인〕 당신이 성을 낸다면 〔당신이〕 어리석은 것입니다.

爾恚: '兒童者嬉', 則愚也,

〔이는〕 바로 어린아이들이 어린아이가 아니기를 바라는 것입니다.

乃欲弱[12]非弱矣.

종들이 게으른 것을 꾸짖는다면 어리석은 것입니다.

譴奴僕者惰, 則愚也.

〔이는〕 바로 미련한 놈〔즉 종〕이 미련하지 않기를 바라는 것입니다.

乃欲駑非駑矣.

자식이 죽지 않기를 바란다면 역시 어리석은 것입니다.

---

12) 弱은 여기서 年少(나이가 적다)의 뜻이다.

欲子不死, 亦愚也.

〔이는〕 바로 인간이 인간 아니기를 바라는 것입니다.

乃欲人非人矣.

◆ 20:

〔자기 능력의〕 한계를 넘는 일을 지혜로운 사람은 맡지 않습니다.

踰分之任, 智者毋負.

맡을 수 없는 일을 맡게 된다면, 또한 맡을 수 있는 일마저 못하게 됩니다.

負所不能任者, 並失其所能任者焉.

당신이 혹시 포로가 되어 당신의 몸을 팔아서 종이 되었다면, 얼마나 수치스럽고 분통하며 원망스런 일이겠습니까?

爾或爲虜, 賣爾身爲奴, 何等羞慚憤恨?

〔그러나 자유로운〕 당신들은 스스로 자신의 마음을 외물 때문에 부림을 당하게 하고 그것들에 구속되어서 고초를 당하면서도, 〔당신들은〕 바로 희희낙락거릴 것입니다!

爾將自己心役役於物, 束縛苦楚, 而乃熙熙乎哉!

◆ 21:

『(주)역』(易)에 통달하여 〔그것을〕 잘 풀더니 갑자기 사람들을 오만하게 대하며, 간혹 자신의 능력을 과장하는 사람이 있다면, 당신들은 그런 말을 듣고는 이렇게 조용히 말할 것입니다:

有人通易善解, 輒以敖人, 或自誇其能, 爾聞之, 默曰:

"복희씨(伏羲氏)[13]로 하여금 '본성'(性)과 '천명'(命)의 이치를 밝히어 드러내게 한 것이지, 괘사(卦辭)와 효사(爻辭)에 그 (性命)의 의

13) 伏羲氏는 『易』의 괘를 처음으로 그렸다고 전해지는 중국 고대의 신화적 인물이다.

미를 온축시켜 놓은 것이 아니다. 이 사람은 스스로를 자랑하고 뽐낼 것이 없다."

"使伏羲氏明著性命之理, 不以卦爻蘊蓄其旨. 此人將無以自誇詡焉."

그렇지만, 유학을 공부하고자 하는 사람은 '본성'과 천명'의 이치를 찾습니다.

然, 有人欲學儒, 則慕性命之理.

그것을 마음으로 분명히 이해하려 하고, 몸으로는 그것을 실천하려고 합니다.

心將明之, 身將行之.

옛날 중국의 선철(先哲)들을 살펴보면, 누가 '성명'(性命)에 대해서 잘 설명하였습니까?

且稽古中國先進, 孰善說性命?

사람들을 놓고 보면, 〔선철들 중에〕 문왕, 주공, 공자만한 사람이 없으며, 학설로는 『역』보다 더 잘 된 것이 없다고 들었습니다.

顧聞: '其人, 莫如文王 · 周公 · 仲尼, 其說, 莫辨于易.'

『역』을 가져다 읽어 볼 때, 읽어도 이해되지 못하면, 곧 이해할 수 있는 사람에게 자문을 구해 끝까지 물어 보아서, 그렇게 하는 것으로 끝나면 될 뿐입니다.

卽取易讀之, 讀之未達, 卽詢能解之者, 而窮叩之, 止于是.

〔따라서〕 그 〔역술가〕들이 하는 일이 귀중한 것이 아닙니다.

其所事, 無貴矣.

이해하고 나서 힘써서 실천하는 것, 이것이 바로 귀중한 것입니다.

旣解達而能力行, 是乃貴焉.

만일 단지 문장이나 외우고 미묘한 뜻이나 드러내려 한다면, 이것은 유학자가 되려고 도모하다가 〔결국〕 배우(광대)가 되고 마는 꼴인 것입니다!

如徒誦其文, 而揚其微義, 是圖爲儒而成優伶[14]乎!

〔광대들이〕 노래 책들 대신에 다만 『역』을 쓰는 것일 뿐입니다.

惟用易, 代樂府[15]耳.

사람들이 우리들에게 『역』에 대한 강의를 요구하는 경우를 당하면, 마땅히 자신들이 그 (易의) 말씀을 실천하지 못하는 것을 더욱더 부끄러워해야 합니다.

夫見人從我求易之講, 當愈恥己之不能行其言也.

하물며 거만하며 우쭐할 수 있겠습니까?

況敖誇乎哉?

◆ 22:

소인배들과 사귈 때, 당신들은 — 마치 길을 갈 때 못을 밟아 발을 다치지 않을까 경계하는 것처럼 — 당신들의 〔소인들의〕 해치려는 마음을 신중하게 경계해야 합니다.

交於小人, 爾愼戒賊心, 如行路戒踏釘失足焉.

더러운 오물과 함께 하면 〔자신이〕 스스로 더럽혀지지 않을 수 없습니다.

相互於穢物, 無不自浼也.

그러므로 음란한 일을 얘기하는 사람을 만났을 때, 당신은 그의 말을 돌려서 바꾸어서 담론을 깨끗하게 해 줄 만한 도리를 혹 가지고 있거나,

故遘譚淫事者, 汝或有道, 以移易其譚, 以潔論也;

---

14) 優伶은 배우, 광대를 의미한다.

15) 樂府는 漢代에 가사 악률을 제정하기 위해 마련한 부서이다. 그러나 지금 이 구절에서 樂府는 전통적으로 주어진 음악 체제에 따라서 지어진 詩歌들을 말한다.

그렇지 않다면, 얼굴을 붉히면서 이미 불쾌한 표정을 드러내 놓고 들어야 합니다.

否, 則以面之紅, 且現已弗悅, 聽之.

◆ 23:

당신을 비방하는 사람이 있을 때, '그 사람은 자기 스스로에게는 그것이 마땅한 행위라고 여기고 있다'는 것을 당신은 생각해야 합니다.

有毁謗爾, 爾想: '彼以是意爲其自所當爲'也.

사람들은 각각 〔자기의〕 의사(意思)가 있는데, 어떻게 모두가 당신의 생각과 합치될 수 있겠습니까?

人各有意, 孰能皆與爾翕歟?

그러나 그런 〔서로 합치할 수 없는〕 상태는 오직 〔각자〕 스스로의 오해이거나 스스로의 망녕된 생각일 뿐입니다.

然其狀, 惟自誤自妄耳,

당신〔의 실정〕과는 처음부터 무관한 것입니다.

於爾初無關矣.

비유컨대, 내가 이미 결혼했으리라고 의심하는 어떤 사람이 있을 수 있습니다. 그러나 〔실제로〕 나는 아직 미혼입니다.

譬有人疑我曾婚, 而我未婚.

그가 잘 모르는 것이 나〔의 실정〕에 무슨 해가 되겠습니까?

彼昧也, 於我曷傷乎?

그러므로 〔당신의 마음에〕 거스르는 사람을 만나게 되면, 당신은 이렇게 말하십시오:

則方遇忤逆者, 爾則曰:

"그가 이러한 생각을 갖는 것은 그로서는 마땅한 것입니다.

"彼以是意爲其自所當爲.

그래서 이상하게 여길 것이 없으니 남에게 화낼 일이 아닙니다."

則無詫異, 而不加嗔于人也."

예전에 우리 고향에 세 명의 훌륭한 선비가 있었습니다.

昔吾鄕有三善士.

〔이들은〕 길가에 앉아서 홀연히 무도한 사람들에게 매우 심한 욕과 비방을 당했습니다.

坐道旁, 忽被無道人詈訕極甚.

그 중 한 선비는 끝내 마음이 흔들리지 않았고, 다른 한 선비는 웃으면서 기뻐했으며, 또 다른 한 선비는 걱정하며 울었습니다.

其一士, 竟不動心; 一, 輾然喜; 一, 憂而泣焉.

마음이 분노에 움직이지 않는 이는 마음이 이미 안정되어서 외부〔의 영향〕에 얽매이지 않은 것입니다.

心不動忿者, 乃心已定, 無以外爲累也.

기뻐한 사람은 바로 자신에게 혹시 허물이 있었을 거라고 생각한 것입니다.

喜者乃思己或有愆.

그래서 다른 사람이 〔자신의 잘못을〕 알은 것을 기뻐하면서, 자신을 질책한 것입니다.

則喜人之知, 而我責也.

근심하며 운 사람은 바로 그 사람이 자신의 죄를 꾸짖는 것을 보고는 그를 불쌍히 여겨서 슬퍼한 것입니다.

憂而泣者, 乃視其詈己之罪, 矜而哀之也.

아아! 우리들은 〔저들 현인들에 비하면 매우〕 비루한 것입니다.

噫嘻! 吾儕陋焉.

무릇 〔우리들이〕 모욕을 받는 우환을 당하더라도, 만약 보복하려는 잘못에서 벗어날 수 있다면 또한 〔매우〕 다행한 일일 것입니다.

凡遇受辱之患, 茍免報復之戾, 且幸矣.

누가 우리의 죄를 욕하는 그를 가련하게 여길 여유가 있습니까?

孰暇憐其辱我之罪耶?

다른 사람의 덕으로 자신의 행동에 도움을 주고자 한다면, 언제나 〔바른 도리에〕 귀기울여야 합니다.

以人德裨己行, 常聞焉.

다른 사람의 못된 짓을 통해 자신의 덕을 키우는 것은 훌륭한 일일 것입니다!

以人慝增己德, 尙矣夫!

◆ 24:

군자는 자기 자신을 뻐기지 않습니다.

君子毋自伐.

스스로 뻐기는 사람은 실속이 없습니다.

自伐也者, 無實矣.

당신들이 학문하는 선비들 사이에 있다면, 학술적인 얘기는 적게 하시고 다만 몸으로 실천하면 됩니다.

爾在學士之間, 少譚學術, 只以身踐之, 可也.

만약 잔치 자리에 함께 앉았다면 모름지기 평가하고 따져서는 안 됩니다.

若同在筵, 不須評論.

현명한 사람은 잔치 자리에 있을 때 어떻게 하겠습니까?

賢者在筵, 何如?

마치 현자들이 이미 민중들의 실정에 따르듯이, 오직 마시고 먹을 뿐입니다.

惟飮食, 如賢者而已從衆之情.

〔그러나〕 몸에 이로운 것이 마음에는 해로운 것이 있습니다.

於形有利, 而於心有傷.

현자는 육신이 즐겁다고 해서, 씻어 내기 어려운 수치스런 일들에 마음을 빠뜨리지 않습니다.

賢者, 不: '以形之苟樂, 陷心于難洗之恥' 也.

덕행을 〔이론으로〕 따질 때는 마땅히 나이나 지위가 높은 분들에게 양보해야 합니다.

評論德行, 宜讓齒爵之尊.

〔그러나〕 도덕을 몸소 실천함에는 양보해서는 안 됩니다.

躬行道德, 無可讓者.16)

남들이 겸손하면 할수록 오히려 앞을 다투도록 더욱 힘써야 합니다.

人愈謙, 愈爭先也.

과묵하다는 이유로 당신을 나무라는 사람이 있다면 이렇게 말하십시오:

設因訒有譏爾, 曰:

"아시는 것이 없으면서도 당신은 〔말씀하시는 것을〕 기뻐하십니다.

"無知而爾喜之.

당신의 배움은 이미 〔당신의 말씀과〕 부합하십니다."

爾學已有符矣."

대개 양들이 배부르다는 표시는 풀을 토함으로써 말하는 것이 아닙

16) 리치의 이 구절은 당시 중국의 지식인들에게 『논어』의 다음 구절을 상기시켰을 것이다. "子曰: 當仁, 不讓於師.", 『論語』, 「衛靈公」(15:36) 편 참조.

니다.

蓋羊之示飽, 非哇草之謂也.

긴 양털이 젖에 가득 젖는 것으로 목동들은 이미 〔양의 배부름을〕 알아차립니다.

長絨充酪, 而牧已知矣.

◆ 25:

학문의 요체는, 첫째는 실천에 있습니다.

學之要處, 第一在乎作用.

일을 〔몸소〕 실천한다면, 옳지 못한 것은 하지 않습니다.

若行事之, 不爲非也.

둘째는 토론으로써 〔올바름을〕 증명하는 데 있으니, 〔도리가〕 '아니'〔非〕라면 실천해서는 안 됩니다.

第二在乎討論以徵, 非之不可爲也.

셋째는 옳고 그름을 분명히 구별하는 데 있습니다.

第三在乎明辯是非也.

그래서 셋째 〔요체〕는 둘째 〔요체〕를 실천하는 근거요, 둘째 〔요체〕는 첫째 〔요체〕를 실천하는 근거입니다.

則第三, 所以爲第二; 第二, 所以爲第一.

마땅히 중심이 되고 지극한 것은 첫째 〔요체〕에 있습니다.

所宜爲主爲止極, 乃在第一耳.

〔그러나〕 우리들은 이와 반대로 평생을 진창 속에서 질퍽거리고 있는 것입니까!

我曹反焉, 終身泥濡乎!

〔옳고 그름을 따지는〕 셋째 방식은 〔실천이라는〕 첫째 방식을 돌이켜보는 일이 없습니다.

第三面, 莫顧其第一矣.

행하는 바가 전부 〔도리가〕 아니면서, 그것을 〔오직〕 입으로만 비판하는 일을 해서는 안 됩니다.

所爲悉非也, 而口譚非之, 不可爲.

〔왜냐하면〕 고상한 소리가 집안에 가득하고 절묘한 논의들은 책들 속에도 그득하기 〔때문 입니〕다.

高聲滿堂, 妙議滿篇.

『기인십편』
(畸人十篇, 1608년)

마테오 리치 저술〔利瑪竇 述〕
후배 왕여순 교감〔後學, 汪汝淳 較梓〕

송영배(宋榮培) 역주

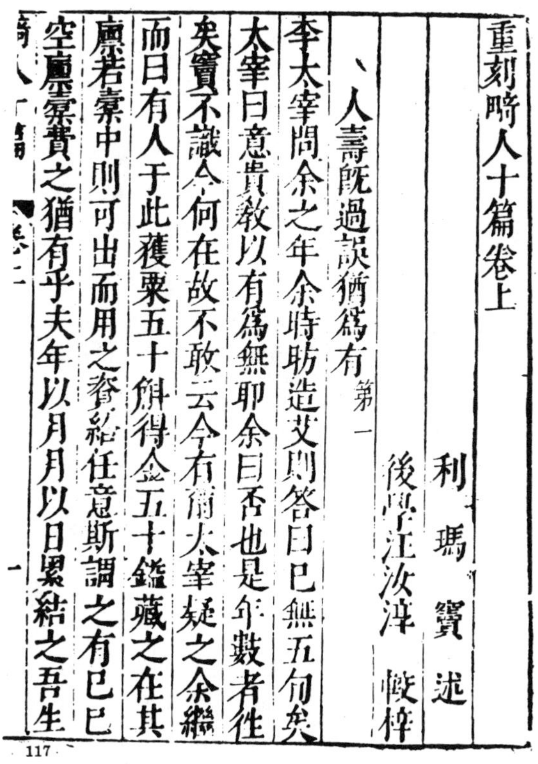
重刻畸人十篇卷上
利瑪竇 述
後學汪汝淳 較梓
人壽旣過誤猶爲有 第一
李太宰問余之年余時昉造艾則答曰已無五旬矣
太宰曰意貴教以有爲無耶余曰否也是年數者往
矣竇不識今何在故不敢云今有爾太宰疑之余繼
而曰有人于此穫粟五十斛得金五十鎰藏之在其
廩若橐中則可出而用之資給任意斯謂之有已已
空廩空橐費之猶有乎夫年以月月以日累結之吾生

『기인십편』: 畸人은 '별난 사람'이다. "'별난 사람'은 사람들에게는 별나지만, 하늘과 합치한다"(畸人者, 畸於人, 而侔於天.)라는『莊子』,「大宗師」편에서 인용되었다.

『기인십편』 재판 상권〔重刻畸人十篇卷上〕

마테오 리치 저술〔利瑪竇 述〕

후배 왕여순 교감〔後學, 汪汝淳 較梓〕

제 1 편

사람의 나이는 이미 지나가 버렸으나 아직도 있다고 잘못 알고 있음

第一: 人壽旣過, 誤猶爲有

◆ 1-1:

이부상서(吏部尙書)인 이(李) 선생이 제[2] 나이를 물었습니다:

李太宰[1]問余之年.

저는 그 때 막 쉰 살이 되었기에 “이미 오십 〔년〕이 없어졌습니다.” 라고 대답했습니다.

余時昉造艾[3], 則答曰: “已無五旬矣.”

이부상서가 말했습니다:

“(당신의) 천주교에서는 ‘있는 것’〔有〕을 ‘없는 것’〔無〕이라고 여깁니까?”

太宰曰: “意貴教以有爲無耶?”

◆ 1-2:

제가 대답했습니다:

---

1) 太宰는 宰라고도 부른다. 宰는 吏部尙書, 즉 현재의 내무부장관에 해당되는 관직이다. 李太宰는 李戴이다. 字는 仁夫이고 延津 출신이다. 明나라 穆宗 隆慶 2년(1568)에 進士에 급제하였고, 神宗 때에 지방의 知縣을 거쳐서 吏部尙書까지 승진하였다. 林東陽, 「有關利瑪竇所著天主實義與畸人十篇的幾個問題」, 『大陸雜誌』, 第五十六卷 第一期, 28쪽 참조.

2) 『畸人十篇』에서 ‘저’라는 일인칭은 몇몇 인용문의 경우를 제외하고는 모두 마테오 리치 자신을 가리킨다.

3) “쉰 살을 艾라고 한다”(五十曰: 艾), 『禮記』, 「曲禮」 참조.

"아닙니다. 이 나이의 햇수는 지나 가 버린 것입니다.

余曰: "否也. 是年數者往矣,

저는 〔그 햇수가〕 지금 어디에 있는지 모릅니다. 그래서 감히 '지금 있다' 고 말하지 못하는 것입니다."

竇不識今何在. 故不敢云: '今有' 爾."

이부상서가 의아하게 생각하기에, 저는 계속해서 말했습니다:

太宰疑之, 余繼而曰:

"여기 어떤 사람이 곡식 오십 곡(斛)[4]과 황금 오십 일(鎰)[5]을 얻었다고 합시다.

"有人于此, 獲粟五十斛, 得金五十鎰.

그것을 마치 자기의 자루 속에 넣어 둔 것처럼 곳간에 두었다면, 그것을 〔언제나〕 꺼내서 쓸 수 있습니다.

藏之在其廩若橐中, 則可出而用之.

마음대로 쓸 수 있다면 이것은 '있다'〔有〕고 할 수 있습니다. 〔그러나〕 이미 곳간과 자루가 텅 비도록 써 버렸는데도 '있다' 고 할 수 있습니까?

資給任意, 斯謂之有已. 已空廩橐, 費之, 猶有乎?

무릇 〔한〕 해는 달이, 〔한〕 달은 날이 쌓여서 이루어진 것입니다.

夫年以月, 月以日, 累結之.

우리들이 세상에서 하루를 살고 나면, 해는 돌아서 이미 땅 속으로 들어갑니다.

吾生世一日, 日輪旣入地,

---

4) 斛은 열 말이다.

5) 鎰은 무게의 단위로서 24냥(兩)이다. 또한 일설에 따르면 20兩이라고도 한다. 1兩은 24銖이다.

그렇다면, 해와 달과 우리의 수명은 모두 하루씩 줄어든 것입니다.

則年與月與吾壽, 悉減一日也.

〔한〕 달이 그믐이 되고, 〔한〕 해가 겨울이 되는 것 역시 이와 같습니다.

月至晦, 年至冬, 亦如是.

저는 그래서 날도 없고 해도 없다고 하는 것입니다. 육신은 날로 자라나지만 수명은 날로 줄어드는 것입니다.

吾斯無日無年焉. 身日長而命日消矣.

세월이 이미 가 버렸다면, 있다고 말하는 것이 잘못입니까? 없다고 말하는 것이 잘못입니까?"

年歲已過. 云: 有, 謬耶? 云: 無, 謬耶?"

◆ 1-3:

이부상서는 먼저 말한 제 대답의 뜻을 깨닫고는 몹시 기뻐하며 말했습니다:

太宰惺余先答之意, 大悅曰:

"그렇습니다. 세월이 이미 가 버렸으니, 정말 있다고 말할 수 없는 것입니다!"

"然, 歲旣逝, 誠不可謂有與!"

◆ 1-4:

제가 또 말했습니다:

"만일 어떤 사람이 황금 몇 일(鎰)과 곡식 몇 곡(斛)을 얻게 되었다고 합시다.

余又曰: "苟有人焉, 獲金幾許鎰, 粟幾許斛.

그것을 베나 비단, 여러 도구들과 바꿔서, 스스로 살아 나갔고 노인네와 어린 자식들의 양육에 써 버렸습니다.

用之易布帛什器, 以自養, 養老慈幼.

없어졌으면 곧 '없는 것' 인데 아직도 '있다' 고 할 수 있습니까?

無卽無矣, 猶可爲有焉?

만약 그것을 노름질하여 던져 버렸거나 혹은 골짜기에 내버렸거나 엉뚱한 사람에게 주었다면, 이것은 없어져 버린 것이요 정말로 없는 것입니다.

若呼盧[6]擲去之, 或委諸壑, 或與之非其人也, 是無爲眞無矣.

안타깝습니다! 저는 이미 가 버린 세월 동안에 나라를 다스리는 데 아무런 공로가 없고, 가정은 꾸려 본 일이 없고, 자신의 덕조차 〔제대로〕 닦지를 못했습니다.

惜乎! 竇已往之年, 於國治無功, 於家政無營, 於身德無修.

이 세월들이 이미 쓰여졌지만 헛되게 써 버렸으니, 지금 남아 있지 않아서 정말 〔그 세월들은〕 없는 것입니다.

是年時已用, 徒用也, 則今無而誠無之矣.

저더러 도리어 거짓으로 있다고 말하게 하시렵니까?"

令我僞云猶有乎?"

◆ 1-5:

이부상서가 말했습니다:

"아! 당신은 어떻게 그런 겸손의 말씀을 하십니까?

太宰曰: "噫! 子何言之謙也?

〔사람들이〕 세월만 헛되이 보내고 아무 것도 한 일이 없다고 여긴다

6) '呼盧喝雉' 는 고대에 행해졌던 노름의 일종이다. 앞뒤를 흑백으로 칠하고 한 면에는 소, 다른 한 면에는 꿩을 그린 다섯 매의 골패를 가지고, 다섯 매를 던져서 모두가 '검은 쪽' 이 나오는 것을 '盧' 라고 했고, '검은 쪽' 이 네 매, '흰 쪽' 이 한 매가 나오는 것을 '雉' 라고 했다. 골패를 던지면서 소리쳐 외쳤기 때문에 이 노름을 '呼盧喝雉' 라고 불렀다.

면, 이전에 살아온 세월은 〔진실로〕 없는 셈일 것입니다!

以爲徒過光陰[7]無所事事, 無前壽矣!

〔그러나〕 세상의 어리석은 사람은 어려서부터 늙을 때까지 '하늘'〔天〕을 모독하며 사람들에게 해를 끼치며 자기 자신을 더럽히고 있을 뿐입니다.

世有不肖子, 從少臻耄. 侮天耳, 害人耳, 汚己耳.

'하늘'은 자비를 크게 베풀어서 그들에게 수명을 더 늘려 주어서 그들이 행동을 고치기를 바랍니다.

天大慈, 更益之以壽, 望其改行.

그러나 그들은 도리어 그것으로 잘못을 더 많이 저지르고 있습니다.

而彼反用之增愆也.

자신이 장차 죽을 때가 되면 살아온 햇수와 〔누적된〕 악행이 같아지니, 위태롭습니다!

迨身將斃, 則年數與惡積等焉, 殆哉!

당신이 말하는 사람의 수명은 있는 것입니까? 없는 것입니까?"

子言之其壽, 有乎? 無乎?"

◆ 1-6:

제가 말했습니다:

"태어나지 않은 것만 못합니다."

余曰: "不如未生矣."

◆ 1-7:

잠시 뒤에 이부상서는 마루에서 자리를 고쳐 앉으며 여러 친척들을 보고는 〔저와 함께〕 앞서 묻고 대답한 것에 대해서 이렇게 말하였습니

7) 光陰은 시간, 세월을 의미한다. "光陰可惜, 譬諸流水", 『顔氏家訓』, 「勉學」 참조.

다:

既而太宰易席于堂. 見其諸戚, 述前問答語曰:

“무릇 서양 학교의 진실된 학문은 행실에 큰 보탬이 된다.

“夫西庠實學, 大獲裨於行.

너희들은 그것을 탐구하여 잊지 않도록 해라.

汝儕當繹之, 勿忘矣.

아! 시간의 본성은 영원히 흐르는 것이어서 멈추게 할 수 없는 것이다.

嗚呼! 時之性永流, 而不可留止焉.

가 버린 과거의 세월은 있다고 할 수 없으니, 하물며 아직 오지 않은 미래의 시간이야!”

已往年不爲有, 矧未之來與!”

◆ 1-8:

저는 옛날에 『일귀잠』(日晷箴)[8] 지어 말했습니다:

余故爲日晷箴曰:

“가 버린 시간은 이미 지나가 버렸으니 좇아갈 수 없고, 미래의 시간은 아직 오지 않았으니 맞아들일 수 없다.”

“時之往者, 已去而不可追. 時之來者, 未至而不可迎.”

◆ 1-9:

시간이란 어디에 있습니까?

時者何在?

〔시간은〕 눈앞에서 작은 틈새를 뛰어넘어 가는 흰 망아지처럼 〔빠르게 지나가니〕,[9] 수양을 하고 〔할 일을〕 해야 합니다.

---

8) 日晷箴은 저녁에 하루를 반성하며 쓰는 글을 말한다.

惟目下過隙白駒, 可修可爲.

이 〔시간〕을 이용하여 무익한 일을 한다면, 유익한 일은 언제 하겠습니까?

藉如用此, 以作無益, 則有益者, 待何時乎?

잃어버린 물건은 노력하면 찾을 수도 있고, 다시 부지런히 하면 보충할 수도 있습니다. 오직 시간만은 그렇지 않습니다.

凡物之失, 以力可追, 復以勤可裨補. 惟時者否也.

오늘이 한 번 가 버리고 오는 날이 많아질수록 오늘은 더욱 멀어집니다. 어찌 다시 돌이킬 수 있겠습니까?

今日一去, 來日益多, 今日益遠矣. 胡能復廻乎?

내일의 하루는 그 힘이 내일의 일을 하기에 겨우 족할 따름입니다.

來日之日, 力僅足來日之事爲耳.

어찌 잃어버린 오늘의 시간을 보충할 여유가 있겠습니까?

胡有餘以補今日之失乎?

이미 봄이 왔으면, 농부는 잃어버린 겨울의 시간을 보충할 수 없습니다.

春已至, 農不得補冬之失.

이미 늙어 버리면, 사람은 젊은 날의 잃어버린 시간을 보충할 수 없습니다.

時老已至, 人不得補少年之失時也.

그러므로 헛되이 보내도 좋은 시간은 없습니다.

故無時可徒費焉.

우리들의 소유이면서 마음대로 쓸 수 있는 것 중에 우리들의 나이만한 것이 없습니다.

---

9) "人生天地之間, 若白駒之過郤, 忽然而已.", 『莊子』, 「知北遊」 참조.

夫物之爲我有, 而便于用者, 無如吾之年.

나이는 우리들 자신과 함께 태어나고 함께 죽는 것입니다.

年者與我同生同死.

누구도 그것을 억지로 빼앗아 갈 수는 없습니다.

無人能强脫之.

시간은 우리를 따라오지 않음이 없고, 공간은 우리 좌우에 있지 않음이 없습니다.

無時不我隨, 無處不我左右矣.

지혜로운 사람은 날〔세월〕을 알기에, 날〔세월〕이 큰 보배임을 아는 것입니다.

智者知日也, 知日之爲大寶矣.

단 하루 한 순간이라도 차마 헛되이 버릴 수는 없는 것입니다.

一日一辰, 猶不忍空棄也.

◆ 1-10:

예전에 우리 마을에 한 선비가 있었습니다.

昔日吾鄕年〔里〕[10]有一士.

〔그는〕 항상 묵묵히 천주를 칭송하여 드높일 것을 생각하며 일을 할 때 그〔천주〕의 뜻에 부합하도록 힘썼지만, 속세의 일들에서 벗어날 수가 없었습니다.

常默思對越[11]天主. 務以行事仰合其旨, 不得爲俗事所脫.

하루는 일을 하다가 갑자기 멍해지면서 한 순간 할 일을 잊고 아무 생각도 하지 않았습니다.

10) 문맥으로 보아 '年'은 '里'가 되어야 한다.

11) '對越'은 '칭송하여 드높인다'는 의미이다. "濟濟多士, 秉文之德, 對越在天, 駿奔走在廟.", 『詩』, 「周頌, 淸廟」 참조.

一日値事, 急茫然一辰, 忘而勿思.

얼마 후 열심히 반성하고는 곧 후회하며 이렇게 탄식하였습니다:

旣而猛省, 卽悔歎曰:

'아아! 한 순간이라도 천주를 생각하지 않는다면 짐승이나 마찬가지다!'

'嗟嗟! 盡一辰, 弗念天主, 如禽獸焉!'

이 선비는 한 순간이라도 도(道)를 생각하지 않은 것에 대해 자신이 이미 된 것으로 생각하여 마음 아파했던 것입니다.

玆士一辰不思道, 咤[12]已爲禽獸.

◆ 1-11:

어떤 사람이 하루 종일 이런 〔도리를 추구하는〕 생각 없이 한 해를 잊고 지냈습니다.

有人, 終日無是念, 期年忘之.

〔그는〕 이미 풀이나 나무, 흙이나 돌 〔같은 微物〕이 된 것이니 어찌 〔자신을〕 꾸짖지 않을 수 있겠습니까?

奚不詈已爲草木土石乎哉!

지인(至人)은 짧은 시간도 보석처럼 소중하게 생각하고, 늘 시간이 짧다고 느낍니다.

至人者惟寸景是寶, 而恒覺日如短焉.

어리석은 자는 마음 쓰는 바 없이 장난치고 노는 것을 찾아다니며 날을 보냅니다.

愚人無所用心, 則覓戱玩以遣日.

우리에게 세월은 쉬라고 주어진 것이 아닌데도, 도리어 일을 줄여가면서 한가롭게 즐기며 놀면서 세월을 보낼 수가 있습니까?

12) 咤는 "마음 아프게 여긴다"라는 의미이다.

我日不暇給, 猶將減事以就日也. 暇嬉游哉?

진실한 마음으로 도리에 힘쓰는 사람은 자신을 나그네라고 생각합니다.

實心務道者, 視己如行旅.

진귀한 패물을 품고 광야를 달리다가, 갑자기 날이 저물어 어두워져 캄캄해지면 길을 알아볼 수 없습니다.

懷珍貝走曠野, 俄日暮昏黑而不識路.

또한 편안히 쉴 수 있는 곳이 멀리 있는지 가까이 있는지 알 수 없습니다.

又不知安宿處, 遠耶近耶.

이런 때에 느긋하게 천천히 갈 수 있겠습니까? 마음에 경계를 하고 신중하지 않을 수 있겠습니까?

是時, 可緩行乎? 可不戒心勤愼乎?

무릇 시간은 본래 상서롭지 못한 것도 없으며 헛되이 없어져 버리는 일도 없습니다.

夫日本無不祥, 無空亡.

무릇 당신의 허물을 줄이거나 덕성을 키워 나가는 데 쓰지 않는 시간이 있다면, 바로 그런 시간이 상서롭지 못한 시간이며, 허비하여 없어진 시간이라고 말할 수 있을 뿐입니다.

凡有日不聊用寡汝過. 不聊用長汝德, 卽此日也, 可謂: 日之不祥, 日之空亡耳.

보통 사람들은 재물을 쓸 때 급한 곳에 쓰고자 하여 항상 스스로 재물 〔쓰는 것〕을 아깝게 여깁니다.

常人爲財, 有急用, 恒自惜財.

'올바른 선비'〔君子〕는 시간을 쓸 때 올바르게 쓰고 항상 스스로 시간을 아깝게 여깁니다.

君子爲日, 有正用, 恒自惜日.

아! 〔하지만〕 세상의 속인들 중에 누가 시간을 중시합니까?

嗚呼! 世人孰有重視時?

누가 단 하루라도 가볍게 여기지 않고 쉽게 내버리지 않습니까?

孰不輕一日容易棄擲焉?

그러니 하룻동안 쌓은 공으로 우리들은 무한한 선을 이룰 수 있고 셀 수 없는 잘못에서 벗어날 수 있다는 것을 〔저들이〕 어떻게 알겠습니까? 한심합니다!

而烏知一日之功, 吾可致無盡善, 可免無量愆? 鄙哉!

◆ 1-12:

거미라는 곤충은 평생토록 정교하게 거미줄을 칩니다.

蜘蛛之爲蟲也, 終身巧織.

그물을 가늘고 촘촘하게 쳐놓고 모기나 등에를 잡으려 하지만, 〔그물은〕 자주 바람에 흩날려 부서지곤 합니다.

張細罟, 羅蚊虻, 而數爲風所散壞也.

사람들이 평생토록 천박하고 미천한 일에 힘쓰다가 이루지 못하는 것이 이와 무엇이 다릅니까?

人有終生務淺微事, 而猶不得遂, 何異此乎?

세상의 일이나 물건은 우리가 물리치거나 붙잡아 둘 수 없는 것입니다.

夫世事世物, 吾不可郤, 亦不可留.

그러므로 현명한 사람은 그런 것들에 마음을 〔잠시〕 빌려 주지만, 어리석은 사람은 마음을 그런 것들에 〔아예〕 주어 버립니다.

故賢者借心焉, 不肖者贈心焉.

빌려 주는 것은 잠시 맡기고 있는 것이나, 주어 버렸다면 〔이미〕 자신의 소유가 아닙니다.

借者暫寄, 贈卽非吾有矣.

아! 속세의 사람들은 어찌 그렇게 크게 잘못을 저지르고 있는 것입니까?

吁! 世之人, 何大悞也?

〔그들은〕 새벽부터 저녁까지 세속의 일에 바쁩니다.

晨夕亟于俗情.

만약 도덕이나 마음을 단속하고 행실을 닦는 일을 논의하게 되면, 바로 이렇게 말합니다:

若論及: 道德, 檢心, 修行事, 便曰:

〔도덕과 수신은〕 '지극히 좋은 것이고 지극히 중요하다. 단지 나는 겨를이 없을 뿐이다.'

'至善也, 至重也. 第吾不暇耳.'

지극히 좋은 것도 아니고 지극히 중요한 것도 아닌 일을 할 때는 여유가 있습니다.

處不至善, 不至重, 則暇.

지극히 좋고 또 중요한 것을 실천하는 데에 이르게 되면, 바로 '겨를이 없다' 고 말합니다. 〔이것은〕 미친 짓 아닙니까!

迄爲至善且重者, 卽曰不暇. 非猖狂哉!

사람들이 아무리 급한 일을 하더라도 날마다 두세 끼 밥을 먹지 않은 경우는 없습니다.

人縱有甚急事, 未嘗不日日刦冗再三食也.

〔밥 먹을〕 '여가가 없다' 고 하는 말은 들어 본 적이 없습니다.

未聞曰: '不暇' 矣.

육신을 기르는 일이라면, 일하는 사이사이에도 오히려 틈을 내서 반드시 이와 같이 열심히 합니다.

以養身, 必却冗于事隙, 如此其勤焉.

〔하지만〕 마음을 기르는 일도 〔그렇게 열심히〕 할 수 없겠습니까?

以養心, 不能乎?

마음을 기르고 덕을 찾는 일을 하면서, 도리어 당신이 그런 일하는 틈새에 게으름까지 부린다면, 또한 얼굴을 붉히고 많이 부끄러워해야 할 것입니다.

爲養心求德,[13)] 汝却冗於事隙, 亦足靦赧甚矣.

하물며, 추구한다고 해도 〔반드시〕 얻지 못하는 것〔즉 세속의 부나 권력 등등〕들이란 〔무엇을 더 말할 나위가 있겠습니까?〕

矧求而不得之與?

애통합니다! 애통합니다!

痛哉! 痛哉!

13) 문맥상 〈德求〉는 〈求德〉으로 바로 잡아야함.

제 2 편

사람은 현세에 잠시 머물다 갈 뿐이다

第二: 人於今世, 惟僑寓耳*

◆ 2-1:

큰 학자이신 풍(馮)[1] 선생이 저에게 물었습니다:

馮大宗伯問余曰:

"제가 보건대 하늘과 땅 사이에 사람만이 가장 존귀하여 동물〔鳥獸〕과 비교가 되지 않습니다. 그러므로 '사람은 하늘 및 땅과 셋을 이룬다.'〔人參天地〕고 합니다.[2]

吾觀天地萬物之間, 惟人最貴, 非鳥獸比. 故謂人參天地.

그러나 제가 동물을 다시 살펴보니, 그 실상은 사람과 비교해 보면 도리어 스스로 편안해 하고 있으니, 웬일입니까?

然吾復察鳥獸, 其情較人, 反爲自適, 何者?

---

* 『畸人十篇』의 제2편은 『天主實義』의 제3편의 초반부와 내용이 일치하기 때문에, 『天主實義』 공역(서울대학교 출판부, 1999), 제3편의 해당 부분 참조.

1) 大宗伯, 또는 宗伯은, 사람들이 학문이 출중한 사람을 크게 존경하여 부르는 존칭으로, 즉 大師, '큰선생님'에 해당되는 말이다. 馮大宗伯은 林東陽에 의하면, 禮部尙書, 지금의 '문화 · 교육부 장관'에 해당하는 관직을 가졌던 馮琦(1558-1603)이다. 林東陽, 앞의 책, 제1편, 주 1 참조.

2) 董仲舒, 『春秋繁露』 卷第五十六, 「人副天數」 편 등 참조. 이 부분에서 중국 선비가 '天地'와 더불어 '人'의 가치를 높이 평가하고, '人參天地', 즉 "사람이 하늘 및 땅을 도와서 그들의 공능을 완성시킴으로써, 인간〔人〕은 天 · 地와 더불어 공능면에서 그들과 같아짐"을 강조하는 것은 바로 중국 선비인 馮琦가 중국 철학의 핵심적 인간관, 말하자면 인간 자신의 역할에 대한 주체적 자율적인 관념을 두드러지게 표현하고 있는 것이다.

동물은 갓 태어나면 즐거이 스스로 활동할 수 있습니다.

其方生也, 忻忻自能行動.

살 만한 곳으로 나아가고, 해로운 곳을 피합니다.

就其所養, 避其所傷.

〔동물의〕 몸에는 털이나 깃, 그리고 발톱이나 〔단단한〕 껍질〔甲殼〕을 갖추고 있어서, 의복이나 신발이 필요 없고 농사지을 필요도 없습니다.

身具毛羽爪甲, 不俟衣履, 不待稼穡.

〔동물은〕 창고에 저장물을 쌓아 두는 일도 없고, 취사(炊事)의 도구들도 없습니다. 먹이에 따라서 〔새끼들을〕 낳아 기를 수 있으며, 편한 대로 쉴 수 있습니다.

無倉廩之積藏, 無供爨之工器. 隨食可以育生, 隨便可以休息.

자연의 조화〔大造〕에서 즐겁게 노니니, 언제나 넉넉한 한가로움이 있습니다.

嬉遊大造, 而常有餘閑.

그들 사이에 '저네들'과 '우리들', '가난한 이'와 '부유한 이', 〔그리고〕 '높은 이'와 '낮은 이'의 차별이 어찌 있을 수 있겠습니까?

其間, 豈有彼我貧富尊卑之殊?

옳고 그름과 앞서고 뒤쳐짐이 어찌 있을 수 있겠습니까?

豈有可否先後?

공리와 명예에 대한 〔근심〕 걱정으로 자기 마음을 쓸 일이 있겠습니까?

功名之慮, 操其心哉?

〔그들은〕 기쁘게 이리 뛰고 저리 뛰며 날마다 자기 욕구를 좇을 뿐입니다.

熙熙逐逐, 日從其所欲爾矣.

〔그러나〕 사람이 태어날 때에는 어머니가 먼저 고통을 당합니다.

人之生也, 母先痛苦.

〔사람은〕 알몸으로 모태에서 나와서는, 입을 열어 먼저 우니, 세상에서 살아가는 어려움을 이미 스스로 아는 듯합니다.

赤身出胎, 開口便哭, 似已自知生世之難.

〔사람들은〕 처음 태어나면 약하여 걸음을 옮길 수 없습니다.

初生而弱, 步不能移.

세 해가 지나야 비로소 〔어머니의〕 품을 벗어납니다.[3)]

三春之後, 方免懷抱.

장년이 되어서는 각자가 해야 할 일이 있으니 괴롭고 힘들지 않은 것이 없습니다.

壯則各有所後〔役〕,[4)] 無不苦勞.

농부는 사철 이랑에서 흙을 뒤적입니다.

農夫, 四時反土于畎畝.

장사꾼〔客商〕들은 해를 넘기며 산이든 바다이든 〔모든 곳을〕 두루 지나다닙니다.

客旅, 經年徧度于山海.

수많은 장인〔工匠〕들은 팔다리를 부지런히 놀리지 않을 때가 없습니다.

百工, 無時不勤動手足.

지식인들은 밤낮으로 정신을 다그치고 생각을 다해야 합니다.

士人, 晝夜劇神殫思焉.

---

3) 이 표현은 공자의 말씀을 상기시킨다. "子生三年, 然後免於父母之懷." 『論語』, 「陽貨」(17:21) 참조.

4) 문맥으로 볼 때 '後'는 '役'이 되어야 한다.

이른바 '군자(君子)는 마음을 수고롭게 하고, 소인(小人)은 몸을 수고롭게 한다'는 것입니다.[5)]

所謂 '君子勞心, 小人勞力' 者也.

◆ 2-2:

쉰 살의 나이는 50년의 고통입니다.

五旬之壽, 五旬之苦.

한 몸에 〔생기는〕 질병과 같은 것이 어찌 백 가지뿐이겠습니까?

至如一身疾病, 何啻百端?

일찍이 의학 책을 보니 눈 하나의 병에 300여 개의 병명이 있었습니다.

嘗觀醫家之書, 一目之病三百餘名.

하물며 이 몸 전체를 통틀어 보면 또한 〔다〕 헤아릴 수 있겠습니까?

況罄此全體, 又可勝計乎?

그런 병들을 다스리는 약들은 대부분 입에 씁니다.

其治病之藥, 大都苦口.

곧 우주 사이에, 크고 작은 벌레나 짐승들은 〔어느 것을〕 가릴 것 없이, 자기의 독이 든 〔신체〕 기관을 멋대로 써서, 사람을 해칠 수 있음을 서로 혈맹으로 다짐하듯이 합니다.

卽宇宙之間, 不論大小蟲畜, 肆其毒具, 往爲人害, 如相盟詛.

한 치〔寸〕에 지나지 않는 〔작은〕 벌레도 아홉 자〔尺〕나 되는 거구(巨軀)를 충분히 해칠 수 있습니다.

不過一寸之蟲, 足殘九尺之軀.

◆ 2-3:

사람 사이에도 또한 서로 해치는 일이 있습니다.

---

5) "君子勞心, 小人勞力.", 『孟子』, 「藤文公」上 참조.

人類之中, 又有相害.

흉악한 무기를 만들어 다른 사람의 팔다리를 자르고, 다른 사람의 몸뚱이를 끊어 버립니다.

作爲凶器, 斷人手足, 截人肢體.

비명(非命)에 간 죽음은 대부분 사람들이 해친 것입니다.

非命之死, 多是人戕.

〔그럼에도〕 오늘날의 사람들은 오히려 옛날의 무기가 예리하지 못함을 싫어해서, 밤잠을 못 이루고 뒤척거리며 더욱 맹렬하게 새 무기를 만들고자 애씁니다.

今人猶嫌古之武不利, 則更謀新者, 展轉益烈.

심지어는 〔죽은 자〕들이 "들판에 가득 차고 도성 안에 가득 차니,"[6] 〔사람을〕 죽이고 〔남의 나라를〕 정벌하는 일이 그치지 아니합니다.

甚至盈野盈城, 殺伐不已.

◆ 2-4:

〔우리가〕 설령 태평한 시대를 만났다 해도, 어느 집안인들 완전 무결하겠습니까?

縱遇太平之世, 何家成全無缺.

재화는 있으나 자손이 없고, 자손은 있으나 재능이 없고, 재능은 있으나 몸이 편안하지 못하고, 안락하고 편안하지만 권세가 없습니다.

有財貨而無子孫, 有子孫而無才能, 有才能而身無安逸, 有安逸而無權勢.

그러하니 〔사람들은〕 어느 경우든 부족하고 못났다고 스스로 말합니다.

則每自謂虧醜.

---

6) "爭地以戰, 殺人盈野. 爭城以戰, 殺人盈城.", 『孟子』, 「離婁」上(7:14)에서 인용된 표현이다.

지극히 큰 기쁨이나 즐거움이라도 〔아주〕 작은 불행 때문에 없어져 버리는 일이 자주 있습니다.

極大喜樂而爲小不幸所泯, 蓋屢有之.

〔사람은〕 종신토록 걱정이 많다가, 마침내는 큰 걱정이 이어지고 결말이 나서 죽음에 이르게 됩니다. 몸이 흙 속에 들어가는 것을 피할 수 있는 사람은 없습니다.

終身多愁, 終爲大愁所承結, 以至于死. 身入土中, 莫之能逃.

◆ 2-5:

그러므로 옛 현인이 그 아들에게 계명으로 〔다음과 같이〕 말했습니다:

故古賢有戒其子者, 曰:

'너는 자신을 속이지 말고,
너는 마음을 몽매하게 하지 말라.
사람들은 오직 무덤으로 다투어 가는 것이다.'

'爾勿欺己, 爾勿昧心! 人所競往, 惟于墳墓.'

〔이 말씀처럼〕 우리들은 살고 있는 것이 아닙니다. 도리어 늘 죽어 가고 있습니다.

吾曹非生. 是乃常死.

세상에 나온 처음에 죽음은 시작합니다.

入世始起死.

'죽으면 〔모든 것이〕 끝장일 뿐이다.' 라고 말합니다.

曰: '死則了畢已.'

◆ 2-6:

〔한〕 달에 하루가 지나가면 우리〔의 삶〕은 하루가 줄어드니, 무덤으로 한 걸음 더 가까워지는 것입니다.

月過一日, 吾少一日, 近墓一步.

환난을 피할 수 없음을 항상 두려워하니, 언제인들 편안하겠습니까?

常畏所不得避患, 何時安乎?

이들은 다만 육신〔外〕의 고통을 하소연한 것일 뿐입니다. 마음〔內〕의 고통은 누가 〔그것을〕 감당할 수 있겠습니까?

夫此只訴其外苦耳. 其內苦, 誰能當之?

무릇 현세의 고통은 〔진짜〕 실제의 고통이지만, 그 쾌락은 거짓된 쾌락입니다. 현세의 수고로움과 번뇌는 언제나 있는 일이지만, 그 즐거움은 한정된 수량입니다.

凡世界之苦辛爲眞苦辛, 其快樂爲僞快樂. 其勞煩爲常事, 其娛樂爲有數.

하루의 근심을 10년이나 호소해도 다 끝나지 않는 것인데, 한 평생의 근심을 어찌 다 술회할 수 있겠습니까?

一日之患, 十載訴不盡, 則一生之憂事, 豈一生所能盡述乎?

◆ 2-7:

사람의 마음은 이 〔세상〕에서 사랑과 미움과 분노와 두려움의 네 가지 감정에 침해〔伐〕당합니다.

人心在此, 爲愛惡忿懼, 四情所伐.

비유하자면 높은 산에 있는 나무가 사방의 바람에 두들겨 맞는 것 같으니, 어느 때에 고요함을 얻을 수 있겠습니까?

譬樹在高山, 爲四方之風所鼓, 胡時得靜?

술과 여색에 빠지거나 공리나 명예에 현혹되거나, 재물이나 돈에 미혹되어 각자가 자신의 욕망에 이끌려 가니, 〔자신의〕 본분에 안존하며 〔분수〕 밖의 것을 추구하지 않는 사람이 누가 있습니까?

或溺酒色, 或惑功名, 或迷財貨, 各爲己欲所牽, 誰有安本分而不求外者?

비록 그들에게 넓은 천하와 만백성을 준다고 해도, 〔욕망의〕 만족을 멈추게 할 수 없으니, 〔참으로〕 어리석은 것입니다!

雖與之四海之廣, 屯民之衆, 不止足也, 愚矣!

◆ 2-8:

이렇다면 우리들은 아직 〔현세의〕 사람의 도리〔人道〕도 미처 깨닫지 못한 셈입니다. 하물며 다른 〔내세의〕 도리를 어찌 알 수 있겠습니까?

然則人之道, 人猶未曉, 況于他道?

이미 공자〔孔氏〕를 따르다가, 다시 노자〔老氏〕에 연유하며, 또 석가모니〔釋氏〕를 따르기도 하는데,[7] 어찌 천하의 인심을 이 세 가지 〔교파의〕 도리에로 잘라서 말할 수 있겠습니까?

而旣從孔氏, 復由老氏, 又從釋氏. 而折斷天下之心于三道也乎?

또다시 어느 호사가가 교파를 별도로 만들고 새로운 이론을 내놓으면, 오래지 아니하여 삼교(三敎)의 갈래는 틀림없이 3,000개의 가르침에 이르게 되어도, 그치지 않을 것입니다.

又有好事者, 別立門戶, 載以新說, 不久而三教之岐, 必至于三千教而不止矣.

비록 〔어느 교파가〕 스스로 이르기를 '〔우리의 도리가〕 옳은 도리다! 옳은 도리다!' 라고 말하지만, 세상의 도리는 날마다 더욱더 어긋나고 혼란스럽습니다.

雖自曰: "正道! 正道!" 而天下之道日益乖亂.

◆ 2-9:

윗사람이 아랫사람을 능멸하며, 아랫사람이 윗사람을 업신여기며, 아비는 난폭하고 자식은 〔부모를〕 거스르며, 군주와 신하가 서로 질시하고, 형과 아우가 서로 해치며, 지아비와 지어미의 사이가 서로 갈리

---

7) 여기서 馮琦가 '老子' 나 '孔子' 라는 極尊稱 대신에 상대적으로 평가 절하한 '老氏' 나 '孔氏' 라는 비칭을 쓰고 있음에 우리는 주의해 볼 필요가 있다.

고, 벗들이 서로를 속입니다.

上者陵下, 下者侮上, 父暴子逆, 君臣相忌, 兄弟相賊, 夫婦相離, 朋友相欺.

온 세상 사람들 모두가 속이고 아첨하며 거짓되고 허탄(虛誕)하게 되어서, '진실한 마음'을 회복할 수 없습니다.

滿世皆詐諂誑誕而無復眞心,

◆ 2-10:

아아 〔애석합니다〕! 진실로 세상 사람들을 보면, 마치 큰바다 가운데서 풍랑을 만나 배가 부서져 침몰되는데, 사람들이 파도 속에서 떠밀려 돌아다니고, 바다의 한 귀퉁이에서 떴다 가라앉았다 하지만, 서로가 자신의 어려움에만 급급하여 서로 〔남을〕 돌아보려고 하지 않는 것과 같습니다.

嗚呼! 誠視世民, 如: '大海中遇風濤, 舟舶壞溺, 而其人蕩漾波心, 沈浮海角, 且各急于己難, 莫肯相顧.'

어떤 이는 부서진 널빤지를 잡고 있거나, 썩은 돛대를 타고 있거나, 부서진 바구니를 끌어안고 있거나, 손에 닥치는 대로 꼭 쥐고서 버리지 않은 채, 서로 잇달아서 〔물에 빠져〕 죽어 가고 있으니, 참으로 애석합니다!

或執碎板, 或乘朽蓬, 或持敗籠, 隨手所値, 急操不捨, 而相繼以死, 良可惜也!

천주는 어떤 까닭으로 이 환난의 처소에 인간을 생겨나게 하였는지 모르겠습니다. 이렇다면 천주가 사람을 사랑함이 도리어 동물〔을 사랑함〕만도 못한 것 같습니다!"

不知天主何故生人于此患難之處. 則其愛人, 反似不如禽獸焉!"

◆ 2-11:

제가 이렇게 대답하여 말했습니다:

余答之曰:

“세상에는 이와 같이 환난들이 〔많이〕 있습니다.

世上有如此患難.

그러나 우리 〔인간〕들의 바보 같은 마음은 오히려 이 세상을 연모하고 사랑하여 〔마음에서〕 떼어 내 버리지 못합니다.

而吾癡心猶戀愛之, 不能割.

만약 〔이 세상이〕 편안하고 태평스럽다면, 〔인간들의 마음은〕 응당 어떻겠습니까?

使有寧泰, 當何如耶?

세상살이의 괴로움과 누추(陋醜)함이 이와 같이 극도에 이르렀지만, 세상 사람들〔의 마음〕은 혼미하고 어리석어서, 〔도리어〕 여기〔현세〕에서 큰일을 이루고자 합니다.

世態苦醜, 至如此極, 而世人昏愚, 欲于是爲大業.

농토를 개간하고 명성을 도모하며 오래 살기를 바라고 자손〔이 잘 되기〕를 꾀하고, 〔윗자리를〕 빼앗고 〔윗사람을〕 죽이며, 〔남의 나라를〕 공격하여 합병하는 등 하지 못하는 짓이 없으니, 어찌 위태롭지 않습니까?

闢田地, 圖名聲, 禱長壽, 謀子孫, 簒弑攻倂, 無所不爲. 豈不殆哉?

◆ 2-12:

옛날에 서양의 나라에 두 명의 유명한 현인이 있었습니다.

古西國有二聞賢.

한 사람은 헤라클레이토스〔黑蠟 B.C. 약 540-480〕라 불렸고, 한 사람은 데모크리토스〔德牧 B.C. 약 460-370〕라 불렸습니다.

一名黑蠟, 一名德牧.

헤라클레이토스는 항상 웃었고, 데모크리토스는 항상 울었습니다.

黑蠟恒笑, 德牧恒哭.

〔이들〕 모두가 세상 사람들이 헛된 사물을 좇는 것으로 보았기 때문입니다.

皆見世人之逐虛物也.

웃는 것은 그것을 비웃은 까닭이고, 우는 것은 그것을 불쌍히 여겼기 때문입니다.

笑因譏之, 哭因憐之耳.

◆ 2-13:

또한 멀지 않은 옛날〔近古〕의 어떤 나라의 풍습〔禮〕을 들은 적이 있는데, 오늘날에도 아직 남아 있는지 아닌지를 모르겠습니다.

又聞近古一國之禮, 不知今尙存否.

무릇 자식을 낳은 사람이 있으면, 친우들이 함께 그 집 문 앞에 이르러, 그 사람이 고통스럽고 수고로운 세상에 태어난 것을 울면서 조문했다고 합니다.

凡有產子者, 親友共至其門, 哭而弔之. 爲其人之生于苦勞世也.

〔또한〕 무릇 상(喪)을 당한 사람이 있으면, 그 집 문에 이르러, 그 사람이 고통스럽고 힘든 세상을 떠난 것을 풍악을 울리며 축하했다고 합니다.

凡有喪者, 至其門, 作樂賀之. 爲其人之去勞苦世也.

그렇다면, 태어남이 흉사(凶事)가 되고, 죽음이 길사(吉事)가 됩니다. 무릇 이런 것〔태도〕들이야 너무 심한 것이겠습니다.

則又以生爲凶, 以死爲吉焉. 夫夫也太甚矣.

그러나 〔그들은〕 현세의 실상〔즉 고뇌〕를 〔잘〕 통달했다고 말할 수 있습니다.

然而可謂達見世之情者也.

◆ 2-14:

현세라는 것은 사람의 세상이 아니라 동물들이 본래 거처하는 곳입니다. 이런 까닭에 이 곳에서 〔동물들은〕 도리어 스스로 흡족해 하며〔自得〕, 넉넉해 합니다〔有餘〕.

見世者, 非人世也, 禽獸之本處所也. 所以于是反自得有餘也.

사람들은 이 세상에 잠시 기거하여 사는 것에 지나지 않습니다. 이런 까닭에 이 곳에서 〔사람들은〕 평안하지 못하고 만족하지도 못합니다.

人之在世不過暫次寄居也. 所以于是不寧不足也.

선비를 〔예로〕 들어서 비유해 보고자 합니다.

請以儒喩.

지금 커다란 과거(科擧) 시험이 있다고 합시다. 그 날 선비들은 〔매우〕 고되어 보이고 시중꾼들은 편안한 듯합니다.

夫大比選試. 是日士子似勞, 徒隷似逸.

담당 관리〔有司〕들이 어찌 시중꾼들에게는 후하고 선비들만을 박대하겠습니까?

有司豈厚徒隷, 而薄士子乎?

대개 하루를 넘기지 아니하여 그들의 재주에 대한 품계가 정해집니다. 시험이 끝나면 존귀한 이는 자연히 존귀해지고 천한 이는 자연히 천해집니다.

盖不越一日之事, 而以定厥才品耳. 試畢, 則尊自尊, 卑自卑也.

◆ 2-15:

제가 보건대, 천주께서 또한 사람들을 이 세상에 두신 것은, 이들의 마음을 시험하여 〔그들의〕 덕행에 등급을 정하려는 것입니다.

吾觀天主亦置人于本世, 以試其心, 而定德行之等也.

그러므로 현세는 우리〔인간〕들이 잠시 거처하는 곳이지 오래도록 사는 곳이 아닙니다.

故見世者, 吾所僑寓, 非長久居也.

우리〔인간〕들의 본래의 집은 현세에 있지 않고 내세에 있습니다. 인간 〔세상〕에 있지 않고 하늘 〔세계〕에 있습니다.

吾本家室, 不在今世, 在後世. 不在人, 在天.

〔우리들은〕 마땅히 그 곳〔來世〕에서 본업을 이루어야 합니다. 현세는 짐승들의 세계입니다.

當于彼創本業焉. 今世也, 禽獸之世也.

따라서 짐승들 각각의 부류들의 형상은 땅으로 향하여 엎드려 있습니다.

故鳥獸各類之像, 俯向於地.

사람은 하늘의 백성이기에 머리를 들어 하늘을 향하여 순종하고 있는 것입니다.[8)]

人爲天民, 則昻首向順于天.

현세를 본래의 처소로 여기는 것은 동물들과 함께 무리를 지어 살려는 것입니다.

以今世爲本處所者, 是欲與禽獸同群也.

천주께서 〔현세의〕 사람들을 각박하게 대한다고 생각하는 것도 진실로 괴상한 일이 아닙니다.

以天主爲薄於人, 固無怪耳.

◆ 2-16:

천주께서 사람들을 불쌍하게 여기시는 것은 사람들의 마음이 온통 땅〔에서의 삶〕에 〔쏠려〕 있어서 이 곳〔땅〕을 고향으로 생각하는 것입니다.

天主所悲憫于人者, 以人之心全在于地, 以是爲鄕.

---

8) 董仲舒, 『春秋繁露』, 卷第五十六, 「人副天數」 등 참조.

〔그런 사람들은〕 현세의 비루한 일에 얽매여서, 하늘의 원래 고향과 육신이 〔죽은〕 이후의 높은 곳에서의 일을 기대해야 한다는 것을 깨달아 알지 못하고 있습니다.

惟泥于今世卑事, 而不知惺望天原鄉及身後高上事.

이러한 까닭에 〔천주께서는〕 이 세계에 해독(害毒)을 많이 마련해 두고, 그 속에서 그들을 구원하고자 하는 것입니다.

是以增置荼毒於此世界, 欲拯援之焉.

또 천주께서 처음 이 세상을 세우셔서, 천하 만물로 하여금 〔인간의〕 생명을 길러 주게 하고 〔그것들을〕 이용하게 하셨습니다.

且天主初立此世界, 俾天下萬物或養生, 或利用.

이렇게 모두 갖추어 주고, 우리들이 즐겁게 살도록 만드셔서 인류는 원래 고통이 없었습니다.

皆以供事, 樂我輩, 而吾類原無苦辛焉.

◆ 2-17:

우리들의 최초의 조상이 먼저 '하느님'〔上帝〕의 뜻을 거스르고, 또 후대의 자손들이 따라 하고 말았습니다.

自我輩元初祖, 先忤逆上帝, 其後來子孫又效之.

〔그 이후〕 사물이 우리를 거스르기 시작하여 수많은 고통이 생겨났습니다. 이러 하니 무릇 많은 고통은 천주의 처음 의도가 아니라 우리들이 자초한 것일 뿐입니다."

物始亦忤逆我, 而萬苦發, 則夫多苦, 非天主初意. 乃我自招之耳."

◆ 2-18:

〔이야기를〕 다 들은 '큰선생님'〔馮琦〕은 탄식하며 말했습니다:

大宗伯聞畢, 嘆曰:

"아! 이런 이론을 중국 땅에 분명하게 〔설명해 주신다면〕 수만 가지

의심이 다 풀려서, 다시는 하늘을 원망하는 말들이 없을 것입니다. 어찌 하늘을 원망하겠습니까?

"噫嘻. 此論明於中國, 萬疑解釋, 無復有咎天之說. 天何咎乎?

◆ 2-19:

앞섰던 성인들과 후대의 현인들을 비롯하여 도를 실천하여 세상을 구하고자 한 모든 사람들은 그들의 일생 동안의 행한 일이 고통과 괴로움이 아닌 것이 없습니다.

夫前聖後賢, 凡行道救世者, 其一生所作, 莫非苦辛焉.

만약 조물주께서 도를 이룬 사람도 죽은 후에 초목과 같이 썩어 버리게 하셔서, 낙원을 예비하여 영원한 안식과 편안한 향유를 누리지 못하게 하셨다면 그들이 겪은 고통을 조물주께서는 끝내 보상해 주시지 않는 것입니다.

設造物者, 令成道人身後與草木並朽, 而無有備樂地, 使之永常安享, 則其所歷苦辛, 造物者竟無以酬之.

〔이렇다면〕 어찌 세상 사람들로 하여금 평생 의혹을 가지게 하는 것이 아니겠습니까?

豈不使世人平生疑惑乎哉!

◆ 2-20:

또 〔당신의〕 고귀한 이론에서 하신 말씀은 사람들을 진실한 덕으로 이끌고, 욕심을 막아 헛되고 부질없는 것에 목숨을 바치지 않도록 이끌어 주지 않음이 없습니다.

且高論所云, 無非引烝人于實德, 沮人欲, 不殉虛浮.

굳센 의지로 고통을 인내하며 받아들여 어려움에 처하더라도 〔도리에 어긋난〕 지나친 행동을 하지 않게 합니다.

堅意以忍受苦辛, 不令處窮而濫.

강인한 의지로 본분으로 돌아가게 하고 추악한 부류로부터 존귀한 부류를 구별하게 해 줍니다. 이것은 모두 참된 이론이기 때문입니다."

强志以歸本分, 別尊類於醜彙. 皆眞論也."

◆ 2-21:

이 날로부터 '큰선생님'은 천주의 올바른 길에 크게 뜻을 두었습니다.

從是日, 大宗伯大有志於天主正道.

자주 내가 번역한 천주교의 핵심적인 계훈들을 보여 달라고 하고, 나머지 부분을 빨리 번역하도록 재촉 하였습니다.

屢求吾所譯聖教要誡, 命速譯其餘.

또 여러 차례 상소를 올려서 공허하고 허황한 이론을 배척하면서 중국의 학교에서 상제를 섬기는 학문을 회복하게 할 것을 요망하였습니다.

又數上疏, 排空幻之說, 期復事上帝之學於中國諸庠.

아! 안타깝습니다! '큰선생님'의 원대한 포부가 막 이루어지려는데, 갑작스레 병에 걸려 죽고 말았습니다. 〔이제 그의 못다한 포부를〕 이루는 것은 홀로 남은 나의 바람입니다.

嗚呼! 傷哉! 大宗伯大志將遂, 忽感疾而卒. 遂孤余之所望也.

아! 〔죽은 '큰선생님'의 뜻을〕 이어받아, 이 큰 도시 안에서 그 훌륭한 의도를 이룰 사람이 있겠습니까? 나는 매일 그것을 바랄 뿐입니다.

嗚呼! 嗣而後, 大都之中, 有續成其美意者歟? 余日望之.

Copper engraving of the XVIIth Century. (*The Bettmann Archive*)

마테오 리치와 서광계
왼쪽이 마테오 리치(1552-1610)이고, 오른쪽이 서광계(徐光啓 1562-1633) 바오로이다.

제 3 편

늘 죽을 때를 생각하고 〔사후의 심판에〕 이롭게 행동하는 것이 좋음

第三: 常念死候, 利行爲祥

◆ 3-1:

제가 서태사[1]에게 물어 보았습니다:

余問于徐太史曰:

"중국의 사대부와 백성들은 모두 죽을 때에 대해 〔말하기를〕 꺼려 합니다.

"中國士庶, 皆忌死候.

그렇다면 얘기를 하되, 꺼려 하며 싫어하는 것은 무슨 이유입니까?"

則談而諱嫌之, 何意?"

◆ 3-2:

〔서광계가〕 대답하였습니다:

"〔그 이유는〕 무지하고 어리석기 때문입니다.

答曰: "罔已也, 昧已也.

지혜로운 사람만은 그렇지 않습니다. 당신 나라에서는 어떻습니

1) 太史는 祭祀, 曆數, 法典 등을 관장하는 관직이다. 徐는 徐光啓(1562-1633)를 말한다. 일찍이 서광계는 마테오 리치와의 접촉을 통하여 천주교에 귀의하여 '바오로'라는 세례명을 받았다. 그는 마테오 리치와 『유크리드 기하학』(幾何原本)을 번역 출판하였으며, 명말의 재상으로서, 과학자로서 상당한 영향력을 발휘하였다. 『農政全書』(60권)가 그의 대표 저작이다.

까?"

智者獨否焉. 子之邦, 何如?"

◆ 3-3:

제가 말했습니다:

"죽을 때라는 것은 여러 엄숙한 것 가운데 가장 엄숙한 것입니다.

余曰: "夫死候也, 諸嚴之至嚴者.

〔죽음은〕 삶의 끝이니, 사람의 마지막 경계선을 긋는 것이어서 저절로 두려운 것입니다.

生之末, 畫人之終界, 自可畏矣.

우리 고장에 배움에 뜻을 둔 사람이 있었는데, 〔그는〕 죽음이 우리들이 있는 곳으로 다가오는데도 우리가 대비하지 않는 것을 항상 두려워하였습니다.

但敝邑之志于學者, 恒懼死至吾所, 吾不設備.

그래서 항상 죽을 때에 대해 생각하고 공부하고 토론하였습니다.

故常思念其候, 常講習討論之.

〔죽음이〕 아직 오지 않았을 때 미리 대처해서, 〔죽음이〕 찾아오면 편안하게 받아들이려 한 것입니다.

先其未至, 豫爲處置, 迨至而安受之矣.

◆ 3-4:

사람은 삶과 죽음이라는 두 끝 사이에서 세상을 살아갑니다.

人有生死兩端以行世.

마치 하늘에 남과 북의 두 끝이 있어서 〔하늘과 별들이〕 그 공간 안에서 회전하는 것과 같습니다.

如天有南北二極, 以旋繞於宇內.

저는 잊을 수가 없습니다. 삶과 죽음의 주재자〔천주〕께서는 사람에게 목숨이 다하는 날을 모르게 하셨습니다.

吾不可忘焉. 生死之主, 不使人知命終之日.

매일매일 대비하기를 바라신 것이지요. 대비하고 있으면 손해 입지는 않을 것입니다.

蓋欲其日日備也. 有備則無損矣.

『성경』에 이런 말이 있습니다:

聖經曰:

'지켜라. 미래는 도둑과 같다. 도둑은 주인이 방심할 때를 엿보고 있다.' 2)

'守矣, 夫將來如偸者, 偸者闞主莫慮耳.'

이런 까닭에 부음을 들은 사람은 모두 놀라서 '그가 죽었단 말인가', '그가 죽었단 말인가?' 라고 말합니다.

是以凡聞訃皆驚曰: '某斃乎?' 曰: '某斃乎?'

〔그러나 사람들은〕 진실로 죽음에 대해 〔진지하게〕 생각하지는 않습니다.

誠不意其死矣.

『성경』의 가르침 가운데 나오는 '천사'〔神人〕나 성인이라고 부를 만한 사람들 중 매순간 죽을 때를 마음 속에 두고 있지 않았던 사람은

---

2) 『신약성서』, 「요한의 묵시록」 3:3, "만일 네가 깨어 있지 않으면 내가 도둑처럼 너에게 나타날 것이다. 그리고 너는 내가 어느 때 너에게 나타날지를 결코 알지 못할 것이다."; 「마태복음」 24:43-44, "만일 도둑이 밤 몇 시에 올는지 집주인이 알고 있다면 그는 깨어 있으면서 도둑이 뚫고 들어오지 못하게 할 것이다. 사람의 아들도 너희가 생각지도 않은 때 올 것이다. 그러니 너희는 늘 준비하고 있어라." 그 밖에 「요한의 묵시록」 16:15; 「데살로니카인들에게 보내는 첫째 편지」 5:2; 「베드로의 둘째 편지」 3:10 참조.

없었습니다.

聖教中, 凡稱神 · 稱聖者, 無不刻刻陳死候目對心.

〔저는 이런 사람들이〕 악을 막고 선을 진작시키는 최상의 모범이라고 생각합니다.

惟以爲沮惡振善之上範也."

◆ 3-5:

서 선생이 말했습니다:

"〔죽음이〕 그와 같이 긴급한 일입니까?"

徐子曰: "如是急乎?"

◆ 3-6:

제가 말했습니다:

余曰:

"살아 있는 사람에게 분명한 것은 죽을 수밖에 없다는 사실보다 더 분명한 것은 없습니다.

"生人所明, 莫明乎死之定.

분명하지 않은 것 중에서, 죽는 시기보다 더 분명하지 않은 것은 없습니다.

所不明, 莫不明乎死之期.

임금이든 공작이든, 천한 노예이든, 다 사람의 아들들입니다. 누구인들 〔똑같은〕 하루의 시간을 갖지 않겠습니까?

不論王公賤僕, 盡人之子. 誰不有一日焉?

누구에게나 아침은 저녁으로 이어지지 못하고, 누구에게나 저녁이 아침으로 이어지지 못하는 일이 있을 수 있습니까?

或旦不及暮, 或暮不及旦乎?

〔그러나〕 누가 여기 〔현세에〕 있으면서 저기 있는 〔내세의〕 것을 지

킬 수 있겠습니까?

誰居甲能保乙乎?

당신은 죽은 뒤에 당신을 어디에서 맞이하는지를 알지 못합니다.

汝不知: '死候〔後〕[3]候汝于何處.'

당신은 마땅히 〔어디든지〕 곳곳에서 그것〔죽음〕을 맞이하는 것이 옳을 뿐입니다.

汝當處處候彼, 可耳,

그러므로 지혜로운 선비는 때때로 죽을 때를 생각하면서 〔그 생각을〕 갖고 삶을 영위합니다.

故智士時冀死候, 相値持此爲生也.

◆ 3-7:

세상 〔사람들〕의 큰 착각은 죽을 때가 멀리 있다고 보는 것입니다.

世之大惑, 視死候若遠焉.

그런데 〔우리 인간의〕 이 육신에는 항상 죽음이 드리워져 있음을, 지금 우리〔成人〕들은 이미 반 이상 죽은 것임을, 일단 지나가 버린 나이는 모두 이미 죽어서 떠나가 버린 것임을 도대체 누가 인식하고 있습니까?

抑孰知: '此身恒被死耶? 吾今已死大半耶? 旣往之年, 皆已爲死將去'耶?

여행객이 항해하며 〔커다란〕 배 안에 머물며 〔생활하고〕 있을 때에, 〔비록 그 안에서 사람들이 모두〕 앉고 서고 눕고 먹고 하며 〔활동을 하더라도, 배 자체는 마치〕 정지하여 움직이지 않는 것 같습니다.

旅人航海宿舶中, 坐立臥食如停不行焉.

---

3) 이 문장: '汝不知死候候汝于何處' 의 候候에서 앞의 候는 문맥상 마땅히 後가 되고 뒤의 候는 그대로 '맞아들인다, 기다린다' 등의 뜻으로 해석되어야 한다.

그러나 그들의 육신들은 〔배와 함께〕 밤낮으로 장소를 바꿔 가면서 움직인 것으로 일찍이 한 번도 멈춰서 쉰 적이 없습니다.

而其身晝夜遷移, 曾無止息.

또한 '당신이 빨리 해안에 도착해서, 모름지기 〔뭍에〕 오르고 싶어하는지 아니하는지'를 아무도 묻지도 않습니다.

且不問: '汝欲不欲焂就岸, 而湏〔須〕[4]登矣.

배 두 척이 서로 사이를 두고 만났을 때, 〔배에 탄 사람들은〕 각자 상대방〔의 배만〕이 움직이고 있고 자기〔의 배〕는 정지해 있다고 생각합니다.

二船相値其間, 各以彼爲行動, 以己爲住止.

그러나 사실은 모두 움직이고 있는 것입니다.

而實則俱行矣.

세상 사람들은 혹여 잘못 생각하고 이렇게 말합니다:

世人或謬云:

'내 생명이 오늘 이와 같다면, 내일 아침도 역시 이와 같을 것이다.'

'吾命今日如是, 詰朝亦如是.'

그러나 우리의 생명은 사실 분주하게 달려가고 있는 것이며, 멈추어 있는 적이 없습니다.

而吾生實汲汲逝趨, 沒無停也.

또 비록 이렇게 잘못 말하기도 합니다:

雖誤云:

'저 사람들은 병들어 죽어 가지만, 우리들은 안락하게 살고 있다.'

---

4) 湏를 문맥이 잘 통하도록 『四庫全書存目叢書』 판본에 따라 須로 고쳤다.

'彼有疾且死, 我安且生,'

그러나 저 사람들이나 우리는 숨을 쉬면서, 함께 종말을 향해 가고 있는 것입니다.

而彼我息息, 並就終也.

〔비유하자면〕 바가지로 항아리 속의 물을 다 비워 나갈 때, 최후의 〔물〕 한 바가지가 〔항아리의 물을〕 다 비워 버렸다고 말할 수 있습니까?

有以勺勺盡瓮水, 將謂末一勺乃竭盡之乎?

아닙니다. 처음부터 끝까지 매번의 바가지 물이 〔항아리의 물을〕 다 비워 버린 것입니다.

非也. 自初至末, 每勺竭盡之矣.

사람의 생명 역시 죽는 날을 끝이라고 말하지만, 실은 매일매일 끝나고 있는 것입니다.

夫人命亦謂卒日爲終, 而實日日終之矣.

◆ 3-8:

우리들의 이 생명은 서강(西江)의 물과 같은 것이 아닙니다.

夫吾此生命也, 非如西江之水也.

강물은 근원이 있고 아래로 흘러 땅을 적십니다.

江水有源, 下流洩之土.

물이 〔계속〕 보태져서 강은 영원히 그대로 마르지 않습니다.

流增之, 則江永存不涸也.

〔그렇지만〕 살아 있는 사람은 등불과 같아서 항상 꺼져 가고 있습니다.

生人者如燭耳, 恒自消化.

누가 기름을 더 부어 주겠습니까? 그러므로 점차 꺼져 가게 됩니다.

誰益之膏油乎? 故漸至燼滅矣.

사람이 어렸을 때는 〔크게〕 자라기를 바라고, 자라고 나면 장년(壯年)이 되기를 바라는데, 〔사실적으로 말하면〕 모두 죽음을 바라는 것일 따름입니다.

人少而冀長, 長而冀壯, 皆冀死也.

이미 장년이 되고 난 다음에는 늙음이 뒤따르고, 늙고 난 다음에는 죽음이 옵니다.

已壯之後, 隨老; 老之後, 隨死矣.

누가 길을 가면서 목적지에 도달하고 싶어하지 않겠습니까?

誰欲行路而不欲至其域乎?

이렇기 때문에 무수한 백성들이란 〔원래〕 죽은 사람으로서 이 세계에 잠시 머물러 사는 것인지? 아니면 〔원래〕 산 사람으로서 이 세계에 잠시 머물다가 죽어 가는 것인지? 저는 모르겠습니다.

是以, 總總蒼生, 吾未識: '死人寓此世界中活耶? 抑活人寓此世界中死耶?'

어느 쪽이라 말하기 어렵습니다."

未定也."

◆ 3-9:

서 선생이 말했습니다:

"선생의 심오한 말씀은 모두 실제로 지금 〔중국의〕 세상 사람들의 생각입니다.

徐子曰: "子之玄語, 皆實今世俗之見.

'우리들의 모든 생각, 말, 행동이 〔지금 현세에서〕 모두 선을 지향하고 있으면, 〔그것이〕 곧 선' 이라는 말입니다.

謂: '我念念 · 言言 · 行行, 悉向善, 卽善' 矣.

만약 〔우리들이 현세에서 자기가 할 일에 힘쓰지 않고서〕 죽음을 맞아들이는 상서롭지 못한 일을 염두에 둔다면, 〔그것은〕 곧 흉한 마음 · 흉한 입으로 지목됩니다.

如念死候之不祥, 便目爲凶心 · 凶口焉.

그렇기 때문에, 〔죽음에 대해서 말하기를〕 꺼리는 것입니다.

是故諱之."

◆ 3-10:

제가 말했습니다:

"그렇지 않습니다.

余曰: "不然.

〔죽음으로써〕 우리〔인간〕들에게 행복하고 좋은 것이 베풀어진다면, 〔죽음은〕 바로 행복하고 좋은 것입니다.

施我吉祥, 卽爲吉祥.

우리에게 흉하고 나쁜 것이 베풀어지면, 바로 흉하고 나쁜 것입니다.

施我凶孽, 卽爲凶孽.

이렇게 죽음을 맞아들이는 한결같은 생각은 우리를 도와 주고 이끌어 주며, 악을 버리고 선을 지키게 할 수 있습니다.

是死候一念, 能祐我引我, 釋惡而執善.

그렇다면 세상의 상서로운 것 가운데 무엇이 이보다 더 상서롭겠습니까?

則世之祥, 孰祥乎是耶?

◆ 3-11:

저들은 〔더 이상 갈 수 없는〕 목적지만 말하지만, 저는 목적지에 도달하는 길을 말하는 것입니다.

彼言域, 而竇言至域之道矣.

그 목적지에 이르고자 한다면 먼저 그 길로 가야 합니다.

欲至其域, 先由其途也.

단지 길이 험난할 뿐입니다.

惟途難焉.

착한 일을 하는 것은 마치 물 흐름을 거슬러서 배를 타고 가는 것과 같다는 말씀을 선생께서는 듣지 못했습니까?

子不聞: '爲善, 如遡流行舟' 乎?

항상 죽음을 맞이할 때가 가깝다고 생각하면서도, 마음은 〔여전히 욕심에 따라서〕 멋대로 놀아나는 데서 벗어나지 못하는 사람이 있습니다.

有常念死候之近, 而不得免心于縱恣者焉.

그렇다고 이런 사람들 때문에 〔죽음을 염두에 두는 것이〕 흉한 마음 · 흉한 입〔으로 지목되는 것〕을 꺼려서, 〔죽음에 대해〕 말하기를 회피한다면, 〔그것은〕 어찌 악을 조장하는 〔큰〕문이 아니겠습니까?

況以是憚凶心 · 凶口, 而諱言之, 豈非長惡之門歟?

무릇 어리석고 욕망을 쫓는 사람들은 〔이미〕 죽음이 가까이 있다는 점을 대개 잊고 있기 때문에, 요행으로 장수하기를 스스로 바랄 뿐입니다.

凡不肖從欲者, 概由忘死之近, 而自許壽修之僥倖耳.

만약 선행을 하는 사람이 〔현세에서〕 장수하기를 스스로 바란다면, 〔그것은〕 요절하기를 스스로 바라는 것만 못합니다.

若爲善者自許壽, 不如自許夭矣.

◆ 3-12:

만백성들이 이 우주 안에 사는 것은 마치 화살이나 새가 빨리 날아가 버리고는 아무 흔적도 남기지 않는 것과 같습니다.

蒼生之生宇內, 如矢如鳥速飛無遺迹.

〔그것은〕 마치 그림자나 꿈과 같아서 의지할 만한 실체가 없는 것입니다.

如景如夢, 無體可持也.

그런데도 사람들은 여기에서 큰일들을 벌여 놓고 마치 영원히 살 것처럼 행동하니, 슬픈 일입니다!

而人於此, 營大業, 如永久居焉. 哀哉!

◆ 3-13:

남쪽 지방에 '헬로트'[5]라는 나라가 있었습니다.

南方有國, 名: '黑入多'.

옛날 〔그 곳의〕 법도에 의하면 분묘를 만들지 않고는 집을 지을 수 없었습니다.

古法未造墳墓, 不得製室屋.

또 그들의 풍속은 집은 아주 비좁게 만들고 분묘는 매우 크고 넓게 만드는 것이었습니다.

其俗居室陿隘, 而墳絶廣大.

그들은 집이란 수 년 동안 잠시 머무는 곳이고 우리들이 영원히 머물 곳은 오직 무덤뿐이라고 생각했습니다.

謂居室次寓數年之暫, 吾常居者, 獨墳耳.

그렇기 때문에 무덤을 이렇게 중시하고 숭상하며 아름답게 꾸민 것입니다.

故以此爲急崇飾之也.

◆ 3-14:

옛날 저의 고향에 은자가 있었는데, '야고보'[6]라고 했습니다.

敝鄉昔年有隱士, 曰: '雅哥般'.

집을 떠나서 세상을 유랑하며 모든 것을 버린 사람이었는데, 사람

---

5) '黑入多'는 아마도 Heloten의 음역인 것 같다. 이 '헬로트'인들은 스파르타에 종속되어서 수확의 반을 스파르타에 조공을 바쳐야만 했다.

6) '雅哥般'은 Jakobos, 즉 '야고보', 또는 '야곱'의 한자 음역이다.

들은 '맑은 광인' 이라고 했습니다.

棄家游世, 一切捐舍, 人目爲 '清狂'.

그를 아는 어떤 사람이 닭 네 마리를 사서 집으로 가져다 달라고 부탁했습니다.

有所知買得四鷄, 囑令携歸家.

'야고보' 는 그 부탁을 받아들이고는 곧바로 가지고 갔습니다.

雅哥般許之, 徑持去.

그 사람이 집에 돌아와서 물어 보니 〔집안 사람들은〕 닭이 없다고 했습니다.

其人還家, 問則無有.

그래서 〔그는〕 '야고보' 가 자신을 속였다고 생각했습니다.

謂雅哥般誑己也.

다른 날 길에서 우연히 '야고보' 를 만나자 그에게 다가가서 물었습니다.

他日遇諸塗, 就而問之曰:

"예전에 그대에게 부탁한 닭은 어디에 있습니까?"

"向托汝鷄安在乎?"

〔'야고보' 가〕 대답했습니다:
"당신이 당신 집에 가져다 달라고 했으니, 〔당신 집에 있지〕 어디에 있겠습니까?"

曰: "汝命歸汝家, 安在乎?"

그 사람이 의아해 하자, 그를 끌고 같이 갔습니다.

其人訝之, 引與偕行.

그 사람이 미리 만들어 둔 무덤[7]에 가 보니, 닭 네 마리가 있었습니다.

至其人生壙中, 則四鷄在焉.

그 사람이 더욱 의아해 하며 말했습니다.

其人愈益訝曰:

“나는 당신에게 내 집으로 가져다 달라고 부탁했는데, 어째서 무덤 속에 가져다 둔 것입니까?”

“吾托汝携歸家, 曷置之塚乎?”

〔‘야고보’가〕 대답했습니다:
“그 곳은 당신이 잠시 머무는 곳이고, 여기가 당신의 집입니다.”

曰: “彼汝寓, 此汝家也.”

아아! ‘야고보’가 어찌 미친 것이겠습니까?

嗟乎! 雅哥般曷狂?

그가 그렇게 함으로써 우리〔인간〕들을 경계시키는 것이 의미심장하지 않습니까?

其爲此以警我曹, 不其深歟?

◆ 3-15:
조물주는 인간을 고귀하게 만드시고 모든 무리 중에 가장 뛰어나게 만드셨습니다.

大造物者, 造人貴, 絶萬類.

다만 그들의 수명이 나무나 동물보다 짧으니, 어떤 생각으로 그러신 것일까요?

但其壽不及樹木與禽獸者, 何意乎?

오늘날 사람들의 수명은 태초〔에 사람으로 창조될 때〕보다 짧은데, 조물주는 이를 안타깝고 불쌍하게 생각하십니다.

今之人壽短乎古, 造物者惜憐之耳.

---

7) ‘生壙’은 생전에 미리 만들어 둔 무덤이다.

세상은 점점 더 타락하고 풍속은 점점 더 저속해진 것을 당신은 보지 못하십니까?

子不見: '世愈降, 俗愈下' 乎?

아버지 세대는 할아버지가 살던 때만 못하고, 우리 세대는 할아버지나 아버지 때만 못합니다.

父之世不如祖生, 我世不如祖父.

우리들 다음에 더욱더 저속하게 될 세대는 후손 〔세대〕입니다.

而我以後將轉之於益下者, 孫也.

사람이 더 많은 잘못을 하면, 하늘은 더 많은 벌을 줍니다.

人增咎, 天增罰.

선하지 않음이 〔불러들인〕 재앙이지요.

不善之殃矣.

그러니 사람은 이 세상에 태어나면 또한 죽을 때까지 번뇌하고 원통해 합니다.

然則人之生世, 亦終身煩寃耳.

다만 살아 있다는 이름을 얻었을 뿐이고, 실제로는 고통과 함께 와서 고통과 함께 가는 것이지요.

徒得生之名, 而實與苦俱來, 與苦俱去也.

백 년의 세월은 삶을 건너가는 것이 아니라 고통스러운 바다를 건너가는 것입니다.

百年之中非是度生, 是度苦海也.

그렇다면 죽음이란 고통의 바다를 다 건너가서 〔맞은편〕 언덕에 도달하는 것이 아니겠습니까?

則死豈非行盡苦海, 將届岸乎?

만일 사는 날이 오래고 길다면, 역풍이 우리들이 집으로 돌아가는 것을 막는 것이 어찌 아니라고 하겠습니까?

苟歲月久長, 豈非逆風阻我家歸乎?

아! 세상 사람들이 명이 짧은 것은 고통을 덜어 주는 것이요, 잘못을 〔저지를 기회를〕 줄여 주는 것입니다.

嗚呼! 世人以命之約者, 省苦也, 減咎也.

그렇다면 죽음은 흉사가 아니라 흉사가 마침내 끝날 뿐입니다.

則死非凶, 凶之終竟耳.

〔죽음이란 무서운〕 형벌이기보다는 형벌을 부끄럽게 여기게 한 것일 뿐입니다.

似不爲刑罰, 刑罰之赧耳.

천주께서 우리를 잠시 이 세상에 머물게 하신 것이지 오래도록 살게 한 것이 아님을 '진실한 선비'〔君子〕는 분명하게 압니다.

君子明知: 天主借我此世以僑寓, 非以長居

그래서 세상을 잠시 머물 곳이라 생각하지 자기 집이라고 여기지 않습니다.

則以天下爲寓, 不以爲家.

우리의 영원한 삶에는 다른 낙원이 있고 〔그 곳이〕 우리의 영원한 집입니다.

吾常生別有樂地, 爲我常家焉.

◆ 3-16:

또 본래 살아가는 수명이 아무리 길어도 불멸의 영원한 삶과 비교하면 짧은 것에 불과합니다. 〔이를〕 다 말할 수 있을까요?

且本生之壽, 縱長久, 比之常生不滅, 其爲短也. 可勝言哉?

『여지총지』(輿地總誌)[8]에는 '나일'[9] 강가에 어떤 새가 있었다고 기록되어 있습니다.

輿地總誌, 記泥羅河之濱, 有鳥焉.

〔그 새는〕 해가 뜨면 태어나서 해가 지면 죽습니다. 그러니 오래 살아 봐야 한 나절일 뿐입니다.

日出而生, 日入而死. 則其壽盛乃一晝耳.

오전 5-7시(卯時)에는 갓난 아이인데 이 때 우연히 죽게 되면 '일찍 죽었다' 고 합니다.

必夫在卯爲嬰, 偶死爲殤矣.

오전 7-9시(辰時)와 오전 9-11시(巳時)는 각각 유아기와 장년기에 해당합니다.

以辰巳爲幼, 爲壯.

한낮〔정오〕을 볼 때 쯤이면 오십대가 되는데 머리카락이 반쯤은 희끗희끗하지만 아직 늙었다고 할 수는 없습니다.

能見日中, 爲至艾, 頒白以未爲老.

다행스럽게도 오후 3-5시(申時)와 오후 5-7시(酉時)에 이르면 여든 살이나 아흔 살에 해당합니다.

而幸得至申酉爲耋, 爲耄[10)]矣.

이것이 어찌 우리가 백 년의 짧은 세월을 마디 지어 구분하는 것과 다른 것이겠습니까?

豈異吾於百歲之微置是節乎?

그러므로 영원한 삶에 뜻을 두고 있는 사람은 결국 끝나게 되는 삶

---

8) 『輿地總誌』는 마테오 리치가 유럽에서 보았을 당시의 전세계의 지리와 생태에 관한 기록물이라고 생각된다.

9) '泥羅河' 는 나일 강의 한자 음역이다.

10) 耋에는 80세, 70세, 60세의 세 가지 해석이 있으며, 耄는 90세, 80세, 80세, 90세, 70세 등으로 해석된다. 『說文』에 따라 耋은 80세, 耄는 90세로 해석한다. 『大漢和辭典』, 9권 162쪽과 166쪽 참조.

을 모두 짧은 순간으로 간주합니다.

是以志乎常生者, 凡有終之生, 咸爲須臾.

다만 이 짧은 순간의 끝은 우리가 죽은 뒤의 완전한 행복과 커다란 불행을 결정하는 것이므로 신중하게 처신하지 않을 수 없는 것입니다.

特此須臾端倪, 爲吾身後全吉大凶之所竅係, 故不可不愼焉.

대부분 장수를 소망하는 사람들은 그렇게 장수하며 끝나기를 바라지만 이것은 〔현세에서의〕 삶의 일과일 뿐입니다.

凡所望于壽修者, 冀以了畢, 是生之事耳.

◆ 3-17:

지혜로운 사람은 아직 죽음이 이르지 않았을 때, 삶의 일을 이미 완수해 놓습니다.

智者未至死, 而生之事已完矣.

만일 어리석은 자라면 이미 죽었어도 〔삶의 일을〕 시작한 적도 없습니다.

若不肖者已死, 而未嘗始生也.

정말로 긴급하고 절실한 행동은 내일을 기다리는 것입니다.

凡眞實急切之行, 俱待明日矣.

내일을 추구할 줄 모르는 사람은 그것을 얻을 수 없습니다.

不知從明日者, 必不能得之焉.

내일이 이미 와 버렸으면 내일은 내일이 아닙니다. 오히려 오늘일 뿐입니다.

已至明日, 明日非明日. 乃今日也.

내일이 이미 가 버렸으니 마치 〔물레방아에서〕 수레의 물받이 홈통이 앞뒤로 순서대로 늘어져 있다가 뒤의 물받이 홈통이 위로 올라오면 앞의 물받이 홈통은 기울어져 버리는 것과 같습니다.

明日已往矣, 誠如翻車水箭先後比次, 次箭裁上, 則前箭已傾矣.

만약 상 위에 온갖 음식을 차려 놓고, '그 가운데 어떤 그릇에는 독이 들어 있어서, 먹으면 반드시 죽게 된다'고 말한다면, 우리는 이 음식들을 맛있게 먹지 못할 것입니다.

席上設有肴饌百器而曰: '中有一器蠱也, 食必死', 則此百器者, 吾全不甘嘗之矣.

몇 날을 지속되는 우리 목숨은 반드시 어느 날인가는 죽게 되지만 그 날이 언제인지는 알 수 없다는 것을 분명하게 알아야 합니다.

吾數日之命, 明知: '必有一日帶死, 而不知何日.'

그렇다면 우리는 하루하루를 의심스럽게 보면서 그 즐거움에 현혹되는 일이 없도록 해야 합니다.

則我宜一一疑, 而不迷於其樂.

사람의 목숨은 단지 짧을 뿐만 아니라, 더욱이나 짧은 가운데 정해진 기일도 없습니다.

夫人命非獨短淺而已, 短淺之中, 尤無定期矣.

어느 날이고 〔이런 말들을〕 듣지 않은 적이 있습니까?:

何日不聞?:

'누군가 갑자기 병으로 죽었다.

'某暴病死乎.

누군가 깔려서 혹은 물에 빠져서 혹은 불에 타서 죽었다.

某被壓被溺被焚死乎.

누구는 시장에 가다가 우연히 떨어지는 기와에 머리를 맞고 풍을 일으켜서 죽었다.

某行市, 偶飛瓦中首, 昌風死乎.

누가 문을 나서다가 우연히 발에 걸려서 갑자기 넘어져서 몸을 일으키지 못했다.

某出門, 偶蹶, 輒偃, 偃不起乎.

누가 배아플 때 약탕을 잘못 먹고 죽어 버렸다.

某腹痛, 誤飮湯一杯, 死乎.

누가 밤에 새 장가를 들었다가 다음 날 아침 이미 죽어 버렸다.'

某夜新娶, 詰朝已亡乎.'

◆ 3-18:

먼지는 흩어지기 쉽고, 유리는 깨지기 쉬운 법입니다.

塵埃易散, 琉璃易碎.

하지만 〔그것은〕 사람 목숨이 위태롭다는 사실을 일깨우기에는 도리어 부족합니다.

猶不足喩人命之危脆也.

우리의 수명은 어느 하루도 예정된 바 없지만 어리석은 이들은 장수를 도모합니다.

吾命無一日之定, 而芒人圖多年之謀.

마치 수명이 자기 손바닥 안에 있는 것처럼, 일을 나누어 배정하는 것처럼,

若壽在其手焉, 從而分定其事,

마치 옷을 만드는 사람이 비단을 책상 위에 올려놓고서 선을 그어 구분하여 일부를 웃옷이라 여기고 일부는 치마라 여기는 것처럼 하고 있습니다. 어리석은 것입니다!

如製衣者置帛于案, 而分畫之, 以若干爲衣, 若干爲裳. 愚也哉!

아! 한창 때의 나이라는 것과 몸이 튼튼하다는 것을 믿지 말아야 합니다.

嗚呼! 毋恃: '年之茂, 身之强' 矣.

죽는 사람들을 보니 종종 노인들보다 어린아이들이 많고, 약한 사

람보다 강한 사람들이 더 많습니다.

所見死亡, 往往幼者多乎老者, 强者多乎弱者也.

당신은 질그릇 가게에 들어가 보면, 여러 가지 그릇들의 크기나 두께가 서로 다름을 볼 수 있을 것입니다.

子入陶肆, 閱諸器小大厚薄不一.

그 여러 그릇 가운데 '어느 것이 먼저 부서지겠는가?' 라고 물으면,

問: '是諸器, 孰先壞?'

'얇은 것이 먼저 깨지고 두꺼운 것이 나중에 깨진다' 거나 '먼저 나온 질그릇이 먼저 깨지고, 나중에 나온 것은 나중에 깨진다' 고 반드시 대답하지 않습니다.

必不曰: '薄者先壞, 厚者後壞也.' 又不曰: '先出陶者先壞, 後出者後壞也.'

오직 먼저 땅바닥에 넘어지는 것이 먼저 깨질 뿐이라고 말할 뿐입니다.

惟曰: 先偃地耳.

바오로〔葆祿〕 성인은 사람의 신체와 정신에 대해 '우리가 우연히 금이나 패물을 얻어 그릇에 저장해 둔 것' 이라고 말했습니다.[11)]

葆祿聖人, 謂人之身與神曰, '吾曹得金貝藏於陶具也'.

그렇다면 이 신체는 질그릇 같으니 부서지기 쉬운 것입니다. 어찌 어린아이와 노인의 구별이 있겠습니까?

則此身體陶器焉, 易碎矣. 何論稚老哉?

◆ 3-19:

우리들은 그림을 보고서, 그것을 손으로 모사합니다.

---

11) 『신약성서』, 「고린도전서」 4, 7: "하느님께서는 질그릇 같은 우리 속에 이 보화를 담아 주셨습니다. 이것은 그 엄청난 능력이 우리에게서 나오는 것이 아니라 하느님께로부터 나온다는 것을 보여 주시려는 것입니다."

吾視圖畫, 以手模之.

이렇게 그려진 사물들은 모두 〔우리 앞에〕 가까이 있습니다.

其所畫, 物物皆近.

그러나 재주 있는 선비는 규칙에 따라 색을 가감함으로써, 마치 어떤 것은 멀리 있는 듯하고 어떤 것은 가까이 있는 듯이 우리 눈에 착각을 일으키게 합니다.

而巧士以法加減色, 使我目誤視, 如或遠焉或近焉.

세상은 한 장의 그림에 불과합니다.

世界, 一圖畫耳.

사람들은 모두 죽음에 가까이 있지, 더 멀리 떨어져 있는 이는 없습니다.

人人皆近於死, 無復遠者.

〔그런데도 사람들은〕 눈의 조화를 믿지 않습니다.

不可信目之化.

그리고 '어떤 것은 멀리 있고 어떤 것은 가까이 있다.' 라고 틀린 말을 하고 있습니다.

而謬曰: '或遠, 或近矣.'

이렇게 본다 해도, '오늘이 바로 내가 부여받은 수명이 끝나는 날이니, 나는 반드시 이 날을 제대로 쓸 수 없을 것이다!' 라고 말하지 않습니다.

以是觀之, 吾不謂: '今日乃我所稟命終之日, 必不能使我善用此日也!'

우리의 나이가 적을 때 선행을 많이 했다면, 이것은 장수의 이점을 미리 얻은 것입니다.

以吾年寡, 多爲善行, 是豫獲長壽利矣.

노인이 될 때까지 선행을 할 수 없었다면, 〔그것은〕 어찌 장수의 이

점을 놓쳐 버린 것이 아니겠습니까?

至耆老而不能爲善, 豈不失長壽利乎?

사람의 수명은 항상 짧은데 사람들은 항상 〔수명이〕 길기를 바랍니다.

人壽恒短, 人欲恒長.

자기의 수명을 〔줄이는 행위를 하는〕 사람들은 〔수명이〕 길기를 바라는 자신의 욕심을 경계해야 합니다.

短其壽者, 戒其欲之長也.

앞길이 길지 않고 마땅히 머물러 쉬어야 할 곳이 멀지 않음을 스스로 알 수 있다면, 어째서 반드시 재물을 많이 모으려 하겠습니까?

苟能自知前路不長, 所當止宿不遠, 何必盛聚資費哉?

아직 늙지 않았을 때는 잘 살아가고자 노력하고, 이미 늙은 뒤에는 죽음을 잘 받아들인다면 괜찮습니다.

未老謀善度生, 已老則圖善受死, 可也.

노인네가 재물을 모으느라 애쓴다면, 그것은 정말 이상한 일입니다.

老者勤積財, 尤異焉.

〔이제 돌아갈〕 집이 더욱더 가까이 오는데, 여비에 더욱 급급해 하는 것 아니겠습니까?

家彌邇, 彌急於路費乎?

'테베' 나라〔特伯國〕[12]의 법에는 노인의 나이가 여든 살이 되면 의사의 치료를 허용하지 않습니다.

特伯國法, 老者至八旬, 毋許用醫

"이 때는 삶의 도모할 때가 아니라 죽음에 대비할 때이기 때문이다"라고 말합니다.

曰: '此時非謀生之時, 乃備死時耳.'

---

12) '特伯'는 고대 그리스의 도시 국가 Thebai의 한자 음역인 것 같다.

◆ 3-20:

선비로 태어나 혹은 불행한 일을 당하여 우리들이 삶을 잘 도모하지 못하게 되는 경우도 있습니다.

士君子生, 或逢時不幸, 不容我善圖生.

〔하지만〕 우리가 죽음을 잘 받아들이는 것을 누가 막을 수 있겠습니까?

孰能禁我善受死乎?

우리들은 삶과 죽음이 모두 좋기를 바랍니다.

吾願: '生死均善'.

〔그러나〕 둘 다 좋게 할 수 없다면 차라리 죽음을 좋게 하겠습니다.

不可得兼, 寧善死焉.

일단 죽음이 빛나고 밝으면 찬란하게 삶을 마친 것입니다.

一死光明, 照耀終生也.

◆ 3-21:

예전에 누군가가 '서양의 현자들은 수명이 지극히 긴가' 라고 물었습니다.

昔有問, "西土賢疇之壽爲至長."

〔저는〕 다음과 같이 대답했습니다:
"〔현자의 삶은〕 지극하게 선한 때에까지만 이른다."

曰: "至至善之候."

또 " '진실한 선비' 라면 세상을 살아가면서 〔죽을 때가〕 언제인지 마땅히 기미를 읽어야 하지 않겠는가" 하고 물었습니다.

又問: "君子生世, 宜幾何時?"

제가 대답했습니다.
"살아갈 수 있는 몫의 끝에까지 이를 뿐입니다."

曰: "至可生之分限耳."

◆ 3-22:

'라케드몽'[13]은 서양의 유명한 나라입니다.

辣責得滿, 西土之名邦也.

그 나라의 습속은 삶과 죽음은 다름이 없다고 보고, 오직 도리가 '옳은지 그른지' 만을 따집니다.

其習俗, 視生死無二, 惟論理當否.

어떤 시인이 쓴 시가 있습니다:

有詩人作詩云:

'싸움에 임하는 무사는 목숨을 잃느니 차라리 칼을 잃어버리고 만다.'

'士臨陣, 與其失命寧失刃.'

〔그러나〕 길거리의 사람들은 이런 〔비겁한 시인의〕 말을 듣고 큰 치욕이라고 생각하였습니다.

當路聞之, 以爲大僇.

〔이런 사실이〕 멀리까지 전해졌고 그 영향은 여염집에까지 미치게 되어서 또한 모두가 죽음을 가볍게 보고 올바름을 숭상하였습니다.

流之遠方, 其餘風及于閭閻, 亦皆輕死尙義.

우리 나라의 역사 책에 도적을 막기 위해 나갔다가 죽은 아들을 둔 어떤 어머니 얘기가 실려 있습니다.

本國史載一母有子, 出禦寇死之.

"당신 아드님이 국난 속에서 죽고 말았습니다"라고 〔그 어머니에게〕 누군가 말해 주었습니다.

或告之曰: "令子死國難矣."

---

13) '辣責得滿' 은 고대 도시 국가 Lakedemon의 한자 음역이다.

그 어머니는 편안히 앉아 움직이지 않은 채로 말했습니다.

母安坐弗動, 曰:

"나는 바로 오늘을 위해 이 아이를 낳은 것이니, 그 삶은 이미 충분한 것입니다."

"我政爲今日生此兒也, 是生已足矣."

이를 통해 판단해 보면, 현세의 삶은 잠시 동안 사는 것이면서도 번뇌와 고통이 진실로 많다는 것을 알 수 있습니다.

由此論之, 可見本世生姑爲生, 而煩苦實甚.

◆ 3-23:

〔주어진 수명의〕 시간은 점차 줄어들지만, 위태로움이 줄어드는 것이 비례하지 않는다면, 살아 있어도 죽은 것과 비슷합니다.

歲月漸消, 危淺無比, 則生而似死焉.

이 이치는 매우 분명하여 의심할 수 없습니다.

此理明甚, 無可疑也.

그러나 이 현세에서는 다른 삶이 없으므로 지각하고 운동하는 것을 삶이라고 여기지 않을 수 없습니다.

然此世界中無他生, 不得不以知覺運動爲生.

이미 그것을 삶이라고 여기므로, 기운이 소진되고 목숨이 다하는 것을 죽음이라 여기지 않을 수 없습니다.

旣以爲生, 不得不以氣盡 命終爲死.

다만 이 죽을 때를, 모든 산 사람은 항상 염두에 두고 있어야 합니다.

但此死期, 凡有生者, 常當念之.

깊이 생각할수록 길을 가는 데 유리할 것입니다.

念之甚, 有利於道行矣.

그러므로 지금 그 모습을 간략하게 제시해 보겠습니다.

故今猶須略揭其形狀也.

죽을 때에는 세 가지 어려움이 있습니다.

夫死之候, 有三艱.

첫째는 죽기 전, 둘째는 죽을 즈음, 셋째는 죽은 뒤에 있습니다.

一在死前, 一在死際, 一在死後焉.

◆ 3-24:

세상 사람들은 〔모두〕 죽지만 〔다른 사람보다〕 먼저 전염병에 걸려서 치료할 수 없게 되면 친한 친구는 울면서 그의 귀에 입을 대고 다음과 같이 말할 것입니다:

凡人將死卽先遘厲虐疾, 不可療已. 則良友泣涕, 屬耳語之曰:

'죽은 뒤에 부탁할 일이 있으면 빨리 말해 보게. 목숨이 거의 끊어지고 있네.'

'有後事宜相付囑者, 速言之矣. 命幾以泯矣.'

〔병약한〕 나는 이부자리에서 이런 말을 들으면 벌벌 떨면서 두려워합니다.

吾從蓐間, 聞此語, 則慄慄戰懼.

육신〔이 죽은〕 다음 어떻게 되는지를 모르기 때문입니다. 단지 침묵 속에 탄식하며 말합니다:

不知身後何如也. 惟默歎曰:

"이 해와 달도 끝이로구나. 나는 영영 이것들을 다시 볼 수 없겠구나.

"此日月已矣, 我永永不可再覩之矣.

내가 아끼던 좋은 밭과 넓은 집, 진귀한 패물이 가득히 든 상자는 나의 소유가 아니라, 다만 남을 위해 모아 둔 것이구나.

吾所愛良田廣宅珎貝盈篋非我有, 徒爲他人積矣.

부인이나 자식들과 다시 모일 수 없으니, 사랑했던 마음도 쓸모없는 것이로구나.

妻子兒女不得復相聚矣, 徒戀愛無益矣.

아! 이미 지나간 조금의 시간은 번개처럼 갑자기 가 버렸고, 나를 이렇게 얽어매어 곤란하게 만들었구나.

嗚呼! 已往若干年, 遽去如電, 而使我至此殢殜也.

예전에 몹시도 좋아하던 것들을 이제 보고 있으면 마음만 매우 아플 뿐이로구나.

蓋曩所甚愛, 此時覩之甚傷心也.

가지고 있으면 즐겁고 잃어버리면 슬픈 법인데, 예전에는 사랑하고 아끼던 것들이 많더니 이제는 죽을 것들이 많구나."

存之以樂, 失之以憂, 則前多愛, 今多死矣."

그러므로 현명한 부인과 효성스러운 자녀는 이 때 자리를 피합니다.

是故, 賢妻孝子女, 此時避.

차마 쳐다볼 수가 없는 것입니다.

不忍見也.

지켜보면 서로의 슬픔만 늘어나기 때문입니다.

見而增彼此之哀痛故也.

나의 친구인 사람들은 관을 준비하거나 수의를 만듭니다.

爲吾友者, 或備棺槨, 或製衰麻.

친척들은 가구를 챙기거나 책 상자 안에 있는 것을 갈무리합니다.

爲親戚者, 或歛家具, 或守在笈.

나는 침상 위에서 이리저리 뒤척이며 남 모르는 깊은 근심이 가슴속에 가득 차 있을 따름입니다.

吾展轉床第間, 惟有幽憂[14)]填膺[15)]耳.

이것은 아직 죽기 전입니다.
此則未死前也.

◆ 3-25:
죽음은 다른 것이 아니라 영혼이 신체와 분리되는 것일 뿐입니다.
死非他, 惟靈魂與身形分別耳.

두 가지 사물이 서로 합치되어 있는 것 가운데, 영혼과 육체만큼 친밀하고 밀접한 것이 없습니다.
凡二物相脗合者, 莫如靈與身之親切也.

이미 밀접하게 합쳐져 있으면 분리되기는 더욱 어려운 법입니다.
合旣密, 分之愈難矣.

두 친구가 함께 길을 가다가 갈림길을 만나 〔헤어져도〕 이별은 가슴 아픈 법입니다.
兩友偕行于途, 臨岐尙猶惜別.

하물며 일생을 같은 몸에서 교감하며 보낸 관계는 말할 나위 있겠습니까?
況一生同體之交乎哉?

곧 온몸이 윤기를 잃고 모습이 변하는 것을 볼 수 있습니다.
卽見: '徧身失潤色而貌變'.

눈은 움푹해지고, 코는 푸르게 되며, 입이 마르고, 귀가 건조해지며 발이 차가워지고, 맥박이 불규칙해지며 심장은 동요하고 사지에서 땀이 흐릅니다.
目深, 鼻稜, 口暗, 耳燥, 足吟〔冷〕, 脉亂, 心動, 四體流汗.

슬픈 일입니다! 슬픈 일입니다!

---

14) '幽憂'는 '남 모르게 깊이 간직한 근심'이라는 의미이다.
15) '塡膺'은 '가슴에 가득 차서 막히다' 혹은 '목메다'라는 의미이다.

哀哉! 哀哉!

무릇 사람들은 어머니의 고통을 통하여 세상에 들어왔다가, 자기의 고통 속에서 세상 밖으로 나갑니다.

夫人以母痛入世, 以己痛出之.

〔이 세상에〕 들고 나가는 것이 모두 고통이지만 죽을 때의 고통은 나의 몸에 더욱 절실합니다.

出入皆痛, 惟死時痛在我身尤切矣.

죽음에 이르렀을 때, 우러러보면 하느님께서 우리의 과거 행동에 대해 화내고 계심을 보게 됩니다.

及至將死, 則仰而見天帝忿怒吾前行.

또 고개를 숙여서 보면 일생의 시간이 모두 악행을 저지르느라 낭비한 것임을 보게 됩니다.

俛而視一生之歲月, 都費之以造惡.

앞을 바라보면 끝없는 어두운 세계를 보게 되고, 아래로는 지옥과 괴로움의 계곡의 문이 크게 열려 있는 걸 보게 됩니다.

向前而觀無窮之暝幽, 時下而視地獄, 苦谷之門大開.

그것은 나를 빨아들이고 삼켜 버리려는 듯 좌우로 빙빙 돕니다. 귀신과 악마가 나를 기다리고 있는 걸 볼 수 있습니다.

以我翕呑左右旋, 而睹鬼魔俟我.

신령한 혼도 몸 밖으로 나가면 손상될 것입니다.

神魂出身, 將之傷哉!

이 때에는 나아가고자 하지만 견딜 수가 없고 물러나고자 하지만 허용되지 않으며 후회하고 싶지만 돌이킬 수 없고 그 삶을 한탄하면서 죽어 갈 따름입니다. 이것이 '죽을 즈음'입니다.

此時欲進而不堪, 欲退而不容, 欲悔而無及, 卽恨其生而死已, 此則死際也.

◆ 3-26:

죽고 나서는 근심과 고통이 더욱 심해집니다.

及至死後, 所患苦又甚焉.

왜 그렇습니까?

何者?

죽은 다음에 내가 보존하고 있는 것은 혼(魂)과 백(魄)일 따름입니다.

死之後, 我之所存, 魂與魄耳.

백(魄)은 주검이 되고, 주검은 썩은 살덩이가 됩니다.

魄卽爲尸, 尸爲腐肉.

썩은 살덩이는 벌레나 구더기 더미가 됩니다.

腐肉爲蟲蛆.

벌레와 구더기 더미는 변해서 흙으로 돌아갑니다.

蟲蛆化, 歸于土.

이것은 〔그 사람이〕 현명하든 아니든 다름이 없습니다.

此則賢否無異焉.

악인의 영혼을 한 번 살펴봅시다.

請隨視惡人之靈魂矣.

영혼이 이미 몸 밖으로 나와서 문득 어둑어둑한 다른 세계로 옮겨가고 있음을 봅니다.

夫旣出身外, 忽見移幽陰異界.

갑자기 하늘과 땅의 주인의 준엄한 대전 앞에 놓이게 됩니다.

輒置之天地主嚴臺前.

그래서 일생 동안 한 일을 심판 받는데, 자기가 한 일이 빠짐없이 장부에 다 기록되어 있습니다.

以審判一生之所爲, 則盡出藉記詳載行事無遺.

이 때에 의롭지 못한 재산을 차지한 일, 부정한 즐거움을 취한 일, 교묘히 군주를 속인 일, 백성들에게 잔인하고 포악하게 한 일, 개인적 욕심을 따라 외롭고 약한 자를 해치고 괴롭힌 일들은 모두 와서 그 응보를 받게 됩니다.

于是, 所冐非義之財, 所取非淨之樂. 骫泆欺君, 酷虐暴民, 順私意傷剝孤弱者, 皆來受其報也.

이 때에 신의 질서를 어지럽히며 '하느님'〔上帝〕께 저항하고 그를 모멸하고 망령되이 이단과 거짓말을 존중하여 세상을 기만하면서 두려워할 줄도 모르다가, 일단 천주께서 위에 계시면서 위엄 있게 벌을 심판하시는 걸 보게 되면, 벌벌 떨면서 달아날 곳이 없는 것은 어쩔 수 없습니다.

于是, 淆亂神道, 抗侮上帝, 妄尊異端, 詐僞誣世, 無所懼畏. 旣見天主威在上審罰, 毋奈顫慄而無所逃也.

이 때가 되면 어리석은 사람들이 감추는 여러 추악한 실상들 — 겉으로는 청렴하지만 속으로는 탐욕스러운 것, 외면은 올바른 듯하지만 내면은 사악한 것. 잘못을 알고도 고치려고 노력하지 않는 것, 올바른 길을 알고도 좇아가지 않는 것, 잘 드러나지 않는 깊숙한 일들, 마음 속에 품고 있는 것, 공정함을 어기려는 계획, 예의에 맞지 않는 욕심, 법도에 맞지 않는 생각 — 〔즉〕 사람의 눈으로 볼 수 없는 것들이 하나하나 들춰져서 숨겨 둘 수가 없습니다.

于是, 不肖人所掩諸醜情, 陽廉陰貪, 外飾正內醲邪, 見過不圖改, 見義不肯若, 諸陝隅闇事, 心中所藏, 逆公之謀, 非禮之欲, 非法之念, 人目所不及, 一一發露, 不可蔽焉.

천지 만물이 나 자신의 마음과 함께 모두 〔천주의 심판에〕 따라서 나를 질타하고 공격해도 나는 〔아무런〕 변명도 할 수 없을 것입니다!

天地萬物幷我自心, 皆從而訐我証我, 則我焉辭乎!

살아 있을 때는 천주의 자비로움과 관대함을 자주 보았습니다.

在生多見天主慈惻, 天主寬容.

〔그러나〕 이에 이르러야 비로소 천주의 분노와 위엄을 보니 내가 무엇을 빌 수 있겠습니까?

至此始見天主怒忿, 天主嚴威也, 則我何禱乎?

누가 나를 풀어 구해 줄 수 있겠습니까?

誰獲解救之乎?

이 때가 되면 비로소 뇌물로 줄 재물도 이미 없다는 것을 알게 됩니다.

于是, 方知財賄已無.

오직 도리를 위반하며 재물을 모은 죄가 있을 뿐입니다.

而惟有犯理得財之罪也.

더러운 즐거움을 맛본 것은 후딱 지나가 버리지만 더러운 즐거움을 취했던 잘못은 영원히 남습니다.

穢樂之味速過, 而取穢樂之咎常遺也.

오만한 기상은 이미 바람 따라 흩어지고 오직 오만함이 불러들인 하늘의 형벌만 남아 있습니다.

傲矜之氣已隨風而散, 而惟留傲矜所招天刑.

영원히 육신에서 벗어나지 못하면 다만 자신과 천지를 원망하고 괴로워하며 무한한 재앙을 받고 통곡합니다.

永悠不脫于身也, 則第得恨己恨天地. 懊惱而受無限殃痛哭.

아! 끝이 없습니다!

嗚呼! 不已矣!

이 어려움 중의 가장 큰 어려움은 죽은 다음에 있습니다."

此難之至難, 在死之後也."

제 4 편

항상 죽을 때를 생각하면서 사후의 심판에 대비하라

第四: 常念死候, 備死後審

◆ 4-1:

서태사(徐光啓)가 다음 날 다시 저의 집에 찾아와서 말했습니다:

徐太史明日再就余寓, 曰:

"당신이 어제 거론한 것들은 진실로 인생에서 가장 시급한 일들입니다.

"子昨所擧, 實人生最急事.

저는 그 말씀을 듣고 〔매우〕 놀랍고 두려웠습니다.

吾聞而驚怖其言焉.

〔이런 현세의 고통에서〕 벗어날 수 있는지 모르겠습니까?

不識: '可得免' 乎?

지금 〔당신의〕 그런 도리들을 대강 조목을 지어서 요약적으로 제시해 주십시오.

今請約擧是理, 疏爲條目.

〔그것을〕 기록하여 제 자신을 경계하는 첫째 잠언으로 삼으려고 합니다."

將錄以爲自警之首箴."

◆ 4-2:

제가 말했습니다:

"죽을 때를 늘 염두에 두는 것은 다섯 가지 큰 보탬이 있습니다.

余曰: "常念死候, 有五大益焉.

▲ 4-2-1:

그 첫째는 이렇습니다:

마음을 수렴하고 몸을 단속함으로써 죽은 후의 큰 재앙에서 벗어나는 것입니다.

其一: 以斂心檢身, 而脫身後大凶也.

대체로 끝을 알면 잘 시작할 수 있고, 죽음을 알면 잘 살 수가 있습니다.

蓋知終, 乃能善始; 知死, 乃能善生也.

집안의 재산이 부족한 줄을 알면 씀씀이에 절도가 있게 되고, 수명이 길지 않은 줄 알면 짧은 시간이라도 허비하지 않게 됩니다.

知家財乏, 則用度有節; 知壽數不長, 則不敢虛費寸陰.

그렇지 않은 사람은 안개 속을 걸으며 앞뒤를 알지 못하는 것 같아서 오직 눈앞의 것만 보게 됩니다.

不然者, 如行霧中, 前後不知, 惟見目下耳.

배를 모는 키잡이는 반드시 여행 경로를 〔알고〕 있어야 하고, 지도가 있어야 하며, 날마다 얼마나 여행했는가를 기록하여 앞으로 얼마나 남아 있는지를 알고 있어야 합니다.

舡三老[1]使舡, 必有路程, 有地圖, 日記已行幾何, 以知其所餘於後也.

배 뒤에 앉아 있어도 곧바로 배 앞에서 무슨 일이 벌어지고 있는가를 알아야만 방향타로 〔배를〕 조정을 할 수가 있습니다.

坐必舡後, 卽知其舡前事, 乃以舵張翕之矣.

---

1) '三老'는 배의 사공이나 키잡이를 뜻한다. 宋나라 때 陸遊의 「入蜀記」, "問何謂長年三老, 云: 梢公是也" 참조.

우리들이 이 삶의 길을 살아가는 것도 또한 이와 마찬가지입니다.

吾人行此生之路, 亦如是也.

지나간 그날그날의 일들을 날마다 기록해 두고 스스로 자신을 이 삶의 마지막에 두어 보면 일생의 일들을 잘 단속해 나아갈 수 있습니다.

日記其日已往, 而自置己于此生之末, 乃能善𢓭檢一生之事也.

또한 물고기가 물 속에 잠겨 꼬리로 바닷길을 이끌어 나가고, 새가 〔하늘을〕 날면서 꼬리로 하늘 길의 방향을 잡아 나가는 것과 같습니다.

又如魚潛以尾引海中路也, 鳥飛以尾導空中路也.

이 세상을 살아가는 것이 〔어찌〕 바다에서나 하늘에서와 같지 않겠습니까?

行此世, 非如於海於空乎?

'죽을 때'라는 끝을 영원히 염두에 두고 되뇌이지 않으면 〔여기에서〕 벗어나기 어렵습니다.

非以死候之尾永言念之, 難乎免焉.

항상 마음을 죽을 때에 두고 있으면 살아 있을 때 마땅히 해야 할 바를 알게 됩니다.

恒以心居死候, 則知生際所當爲.

우리들이 살아 있을 때 〔어떤〕 한 가지 일을 마땅히 해야만 하는가 아닌가를 알고자 한다면, 우리가 죽는 마당에서도 그 일은 '생전에 꼭 이루어졌으면' 하고 바랄 만한 일인지 아닌지를 곧바로 생각해 보십시오.

吾欲知生際一事當行耶否耶, 卽思此事是我死候所願得于生前者耶, 抑否耶.

이렇게 〔우리 자신을〕 깨우쳐 나가면 어찌 절실하지 않겠습니까?

如此開導, 豈不痛切哉?

옛날의 현자 '페레크라테스'[2)]는 6년 동안 무덤 안에 살았습니다.

古賢斐羅谷氏六年處塚內.

'브라만' 사람들[3]의 풍속에는 집 문 밖을 나가면 바로 분묘가 있고 〔사람들은〕 출입하면서 〔그것을〕 돌아봅니다.

伯辣漫人之俗, 家門之外, 卽是墳墓, 出入顧瞻之.

그리고 서양에는 우리와 똑같은 도리〔즉 그리스도교〕를 함께 하는 나라들이 수백이나 되는데, 대개 죽은 사람들을 도성 안에 장사지냈습니다.

西土吾同道幾百國, 大槪葬死皆于城中.

이것들은 모두 죽음에 대한 대비를 잊을까 염려되어서 계획을 세워 스스로 각성토록 한 것일 뿐입니다.

夫皆懼忘死之備, 而立計畫以自提醒耳.

옛날 서방의 이웃 나라에 현명한 왕에 대한 전설이 있는데, 그 〔왕조의〕 시대와 명칭은 전해지지 않습니다.

昔西隣國有賢王傳, 不傳其世代名號.

당시 임금은 늙었고 〔그의〕 단 하나뿐인 아들이 나라를 이어야 했습니다.

惟時君老, 僅一子當嗣國.

그 아들은 경박하여 위엄이 없고 거칠게 자기 마음대로 행동하여 국민들이 이를 걱정했습니다.

子輕佻, 無威儀, 荒縱自肆, 國民患之.

〔이 때〕 신하들은 왕에게 〔아들을〕 타일러 깨우칠 것을 권고했습니다.

---

2) '斐羅谷氏'는 아마도 아테네의 희극(Komödie)의 시인 Pherekrates의 한자 음역인 것 같다. 그의 작품인 '*Μεταλλης*'(광부)에는 지하 세계의 웅장한 삶에 대하여 묘사되고 있다. Lexion der Alten Welt, Bd. 2, Zürich-München(Artemis Verlag), 1990, 2286쪽 참조.

3) '伯辣漫' 사람들은 아마도 인도의 사위 계층인 Braman의 한자 음역인 것 같다. 일찍이 알렉산더 대왕(B.C. 336-323)의 인도 정벌로 '브라만'들이 동굴에서 수행하는 모습들이 서양 고대의 세계에 알려지기 시작하였다.

有司以誥王請戒諭焉.

왕은 백방으로 훈계했으나 아무 소용이 없었습니다.

王訓約百方, 弗若也.

그러자 〔왕은〕 법관에게 명했습니다:

則命士師曰:

“왕세자가 중요한 법을 어기면 규정에 따라 다스려 용서하지 말라.”

“王世子犯重法, 依律治之, 勿赦.”

〔그러나〕 하루도 지나지 않아 세자는 옛날처럼 못된 짓을 저질렀습니다.

不日, 世子以舊行奸宄事,

법관이 세자를 잡아 심문해 보니 법률상 사형에 해당하였습니다.

士師拘囚, 訊鞫之, 律當大辟.

〔정해진〕 날이 되어 〔형장으로〕 나가 형을 집행하려 하자, 세자는 일이 궁색해졌음을 알고 왕이 계신 곳으로 나아가 부왕과 작별을 고할 수 있게 해 주도록 부탁했습니다.

至日則出以行刑, 世子見事窘; 請詣王所, 與父王面訣.

〔그는〕 허락을 받고 왕 앞에 나아가 이렇게 하소연했습니다:

許之, 至王前訴曰:

“왕의 아들로서 나라를 이을 사람인데, 필부처럼 형벌을 받아 죽게 하시다니, 〔이것이〕 도리입니까? 인정입니까?”

“以王之子, 國之上嗣, 如匹夫死於刑下, 理乎? 情乎?”

왕이 눈물을 뿌리며 말했습니다:

王洒泣, 曰:

“내가 아니라 법에 따른 것이다. 내가 어찌 부자 사이의 사랑을 잊었겠느냐?

"非我也, 法也. 吾豈忘父子恩?

이미 그렇다면, 잠시 너에게 눈앞의 형 집행은 면해 주고, 나는 너에게 7일 간 양위하겠다.

旣爾, 暫免汝目下刑, 吾讓爾爲王七日.

7일 동안 뜻대로 멋대로 즐기다가 7일이 되면 스스로 법관에게 나아가 법의 심판을 받으라!"

七日之內, 恣汝意行樂, 滿七日, 自往士師所伏法矣!"

말씀이 끝나자 곧 왕의 옷, 곤룡포, 면류관을 〔아들에게〕 벗어서 입혀 주고 곧바로 왕위에 오르라고 명령했습니다.

語畢, 卽解王衣裳袞冕服之, 令卽王位.

백관들은 모두 그 명령을 받들 뿐이었습니다.

百官皆聽其命已.

〔왕은〕 물러나 한가롭게 머무르며 국정에는 전혀 관여하지 않았습니다.

退而燕處, 了不與國政矣.

다만 〔자기의〕 시종 하나로 하여금 세자를 따르게 하여, 매일 저녁이 되면 곧바로 '7일 기한 중에 지금 이미 며칠이 지났습니다.' 라고만 아뢰게 하였습니다.

第俾一陪僕從世子, 每日夕卽提稟云, '七日限今已過若干日也.'

이렇게 여러 날을 세자는 한결같이 즐겁게 놀았으며 피곤해 하지 않았습니다.

如是諸日, 世子一意盤樂娛玩, 無倦.

오직 저녁때가 되어 시종의 경고를 들으면 곧 크게 놀라서 깨우치고는, 슬픔과 근심을 이기지 못했습니다.

獨至夕聞僕之提警, 卽大驚寤, 憂愁不勝.

7일째 기한이 이미 눈앞에 닥치자, 〔신하들은 세자의〕 즐겁게 노는 일을 끝내게 하고 환락을 없애라는 장계를 올렸습니다.

迨第七日期已逼迫, 啓請遊樂畢, 無歡悰矣.

왕은 기한이 되자 〔대전에〕 나와서 곧바로 세자에게 물었습니다:

王至期出, 卽問世子:

"7일 동안의 즐거움이 어떠했느냐?"

"七日之樂, 何如?"

〔세자가〕 말했습니다.:
"무엇이 즐겁단 말입니까?"

曰: "何樂乎?"

왕이 말했습니다:
"한 나라의 국력으로 한 사람에게 즐거움을 마련해 주지 못한단 말이냐?"

王曰: "一國之力, 不足供一人樂乎?"

〔세자가〕 대답했습니다:
"즐거웠지만 저녁마다 한 시종이 와서 형을 받을 날의 수를 상기시켜서 제 마음을 찔렀습니다.

對曰: "然而夕夕有一僕來, 以就刑日數提刺我心.

이 며칠 동안 날마다 제 목숨이 다 끝나 간다는 것을 아니 결국 모든 즐거움이 소멸해 버릴 따름이었습니다."

于是諸日, 日知我命就終, 竟滅諸樂已."

왕이 말했습니다:
"사람들은 날마다 종말을 향해 가지 않는 이가 없다.

王曰: "人人日日無不就終.

수명은 같지 않으나 모두 짧을 따름이다.

壽數不等, 而均寡焉已矣.

이제 앞으로 너는 나라를 보전할 수 있겠구나!

以後汝可保國矣!

옛날에 범한 너의 죄를 완전히 사면할 것이다.

往昔所犯, 大赦於汝.

이제부터는 이 시종으로 하여금 예전의 7일처럼 저녁마다 네가 염두에 두어야 할 일을 상기시키고 경고토록 하겠노라!"

惟自今後, 令此陪僕, 依前七日, 夕夕提警汝念也!"

온 나라의 선비와 백성들이 이를 듣고 크게 기뻐했고, 세자는 가르침과 은혜에 감사하며 이전의 행실들을 모두 고쳤습니다.

通國士民, 聞之大喜, 世子謝教謝恩, 而悉改前行.

아버지가 죽자 대를 이어 즉위하여 역시 현명한 군주가 되었습니다.

父歿代立, 亦爲賢君也.

이를 보면 몇 년 동안의 온갖 가르침으로 그 마음을 옮겨 보려 했으나 끝내 성공하지 못했지만 7일 동안 죽을 때를 생각하게 함으로써 마음을 바꾸게 할 수 있었다는 것을 실증적으로 알 수 있습니다.

視此可驗, 幾載之教誨, 百端以移其心, 終不能致, 而七日死候之念, 致之矣.

여기에 시종을 세우는 지혜가 빠져서는 안 되는 것은, 세상 일이 그의 마음을 빼앗아 〔본분을〕 잊을까 걱정했기 때문입니다.

是陪僕之設智者, 不可無也, 恐世事脫其心, 而忘之故也.

▲ 4-2-2:

그 둘째는 이렇습니다:

음욕이 덕행을 해치는 것을 다스릴 수 있다는 것입니다.

其二: 以治淫欲之害德行也.

다섯 가지 욕망의 불길이 마음에서 일어나면 덕은 위태로워지고 그것에 의해 타 버리고 부서지게 됩니다.

五欲之炎發于心, 則德危而受彼燒壞.

〔그런데〕 이 죽을 때에 대한 생각이 한 번 크게 용솟음치면 저 화염을 꺼 버립니다.

此死候之念, 則一大湧泉, 滅彼熾焰.

따라서 여색에 대한 욕망을 징계하는 데는 오직 이것이 최상의 좋은 약이 됩니다.

故于懲戒色欲, 獨爲最上良藥也.

우리들이 세상에서 사는 것은 마치 사형 판결을 받아 놓은 것과 같습니다. 죄를 지은 사람이 장차 감옥에서 저자 거리로 나가 처형을 당하려고 한다고 해 봅시다.

吾在世若已結証罪案. 犯人從囹圄中, 將往市曹行刑.

〔죄목을 쓴〕 표지를 내가 지고 가다가 길에서 우연히 즐거운 일을 만났다면, 그것을 즐길 수 있겠습니까?

標榜我自負之以行, 而于道中, 適遇喜樂, 事猶堪娛玩乎?

요한 성인이 한 가지 비유를 들어 세상 사람들이 정당치 않은 즐거움을 취하는 것을 묘사했는데 그 말씀이 매우 좋습니다:

若翰聖人設一喩, 狀世人取非禮之樂也, 甚善其言. 曰:

옛날에 광야를 걸어가던 한 사람이 있었습니다.

嘗有一人行于壙野.

문득 한 독사를 만났는데 잡으려고 했으나 대적할 수가 없어서 바로 달아났습니다.

忽遇一毒龍, 欲攫之, 無以敵, 卽走.

독사는 곧바로 쫓아왔고, 〔그는〕 큰 함정에 다다라 피할 수 없었습니다.

龍便逐之, 至大阱不能避.

드디어 함정으로 빠져 드는데 마침 함정 주위에 약간의 흙이 있고 거기에서 작은 나무가 자라나 있었습니다.

遂匿阱中, 賴阱口旁有微土, 土生小樹.

그는 한 손으로 나뭇가지를 잡고 한 발로는 약간의 흙을 딛고 매달려 있었습니다.

則以一手持樹枝, 以一足踵微土而懸焉.

함정 아래를 굽어보니 큰 호랑이가 입을 벌리고 삼킬 듯이 하고 있었고, 다시 그 나무를 내려다보니 검고 흰 곤충들이 나무 〔뿌리〕를 많이 갉아먹어서 나무 뿌리가 곧 끊어질 듯했습니다.

俯視阱下, 則見大虎狼張口, 欲翕之, 復俛視其樹, 則有黑白蟲, 多許齕, 樹根欲絶也.

그 절박함이 이와 같았는데 문득 고개를 들어 쳐다보니 나뭇가지 위에 벌집이 있는 것이 보였습니다

其窘如此, 焂仰而見蜂窩在上枝.

매우 기뻐하면서 한 손으로 그것을 잡아 편안한 마음으로 꿀을 먹으며, 〔자신이 처한〕 위험 따위는 까맣게 잊어버렸습니다.

卽不勝喜, 便以一手取之, 而安食其蜜, 都忘其險矣.

안타깝게도 꿀을 다 먹기도 전에 나무 뿌리가 끊어져 〔그〕 사람은 함정에 떨어져 호랑이에게 먹혀 버리고 말았습니다.

惜哉! 食蜜未盡, 樹根絶, 而人入阱爲虎狼食也.

이것은 무엇을 말하는 것일까요?

是奚謂乎?

사람이 광야를 걸어가는 것은 바로 당신과 제가 이 현세를 살아가는 것입니다.

人行壙野, 乃汝與我生此世界也.

독사가 우리를 따라오는 것은 죽는 순간이 곳곳에서 마치 그림자와 물체의 관계처럼 사람을 좇아다니는 것과 같습니다.

毒龍逐我者, 乃死候隨處逐人, 如影於形也.

깊은 함정은 곧 지옥에서의 근심과 눈물과 고통의 골짜기〔의 비유〕입니다.

深阱者, 乃地獄之憂淚苦谷也.

작은 나무는 바로 우리의 이 생명입니다.

小樹者, 乃吾此生命也.

약간의 흙은 곧 피와 살로 〔이루어진〕 우리의 육신입니다.

微土者, 乃吾血肉軀也.

호랑이는 곧 지옥의 마귀입니다.

虎狼者, 乃地獄鬼魔也.

검고 흰 곤충들이 나무 뿌리를 갉아먹는 것은 곧 낮과 밤이 연속으로 바뀌어 가면서 우리의 생명을 감소시켜 가는 것〔의 비유〕입니다.

黑白蟲齕樹根者, 乃晝夜輪轉減少我命也.

벌집은 곧 세상의 헛된 즐거움입니다.

蜂窩者, 乃世之虛樂.

슬플 뿐입니다! 인간의 어리석음이여.

哀哉! 人之愚耳.

미혹시키는 것을 취하고 큰 위험은 잊어버리며, 자신을 기꺼이 구원하려 하지 않으니, 슬플 뿐입니다!

取之迷而忘大危險, 不肯自拯援焉. 哀哉!

서양〔의 어느 곳〕에 두 개의 샘이 있었는데 〔거리가〕 서로 가까웠습니다.

西土有兩泉, 相近.

그 중 한 샘물은 사람이 그것을 마시면 곧 웃음을 터뜨리게 해서 〔웃음이〕 죽을 때까지 그치지 않게 했습니다.

其一泉水, 人飮之, 便發笑, 至死不止.

〔다른〕 한 샘물은 마시면 즉시 웃음을 멎게 하여 그 〔웃음〕 병을 낫게 했습니다.

其一泉水, 人飮之, 便止笑, 而瘳其疾也.

사람으로 하여금 웃다가 죽음에까지 이르게 하는 물은 곧 세상의 즐거움이 사람을 현혹시켜 그 마음을 파괴하는 것입니다.

使人笑至死之水, 是乃世樂迷人, 壞其心也.

웃음을 멎게 하고 병을 낫게 하는 물은 죽을 때를 생각하는 것이니, 돌아가며 떠 먹지 않을 수 있겠습니까?

止笑湘疾之水, 則死候之念耳. 可不旋酌之乎?

▲ 4-2-3:

그 셋째는 이렇습니다:

재화와 공명과 부귀를 가벼이 여기게 한다는 점입니다.

其三: 以輕財貨 · 功名 · 富貴也.

무릇 〔밖의〕 사물이란 우리가 소유한 것도, 우리에게 〔천성적으로〕 부수된 것도 아닙니다. 모두 빌려 온 것일 뿐입니다.

夫物者非我有也, 非我隨也. 悉乃借耳.

어찌 사랑하고 아낄 가치가 있겠습니까?

何足戀愛乎?

죽은 후에 사람이 가는 곳에서는 재화를 이용해서 할 일도 없고 재화를 소중히 여길 일도 없습니다.

身後人所去所, 也彼所無用財爲, 亦無重財爲矣.

우리는 어찌하여 저 곳〔즉 내세의 천당〕에서 높이 받드는 것을 모으지 않는 것입니까?

吾曷不萃彼所之所尙乎?

애석합니다! 망녕된 이들은 자신이 〔영원히〕 있지 않은 곳〔지상〕에서는 영예를 받고 자신이 〔영원히〕 있을 곳〔죽은 뒤의 세상〕에서는 고통을 받습니다.

惜乎! 妄人于已所不在, 受譽. 于已所在, 受苦也.

무릇 사물에 대하여, 당신은 일찍이 그것을 얻는 즐거움은 맛보았으나 그것을 잃는 아픔은 알지 못하십니다.

夫物, 汝曾嚌其得之之娛, 而未識其失之之恨.

〔물건이 당신에게〕 오는 것을 보지 말고 떠나가는 것을, 그것의 앞면을 보지 말고 뒷면을 보십시오.

請毋觀其來, 觀其去, 毋觀其面, 觀其背歟.

대체로 〔물건이〕 올 때에는 잠시 동안의 거짓된 즐거움을 얻지만 가버리고 나면 진짜 근심거리를 크게 남깁니다.

夫進而聊帶僞樂, 而退乃大遺眞憂也.

『성경』에서 말한 "재화를 가진 사람이 잠에서 깨고 나면 수중엔 아무 것도 남지 않게 된다."[4]는 것입니다.

『聖經』所謂財人已畢其寐, 而手中無所見也.

이 말은 어떤 사람이 꿈 속에서 금은보화를 손에 가득하도록 얻고서 기뻐하여, 그것을 너무나 급하게 꽉 쥐는 바람에, 홀연히 잠에서 깨고 보니 빈손뿐이더라는 뜻입니다.

言有人夢捉得金銀滿手喜, 甚急握固之, 忽然而寤, 卽空拳耳.

『성경』에서 '사람의 재물'이라 말하지 않고 '재물을 지닌 사람'이라 말합니다.[5]

---

4) 『신약성서』, 「루가복음」 12, 19: "그러나 하느님께서는 '이 어리석은 자야, 바로 오늘 밤 네 영혼이 너에게서 떠나가리라. 그러니 네가 쌓아 놓은 것은 누구의 차지가 되겠느냐.' 라고 말씀하셨다."

5) 『신약성서』, 「루가복음」 12, 16: '부자', '부유한 사람', *ἀνθρώπου τινὸς*

經不曰: '人財', 而曰: '財人',

그러므로 탐욕으로 재물을 얻은 자는 자신이 재물을 부리는 것이 아니라 재물에 의해 부려지니, 그들은 재물의 노예인 것입니다.

以是, 貪得者, 非我使財, 爲財所使, 是財奴也.

〔또한〕'재물을 얻었다' 고 말하지 않고 단지 '꿈 속에서 재물을 얻었다' 고 말할 뿐입니다.

不曰: '得財', 惟曰: '夢得財'.

대개 백 년 동안의 부유함도 오히려 하룻밤의 짧은 꿈과 같을 뿐입니다.

蓋其富厚百年, 猶一夜之短夢耳.

또 한 가지 옛날 얘기로 그 실상을 매우 분명하게 설명해 볼 수 있습니다.

且狀其情, 以一舊事, 極著明焉.

옛날에 한 선비가 있었는데, 세 친구와 사귀면서 마음 속으로 대하는 것이 〔각각〕 달랐습니다.

昔有一士, 交三友而情待不等.

그 중 한 친구에 대해서는 자기 자신보다도 더욱 사랑하고 소중히 여겼고 또 한 친구에 대해서는 자기 자신만큼 사랑하고 소중히 여겼으며, 나머지 한 친구에 대해서는 각박하게 대하여, 얼굴을 보는 일도 드물었습니다.

其一愛重之深于己, 其一愛重之如己, 其一甚菲薄, 希覯面焉.

〔그가〕 돌연 변고를 당했습니다. 군주가 분노하여 법관에게 그를 잡아 심문하라는 조칙을 내렸던 것입니다.

忽遇事變. 國主怒逮訊之詔獄士.

πλουιὸν', 'hominis cuiusdam divitis'.

〔그 사람은〕 이 사실을 듣자, 곧바로 가장 친한 친구에게 급히 달려가서 자기의 곤궁하고 위급한 〔상황을〕 하소연하고, 옛 교분을 생각해서 도와 주기를 바랐습니다.

聞之, 卽急走其上友, 訴己窘急, 幸念夙昔, 冀援手焉.

그 친구가 말했습니다:
"오늘만은 유독 자네 일을 해결해 줄 여가가 없네.

其友曰: "今日特不暇救汝.

꼭 다른 친구와 놀러 가기로 약속이 있어서 말이야.

政與他友有嬉遊之約.

지금 당장은 〔나는〕 움직일 수 없으니, 다만 자네에게 옷 한 벌과 수레 한 대를 주어서 보낼 수는 있네."

當候於此, 不得動移, 秪能送汝衣一襲輿一兩耳."

선비는 슬피 탄식하며 두 번째로 친한 친구에게 달려갔습니다.

士悵然歎息, 則走其中友.

더욱 슬피 울며 자기의 문제를 하소연하고, 앞의 친구를 답습하지 말고 자신을 위기에서 구해 주기를 바랬습니다.

愈益悲泣, 訴己患, 祈勿襲前友, 特脫我于厄也.

그 친구가 말했습니다:
"오늘은 마침 멀리 나갈 일이 있어 겨를이 없네.

友曰: "今日適遠行, 不暇.

자네와 함께 중간까지는 가 줄 수 있네. 〔좀더〕 멀리 간다면 관청문 앞에까지만 갈 〔수 있을〕 뿐이네. 국문은 옥안에서 하니 나는 함께 들어가서 들어 줄 수 없네"

惟得偕汝行至中途. 遠則至公府門耳. 訊獄在內, 吾不得與聞也."

그러니 상황은 더욱 궁해졌고, 지난날 친구를 잘못 택한 것을 후회하였습니다.

則益窘, 而悔曩昔擇交之悞也.

얼마 후에 저 〔교분이 가장〕 적었던 친구가 평소에 〔자기에게〕 충실했던 것을 생각해 내고는, 혹 자기를 구해 줄 수 있을지도 모른다고 생각했으나 확신할 수는 없었습니다.

旣而, 思彼小友素忠實, 或能救我乎, 未可知.

그가 있는 곳에 다다르자 부끄러워 어찌할 바를 몰랐습니다.

至其所, 無奈愧怍.

어쩔 수 없이 먼저 두 친구가 〔자신을〕 저버린 경위를 말하고 또 과거에 〔그를〕 각박하게 대한 일을 자책한 다음, 염두에 두지 말아달라고 부탁했습니다.

不得已先告以二友相負狀, 又自咎曩之菲薄. 請勿介意也.

단지 어느 하루 좋았던 것을 생각하고 덕을 크게 베풀어서 자기를 버리지 말기를 바랐습니다.

惟幸念一日之雅, 願徼大德, 無棄我矣.

그 친구가 말했습니다:
"나는 예전에 〔자네와〕 교분이 적었으나 항상 자네를 생각했네.

友曰: "吾故寡交, 恒念汝.

자네 이제 이만한 일쯤은 걱정하지 말게.

汝今勿憂此等事.

오직 나만이 그것을 맡아 자네를 구해 줄 수 있으니, 〔이는〕 나를 좋아하는 사람들을 북돋기 위한 것이네."

惟我能任之, 便相拯濟, 爲好我者勸也."

말이 끝나자 곧바로 먼저 왕의 처소로 달려갔습니다.

言畢卽先行趍王所.

이 친구가 왕에게 받는 총애는 매우 남다른 것이어서 한 마디 말로 친구를 풀어 마침내는 아무런 걱정이 없게 되었습니다.

此友之寵于王也, 異甚, 則一言而釋士, 竟無虞矣.

이것은 무엇을 말하는 것일까요?

是奚謂乎?

선비가 변고를 당했다는 것은 곧 사람이 죽을 때에 이르러 '하느님'〔上帝〕께서 내 일생 동안의 악한 행위를 심판하려고 하는 것입니다.

士遇事變, 卽人至死候, 上帝將審判我一生不善行也.

그 세 친구는, 하나는 재화를, 하나는 친척을, 하나는 덕행을 〔상징합니다〕.

其三友者, 一財貨, 一親戚, 一德行矣.

무릇 재화, 가옥, 토지 〔같은 것들〕은 스스로 움직일 수 없는 것이니 오직 나에게 수의(壽衣)나 관곽(棺槨)만을 줄 뿐입니다.

夫財貨室屋田產, 自不能運動, 惟與我葬服及棺槨耳.

무릇 친척과 친구들은 나를 산 속이나 묘의 밖에까지만 배웅해 줄 뿐 자신들은 〔무덤 속에까지〕 따라 들어오지는 못합니다.

夫親戚朋友, 惟送我山間及墳墓之外, 自不能入矣.

다만 덕행에만 하늘이 복을 내립니다.

第德行陰騭.[6]

사람들이 이를 비록 그리 중히 여기진 않지만 도리어 사후의 위급함에서 〔자신을〕 보호해 주고 또 이로써 나를 구원하는 것입니다.

人雖不甚重之, 却能保身後之急, 且以我捄也,

이로써 죽을 때를 생각하는 것이 사람을 이끌어서 세상 일의 허와 실을 분간할 수 있게 해 줌을 알 수 있습니다.

---

6) '陰騭'은 '하늘이 내리는 은덕'이라는 의미이다. 『書經』, 「洪範」, "惟天陰騭下民" 참조.

以是 可見: '死候之念, 導人以明世物之虛實' 矣.

나와 함께 할 수 있는 것이 내〔가 해야 할〕 일이요 참된 것이며, 나와 함께 할 수 없는 것은 내가 할 일이 아니라 헛된 것입니다.

能隨我者, 乃我事也, 實也. 不隨我者, 非我事也, 虛也.

'살라딘'[7]은 서양에서 70국을 거느리는 제왕이었습니다.

沙辣丁者, 西方七十國之總王也.

죽을 때가 되자, 그는 수의를 집어 재상에게 〔주며〕 명령하였습니다:

將薨, 取葬衣, 命一宰臣:

"그것을 깃대 끝에 매달고 길을 따라 도읍 안을 돌며 큰소리로 이렇게 외치시오:

揭諸旂竿之首, 行都邑中, 順塗而大呼, 曰:

'70국의 왕인 살라딘이 지금 세상을 떠나려고 하는데 오직 이 옷 한 벌만을 가져갈 뿐이다.'"

沙辣丁七十國王, 今去世, 惟携此衣一稱耳.'"

아아! 이 또한 어찌 같은 뜻이 아니겠습니까?

噫! 不亦此意乎?

들여우가 여러 날 동안 굶주려 몸이 파리하게 여위었습니다.

野狐曠日饑餓, 身痩臞.

〔이 여우는〕 닭장으로 가서 몰래 〔닭을〕 잡아먹으려 했지만 문이 잠겨 있어 들어갈 수가 없었습니다.

就雞棲竊食, 門閉無由入.

잠시 머뭇거리는 사이에 문득 자기 몸이 겨우 들어가는 틈 하나를

---

7) '沙辣丁'은 이집트와 시리아를 지배했던 Saladine(1137-1193) 왕의 한자 음역이다.

발견하고는 재빨리 〔닭장 안으로〕 기어들어 갔습니다.

逡巡間, 忽睹一隙, 僅容其身, 傀亟則伏而入.

며칠 동안 포식을 하고 〔닭장을〕 빠져 나오려고 했으나 몸이 이미 불어 있었습니다.

數日飽飫, 欲歸而身已肥.

몸통이 매우 불어나서, 틈으로 〔몸이〕 들어갈 수 없었습니다.

腹幹張甚, 隙不足容.

〔이 여우는〕 주인이 자신을 발견할까 두려웠습니다.

恐主人見之也.

할 수 없이 다시 며칠을 굶자, 몸이 처음에 들어올 때만큼 야위었을 때 비로소 빠져 나올 수 있었습니다.

不得已又數日不食, 則身瘦臞如初入時, 方出矣.

지혜롭습니다, 이 여우야말로!

智哉, 此狐!

우리 인간들도 이런 것을 배워서 자신을 맑게 해야만 또한 옳지 않겠습니까?

吾人習以自淑, 不亦可乎?

대개 사람의 자식이 〔처음〕 삶의 틈으로 들어올 때는 전혀 아무 것도 가진 바가 없다가, 점점 자라면서 재화를 모아 부유하고 넉넉해집니다.

夫人子入生之隙, 空空無所有也. 進則取財貨富厚矣.

〔그러나〕 장차 죽을 때가 되면 모아 놓은 재화는 나와 함께 나갈 수가 없습니다.

及至將死, 所取財貨不得與我偕出也.

어찌 저 여우의 꾀를 배워 스스로 재화를 줄여서 쉽게 나가지 않습니까?

何不習彼狐之智計, 自折閱財貨, 乃易出乎哉?

'무엇이 참된 부입니까?' 하고 묻는다면, 반드시 '널리 중요한 물건들이 많으나, 언제나 보존할 수 있으면서 부서지지 않는 것이 참된 부이다.' 라고 대답할 것입니다.

問: '何者爲眞富'. 必曰, '廣有重物, 能恒存不受壞者爲眞富'.

그러므로 기름지고 좋은 토지〔를 가지는 것〕이 부유한 사람에게 근본이 되는 일이라고 하겠습니다.

故良田腴產, 謂富人之本業焉.

무릇 토지는 사람에게 있어서 불에도 타지 않고 물에도 떠내려가지 않으며, 도둑이 지고 도망갈 수도 없고 오래 되어도 줄어들지 않는 것이어서 여러 물건들 중 홀로 견고하며 오래 갑니다.

夫田產于人, 火不得爇, 水不得漂, 盜不得負而趨, 年遠不得鎖損, 于諸物中, 獨爲堅久.

그래서 부를 잘 지킬 줄 아는 자는 이를 보물처럼 여기는데, 하물며 〔토지보다〕 만 배나 견고하며 오래 가는 덕에 대해서는 어떻겠습니까?

故善持富者寶之, 何況于德, 更萬倍堅久乎?

덕은 물, 불, 도적을 염려할 필요가 없고 오래 될수록 더욱 견고해지며, 〔나 자신과〕 서로 떨어지는 일도 없고 〔내가〕 살아 있을 때도 죽었을 때도 나를 따르는 것입니다.

德不畏水火盜賊, 彌久彌固, 不相脫離, 生死我隨也.

〔그러니〕 이것〔德을 쌓는 것〕이 사람의 가장 근본이 되는 일인 것은 필연입니다.

此爲人之大本業也, 必矣.

▲ 4-2-4:

그 넷째는 이렇습니다:

이로써 나의 오만한 마음을 극복할 수 있다는 것입니다.

其四: 以攻伐我倨敖心也.

오만한 기운은 모든 덕의 독극물입니다.

倨敖之氣, 諸德之毒液也.

오만함을 키우는 사람은 그의 도심(道心)이 진실로 망쳐질 것입니다.

養敖者, 其道心固敗矣.

무릇 오만함의 뿌리는 본래 약합니다.

夫放之根柢, 本弱也.

〔오만하면〕 '허망한 것'〔虛〕을 '참된 것'〔實〕으로 여기고 '없는 것'〔無〕을 '있는 것'〔有〕으로 여기며, '타인'을 '자기 자신'으로 여깁니다.

以虛爲實, 以無爲有, 以他爲己也.

그러므로 항상 죽을 때를 생각하며 스스로를 우매하게 스스로를 망치지 말아야만 합니다.

故常念死候, 不俾自昧自爽已矣.

공작새는 깃털의 다섯 가지 빛으로 매우 아름답지만, 오직 발만은 밉습니다.

孔雀鳥, 其羽五彩至美也, 而惟足醜.

한 번 해를 향해 꼬리를 펼치면, 햇빛이 밝게 비쳐 오색 빛의 바퀴를 이룹니다.

嘗對日張尾, 日光晃耀, 成五彩輪.

돌아보고 스스로 기뻐하며 끝없이 오만해 합니다.

顧而自喜, 倨敖不已.

문득 아래로 자신의 발을 굽어보면 〔펼쳐졌던〕 꼬리를 접고 풀이 꺾입니다.

忽俯下視足, 則歛其輪, 而折意退矣.

오만한 자들은 어째서 〔이〕 새를 본받지 않습니까?

敖者, 何不效鳥乎?

어째서 발과 같은 〔醜한〕 것을 돌아보지 않습니까?

何不顧若足乎?

발은 사람의 말단 부분으로 곧 죽을 때에 해당됩니다.

足也人之末, 乃死之候矣.

죽을 때를 당하면 몸의 아름다움이나 옷의 화려함, 마음의 총명함, 세력의 높음, 부모의 존귀함, 재화의 풍성함, 명예의 높음 등 여러 가지 것들이 모두 어디에 있습니까?

當死時, 身之美貌, 衣之鮮華, 心之聰明, 勢之高峻, 親之尊貴, 財之豊盈, 名之盛隆, 種種皆安在乎?

어째서 당신의 경망스런 바퀴를 거두어들이지 않습니까!

何不收汝輕妄之輪乎哉!

옛날 서양에 한 대왕이 있었는데 이름은 '알렉산더'[8]라고 하였습니다.

古者西土有總王, 名: '歷山奄'.

많은 나라〔百國〕를 소유하고 있었으며 그 넓이는 수만 리에 달해 그의 부를 능가할 자가 없었으나, 마음은 매우 오만하여 이를 오히려 부족하다고 여기고 있었습니다.

有百國幅員數萬里, 無勝其富, 而心敖甚, 猶若不足.

〔그러던〕 그가 죽자 〔사람들은〕 온갖 호화로움을 다하여 〔그를〕 매장하였습니다.

既薨, 葬埋之侈, 極華美.

8) 歷山奄은 '알렉산더'를 말한다.

이 때 이름난 현자가 있어, 그의 무덤을 보고 다음과 같이 조롱하였습니다:

時有名賢, 視其塋, 譏之曰:

'저 사람은 예전엔 땅을 밟고 있었으나 지금은 땅이 그를 밟고 있네. 예전엔 저 사람이 금과 옥을 품고 있었으나 지금은 금과 옥이 그를 감추고 있네.

'夫人昨也踵土, 今也爲土踵矣. 昨也彼藏金玉, 今也金玉藏彼矣.

예전엔 천하로도 그를 수용하기에 부족했으나 지금은 구덩이 3척이면 충분하다네.'

昨也寰宇[9]不足容之, 今也土窟三尺則足矣.'

아아! 세상에 〔살아〕 돌아다닐 때는 〔신분의〕 높고 낮음이 있으나 죽은 후에는 높고 낮음이 없습니다.

嗚呼! 行世之際, 有尊卑, 死之後, 無尊卑也.

〔이는〕 상(象)이 마(馬)를 희롱하며 장기판 위에서 돌아다니고 장(將)과 졸(卒)이 지위와 〔가는〕 길을 달리하다가, 놀이가 끝나 판을 엎어 버리면 〔모든 것의〕 지위가 〔서로〕 섞이고 〔가는〕 길을 함께 하는 것과 진실로 꼭 같습니다.

誠若象戲馬, 運于楸局, 將卒異位殊道, 及事畢覆局, 則雜位同道矣.

눈은 보지 못하는 것이 없으나 오직 자신만은 볼 수 없습니다.

目者無所不見, 惟不見己也.

자신을 보는 데는 길이 있으니, 거울로 비춰 보면 됩니다.

見己有道, 以鏡照焉.

사람은 모르는 것이 없으나, 오직 자신에 대해서만은 알 수 없습니다.

人者無所不識, 惟不識己也.

---

9) '寰宇'는 '天下'의 의미이다.

자신을 아는데 어찌 끝내 방도가 없겠습니까?

識己豈遂無道乎?

죽은 사람의 해골로 비춰 보면 됩니다.

以死者之髑髏鑒焉.

예전의 저 사람(해골)은 지금의 나와 같았을 것이고, 후일의 나는 지금의 그와 같을 것입니다.

彼昔如我今, 我後如彼今也.

예전에 내 한 친구는 항상 해골 형상을 그려 재계하는 방에 걸어 두었는데, 이로써 자신을 일깨우기 위해서였습니다.

往日, 余有友, 常畵髑髏形, 懸于齋室, 以自警也.

어찌 그가 지도나 그림, 골동품을 진열하는 것을 잘 못하기 때문에 〔그렇게 했겠습니까〕?

庸詎不善於圖畵古器之設乎?

▲ 4-2-5:

그 다섯째는 이렇습니다:

죽음을 망령되이 두려워하지 않고 그것을 편안히 받아들이게 해 준다는 것입니다.

其五: 以不妄畏, 而安受死也.

조물주가 한 생물을 만들 때마다 곧 각각 자신을 아끼는 마음을 부여했습니다.

造物主每造一物, 卽各賦以愛己之心.

이것은 영물이나 미물을 막론하고 모든 존재가 가지고 있는 것이기 때문에, 죽음을 두려워하고 삶을 바라는 본성은 모든 사람들에게 똑같습니다.

是者不論靈蠢, 物物有之, 則畏死欲生之性, 人人均也.

그러나 생과 사는 모두 천주의 명령을 따르는 것이므로, 사람이 스스로 죽기를 원해도 안 되고 또 억지로 살려고 해도 안 됩니다.

然而生死皆聽天主命, 人自求死卽不可, 人强求生卽不可.

〔이는〕 어째서 그럴까요?

何者?

천주는 진실로 사람들이 죽음을 자기 마음대로 하도록 놔 두지 않습니다.

天主固不令人自擅死也.

병졸이 장수의 명령이 아니면 감히 대오를 이탈하지 못하는 것과 마찬가지입니다.

若士卒非帥命, 不敢離行伍也.

만약 끝까지 죽음을 원치 않는다면, 그것은 이미 태어난 것을 후회하는 것입니다.

倘終竟不欲死, 是爲悔旣生焉.

무릇 생사의 주인〔즉 하느님〕이 당신에게 이 〔세상〕 삶을 〔잠시〕 빌려 준 것이니, 실제로는 죽음으로써 이 삶을 돌려 주기로 암묵적으로 약속한 것입니다.

夫生死之主, 借爾此生, 實陰約以死而還之.

마치 계약서의 다른 쪽이 그에게 있는 것과 같습니다.

如左券在彼.

죽음을 원치 않는다면 약속을 저버리게 되고, 자신이 이미 태어났음을 후회하는 것입니다.

不願死, 則失約; 而悔其已生矣.

재물을 탐내는 것도 안 되는데, 〔하물며〕 삶을 탐내는 것이 괜찮을 수 있을까요?

貪財不可, 而貪生可乎?

약속을 저버리고 다른 사람의 재물로 이득을 보려는 것이 안 된다면, 약속을 저버리고 천주〔께서 주신〕 삶을 〔자기 욕심대로〕 이득을 보려는 것이 괜찮겠습니까?

欲負約賴人之財, 不可, 而欲負約賴天主之生, 可乎?

우리 나라 사람 중에 '아켈라오스'[10]라고 하는 사람이 있었는데, 서양의 명장이었습니다.

吾鄕人, 亞入西勞氏, 西極之名將也.

〔그가〕 '올림포스'[11] 산을 넘었는데 마침 시장이 열렸습니다.

經踰阿林波山時方市.

이 시장은 세상에서 제일 번화한 곳이어서, '갖추어 있지 않은 물건이 하나도 없으니' 〔잠시〕 보고 가자고 어떤 이가 청하였습니다.

市爲天下最盛, 或請觀之曰: '無貨不備'.

〔그러자 그는〕 사양하며 말했습니다:
"장생(長生)을 파는 이가 있다면 내가 가겠다."

辭曰: "有售長生者, 吾則往矣."

딱한 노릇입니다! 만일 사람이 재화를 탐내지 않는다 해도, 삶을 탐낸다면 이 또한 탐내는 부류에 속하는 것입니다.

陋哉! 若人不貪貨, 而貪生幷貪流也.

따로 〔또〕 참된 선비가 있었는데, 임금으로부터 큰 봉토를 받았습니다.

別有眞儒, 承國主大封.

---

10) '亞入西勞氏'는 그리스, 마케도니아의 명장인 Archelaos의 한자 음역이다. 그는 '미트리다트'(Mithridat) 전쟁에서 소아시아와 그리스에 대한 흑해로부터의 공격을 시도하여 승리를 하고 기원전 87년에 '카이로네이아'(Chaironeia)와 '오르코메노스'(Orchomenos)를 결정적으로 패배시켰다. *Lexicon der Alten Welt*, Bd. 1, 243쪽 참조.

11) '阿林波' 산은 그리스 북부의 Olympus 산의 음역이다.

그가 〔임금의〕 사자(使者)에게 물었습니다:

問使者曰:

“임금께서는 저에게 이러한 녹봉을 내리셨는데, 또한 저에게 수명도 내리시어 이것을 오래오래 향유하게 하실 〔수 있을〕까요?”

上賜我此祿, 亦賜我壽命, 以久享之乎?

사자가 말했습니다:

“아닙니다. 그것은 천주의 은총〔에 달려 있을〕 뿐입니다.”

使者曰: “否. 此天主恩耳.”

선비가 말했습니다:

儒者曰:

“이미 그렇다면 저는 앞으로 천주를 섬기고 스스로 저의 행위를 닦아 죽은 후에 하늘의 녹봉을 누리기를 구하겠습니다.”

“旣爾, 我則往事天主, 自修我行, 以我身後求享天祿矣.”

그리고는 사양하고 받지 않았습니다.

辭不拜受.

무릇 영원히 살기를 원한다면 영원한 삶의 길로 나아가서 구하면 될 것입니다.

夫願常生, 則進求常生之路, 可也.

당신은 죽어야 할 사람들의 영역〔즉 현세〕에서 영원한 삶을 구하고 있으니, 〔이는〕 잘못된 것입니다.

汝於死人之域, 于常生, 謬矣.

무릇 죽는 순간은 잠깐일 뿐입니다.

夫死候者, 須臾耳.

비록 혹독하긴 하지만 신속히 끝나니, 어찌 그것을 두려워해야 하겠습니까?

雖嚴而速畢, 何當懼之乎?

우리〔인간〕들은 죽지 않을 수 없으나, 죽음의 두려움을 면할 수는 있습니다.

吾不能無死, 然而能免死之懼也.

미친 사람과 어린아이는 죽음을 두려워하지 않으나, 우리〔어른〕들은 도리어 그것을 극복하지 못하고 있습니다.

狂者與孺兒不懼死, 吾反弗克焉.

저 사람들은 어리석고 우리〔어른〕들은 지혜로운데도, 어리석은 자는 〔죽음 앞에서〕 사람들에게 편안함을 줄 수 있다면, 지혜롭다는 이들은 사람들에게 〔오히려〕 불안감을 주는 것입니다. 슬픈 일입니다!

彼愚而我智也, 愚能與人以安, 智能與人以不安. 哀哉!

무릇 참된 지혜를 지닌 '진실한 선비'〔君子〕는 죽음에 대비할 뿐이며 죽음을 두려워하지 않습니다.

夫眞智之君子備死也, 不畏死也.

죽는 순간은 언제고 닥칠 수 있으니, 그에 대한 생각은 비유하자면 훌륭한 장수가 시시각각으로 전쟁을 잊지 않는 것과 같습니다.

死候無時不在, 其念譬如良將時時不忘戰.

이는 적을 대비하는 것입니다. 적을 두려워하는 것이 아닙니다.

是備敵也. 非畏敵也.

무릇 죽을 때를 생각하는 것은 처음엔 위협으로 다가오고 그 다음엔 위안으로 다가오며, 마지막엔 기쁨으로 다가옵니다.

夫死候之念, 初來以威, 次來以慰, 卒來以喜也.

무사가 도성에 들어가 시험을 볼 때면, 혹 〔무술 시합에서〕 말이 놀랄까 하여 수 일 전부터 익숙하게 만들어 〔쳐 놓은〕 울타리 사이에서 말이 놀라지 않도록 합니다.

武士入都試, 或有驚馬. 則數日前肄習之, 馬埒間使勿驚.

〔무술〕 시험 날에 이르면 말은 이미 익숙해져 있어서 놀라지 않습니다.

至試日, 馬已習, 弗驚也.

사람의 마음은 죽을 때에 놀라는 말〔과 같습〕니다.

人心也於死候驚馬矣.

저는 〔항상〕 죽음을 염두에 두고서 마음이 그것에 익숙해지게 합니다.

吾以念死, 心習之.

〔그러면 시합하는〕 울타리 사이에서 진짜 죽을 때가 다가왔을 때 이미 익숙해져 있어 저의 큰일을 그르치지 않을 것입니다.

埒間至眞死候則已習, 不悮我大事也.

무릇 사람이 죽음을 두려워해야 할 것은 죽는 순간이 아니라, 바로 그 순간이 지난 후에 〔하느님 앞에 펼쳐질〕 기록된 〔자신의 행적〕입니다.

夫人所畏于死者, 非死之瞬息, 乃瞬息之後所紀也.

이 두려움은 〔다른 어떤 것보다도〕 가장 잘 우리〔인간〕들을 선으로 이끌어갈 수 있습니다.

此畏也, 最能引我於善.

그렇다면 그 두려움은 마땅히 보존하고서 길러야지, 내치고 버려서는 안 됩니다.

則宜存養之, 不宜卻去之也.

우리들이 오늘 이후로 남아 있는 나날 동안, 앞으로는 우리 일생의 매일 매순간마다 눈으로 보고 귀로 듣고 입으로 말하고 코로 냄새 맡으며 팔다리로 일한 것, 인식 능력으로 이해한 것, 마음으로 좋아한 모든 것들이 도리에 합당했는가 아니었는가를 일일이 장부에 적고 빠뜨리거나 잘못 기록한 것이 하나도 없다고 한 번 생각해 봅시다.

誠思吾自今以後有日, 將我一生中, 日日刻刻, 凡眼所視, 耳所聞, 口所啖, 鼻所臭, 四體所動, 才所諭, 心所愛合理與否, 一一籍計, 無漏焉. 無爽焉.

모든 선과 악을 다 세밀히 살펴 심판한다면 그 누가 두려워하지 않겠습니까?

凡善與惡, 悉審察以按判, 孰不懼乎?

〔그리고〕 이미 두려워했다면 반드시 마음을 단속하여 신중히 행동하는 데 도움이 될 것입니다.

旣懼之, 必有助以斂心以謹行者矣.

우리 나라에 한 현자가 있었는데 80여 년이나 수도를 했는데도 죽을 때가 되자 사지를 부들부들 떨었습니다.

故敝鄕有賢者, 修道八十餘年, 臨歿時四體戰兢.

옆에 있던 사람이 그 까닭을 물으니 그가 대답했습니다:

旁人問其故, 答曰:

"이 두려움은 지금 비로소 시작된 것이 아니다. 내가 평생 동안 지니고 있던 것이다."

"是懼也, 非始自今也. 吾平生有之."

그 사람이 또 물었습니다:

"뭇사람들은 모두 선생님의 도가 이미 완성되었다고 합니다. 무엇을 두려워하십니까?"

人曰: 衆皆云夫子道已成也. 何懼?

그가 대답했습니다:

"천주의 심판은 엄한 것이다.

答曰: "天主審判嚴矣.

그분이 나에 대해 듣고 보는 것이 다른 사람과 같겠는가! 〔어찌〕 두려워하지 않을 수 있겠는가?"

其耳目我也猶人乎哉. 可弗懼與?"

옛날에 또 한 사람이 있었는데, 죽고 나서 이틀 후에 다시 살아났습니다.

古又有一人, 死而兩日後復生.

다시 십여 년을 세상에서 살면서도, 끝까지 말 한 마디 입 밖에 내지 않고 절대로 웃음을 보이는 일도 없었습니다.

又生世十餘年, 竟不發一語, 亦絶不見笑哂.

묵묵히 앉아 고요히 수양할 뿐이었습니다.

默居靜修.

다시 죽을 날이 되자 여러 친구들이 억지로 〔그렇게 지낸 까닭을〕 물어 보니, 그는 오직 다음과 같이 말할 뿐이었습니다:

其復死日, 諸友强問之, 惟曰,

"사람들이 사후의 심판이 어떤지를 모르니 〔내가〕 알려 주려는 것이네."

"人不知死後審何如, 使知之."

그 말이 끝나자 〔그는〕 죽었습니다.

夫語畢而死.

대체로 '진실한 선비'는 이 세상에서 함께 할 만한 것이 없습니다. 함께 할 것이 없으면 아낄 만한 것도 없습니다.

蓋君子於天下無所與. 無所與, 卽無所愛.

아낄 것이 없으면 버려도 여한이 없습니다. 그의 뜻은 천상에 있지 인간 〔세상〕에 있지 않기 〔때문〕입니다.

無所愛, 則捨之無恨也. 其志在天上, 不在人間.

그가 잠시 머무는 손님이라고 했을 때 〔진짜〕 자신의 집이 가까워지려 한다는 말을 듣는다면, 그는 근심하지 않을 뿐만 아니라 크게 기뻐하기까지 합니다.

以彼爲家客, 聞欲近家, 不啻無憂, 且大喜焉.

〔그리고〕 이 몸을 감옥이라고 여기고 질곡이라고 여긴다면, 그것이

부서지고 썩는 것을 보면 즐거워서 어쩔 줄 모를 것입니다.

以此軀殼爲囚禁, 爲桎梏, 則見其壞朽, 無任娛樂.

만약 갇혀 있는 사람이 감옥의 담이 무너지고 수갑과 족쇄가 부서지는 것을 보고, 속박에서 풀려나 고향에 돌아갈 수 있을 것이라고 기대한다면 무슨 근심이 있겠습니까?

如囚人視狴犴垣壁裂, 桎梏壞爛, 乃望其解脫拘縶, 可歸故鄕, 何憂哉?

일을 열심히 하면서 날마다 삼가면 감히 경솔하게 스스로를 편안하다고 여기거나 현명하다고 여기지 않고 오히려 덕이 아직 완성되지 않았음을 두려워할 것입니다.

第兢業日愼, 不敢輒自居安, 輒自居賢, 猶恐德未成也.

이런 까닭에 쉬지 않고 부지런히 수행하지만 〔오히려〕 날이 부족한 것입니다."

是以孜孜矻矻, 惟日不足矣."

◈ 4-3:

서 선생이 말했습니다:

"아아! 이는 모두 충실하고 중후한 말씀입니다.

徐子曰: 於戲! 此皆忠厚語.

과연 세상을 교화하는 데 크게 보탬이 되겠습니다.

果大補于世教也.

이제야 저는 죽음에 대비하여 해야 할 바를 알았습니다.

今而後, 吾知所爲備于死矣.

세속에서의 죽음에 대한 대비는 다만 튼튼하고 두꺼운 관을 준비한다든지 최고로 좋은 묘자리와 길일을 택하는 것일 따름이었습니다.

世俗之備于死也, 特求堅厚棺槨上吉宅兆耳.

누가 사후의 하늘의 심판대 아래서의 엄한 심판에 대해 논한 사람이 있었습니까?"

孰論身後天臺下嚴審乎?"

◆ 4-4:

내가 말했습니다:

"어리석군요! 가벼이 여길 것을 중히 여기고 중히 여길 것을 가벼이 여긴다면, 이것보다 더 흉한 일은 없습니다.

余曰: "迂哉! 重所輕, 輕所重, 莫凶乎是也.

문왕의 묘는 풍호(豐鎬)에 있으나 주공(周公)은 시를 지어 후왕들에게 이렇게 가르쳤습니다:

文王墓在豐鎬, 而周公作詩, 以誥其後王曰:

'문왕은 위에 있어 하늘에서 빛나시도다!'

文王在上, 於昭于天![12]

그런 즉 풍호의 〔무덤 속의〕 문왕은 문왕의 찌꺼기일 뿐입니다.

則豐鎬之文王, 文王之灰燼焉耳.

우리들이 자신의 영혼은 잊어버린 채 오직 우리들의 껍데기만을 아름답게 하는 데 〔힘써야〕 하겠습니까?

吾忘己之精靈, 而獨顧休吾灰燼乎?

저 〔시신에〕 남겨진 '백'(魄)은 〔시신과 함께〕 위아래로 썩어 가고 있는데 〔사람들은〕 평생 그것만을 생각합니다.

夫遺魄, 朽於高, 朽於下, 終生思之.

〔그것을〕 자세히 살펴보지 않은들, 무슨 이변이 있겠습니까?

未審, 何異歟?

관곽(棺槨)이 덮어 주지 않는 것은 진실로 하늘이 덮어 줍니다.

12) 『詩』, 「大雅」 참조

棺槨所不覆, 固天覆之.

어찌 그리 간소한 장례를 싫어합니까!

奚厭其薄乎!

그러나 부모를 후히 장사지내는 것은 사람의 자연스런 감정이니 반드시 비난할 필요는 없습니다.

然厚葬親者自是人情, 不必非之.

반복해서 〔진정으로〕 강조해야 할 것은, 오직 스스로 우리의 영혼을 홀대하지 말라는 것입니다.

所丁寧者, 惟毋自菲薄吾神靈焉.

이 세상에서 한 번 살 뿐이지만 죽은 후의 영원한 고통과 행복은 모두 지금부터 만들어지는 것입니다.

此世一生耳, 而身後永常苦樂, 皆自今造之.

이 세상에서는 우리에게 불선함이 있으면 〔그것을〕 깨끗하게 할 수도 있고, 우리에게 선함이 있으면 〔그것을〕 보탤 수도 있습니다.

今世也, 吾有不善, 可蠲. 吾有善, 可增.

〔그러나〕 이 생 이후〔의 내세〕에서는 절대로 불가능합니다.

此生以後, 絶不能也.

죽은 후는 조사하여 상벌을 주는 때입니다.

死後按察賞罰之時也.

왕의 법을 어기지 않고 남에게 죄를 짓지 않은 사람이라도 우연히 생살여탈권을 쥔 사람의 앞을 지나가거나 그 뜰에 들어설 때는 오히려 두려워합니다.

有未犯王法, 未得罪于人, 而偶經過于司生殺者之前, 入其庭猶且惴惴焉.

하물며 죽은 후에 〔자신이 했던〕 행위가 천주의 명령을 거스르지 않은 것이 하나도 없〔을 정도로〕 하늘에 죄를 지은 사람의 〔경우를 생각

해 보십시오.〕

矧終其身所爲, 莫非違天命, 獲罪于天.

죽음에 임했을 때 장차 세계를 주재하는 엄한 심판대 앞에서 자기를 취조하고 영원한 재앙을 〔내리는데도〕 또한 〔마음이〕 편안할 수 있겠습니까?

臨死時, 將至乾坤主宰嚴臺之前, 按我萬萬世罪殃, 而且得晏然乎?

〔깊이〕 사려하지 않을 수 있겠습니까? 요행히 〔벌을〕 면하기를 망녕되게 바랄 것입니까? 스스로 몽매하여 〔하느님의 심판을〕 믿지 않을 것입니까? 〔이 모두는〕 잘못된 것입니다.

不思乎? 妄望僥倖免乎? 自昧而不信乎? 謬矣.

무릇 죽을 때를 잘 대비하는 수많은 방법은 요컨대 세 가지의 화합에 있습니다.

夫善備死候者, 萬法總在三和.

세 가지 화합이란 하늘과 화합하고 사람과 화합하며 자신과 화합하는 것, 이것입니다.

三和者, 和于天, 和于人, 和于己, 是也.

하늘에 죄를 지으면 도망갈 곳이 없습니다.

得罪于天, 無所逃.[13)]

〔하늘을〕 따르지도 않으면서 하늘에 빈다면 누구에게 비는 것입니까?

不從而禱於天, 孰禱乎?

여기〔즉 하늘〕에 의해 매듭이 지어졌다면, 〔그 매듭이〕 풀어지기를 비는 것 역시 여기에 달려 있을 것입니다.

繫在此, 則祈解, 亦在此矣.

---

13) "子曰: 不然. 獲罪于天, 無所禱也.", 『論語』, 「雍也」 참조.

곧 다시 천주께서 내려 주신 지극한 가르침을 힘써 묻고, 그 실정을 몸에 익혀야 합니다.

卽復勤詢天主所貽至教, 習其情.

우리들의 이전의 잘못을 뉘우치고 견책하여 거룩한 계명을 지키리라 결심함으로써 천주의 진노를 멎게 하고 신의 은총을 구해야 합니다.

悔責吾前非, 立心于守聖戒, 以息天怒, 以致其神寵.

이로써 하늘과 화합하는 것입니다.

此以和天也.

우리들이 의롭지 못하게 남의 재물을 가로챈 것이 있다면 그것을 그 사람에게 돌려 주십시오.

吾藏人非義財物, 卽還之其人.

전에 남을 비방하고 그의 이름과 행적을 욕되게 한 일이 있다면 참된 말로 그를 칭찬하여 그의 명예와 행실을 다시 일으켜 세워 주십시오.

嘗毁謗人, 玷缺其名行, 卽以眞實語奬許之, 復成立之.

일찍이 다른 사람과 싸워 오만하고 난폭하게 〔대하고〕 원수진 일이 있다면 그를 용서하고 화목하게 지내며 잘 대해 주십시오.

嘗與人交爭敖狼有讐, 卽恕宥和睦好待之.

이로써 사람과 화합하는 것입니다.

此以和人也.

무릇 술과 여색으로 자기 몸을 더럽힌 일이 있거나 추하고 사악한 생각으로 영혼을 어지럽힌 일이 있다면, 때때로 세척해 내어 새로워지고 착한 뜻을 닦아 도의 본체로 돌아가십시오.

凡有以酒色, 自汚衊本身以醜念邪情亂焚心靈, 卽時洗滌新新, 修善志, 歸道體.

혹 자신을 의롭지 못한 쪽으로 유혹하는 것이 있다면 멀찍이 떨어져서 그만두어 버리고 아까워하지 마십시오.

或有誘惑我于非義, 遠離廢之勿惜.

이로써 자신과 화합하는 것입니다.

此以和己也.

아아! 만약 죽[은 이 중에] 이미 하늘의 벌을 받은 자가 이제 다시 한 순간 세상에 태어나서 과거의 잘못을 고치고 도덕으로 마음을 옮겨서 어렵지 않게 [지옥에서] 벗어날 수 있다면, 아무리 많은 대가나 고통을 치르더라도, 마음으로 달게 여기며 그 기회를 받아서 자신을 바꾸지 않겠습니까?

嗚呼! 死者已受天刑, 今能復生于世一刻, 以改前非, 移心於道德, 不難出; 無量數價, 無苦, 不甘心取之以易之?

[그러나] 만약 이런 것이 불가능하다면, 우리들은 마음을 열어서 죽을 때를 대비하는 참된 규범을 헤아리고 깨달아야만 합니다.

其如不可得, 而吾承啓心, 以忖悟備死候之實範.

[그런데도 사람들이] 빨리 그렇게 실천하려고 도모하지 않는 것은, [도대체] 무슨 마음이라 해야겠습니까?"

不圖迅行之, 何心哉?"

제 5 편

군자는 말을 적게 하면서 말이 없고자 한다

第五: 君子希言, 而欲無言

◆ 5-1:

조(曹) 감찰관[1]이 저에게 물었습니다:

曹給諫問余曰:

"성인은 모두 말을 적게 하면서 〔아예〕 말을 하지 않고자 합니다. 이는 무슨 뜻입니까?"

"聖人皆希言, 而欲不言也. 奚謂乎?"

◆ 5-2:

제가 대답했습니다:

"무릇 말이란 말하는 사람이 스스로에게 쓰는 것이 아니라 남에게 자기의 뜻을 알게 하기 위한 것일 뿐입니다.

余答曰: "夫言, 非言者所自湏〔須〕,[2] 乃令人知我意耳.

만약 다른 사람과 자기의 마음이 서로 통했다면 말이 무슨 필요가

---

1) 給諫은 給事中이라고도 불린다. 이는 궁중에서 시종들을 감독하고 규제하며 吏, 戶, 禮, 兵, 刑, 工, 즉 六部의 잘못을 규찰하고, 칙령의 착오를 바로잡고 임금에게 올리는 장계를 올리고 대답을 전하는 직분을 관장하는 관리이다. 지금의 감찰관에 해당된다고 볼 수 있다. 여기서 曹는 曹于汴(1558-1634)을 말한다. 그의 字는 自梁이고, 號는 眞予이며, 安邑 사람이다. 萬曆 20년(1592)에 進士가 되었고, 天啓, 崇禎 원년(1628)에 左都御使에 임명되었다. 張奉箴, 『利瑪竇在中國』, 115쪽 참조.

2) 湏는 문맥상 須, 즉 需, 또는 用의 의미로 해석되어야만 한다.

있겠습니까?

若人已心胥通, 何用言?

다른 사람과 〔서로〕 얼굴을 맞대고 이야기한다면 편지 〔따위는〕 없어도 되는 것과 같습니다.

如人面語, 可省簡牘也.

성인은 말을 해서 백성들을 깨우칩니다.

聖人言以誨民.

백성들이 스스로 안다면 성인의 말씀의 효과는 없게 될 것입니다.

民自知, 則其言之功止矣.

〔그러므로〕 백성들이 알지 못할 때 성인은 비로소 말을 하는 것입니다.

民弗知, 聖人始言焉.

그래서 학식이 풍부하고 품성이 잘 닦여진 사람이 하는 말은 간략하면서도 쓰임이 넓습니다.

然博雅之言, 言約而用廣.

대체로 잘 정제된 말은 금덩이에 비유되어, 〔분량은〕 미미하지만 그 가치는 귀중한 것입니다.

蓋粹言比金鋌焉, 微而賈重矣.

이런 까닭에 성인은 말을 적게 하면서 〔아예〕 침묵하고자 하는 것입니다.

是以, 聖人罕言, 而欲無言也.

말이 없으면 인류는 귀신〔의 경지〕에 접근하게 되니, 〔이것이〕 이른바 '사람은 말하는 것을 배워서 사람을 섬기고, 말하지 않는 것을 배워서 귀신을 섬긴다' 고 하는 것입니다.

無言則人類邇於鬼神, 所謂人以習言師人, 以習不言師神也.

그러므로 천주의 경전과 서양의 성현들은 번잡한 말을 경계하지 않은 적이 없으며, 배우는 사람들에게 침묵하기를 바랐던 것입니다."

故天主經典及西土聖賢, 莫不戒繁言, 而望學者以無言矣."

◆ 5-3:

조 선생이 말했습니다:

曹子曰:

"저는 어릴 때 공자의 〔어록인 『논어』〕의 '소박하고 어눌한 것이 어짊〔仁〕에 가깝다'는 〔구절〕과 '말 잘하는 사람'에 대해 언급한 구절을 읽고, 곧바로 말을 줄이려는 지향을 가졌습니다.

"吾幼讀孔子'木訥近仁',[3] 及'利佞'之說, 卽有志於減言.

〔이제〕 또한 선생의 나라의 고상하고 참된 논의를 듣게 되었습니다.

且聞貴邦尙眞論.

이제 말을 금하는 방법에 대해서도 듣고 싶습니다.

今願聞禁言之法.

저에게 말씀해 주시어 성인의 뜻을 입증해 주시고, '같은 뜻을 가진 이'〔同志〕들에게도 이런 말을 적게 하는 것을 굳건하게 해 주시면 고맙겠습니다."

言幸以告我, 以証聖人之旨, 以堅此寡言于同志也."

◆ 5-4:

제가 말했습니다:

"저에게 부탁을 하시니 감히 사양할 수가 없군요. 그러나 이 논의는 광대하고 또한 넓습니다.

余曰: "竇承命不敢辭. 然玆論也浩且博.

---

3) "子曰 剛毅木訥, 近仁", 『論語』, 「子路」 참조.

제가 시험삼아 몇 가지 〔이야기의〕 단서만 제시하겠으니, 그 구체적인 내용은 당신 스스로 미루어 헤아려 보십시오.

吾試揭數端, 子自推其詳備焉.

무릇 불초한 자는 말할 때 〔자신의〕 행동을 염두에 두지 않고, 행동할 때는 〔자기가〕 말한 것을 따르지 않으니 〔이는〕 자기 말을 쉽게 해 버린 것입니다.

凡不肖者, 言不顧行, 行不踐言, 則易其言也.

말이란 날짐승의 부류와 같아서 한 번 입 밖으로 나가면 좇아가서 다시 머금을 수 없습니다.

言也如飛之彙, 一出口, 不得追而復含之矣.

새가 새장에서 나가면 이 나무에서 저 나무로 날아다니고 말이 혀를 떠나면 또한 이 입에서 저 입으로 전해져 돌아오지 않습니다.

鳥出籠卽自此樹飛於彼樹, 言出舌亦自此口傳於彼口, 不還也.

그러므로 지혜로운 자들은 대부분 묵묵히 있거나 말을 적게 하니, 〔이는〕 곧 그 날개를 잘라 버리는 것입니다.

故智者多默希言, 乃爲翦其羽矣.

천주의 성경에선 이렇게 말했습니다:

天主聖經曰:

"말이 많으면 허물이 없을 수 없다. 자기 혀를 단속할 수 있는 것이 곧 지극한 지혜이다"라고 했습니다.

"多言之際, 不能無訧. 能守己舌, 乃智之至也."[4)]

---

4) 『구약성서』, 「잠언」 10:19, "말이 많으면 실수하게 마련, 지각 있는 사람은 입에 재갈을 물린다."; 「전도서」 5:1과 5:3, "사람은 모름지기 말이 적어야 한다. …… 말이 많으면 어리석은 소리가 나온다."; 「잠언」 19:7, "말이 많으면 남에게 해 끼치는 일도 많다. 말 많고 잘되는 법 없다." 참조.

또 이렇게 말했습니다:

“어리석은 자가 말을 하지 않으면 사람들이 그를 현자라고 생각할 것이다.”

又曰: “愚者不言, 則人將謂之賢者.”[5)]

그것을 해석한 사람이 이렇게 말했습니다:

釋之者, 曰:

“어리석은 자가 말을 하지 않으면 현자와 다를 바 없다. 오직 혀와 말소리만이 그의 어리석음〔을 드러내는〕 징표가 될 뿐이다”

“愚者未言與賢者無異. 惟舌與音爲其愚之徵耳.”[6)]

이 때문에 〔우리는〕 마땅히 항상 손으로 입을 가리고 있어야 할 것입니다.

是故, 宜恒以手掩口也.

‘솔론’[7)]은 옛날의 현자입니다. 〔그가〕 많은 사람들이 모인 곳에서 한 마디도 하지 않자 누군가가 그를 조롱하며 말했습니다:

朿亂氏, 古之賢者. 于大衆會不言, 或譏之曰:

“말이 궁색한 것입니까? 본성이 어리석은 것입니까?”

“言之窮乎, 性之愚乎?”

〔‘솔론’〕이 말했습니다:

---

5) 『구약성서』, 「집회서」 20:1과 5, “현명함을 드러내 주는 침묵이 있다. …… 침묵을 지켜 현명함이 드러나는 사람이 있는가 하면 끊임없이 지껄임으로써 남에게 미움을 사는 사람도 있다.” 참조.

6) 『구약성서』, 「집회서」 21:25, “어리석은 사람은 바보스러운 말을 되풀이할 뿐이고, 지혜로운 사람은 신중히 생각해서 말한다.”; 「잠언」 15:2, “슬기로운 사람의 혀는 바른 인생길을 깨우쳐 주지만 미련한 사람의 입은 어리석은 소리를 뱉는다.” 참조.

7) ‘朿亂’은 아마도 기원전 6-7세기의 유명한 아테네의 정치가, 웅변가인 Solon의 한자 음역인 것 같다.

"그렇습니다. [저는] 어리석은 자이기에 말을 하지 않을 수 없습니다.

曰: "然. 愚者不能勿言.

선대로부터 저에게 기탁한 것은 이렇습니다:

先世之所寄臣, 曰:

"오직 한 가지 물건만을 지니라고 명령해도 제가 감히 받아들일 수 없는 것이 있습니다."

"惟命獨有一物. 臣不敢受寄."

사람들이 물었습니다:

"그게 무슨 물건입니까?"

問: "何物?"

['솔론'이] 대답했습니다:

"은밀하게 부탁한 말일 따름입니다."

曰: "隱密之言耳."

[사람들이 다시] 물었습니다:

"무슨 뜻입니까?"

曰: "何謂也?"

['솔론'이] 말했습니다:

"말이란 잡아 두기가 어려운 것입니다. 소리 내어 발설하지 않으면 아마 몸짓으로 드러내게 될 것이고, 취중에 누설하지 않으면 잠꼬대로 전하게 될 것입니다."

曰: "言也難收矣. 不洩之以聲, 恐露之以形, 不漏之以醉, 恐傳之以夢也."

옛날 서양의 한 고을에 위대한 현자인 소크라테스[8]가 있었습니다. 그의 가르침은 침묵을 으뜸으로 하였습니다.

中古西陬, 一大賢 瑣格剌得氏. 其敎也, 以默爲宗.

---

8) 瑣格剌得氏는 Sokrates의 음역이다.

문하의 제자들은 매 7년 동안 〔수업하여〕 말을 하지 않게 되면 졸업하였는데 그 문하에서 배출된 사람들 중에는 말에 통달한 위인들이 많았습니다.

惟下弟子, 每七年不言則出, 出其門者, 多知言之偉人也.

이 침묵은 말을 키워 내는 〔근본〕 뿌리입니다.

是默也, 養言之根矣.

뿌리가 깊고 거름이 넉넉하면 몸통은 높아지고 줄기와 가지는 무성해지는 것입니다.

根深養厚, 而株高幹枝盛也.

또 일찍이 한 유명한 스승이 배출되어 사람들에게 논변하는 것을 가르쳤는데, 〔그가〕 저술한 사물에 대한 탐구와 도리에 대한 연구는 다른 책과는 비교가 되는 않아서 지금까지 〔사람들은〕 이를 숭상하며 사용하고 있습니다.

又嘗出一名師, 教人論辯, 所著格物窮理,[9] 諸書無與爲比, 至今宗用之.

그러나 그 사람은 매번 조용히 침묵을 지키면서 거의 말을 하지 않았습니다.

而其人每靜默, 希言.

어떤 사람이 물었습니다:
"선생님 자신은 말씀하지 않으면서 어떻게 다른 사람들에게 말하는 것을 가르치실 수 있습니까?"

或問之曰: "子自不言, 何能教人言?"

〔그가〕 대답했습니다:

---

9) '格物窮理'는, 개개의 사물에 나아가서 그 사물의 이치를 터득해야 한다고 말하는 程朱學의 학문 공부의 기본 개념이다. 마테오 리치는 이런 성리학의 용어를 가지고 서양 철학의 뜻을 중국인들에게 매우 친근하게 설명하고 있음에 우리는 주목해야 한다.

"자네는 저 숫돌이 보이지 않는가? 자신은 움직이지도 않고 날카롭지도 않지만 칼날을 날카롭게 할 수가 있네.

對曰: "子不見夫礪石乎? 己不動不利, 能使刃利焉.

무릇 작고 텅 빈 그릇은 소리가 요란하지만 크고 속이 찬 그릇은 소리가 없다네."

凡器之小而虛, 則其聲揚, 器之大而充, 則無音."

이 말이 무슨 뜻이겠습니까?

何謂?

소인배 가운데 학문을 하지 않은 자는 다만 언성만 높일 따름입니다.

小人中無學問, 惟徒以言高耳.

'진실한 선비'〔君子〕는 꽉 차 있으면서도 훌륭하기 때문에 말이 없습니다.

君子充實而美, 斯無言也.

선한 행위는 선한 말의 증거가 됩니다. 행동이란 소리 없이 말하는 것입니다.

善行爲善言之証也, 行也無音而言矣.

그러므로 이렇게 말합니다:
"선한 말은 나쁜 행동으로 망가뜨려서는 안 된다."

故曰: "善言者, 不可以邪行壞之".

만약 말과 행동이 서로 맞지 않는다면 어찌 나쁜 행동으로 그의 선한 말을 망가뜨리는 것이 아니겠습니까?

若言行不相顧, 豈不以邪行壞其善言乎?

조물주가 사람을 만들면서 손과 귀는 둘씩 만들었지만 혀는 하나만 만들었습니다.

造物者製人兩其手兩其耳, 而一其舌.

〔이것은〕 많이 듣고 많이 실천하되 말은 적게 하라는 것을 의미합니다.

意示之: 多聞多爲, 而小言也.

혀는 또 입 속 깊은 곳에 놓여 있고, 치아를 〔도심 안의〕 성처럼, 입술을 외곽의 성처럼, 그리고 수염을 〔입을 둘러싼〕 목책처럼 〔혀를〕 세 겹으로 둘러싸고 있으니 〔이는〕 진실로 혀를 잘 단속하여 말을 참게 하고자 한 것입니다.

其舌又置之口中奧深, 而以齒如城, 以脣如郭, 以鬚如 欂, 三重圍之. 誠欲甚警之, 使訒於言矣.

그렇지 않다면 어째서 이와 같이 엄중하겠습니까?

不爾, 曷此嚴乎?

무릇 입이란 또한 마음의 울타리이기도 합니다.

夫口也, 又心之藩籬焉.

그래서 성경에서 말했습니다:
"말을 지키는 것이 곧 마음을 지키는 것이다"

故經曰: "守言, 卽守心也."[10]

정원에 울타리가 없으면 외환〔外患〕이 바로 들어와 〔정원을〕 훼손시키고 맙니다.

園無藩籬, 外患卽侵而毁之.

마음도 입으로 지키지 않으면 밖으로부터 들어오는 번거로움을 감수해야 할 뿐만 아니라 스스로도 또한 〔나쁜 곳으로〕 달아나 버려서 자신을 잃어버리게 됩니다.

---

10) 『구약성서』, 「잠언」 4:22-23, "이 말은 받은 사람에게 생명이 되어 온몸에 생기를 돋우어 준다. 무엇보다도 네 마음을 지켜라."; 「잠언」 19:16, "계명을 지키는 사람은 제 목숨을 지키고" (He that keepeth the commandment keepeth his own soul.)

心無口之禁, 不止受外入之累, 自亦逃而失己矣.

혀가 마음보다 앞서는 〔일이〕 없어야 합니다.

舌毋先心, 可也.

저는 말하고서 후회하지 않은 적이 없습니다.

吾未嘗不言而悔.

대부분은 단지 말을 했다는 것 〔자체를〕 후회했을 따름입니다.

秖多有言之悔耳.

저희 나라의 동쪽에 '아테네'라고 하는 큰 도시가 있었습니다.

敝社之東有大都邑, 名曰: 亞德那.[11]

과거에 그 도시는 학문을 일으키고 가르침을 장려하여 인문주의가 번성했고, 배출된 훌륭한 학자들이 전기〔傳記〕에 넘쳐 날 정도였습니다.

其在昔時, 興學勸敎, 人文甚盛, 所出高俊之士, 滿傳記也.

〔그 중〕 제논[12]은 당시 대학의 영수로서 덕과 학문을 겸비하고 있는 사람이었습니다.

責煖氏者, 當時大學之領袖也, 其人有德有文.

우연히 사방의 사신들이 일이 있어 〔아테네〕 궁정으로 찾아왔습니다.

偶四方使者, 因事來庭.

임금은 사신들이 매우 현명한 것을 알고는 그들에게 경의를 표하여 큰 잔치를 베풀고 여러 이름 높고 뛰어난 학자들에게 주빈의 예를 갖추도록 명했습니다.

國主知使者賢甚, 敬之則大饗之, 而命諸名俊, 備主賓之禮.

제논이 그 우두머리가 되었습니다.

責煖氏居首.

---

11) '亞德那'는 Athens의 한자 음역이다.
12) '責煖氏'는 Zenon의 음역이다.

이 날 논의된 바는 모두 훌륭한 이론 아닌 것이 없었습니다.

是日所談, 莫非高論.

구름과 비처럼 〔다양하게〕 각기 〔자신의〕 재주와 지혜를 마음껏 발휘했는데 오직 제논만은 끝까지 아무 말도 하지 않고 있었습니다.

如雲如雨, 各逞才智, 獨責煖從席不言.

〔자리가〕 거의 파할 무렵 〔한〕 사자가 물었습니다:

將徹, 使問之曰:

"저희가 돌아가서 저희 임금에게 보고할 때 당신에 대해 뭐라고 할까요?"

"吾儕歸, 復命乎寡君, 謂子何如?"

〔제논이〕 대답했습니다:

"다른 말 할 것 없이 오직 '아테네에 한 노인이 있는데 큰잔치를 벌일 적에 한 마디 말도 하지 않을 수 있었다' 라고만 하시오."

曰: "無他, 惟曰, 亞德那有老者, 於大饗時, 能無言也."

다만 이 한 마디 말뿐이지만, 〔여기엔〕 세 가지 범상한 점이 함축되어 있습니다.

秖此一語, 蘊三奇矣.

노인이란 사지가 쇠약해지고 오직 혀만 더욱 팔팔해지니 당연히 말하는 것을 좋아해야 합니다.

老者四體衰劣, 獨舌彌强毅, 當好言也.

그리고 말과 술의 관계는 불과 장작의 관계와 같아서, 어눌한 자라도 술이 들어가면 돌변하여 시끄럽게 떠듭니다.

酒於言, 如薪於火, 卽訥者于是中變而譁也.

아테네는 당시에 현자와 달변가들이 〔많이〕 나와서 말을 파는 〔일종의〕 큰 시장이었습니다.

亞德那彼時, 賢者所出, 佞者所出, 則售言大市也.

이 세 가지 중의 한 가지 〔조건〕만으로도 침묵하기 어려운데 하물며 이 세 가지를 겸하고 있으면서도 〔그렇게 할 수 있습니까?〕

有三之一, 難禁言, 矧三兼之乎?

기이합니다! 〔이〕 가르침은 세상에 〔널리〕 전할 만한 것입니다.

奇哉! 教可傳之四表.

그래서 역사가는 여러 위인들의 훌륭한 이론을 기록하지 않고 오직 제논이 침묵한 〔사실〕만을 기록한 것입니다.

故史氏不誌諸偉人高論, 而特誌責煖氏之不言也.

'바르나바스'[13]는 지극한 덕을 지닌 학자입니다.

邦伴氏, 至德之士.

처음에 그는 수행할 결심을 하고 바로 그 스승의 문하에 들어가 배웠습니다.

初發志修行, 卽入學其師.

바야흐로 경을 차례차례 낭송하던 중에 '나는 나의 행동을 단속함으로써 혀로 〔인해 생기는〕 허물로부터 벗어나겠다' 고 하는 구절을 접했습니다.

方講經次經曰, '吾將守我行, 以免舌之愆.'

그는 이 한 구절을 듣고는 곧 사양하며 말했습니다:
"〔이것으로〕 충분합니다. 〔저는〕 나아가 우선 이 구절을 익히겠습니다."

聞此一句, 卽辭而曰: "足矣. 請先習是句耳."

그는 오랫동안 수행을 한 후 학교로 돌아왔습니다.

久修而後反學.

스승이 물었습니다:

---

13) '邦伴' 은 Barnabas의 한자 음역이다.

"어찌 이리 오래 걸렸느냐?"

師問曰: "何遲之久也?"

그가 대답했습니다:

"첫 구절을 다 익히지 못했기에 감히 돌아올 수가 없었습니다."

曰: "未盡習初句, 不敢還也."

그 후 〔그가〕 유덕하다는 평판이 자자해지자 홀연히 깊은 산 속으로 들어가 홀로 기거하며 묵묵히 수행을 했습니다.

自後德名藉藉, 遽入深山, 獨居默修.

그럼으로써 그는 종적을 감추고 자신의 명예를 지워 버리고자 했으나 명성은 날로 높아만 갔습니다.

用以晦迹剷名而名日益高.

무릇 명성이란 그림자와 같아서, 피하면 쫓아오고 쫓아가면 피하는 것이며, 황혼에 가까울수록 더욱 길어지는 것입니다.

夫名也如影焉, 避就者, 就避者, 而愈晚愈長.

그러므로 '바르나바스'가 비록 세상과 담을 쌓고 지낸 지 수 년이 지났지만 사방에서 모두 그를 우러러 받들었습니다.

是以邦伴雖屛居數年, 四方共景仰之.

이 무렵 임금의 교지를 받든 지체 높은 관리가 산중으로 달려와 그를 뵈었으나 '바르나바스'는 끝내 아무 말도 하지 않았습니다.

于時有尊位持教官赴山中見之, 邦伴了無言.

그 관리가 말했습니다:

"한 마디 말이라도 내려 주시기 바라옵니다. 그러면 저는 그 가르침을 세상에 〔널리〕 펴겠습니다."

官曰: "乞賜片言. 小吏取以布教."

〔그가〕 말했습니다:

"당신은 내가 말하지 않는 〔의도〕도 받아들이지 못하면서 어찌 나에게 말을 얻으려고 하십니까?"

曰: "子不取我不言, 何能取我言乎?"

이렇게 해야, 첫 구절을 다 익힌 자라고 할 수 있겠습니다.

此, 可謂盡習初句者矣.

향을 담은 그릇은 반드시 그 입구를 꽉 막아 놓아야 합니다. 그렇지 않으면 향의 향기가 다 새나가 버립니다.

載香器必固塞其口. 不爾, 原氣渙矣.

당신이 마음에 받아들인 〔내용을〕 간직했다가 적절한 때에 활용하고자 한다면 입을 다물고 묵묵히 쌓아 두는 방법보다 좋은 것이 없습니다.

子承傳於心, 苟冀儲之, 以備施用, 莫若閉口默蓄矣.

아아! 오늘날의 학문은 자기를 위하는 것이 아니라 모두 남을 위할 뿐입니다.

吁! 今之學, 非爲己, 悉爲人耳.[14)]

예전에 위대한 스승에게 어떤 사람이 자기 아우와 함께 찾아와 배웠습니다.

故大學師有人以其弟來學.

그 아우는 오랫동안 〔스승을〕 모시면서도 한 마디 말도 하지 않았습니다.

其弟久侍而不言.

스승이 그에게 시키면서 말했습니다:
"말을 해 보거라. 내가 너를 판단해 보겠다."

學師令曰: "言之. 余以觀汝."

무릇 마주하고 있는 사람이 있으면 반드시 말을 하게 하여 판단해

---

14) 마테오 리치의 이 말은 공자의 말씀을 회상시킨다. "子曰: 古之學者爲己, 今之學者爲人.", 『論語』, 「憲問」(14:24) 참조.

보아야 합니까?.

夫人在目前, 必令言以觀之乎?

얼굴을 보면 그 생김새를 볼 수가 있고, 말하는 것을 들으면 그 마음을 볼 수 있는 것입니다.

覿面則視其形, 聞言則視其心矣.

사람을 시험해 보는 것은 도자기를 시험해 보는 것과 같습니다.

試人如試陶等焉.

두드려 보면 도자기는 소리로써 자신의 균열 상태를 드러내고 사람은 말로써 자기의 흠을 드러냅니다.

叩擊之, 陶以音著其裂, 人以言顯其疵也.

서양의 속담 중에 다음과 같은 말이 있습니다.
"혀는 자주 아픈 이빨 주위를 맴돈다."

西邑諺曰: "舌頻回于病齒."

그러므로 저희〔나라의〕 선현께서는 매번 말씀하셨습니다:

故吾先正每曰:

"어떤 사람이 말하는 것을 내가 아직 듣지 못했을 때는, 〔나는〕 항상 그를 두려워한다."

"吾未聞一人言, 常畏之."

옛날에 어떤 학자가 다른 학자들 가운데 엄숙히 앉아 있었습니다.

往時有一士, 嚴坐于衆士列.

한참 동안 말을 하지 않고 있다가 갑자기 말한다는 것이 자기가 이해하지 못한 내용을 말하는 것이었습니다.

良久不言, 俄發言, 言其所不達.

〔그러자〕 어떤 이가 말했습니다:
"이 사람이 끝내 말을 하지 않았더라면 또한 '선비'라고 부를 만하지 않을까?"

或曰: "此人也而終不言, 不亦可謂士乎?"

침묵이라는 한 가지 약은 말이 〔만드는〕 만 가지 병을 고칠 수 있습니다.

默之一藥, 能療言之萬病矣.

세상의 크게 미혹된 자들은 항상 스승으로부터 말하는 것을 배우지만, 스승에게서 '말하지 않음'〔不言〕을 배우려는 사람은 없습니다.

世之大惑者, 每從師以肄言, 無師以習不言也.

특히 말하지 않는 것은 어렵기 때문에 오직 뛰어난 사람들만이 할 수 있는 것입니다.

第不言難, 惟英俊能之耳.

말이 막 〔입 밖으로〕 나오려고 하는데 억지로 그것을 제지하는 것은 입으로 촛불을 머금어 〔불을〕 끄는 것과 같으니, 어찌 어렵지 않겠습니까?

言欲遂而强止之, 如以口含滅光燭, 豈不難耶?

이야기 책에는 옛날 '프르그' 국왕인 '미다스'[15]의 이야기가 실려 있는데, 〔그는〕 나면서부터 귀가 크고 길어 마치 당나귀처럼 펼쳐져 있었습니다.

誌載昔非里雅國王彌大氏, 生而廣長其耳, 翌然如驢.

〔그러나〕 항상 귀마개로 가리고 있어서 아무도 그것을 아는 사람이 없었습니다.

恒以耳璫蔽之, 人莫知焉.

그 나라의 풍속에 따르면 남자는 머리를 기르지 못하도록 되어 있어서 매달마다 잘라야 했는데, 이발사가 〔그 사실을〕 폭로할까 두려워

15) '非里雅'는 그리스 북부, '마케도니아' 지역의 Phryg의 한자 음역이고 '彌大'는 Midas 왕의 음역이다.

머리를 깎도록 한 후에는 〔그들을〕 일일이 죽여 버렸습니다.

顧其方俗, 男子不蓄髮, 月鬄之 恐其鬄工露之, 則使鬄之後, 一一殺之矣.

죽인 사람이 너무 많아지자 차마 그렇게 하지 못하는 마음이 생겨서 조심성 있고 입이 무거운 한 사람을 골라 머리를 깎게 하였습니다.

殺已衆, 心不忍, 則擇一謹厚者, 令鬄髮畢.

〔그리고〕 이전의 여러 이발사들이 죽임을 당한 상황을 말해 주고, '만약 네가 방금 본 것에 대해 비밀을 지켜 절대 발설하지 않을 수 있다면 너를 살려 주마' 〔라고 했습니다.〕

語以前諸工之被殺狀, '若爾能抱含所見絶不言, 則宥爾'

이발사는 큰〔소리로〕 맹세했습니다:
"죽을지언정 말하지 않겠습니다."

工大誓願曰: 寧死不言.

〔이렇게 해서〕 드디어 살아서 나왔습니다.

遂生出之.

〔그러나〕 수 년 동안 〔사실을 발설하지 않고 그대로〕 지니고 있자니, 마치 배에 난 종기가 막 터지려고 하는 것처럼, 그 괴로움을 이길 수가 없었습니다.

數年抱蓄, 不勝其勞, 如腹腫而欲裂焉.

그래서 〔그는〕 야외의 가려진 장소로 나가, 사방을 둘러보고 아무도 없기에, 혼자서 땅을 파서 구덩이를 만들었습니다.

乃之野外屛處, 四顧無人, 獨自穴地, 作一坎.

그리고는 고개를 숙여 구덩이에다 대고 작은 소리로 속삭였습니다:

向坎俛首, 小聲曰:

"미다스 왕은 당나귀 귀를 가졌다."

彌大王有驢耳.

이렇게 세 번을 한 후 곧 다시 흙으로 〔구덩이를〕 메우고 〔돌아〕오니, 이내 〔마음이〕 편안해졌습니다.

如是者三, 卽復塡上而去, 乃安矣.

후에 왕의 귀가 기형〔이라는 사실〕은 많은 지방으로 전해졌는데, 누가 마침내 그 이야기를 신비화하여 이렇게 말했습니다:

後王耳之怪, 傳播多方, 或遂神其說曰:

"그 후로 이 구덩이 안에서 돌연 이상한 대나무가 자라났고, 그것으로 피리를 만들어 불자 곧 미다스 왕은 당나귀 귀를 가졌다고 하는 사람 말소리 같은 소리가 났고, 그로 인해 국민들이 이 사실을 알게 되었다."

此坎中從此忽生怪竹, 以製簫管吹, 便發聲如人言曰, 彌大王有驢耳, 國民因而知其事也.

아아! 말을 하지 않는 어려움이 이런 〔지경〕에까지 이른 것입니다!

嗚呼! 禁言之難, 乃至此歟!

이렇기 때문에 옛날 서양 나라의 임금은 자신의 현명한 신하에게 이렇게 말했습니다:

是故, 昔西國君語其賢臣曰:

"나는 경에게 사람의 가슴 속에 특히 헛소문을 위한 도랑을 만들기를 당부하는 바이네.

"吾于卿屬: 有人之胸, 特爲流言溝焉.

들어오자 바로 나가게 하여 마음에 머물러 있지 않게 하게!

卽入卽出, 無留乎心!

행동에 보탬되지 않는다네."

無增乎行矣."

저 떠들썩한 마음은 금이 간 항아리와 다를 바 없습니다.

彼喧譁之心, 無殊於隙甕.

비록 좋은 음료를 담아도 사방으로 새어 나갈 것이니 어떻게 가득 채울 수 있겠습니까?

雖斟之美液, 四處漏, 奚得滿乎?

말이 새어 나가는 것을 막고자 해도, 말을 안 할 순 없겠으니, 말을 신중히 하지 않을 수 있겠습니까?

欲塞言之漏, 縱不得不言, 可不愼於言乎?

낭패를 본 일 중에 말이 원인이 되지 않은 경우가 어디 있으며, 망한 나라 중에 말이 원인이 되지 않은 경우가 어디 있습니까?

曷事敗不因言而敗, 曷國覆不因言而覆乎?

이른바 사람이 죽고 사는 것이 모두 혀로 말미암는 것입니다.

所請〔謂〕[16]人之生死, 都由舌也.

좋은 말〔馬〕도 고삐와 재갈을 채우지 않으면 제어할 수 없습니다.

善馬不轡銜, 不可御.

사람도 말〔言〕에 신중하지 않으면 덕을 이룰 수 없습니다.

人士不謹言, 不成德.

동쪽 지방의 학들이 초겨울에 〔있던 곳에서〕 서쪽 땅으로 가는데, 우산(牛山)을 통해 갑니다.

東方鶴初冬, 去之西土, 道牛山.

우산에는 큰매들이 서식하고 있어서 학이 꺼리는 곳입니다.

牛山産大鷹鳥, 鶴所忌也.

학이 이 산을 지나갈 때는 작은 돌을 물고 가는 것은 깜빡 하고 망령되이 울어 대어서 해를 입을까 걱정해서입니다.

鶴過山則銜小石, 恐忘而妄鳴且受害.

---

16) 여기서 '所請'은 문맥상 '所謂'가 되어야 한다. 따라서 '請'은 '謂'로 바로잡는다.

학은 산을 넘어가고 나서야 비로소 〔물고 있던〕 돌을 버립니다.

踰山昉捨石矣.

사람들도 또한 험한 산과 같은 이 세상을 살아가는 동안에 오욕(五慾)이라는 매가 발톱과 부리를 드러내고 이 마음을 해치고 있습니다.

人輩亦過此世之險山, 五欲之鷹張爪吻以傷此心.

어찌 침묵이라는 돌로 입을 막지 않고 종일토록 시끄럽게 떠들고 있겠습니까?

何不以默之石塞口, 而終日讙讙乎?

세상의 해로움에는 말주변 좋은 이보다 더 큰것이 없습니다.

世之害, 莫大乎佞者.

말주변 좋은 이가 교묘한 말로 사람의 마음을 홀려 놓는 것은 원수의 무리들이 황금과 벼슬로 사람의 목숨을 해치는 것과 같습니다.

佞者以巧言迷人心, 如仇類以金爵酖人命也.

그런 사람이 하는 말은 〔정말〕 좋은 것은 없고 그저 교묘하고 아름다운 말로 꾸며서 말한 것입니다.

其所言非昌, 徒以巧詞綺語飾而出之.

마치 아녀자들에게 연지 찍고 화장시키는 일과 같아서, 대장부가 할 짓이 아닙니다.

如塗朱 · 傅粉兒女之事, 非大丈夫之氣也.

소크라테스[17]는 난세를 만나 홀로 우뚝 바른말 하기를 좋아했습니다.

束格剌得氏, 當亂世卓立, 自好正言.

부정한 사람들의 음모를 거부했다가 죄를 입고 억류되어 〔장차〕 죽게 되었습니다.

不屈奸人謀, 而陷之於罪, 被拘囚以誅焉.

---

17) '束格剌得'는 Sokrates의 한자 음역이다.

그 문하의 제자들은 매우 걱정했지만 〔그〕 홀로 이미 죽을 때가 되었는데도 얼굴색 〔하나〕 변하지 않았습니다.

其門弟子大憂之, 獨已至死, 不色變.

그 당시에 명사가 있었습니다.

于時有一名士.

〔그는〕 웅변을 잘 하고 논리에 대적할 자가 없었기에 소크라테스를 대신하여 통곡하면서 글을 하나 지었습니다.

大雄辯, 論理無對, 則代之, 慟而作一文字.

사리를 명확하게 분석하여 억울하게 억류된 것을 해결하고자 했습니다.

剖析事理, 申雪枉抑.

〔그는〕 소크라테스로 하여금 그것을 가지고 법정에서 변론하여 반드시 형〔집행〕을 면하게 하려고 했습니다.

使束格剌得持于公堂庭辨之, 必免刑也,

〔그는〕 직접 감옥으로 찾아가 그것을 〔소크라테스에게〕 주었습니다.

躬詣獄致之.

〔그러나〕 소크라테스는 〔그 글을〕 다 읽고는 말했습니다:

束格剌得讀畢曰:

"맞지 않아 쓸 수 없소."

"不對. 不堪用."

〔그〕 학자가 말했습니다:
"이 글의 말들은 선생의 일에 꼭 들어맞는데 어째서 맞지 않아 쓸 수 없다고 하십니까?"

士曰: "此文, 言言切中夫子之事. 奚云不對, 不堪用也?"

〔소크라테스〕가 말했습니다:

"아녀자의 신발이 내 발에 맞는다 해도 나는 또한 신지 않소.

曰: "婦人履, 稱我足, 我亦不著矣.

남자의 기개로는, 비록 재앙을 만나 죽는다 해도 천박하고 교묘한 말은 취하지 않습니다.

男子氣, 雖斷于殃, 不取于卑陋巧言.

당신은 어째서 그런 말을 가지고 스스로 자신의 덕을 망치려고 하십니까?"

而汝安取之以自敗其德乎哉?"

말재주란 말의 병폐를 불러옵니다.

佞者, 致言之病耳.

대체로 말을 하면서 기대하는 것은 남이 그것을 믿어 주기를 바라는 것입니다.

蓋言之期, 期以人信焉.

말을 했는데도 아무도 믿어 주는 이가 없다면 이는 집을 지었는데 아무도 사는 이가 없는 것과 마찬가지입니다.

立言而無人信, 如創室而無人居也.

사람들이 깊이 믿는 것은 바로 자기가 명확하게 본 것뿐입니다.

人所深信, 乃其所明視耳.

당신이 말할 때 가리고 숨긴다면 소통되지 않는 부분이 있게 됩니다.

汝以言之, 蕖曚之, 則有所不通矣.

그러므로 사람들이 의심을 하고 믿지 않는 것입니다.

故人疑而弗信也.

움집 안에 보리를 두면 보리가 땅의 기운을 머금고 움터서 나오려할 것이기 때문에 처음보다 양이 많은 것 같습니다.

藏麥於窖, 麥得土氣, 欲坼出而量之多于初.

그러나 그 보리는 떠서 못 쓰게 되어 있습니다.

然麥浮敗矣.

〔마찬가지로〕 말도 구변 좋은 사람의 입에서는 왕성히 늘어나지만 믿음이 없을 뿐입니다.

言在佞人口, 盛而增多, 惟無孚也.

사람들이 지식이 많다고 남을 칭찬하는 것은 들어 보았지만 말이 많다고 칭찬하는 것은 들어 보지 못했습니다.

嘗聞: 人稱譽人以多聞, 水〔不〕[18]聞: 稱譽以多言.

말이 비록 좋다고 해도 많아지면 사람들은 그것을 병폐로 여깁니다.

言雖善也, 多則人病之.

좋은 말도 많이 하면 안 되는데, 빈말, 망녕된 말, 죄받을 말을 많이 해서 되겠습니까?

善言不可多, 而虛言 · 妄言 · 罪言, 可多乎?

어떤 사람이 말했습니다:

"너희 세상 사람들은 어째서 말을 좋다고 여기는가? 모두 재갈을 물고 조용히 세상을 살아가지 않는가?"

或曰: "旣爾宇內, 何以言爲寧? 不皆銜枚[19]而瘖然行世乎?"

제가 말했습니다:

"그렇지 않습니다. 성인께서 적게 말하기를 권한 것은 세류(世流)에 휩쓸리는 것을 구원하고자 하는 것일 따름입니다.

曰: "否也. 聖人勸寡言, 拯扶世流耳矣.

말이 없는 〔세상이〕 어떤 세상입니까? 금수의 세상일 뿐입니다.

無言, 孰世乎? 禽世耳.

---

18) 문맥상으로 '水'가 아니고 '不'이 되어야 한다.

19) 銜枚는 옛날에 병졸들이 떠들지 못하도록 입에 물리던 나무 조각을 말한다.

오직 말 때문에 사람들은 날짐승, 길짐승들과 구별됩니다.

惟言, 衆人以是別鳥獸.

현자는 말 때문에 우매한 자와 구별됩니다.

賢以是別愚.

문명 국가는 말 때문에 오랑캐들과 구별되는 것입니다.

文明之邦, 以是, 別夷狄也.

사람에게 말이 없다면 순임금이 어떻게 좋은 말에 절을 하겠으며 공자 · 맹자가 어떻게 말에 통달할 수 있겠습니까?

人無言, 虞庭何以拜昌言[20]? 孔孟何以知言[21]?

또한 오늘날의 학식이 많은 사람들은 어떻게 그것을 들을 수 있겠습니까?

且今多聞者, 從何而得聞乎?

날카로운 병기는 나라를 방어하고 반란자를 제압하는 것입니다.

利兵以扞國禦奸也.

그것을 가지고 망녕되게 올바른 사람을 찌르는 경우가 있다면 이를 지목하여 흉기라 하여 금합니다.

有妄持之以刺正人, 則目爲凶器而禁之.

제대로 쓸 줄 아는 사람이 아니면 지녀선 안 되는 것입니다.

非其人, 不藏焉.

---

20) 『書經』, 「大禹謨」, "禹拜昌言" 참조. 여기서 '昌'은 '當'의 의미다. '昌言'은 '盛德之言'(훌륭한 말)로 시의에 적절한 말이라는 의미다.

21) "我知言": 朱子의 集註에 따르면 "知言"이란 "마음을 다 헤아리고 본성을 알아서, 온 세상의 말들에 대해 그 이치를 끝까지 다 탐구하지 않음이 없으므로 해서, 그 말들의 옳고 그름, 적절함과 그렇지 않게 되는 까닭을 인식하게 됨을 말한다. "知言者, 盡心知性, 於凡天下之言, 無不有以究極其理, 而識其是非得失之所以然也)", 『孟子』, 「公孫丑」上 참조.

이렇게 말을 폄하하는 근원은 사람들이 잘못 사용하는 데서 비롯되는 것일 따름입니다.

是貶言之原, 由人誤用耳.

성인께서 말을 하지 않고자 하는 것은 사람들 모두가 바르게 행동하기를 바라서입니다.

聖人欲不言, 欲人人皆正行矣.

마치 의술이 좋은 것인데, 의술이 없기를 바라겠습니까?

如醫之慈者, 欲無醫乎?

바로 온 세상에 병이 없기를 바라는 것입니다!

乃欲天下無病者乎!

'이솝'[22)]은 옛날의 이름난 선비였는데, 불행히 본국이 정벌당해 자신은 포로가 되어 '싼토스'[23)]에게 팔려 갔습니다.

阨瑣伯氏上古明士, 不幸本國被伐, 身爲俘虜, 鬻于藏德氏.

〔싼토스는〕 당시에 유명한 선각자였습니다.

時之聞人先達也.

그의 문하에 제자들〔의 수〕는 천을 헤아렸습니다.

其門下弟子以千計.

어느 날 잔치 자리를 마련했는데, 싼토스의 수제자가 '이솝'에게 준비물을 마련하도록 지시했습니다.

一日設席宴, 其高弟命阨瑣伯治具.

'이솝'은 "어떤 품목으로 준비할까요?" 하고 물었더니, "가장 훌륭한 물건을 구해 오시오."라고 말했습니다.

---

22) '阨瑣伯'는 'Aisopos', 즉 그리스의 우화 작가 '이솝'의 한자 음역이다.

23) '藏德'는 프리그 사람 Xanthos의 한자 음역이다. 이솝은 싼토스의 노예였다.

問何品. 曰: 惟覔最佳物.

'이솝'은 "예" 하고 대답하고 푸줏간으로 가서 혀 수십 장을 사서 삶고 요리하였습니다.

阨瑣伯, 唯而去之屠家, 市舌數十枚, 烹治之.

손님들이 자리에 앉자, '이솝'이 구이를 돌리는데, 각각 혀를 담은 그릇 하나씩이었습니다.

客坐, 阨瑣伯行炙, 則每容下舌一器.

손님들이 기뻐하면서 가만히 생각하였습니다:

'이는 반드시 스승이 〔구체적〕 형상〔을 지닌 물건〕을 가지고 가르침을 전하고자 한 것이니 은밀한 뜻이 담겨 있으리라!'

客喜而私念: '是必師以狀傳教者, 蘊有微旨也.'

〔그러나〕 이후에도 계속해서 매번 나오는 안주가, 상이한 소스를 뿌리고 상이한 방식으로 요리한 것이긴 하되, 자리에 가득 놓인 것이 혀 아닌 것이 없었습니다.

次後, 每殽異醬異治, 而充席無非舌耳.

손님들이 기이하게 여기고 주인도 부끄럽고 화가 나서, 그를 꾸짖었습니다:

客異之, 主慚怒, 咤之曰:

"멍청한 종놈이 이렇게 주인을 욕보이다니, 그래 시장에 다른 안주가 하나도 없었더란 말이냐?"

癡僕乃爾辱主, 市無他殽乎?

〔그가〕 대답했습니다:

"주인의 명령〔에 따랐을〕 뿐입니다."

對曰: "主命耳."

'싼토스'는 더욱 화가 나서 말했습니다:

藏德滋怒曰:

“나는 너에게 가장 훌륭한 물건을 사오라 하였지 누가 네게 특별히 혀를 사오라고 했느냐?”

我命汝市最佳物. 誰命汝特市舌耶?

‘이솝’이 말했습니다:

“제 생각으로는 혀보다 더 훌륭한 물건은 없는 듯합니다.”

阨瑣伯曰: “鄙僕之意, 以爲莫佳於舌也.”

주인이 말했습니다:

“미친 놈일세! 혀가 무엇이 훌륭한 점이 있단 말이냐?”

主曰: “狂人! 舌何佳之有?”

그가 말했습니다:

“오늘 다행히 〔여러〕 훌륭하신 선비들을 모실 수 있게 되었으니, 이 세상에서 혀보다 더 훌륭한 물건이 무엇인지를 판단하실 수 있을 것입니다.

曰: “今日幸得高士在席, 可爲判: ‘此天下何物佳於舌乎?’

여러 학파들의 훌륭한 논변을 혀 없이 어찌 논하겠습니까?

百家高論, 無舌孰論之?

혀가 없으면 성현들이 깨달은 도를 어떻게 전하겠습니까?

聖賢達道, 無舌何以傳之?

어떻게 그것을 진작시키겠습니까?

何以振之?

천지의 본성과 이법, 오묘한 조화를 혀가 없다면 누가 탐구할 수 있겠습니까?

天地性理造化之眇, 無舌孰究之?

오묘하고 은미하여 이해하기 어려운 내용은 말할 것도 없이 혀로써 〔만〕 설명하고 풀어 낼 수 있습니다.

不論奧微難通, 以舌可講而釋之矣.

혀가 없으면 상인들은 〔자기가〕 가진 것을 〔자기에게〕 없는 것과 바꿀 수 없고, 관리들은 죄인을 심판하고 송사를 판단할 수 없습니다.

無舌, 商賈不得交易有無, 官吏不得審獄訟, 辨黑白.

혀로써 친구들은 우의를 맺고 남녀가 결혼을 합니다.

以舌友相友, 男女合配.

혀가 있음으로 해서 신비로운 음악은 사람의 목소리로 표현됩니다.

以舌神樂成音.

대적하는 나라들을 유세하여 화친을 맺거나 대중을 모아 궁실을 짓거나 성벽을 〔쌓아〕 도시를 세우는 일 등도 모두 혀의 공로입니다.

敵國說而和, 大衆聚而營宮室, 立城國皆舌之功也.

성현을 찬양하고 하느님의 소중한 은혜와 조화의 큰덕에 감사드리는 것도 혀가 아니고 무엇입니까?

讚聖賢誦謝上帝重恩造化大德, 孰非舌乎?

이 혀로 말하는 도움이 없었다면 이 세계는 아름답지 못했을 것입니다.

無此舌之言助, 玆世界無美矣.

그런 까닭에 저는 혀를 사다가 경사스런 연회에 어울리도록 한 것입니다."

是故鄙僕市之, 以稱嘉會矣."

손님들이 이 이치가 훌륭함을 듣고서는 벌떡 일어나 기뻐하며 그를 용서해 주기를 청하고 떠나갔습니다.

客聞: 此理辯, 則躍然喜, 請貰之. 因辭去.

그 다음 날 그〔즉 싼토스의 제자〕는 스승의 처소로 가서 어제의 일을 사과하고, '제가 미처 생각지 못한 바였으나 스승께서는 미리 예상하고 계셨을 것입니다' 하고 말했습니다.

厥明日, 其詣師, 謝語昨事, 以謂: '非僕所及意, 師之豫示之也'.

스승이 말했습니다:

"아니네, 아니야. 〔이는〕 하인이 지혜에 접근하여 그 총명함을 〔한번〕 드러내고자 한 것일 뿐이네. 여러 사람들은 아직 수긍을 하지 않고 있네."

師曰: "否, 否. 僕近慧, 欲見其聰穎耳. 衆猶未信."

스승이 말했습니다: "자네가 다시 한번 〔손님들을〕 초청하게,"

師曰: "若爾請復之,"

이어서 곧바로 '이솝'에게 명하였습니다:

隨命阨瑣伯曰:

"빨리 시장으로 가서 연회의 안주를 사오게! 어제의 손님들은 좋은 것은 필요 없네. 가장 몹쓸 것만을 찾으려면 특히 만족할 만한 것이 없을 것이네."

"速之市. 市殽宴! 昨客不湏〔須〕[24]佳物, 惟湏〔須〕最醜者. 第得鮮足矣."

'이솝'은 "예, 예" 하고 대답하였습니다.

阨瑣伯唯唯.

〔시장에〕 가서는 어제와 마찬가지로 혀를 샀을 뿐, 끝내 다른 안주는 없었습니다.

去則如昨市舌耳, 畢無他殽也.

연회 자리가 마련되고 여러 음식이 차려졌는데 보이는 것은 오직 혀뿐으로 어제와 다름이 없었습니다.

席設數下饌, 特見舌視. 昨無異.

---

24) 여기에서 湏는 須와 통용된다. 須에는 필요하다, 또는 索取(찾아서 가지다)의 뜻이 있다.

손님들은 더욱 기이하게 여겼고 주인은 화가 나 큰소리로 그를 꾸짖으며 물었습니다:

客益異之, 主忿怒, 大詈之問曰:

“혀는 이미 좋은 것이다. 〔그러나〕 너에게 좋은 것을 사오라고 명한 것이 어찌 나〔의 뜻〕과 같지 않은가? 자네는 오직 나를 욕보이려 하느냐?”

“舌旣佳矣. 命汝市佳者, 何弗若我? 而[25]惟欲辱我乎?”

그가 대답했습니다:

“제가 감히 주인님을 모욕하겠습니까? 저는, ‘혀가 바로 가장 몹쓸 물건’이라고 생각했을 뿐입니다.”

對曰, 僕敢冒主乎? 鄙意: ‘舌乃最醜物耳.’

주인이 말했습니다:

“혀는 좋은 것이다. 〔또〕 어찌 몹쓸 것이 되느냐?”

主曰, 舌佳矣. 何爲醜乎?

그가 말했습니다:

“제가 〔저의〕 좁은 소견을 설명해 볼테니 여러 손님들께서는 거듭 생각하여 살펴 주십시오.

曰: “吾解鄙見, 請諸客加思而審之.

천하에 어떤 물건이 혀보다 더 몹쓸 물건이겠습니까?

天下何物醜於舌乎?

여러 학파의 많은 유파들이, 혀가 없다면 어떻게 세상 사람들을 어지럽히겠습니까?

諸家衆流, 無舌, 孰亂世俗乎?

군주의 도를 거스르는 사악한 말, 번드르르 한 말이 혀가 없다면 어

25) 而는 爾〔너〕와 뜻이 통한다.

떻게 세상에 퍼질 수 있겠습니까?

逆主道邪言淫辭, 無舌, 何以普天之下乎?

하늘을 거역하는 허황된 거짓과 망령된 이론이 어지럽게 백성들을 속이는데, 혀가 없다면 누가 그런 것들을 말할 수 있겠습니까?

冒天荒誕妄論, 紛欺下民, 無舌, 孰云之?

쉽게 알 수 있고 쉽게 따를 수 있는 위대한 도와 지극한 이치도 말재주로 변론하여 망쳐 놓을 수 있습니다.

易知易從大道至理, 以利口可辨, 而毁矣.

혀가 없다면 장사치들이 어떻게 사기를 쳐서 시장의 이익을 싹쓸이할 〔수〕 있겠으며, 미천한 백성들이 어떻게 이유 없이 무고하고 소송을 벌려서, 관리들로 하여금 흑백〔의 판단〕을 흐려 놓겠습니까?

無舌, 商賈何得詐僞罔市, 細民何得虛誣諍訟, 而官不得別黑白乎?

혀를 통한 비방과 아첨으로 친구 사이가 소원해지며 부부가 서로 헤어지는 것입니다.

以舌之謗諛, 故友相疏, 夫婦相離.

혀를 통한 음란한 음악과 사악한 소리는 욕망을 이끌고 마음을 〔못된 것〕에 빠지게 하는 것입니다.

以舌淫樂邪音, 導欲溺心.

무릇 우방이 원수가 되고 집안이 망하며, 성이 무너지고 나라가 멸망하는 것도 모두 혀의 허물입니다.

夫友邦作讐, 而家敗城壞國滅, 皆舌之愆也.

귀신을 모독하고 상제를 헐뜯으며, 은혜를 저버리고 큰덕을 저버리는 것도 혀가 아니고 무엇입니까?

侮神訹上帝, 背恩違大德, 孰非舌乎?

이러한 혀의 갖가지 재앙이 없다면 〔세상은〕 대대로 편안하고 즐거울 것입니다.

無此舌之流禍, 世世安樂矣.

이런 까닭에 저는 명령을 받고서 몹쓸 물건을 사서 두루 내보인 것이니, 〔이는〕 오직 혀가 지극히 상서롭지 못한 것임을 드러내고자 한 것입니다."

是故, 鄙僕承命, 市醜物, 徧簡之, 惟見舌至不祥矣."

손님들이 거듭 두 가지 이론을 듣고는, 이야기한 것이 바르고, 말소리가 우아하여 모두 자리를 뜨면서 가르침에 공손히 감사드렸습니다.

客累聞二義, 陳說旣正, 音吐雅, 俱離席, 敬謝敎.

이후로 주인은 그를 학사 선생으로 여겼습니다.

是後主視之如學士先生也.

이 〔일화〕를 통해 생각해 보면, 혀는 본래 훌륭한 것이지만 사람이 잘못 사용하고 또 법도에 어긋나는 것을 말함으로써 그 훌륭함을 망쳐 버린다〔는 것을 알 수 있습니다〕.

以是觀之, 舌也本善, 人枉用之, 非禮而言, 卽壞其善.

그래서 오히려 모름지기 침묵을 지키게 하고 말을 드물게 하는 가르침을 만들어 조물주가 부여한 원래의 뜻을 이루어 낸 것입니다.

是故, 反湏〔須〕致默, 立希言之敎, 以遂造物所賦原旨矣.

무릇 좋은 말은 다섯 가지 금해야 할 〔점이〕 없고 다섯 가지 지녀야 할 〔점이〕 있습니다.

夫穀言, 無五毋, 有五有也.

더러움, 사악함, 교묘함, 헐뜯음, 자랑이 다섯 가지 금해야 할 점이고, 진실함, 바름, 유익함, 적음, 시의 적절함이 다섯 가지 지녀야 할 점입니다.

汚邪巧謗誇, 五毋也. 眞直益減時, 五有也.

더러운 말을 하지 않으면 깨끗함에 가깝고 깨끗한 사람이 따릅니다.

言毋汚則近淨, 而潔者就之.

함부로 더러운 말을 내뱉어서 소인들을 꾸짖어 자기 입을 먼저 더럽히는 일이 없도록 해야 합니다.

無縱吐汚言, 以咤小人, 而先穢己口也.

저 사람의 귀가 이 〔말〕을 마땅히 들어야만 한다고 말하지 말고 내 입이 이것을 꼭 말해야 하는가를 생각하십시오.

勿曰: '彼耳是宜聞,' 惟曰: '吾口是當言耳.'

나쁜 말이 〔들려〕 왔을 때 내가 나쁜 말로써 응수하면 이는 불이 막 타오르려 하는데 내가 풀무질하는 것입니다.

惡言來, 吾用惡語報之, 是火將熾, 而吾施之鞲〔鞴〕.[26)]

〔이렇게 되면〕 처음엔 악이 하나였는데 지금은 둘이 되는 것입니다.

初惡一, 今惡二矣.

만약 좋은 말로 맞아들이면 이는 불이 점점 번져 나가는 데 〔더 번지지 않게끔〕 내가 땔감을 치워 버리는 것입니다.

苟用善言迎之, 是火漸延而吾徙薪.

어찌 나의 선으로 다른 사람의 선을 불러오는 것이 아니겠습니까?

豈非以我善致彼善乎?

사악함이 없으면 올바름에 가깝게 되니 단정한 이들이 그것을 따릅니다.

毋邪則近正, 而端者取之.

바른 마음에서 반드시 바른말이 나옵니다.

正心必發正言.

바른말은 반드시 바른 마음에서 비롯하는 것은 아닙니다.

---

26) '鞲', 즉 韝는 활을 쏠 때 손가락에 끼는 '깍지'이다. 문맥이 잘 통하지 않는다. 마땅히 '풀무'를 뜻하는 '鞴' 자가 되어야 의미가 통한다.

正言未必由正心也.

비록 그렇지만 바른말을 할 때 마음은 올바름에 의거할 수 있습니다.

雖然, 而正言之時, 心能據正.

〔마음이〕 항상 스스로 올바름에 의거한다면 사악한 마음을 갖게 되어도 또한 바로잡을 수 있습니다.

恒自據正, 卽有邪心, 亦可匡也.

정말 위선자라면 또한 결코 언제나 바른말을 할 수는 없으니 사악하게 될 뿐입니다.

若果僞者, 幷亦不能恒作正言, 斯爲邪耳.

앵무새는 사람의 말을 할 수 있지만 스스로 그 뜻을 이해하지는 못합니다.

鸚鵡鳥能人言, 而不自達其意.

평상시에는 수다스럽게 떠드는 것이 사람과 별반 차이가 없지만 갑자기 소동을 만나면 곧 새소리를 높이 내며 자기의 소리로 돌아갑니다.

平時諄諄, 與人無異, 忽逢擾攘, 卽揚禽聲, 而復其咈咈也.

올바름을 가장한 사람이 어진 말을 잘 하지만 스스로 그 뜻을 이해하지는 못합니다.

詐正人, 善爲仁言, 而不自通其旨也.

일이 없고 편할 때는 바로 다른 사람들과 아무 차이가 없습니다.

無事便, 便與人無異.

갑자기 거스르고 거역할 때에는 바로 사악한 마음으로 바뀌어져서 자기의 편협한 본성으로 돌아갑니다.

俄值拂逆, 便轉邪情, 而還其偏本也.

위선은 오래 가지 못하는데 하물며 영원하겠습니까?

詐不可久, 矧能恒乎?

교묘〔한 말을〕 하지 않으면 질박함에 가깝고 성실한 사람은 그것을 숭상합니다.

毋巧則近質, 而誠者尙之.

본받을 말은 소박하면서도 스스로 빛나고 아름다워 화려한 수식을 추구하지 않습니다.

法言素樸而自光美, 不求鮮華之飾.

〔도에〕 어긋나는 말은 흠이 많고 추해서 꾸미는 작업을 빌리지 않을 수 없습니다.

戾言病醜, 不能不借于繪工.

어리석은 사람은 그것을 아름답다고 여기지만 지혜로운 사람은 그것을 병폐로 여깁니다.

愚者雅之, 智者病之.

〔지혜로운 사람은〕 행동으로는 옛날의 도를 행하면서, 말로는 오늘날의 말을 할 따름입니다.

行, 行古之道; 言, 言今之詞耳.

헐뜯지 않으면 〔남을〕 '배려하는 마음'〔恕〕에 가까워집니다.

毋謗則近恕.

그러면 충실한 사람들이 따르게 됩니다.

而忠者若[27]之.

세상의 도가 쇠퇴하여 타락하면 〔남을〕 헐뜯는 말이 쉽게 나오고 쉽게 전해집니다.

世道衰下, 讒言易發易傳也.

그러므로 마땅히 입을 경계하며 말해야 하고 귀를 경계하며 들어야 합니다.

---

27) 若에는 順從의 뜻이 있다. "乃命羲和, 欽若昊天.", 『書經』, 「堯典」 참조.

故當戒口以言, 戒耳以聞也.

헐뜯는 〔말을〕 받아들이는 사람이 없으면 헐뜯는 〔사람도〕 없어질 것입니다.

無聽讒者, 無讒.

따라서 헐뜯는 사람과 헐뜯는 〔말을〕 받아들이는 사람 중에, 저는 누구의 죄가 더 무거운지 모르겠습니다.

故讒人與聞讒者, 吾未識: '罪孰重' 矣.

뽐내지 않으면 겸손에 가깝고 그러면 오만한 자들이 떠나갑니다.

毋誇則近謙, 而敖者去之.

스스로 자신의 선을 떠벌리는 사람은 자기가 이전에 덕을 행했기 때문에 그것을 이야기하는 것이 아니라 덕을 행한다고 말만 할 뿐입니다.

自伐善者, 非因已旣行德而言之, 乃行德以言之耳.

이와 같이, 덕은 없고 실제로는 악을 행하는 것입니다.

如是, 以虛德爲實慝矣.

악행을 덕이라고 바꾸니, 우리〔인간〕들이 떠벌리는 선은 어디에 있는 것입니까?

以慝易德, 吾所伐善, 安在乎?

내가 칭찬하는 말이 내 입에서 나오면 이는 도리어 〔자신을〕 헐뜯는 말이 되는 것입니다.

吾之譽在我口, 是反爲 訾也.

내가 도를 훌륭하게 사랑한다고 저들이 칭찬하면, 〔그들〕 자신의 덕을 기르는 것입니다.

彼稱我善愛道, 而長己德.

우리가 스스로 자신의 선함을 칭찬하고 부당하게 이름 내기를 좋아하면, 자신의 덕을 없애 버리는 것입니다.

吾自稱己, 善冒名, 而泯己德也.

이것이 다섯 가지 금해야 할 바입니다.

此五毋也.

말에 진실함이 있으면 거짓이 없고 남들이 곧 그것을 믿습니다.

言有眞則無誕, 而人卽信焉.

참된 말은 전체가 서로 〔긴밀히〕 연관되어 있으나, 거짓말은 종내 앞뒤가 맞지 않습니다.

眞言全體相結. 僞言始終不類也.

진실은 밝은 촛불이 사방으로 빛을 발하는 것 같아서 비록 이를 가리고 감추어도 반드시 틈새로 〔빛이〕 새어 나옵니다.

眞者, 如明燭焉, 光四射, 縱掩藏之, 必乘隙而出矣.

어린이, 술 취한 사람, 미친 사람 이 셋의 말은 모두 진실하고 거짓이 없습니다.

蒙者醉者狂者, 三人之言, 咸眞實無僞.

〔만일〕 당신이 그렇지 않다고 생각하면, 어찌 이 세 부류의 사람들 속에 살지 않으십니까?

汝爲不然, 豈不居三人之下乎?

〔말이〕 곧고 속임과 왜곡이 없으면 사람들은 기꺼이 그것에 의지할 것입니다.

直則無詭曲, 而人悅依焉.

곧은 길을 한결같이 가면 목적지가 가까워지지만, 무수히 돌아가면 더욱 멀어집니다.

直路一而去, 彼界近; 曲之無數, 而皆彌遠矣.

당신이 집에 빨리 도달하고 싶다면 곧은 길을 따라가는 것보다 더 좋은 방법은 없습니다.

汝冀蚤赴家, 莫善於從徑途也.

이익을 보고 행동하면 행동이 의로울 수가 없고, 얼굴빛을 살펴 가며 이야기하면 말이 솔직할 수가 없습니다.

視利而行, 行不得義. 察色而言, 言不得直也.

쏜 화살이 곧지 않다면 이 화살은 힘이 없으니 어찌 〔과녁을〕 맞힐 수 있겠습니까?

發矢不直, 是無力, 安能中乎?

〔거문고나 비파의〕 줄을 맨 것이 곧지 않으면 소리가 나지 않으니 어찌 화음을 이룰 수 있겠습니까?

張絃不直, 則無音, 胡得和乎?

말한 것이 솔직하지 않으면 의지도 기백도 없으니 반드시 그 도모하는 바를 이룰 수 없을 것입니다.

發言不直, 則無志無氣, 必不及致其所圖也.

〔말이〕 유익하면 헛된 말이 없으니 사람들은 그것을 쓸모 있다고 여깁니다.

益則無窾, 而人以爲用焉.

천금의 값어치를 지닌 말도 있고, 아무 가치도 없는 말도 있습니다.

有千金之言, 有無賈之言.

누가 말에 〔일정한〕 값이 없다고 합니까?

誰曰: '言, 無直' 歟?

부유함은 사람의 재산을 늘려 주지만, '어짊'은 사람의 말을 늘려 줍니다.

富贈人財, 仁增人言.

보물과 화폐는 재물을 이롭게 만들지만, 배려하는 말은 덕을 이롭게 만듭니다.

珎貝利財, 忠言利德.

이 두 가지 중에 어느 것이 더 이로운 것이겠습니까?

二者, 孰利乎?

무릇 사람들에게 이롭지도 않고 자신에게도 보탬이 되지 않는 것들은 모두 헛된 말입니다.

凡無利於衆, 無補於身, 悉妄言也.

일을 당하면 마땅히 말해야 합니다.

遇事當言.

헤아려서 말하는 것이 말하지 않는 것보다 낫고 뒤에 말했으니 후회도 없습니다.

度言之, 勝乎不言, 而後言無悔矣.

〔말이〕 적으면 번잡하지 않아서 사람들이 그것을 즐기어 말하게 됩니다.

減則不繁而人好繹焉.

무릇 사람들이 쉽게 깨닫기를 바라는 것으로 말하자면, 담담하고 간략하게 말하는 것만한 것이 없습니다.

凡眞論欲人易曉, 莫若淡且簡也.

간략한 말은 거의 말을 하지 않음이니, 진실로 〔말의〕 취지로 삼을 만합니다.

約言, 近乎不言, 故爲趣矣.

적게 〔말해도〕 일을 성사시킬 수 있는데, 어찌하여 〔말을〕 많이 하는 것입니까?

少, 可以成事, 何用多爲?

남음도 모자람도 없어야 비로소 적은 〔말〕이 되는 것입니다.

無餘無缺, 始爲減也.

말을 하지 않아야 할 곳이 있고 드물게 말해야 할 곳이 있지만, 말을 다해야 할 곳은 없습니다.

有不言之處, 有希言之處, 無盡言之處矣.

내가 말한 것이 만족스럽지 않으면 다른 사람으로 하여금 이어서 생각해 보게 해야 합니다.

吾言之未寧, 使人嗣之以思.

〔절대로 내가〕 만족스러울 〔정도로 다 말해서〕 싫증을 느끼게끔 단정짓게 해선 안 됩니다.

無寧使斷之以厭也.

〔말이〕 시의 적절하면 오류가 없고 사람들이 듣고자 합니다.

時則不誤, 而人願聆焉.

〔적절한〕 때인데도 말하지 않는 것은, 적절한 때가 아닌데 말하는 것과 마찬가지입니다.

時而不言, 猶不時而言也.

때에 맞는 비를 사람들이 고개를 들고 기다리고 때에 맞는 말을 귀를 기울여 받아들이는 것은 〔이것들이〕 모두 그들의 욕구에 들어맞기 때문입니다.

時雨, 人翹首而望之; 時言, 人傾耳而納之, 皆得其欲也.

병에 대응되는 약이 아니라면 비록 좋은 약이라도 몸을 해치게 되고, 때에 맞는 말이 아니라면 비록 훌륭한 말이라도 일을 그르치게 됩니다.

不對病之藥, 縱善而傷身. 不合時之言, 縱昌而敗事也.

말이란 마땅히 때에 맞게 해야 한다는 것을 아는 사람이 비록 많다고 해도, 〔정작〕 말해야 할 때를 아는 사람이 몇이나 됩니까?

雖然知言之當以時發衆也, 知當言之時, 幾人乎?

인(仁)을 체득한 〔자의〕 말은 진실하고 의(義)를 따르는 〔자의〕 말은 바르며, 예(禮)에 의거하는 말은 말수가 적고 돈독하고 미더운 말은 유익하며, 지혜로운 말은 때에 맞으니 이것이 다섯 가지 지녀야 할 바입니다.

體仁之言眞, 從義之言直, 由禮之言減, 敦信之言益, 惟智之言時矣. 此五有也,

말을 할 때 이 다섯 가지 〔금해야 할 바〕를 삼가고 이 다섯 가지 지녀야 할 바를 유지한다면, 아침부터 저녁까지 말하는 자가 있어 누군가가 그를 말 많다고 하더라도, 나는 그를 말 드물게 한다고 감히 말할 것입니다.

使言, 毋斯五, 毋獲斯五有; 談自旦迄夕者, 或謂之多言, 吾敢謂之希言焉.

사람이 한 번 듣고 기뻐하는 말이 있으나, 이런 〔그의〕 말은 백 번을 들어도 오히려 기뻐할 것입니다."

有言者, 人一聞而喜; 此言者, 人百聞而猶喜也."

◆ 5-5:

이야기가 끝나자 조 선생이 기뻐하며 말했습니다:

"좋은 뜻입니다!"

語竟, 曹子悅曰: "旨哉!"

◆ 5-6:

〔그 말을〕 듣고 제가 말했습니다:

"사람과 말의 관계는 종과 소리의 관계와 같습니다.

聞之曰: "人也於言, 如鍾於音焉.

크게 두드리면 큰소리가 나고 작게 두드리면 작은소리가 납니다.

大叩之大音, 小叩之小音也.

만일 두드리지 않았는데도 소리가 난다면 그것은 요사스런 종일 뿐입니다."

若無叩而音, 其妖鍾已."

더 이야기해 줄 것을 청하자 제가 말했습니다:

請益, 余曰:

〔이것으로〕 충분합니다. 아마도 중국 선비들이 저를 꾸짖어 이렇게 말할 것입니다:

"贍已. 恐中國士誚我曰:

"서양 선비가 '드물게 해야 할 말'〔希言〕을 수다스럽게 떠벌리고 있구나!"

西士以喋喋勸希言也歟."

제 6 편

재계하고 소식(素食)하는 바른뜻은 살생의 계율 때문이 아니다*

第六: 齋素正旨, 非由戒殺

◆ 6-1:

이(李) 수부(水部)[1]가 자리를 마련하고 저를 초대하였습니다.

李水部設席招余.

그 날은 천주 교회의 축일이어서 저는 단지 채소와 과일만을 먹었습니다.

是日值教中節日, 余食止蔬菓而已.

이 선생이 말했습니다:

"당신네 나라에서는 부처를 섬기지 않으므로 살생을 금지하는 계율이 없는데, 당신이 재계하고 소식(素食)하는 이유는 무엇입니까?"

李子曰: "貴邦不奉佛, 無殺牲戒, 而子齋素, 何也?"

◆ 6-2:

제가 대답했습니다:

"〔재계하고 소식하는 것이〕 어찌 유독 당신 나라인 중국뿐이겠습니까?

余曰: "豈獨敝國中國?

---

* 이 부분은 『天主實義』 下권, 제5편, 「윤회의 여섯 방도와 살생을 금하는 오류를 논박하며 재계와 소식을 올리는 바른뜻을 논함」의 후반부와 거의 동일하다. 『天主實義』(공역), 제5편 참조.

1) 水部, 또는 都水는 수리 관계를 책임지는 官名이다. 요즘의 水資源 管理監에 해당된다. 여기서 李는 李之藻(1565-1630)를 말한다.

〔옛날 중국의〕 삼대〔夏 · 殷 · 周〕 이전에는 불교가 아직 유입되지 않았으니 모두 부처를 섬기지 않았습니다.

自三代以前, 佛教未入, 悉不奉佛也.

모두 태뢰(太牢)로써 상제를 섬겼으니 살생을 금지하는 계율은 없었습니다.

皆以太牢[2]事上帝, 悉不戒殺牲也.

그러나 제사지내기 전에 7일 간의 재계(散齋)와 3일 간의 재계(致齋)가 있었습니다.

然而祭之前, 有散齋,[3] 有致齋.[4]

재계하는 사람은 모두 술을 마시지 않고 기름진 음식을 먹지 않았습니다.

齋者, 悉不飮酒, 不茹葷.

지금도 보면 사대부들이 하늘과 땅에 제사지낼 때 모두 술과 고기를 끊고서, 〔집에서〕 나와서 관사에서 지냅니다.

今所見, 士大夫遇郊社[5]大典, 咸斷酒肉, 出居官次.[6]

이렇다면 재계하고 소식하는 뜻이 부처로 말미암아 시작된 것이 아니며 살생〔의 계율〕 때문이 아니라는 것은 진실로 명백합니다."

是則齋素之義, 不由釋氏始; 不以殺牲故, 明矣."

---

2) 太牢는 원래 소, 양, 돼지의 세 가지 희생을 담는 祭祀의 그릇을 말한다. 나중에는 소만을 太牢, 양은 小牢라고 불렀다.

3) 散齋는 7일 간의 재계를 말한다.

4) 致齋는 3일 간의 재계를 말한다.

5) 郊祭는 天子가 천지에 제사를 지내는 것을 의미한다. 冬至에는 도성 밖으로 나와서 南郊에서 하늘에 제사지내고, 夏至에는 北郊에서 땅에 제사를 지낸다. 이를 郊祀라고도 한다. 또한 社는 풍년 들기를 위하여 드리는 제사이며, 夏至에 토지의 主神에게 제사지내는 것을 말한다.

6) 官次는 官舍, 官邸의 의미이다.

◆ 6-3:

이 선생이 말했습니다:

"그렇습니다. 우리 유자들이 제사지내기 전에 재계하는 것은 마음을 가지런하게 하여 바르고 깨끗하게 함으로써 밝은 신을 높이 받들고자 하는 것입니다.

李子曰: "然. 吾儒將祭而齋者, 將以齊一心志, 致其蠲潔, 對越明神也.

당신네 나라에서 재계하고 소식하는 이유는 무엇인지 묻고 싶습니다.

敢問: 貴國齋素, 何意?"

◆ 6-4:

그 때 마침 상자 속에는 오래 된 원고 한 질이 있었는데, 그 책 속에는 천주교에서 재계하고 소식하는 세 가지 취지에 대해 말한 것이 들어 있었습니다.

時余篋中適有舊藁一帙, 中說: '天主教齋素三旨.'

〔저는〕 곧 그 책을 꺼내어 살펴보았습니다.

卽出帙, 觀之.

그 책에 이런 말이 있었습니다:

"살생의 금계 때문에 재계를 하고 소식을 한다면, 그것은 아마도 작은 동정심입니다.

其辭曰: "因戒殺牲而用齋素, 此殆小不忍也.

그러나 〔그리스도교의〕 재계에는 세 가지 뜻이 있습니다.

然齋有三志.

이 세 가지 뜻을 알고 나면 〔재계를〕 더욱더 절실하게 지키게 될 것입니다.

識此三志, 滋切滋崇矣.

무릇 이 세상에는 지금은 현명하지만, 과거에 못난 짓을 하지 않았던 사람은 진실로 적습니다.

夫世固少有: '今日賢, 而先日不爲不肖者' 也.

오늘날은 도리〔道〕를 따르고 있으나 과거에 그 도리〔道〕를 어기지 않은 사람은 적습니다.

少有: '今日順道, 而昔日未嘗違厥道者' 也.

그 도리는 천주께서 〔사람들의〕 마음에 깊이 새기어 주신 것이요 성현들에게 명하여 그것을 목판이나 서책에 〔적어서 널리〕 선포하신 것입니다.

厥道也者, 天主銘之於心, 而命聖賢布之版冊.

그것을 어기는 사람은 반드시 하느님에게 죄를 짓는 것입니다.

犯之者, 必得罪于上帝.

좇아서 지은 죄가 크면 클수록 죄는 더욱 무거워집니다.

所從得罪者益尊, 則罪益重.

'올바른 선비'〔君子〕들이 비록 이미 〔참회를 하고서〕 선행에로 마음을 쏟고 있으나 어찌 과거에 지은 죄에 대하여 편안할 수 있겠습니까?

君子雖已遷善, 豈恬然于往所得罪乎?

전에 지은 불선(不善)에 대하여 남들은 혹 용서해 주고 다시 캐묻지 않는다 해도, 자기는 때때로 그것을 기억하고 부끄러워하며 후회할 것입니다.

曩者所爲不善, 人或赦弗追究, 而己時記之, 愧之悔之.

우리들이 이전에 이미 저지른 잘못에 대하여 깊은 통회가 없다면, 어찌 나중에 면책됨을 바랄 수가 있겠습니까?

設無深悔: '吾所旣失於前', 烏可望免之于後也.

하물며 지금 행하는 선(善)에 대하여, '올바른 선비'〔君子〕들은 스스로 만족하지 못합니다.

況, 夫今之爲善, 君子不自滿足.

〔그들은〕 반드시 자기의 단점 보기를 이루(離婁)[7]처럼 하며, 자기의 장점을 보기를 장님처럼 합니다.

將必以闞己之短爲離婁, 以視己之長爲盲瞽焉.

자기에게 갖추고 있어야 한다고 요구되는 것은 〔반드시〕 정통(精通)하고 또한 두텁게 해야 하며, 남들이 비록 걸출한 인물로 칭찬한다고 할지라도, 자기 〔스스로〕는 부당한 대접인 것처럼 부끄럽게 여겨야 합니다.

所責備諸己者, 精且厚, 人雖稱以俊傑, 而己愧怍如不置也.

마음 속에 병〔문젯거리〕을 살핌에는 아주 주밀(周密)하고 자세하면서, 남들이 비록 그 갖춤이 완전하다고 말해도 자신은 아직도 부족한 듯이 열심히 삼가 조심해야 합니다.

所省疚於心者, 密且詳, 人雖謂其備美, 而己勤敬如猶虧也.

어찌 그저 말로만 겸손할 수 있겠습니까? 어찌 그저 마음에서 후회만 하면 되겠습니까?

詎徒謙于言乎? 詎徒悔于心乎?

〔자신의 행동을〕 깊이 스스로 부끄럽게 여기고 있다면, 어찌 희희낙락거릴 수 있겠습니까?

深自羞耻, 奚堪歡樂?

그렇다면 밥과 반찬을 적게 먹고 반찬 중에서 고기의 맛을 물리치고 오로지 담백한 채소만을 섭취할 뿐입니다.

則貶食減飡, 除其殽味, 以惟取其淡素.

무릇 〔자기〕 한 몸에 소용되는 것은 스스로 거칠고 하잘것없는 것을 택하고 스스로를 괴롭히고 스스로를 책망하여 자기의 구악(舊惡)과 새로 지은 죄를 속죄해야 합니다.

7) 離婁는 중국 고대에 시력이 좋기로 유명한 인물의 이름이다. 『孟子』, 「離婁」편에 언급되어 있다.

凡一身之用, 自擇粗陋, 自苦自責, 以贖己之舊惡, 及其新罪.

새벽에서 밤늦게까지 황공하게 천주의 대전 앞에서 이마를 땅에 대고서 애련하게 눈물을 흘리면서 자기의 잘못이 씻겨지기를 바라는 것입니다.

晨夜惶惶稽顙于天主臺下, 哀憫涕淚, 冀洗己污.

감히 망녕되이 성인으로 자처하고 잘못 없음을 과시하면서 망녕되이 스스로 자기〔의 죄를〕 용서하여서, 다른 사람들이 자기의 죄를 심판하기를 기다려야 하겠습니까?

敢妄自居聖, 而誇無過, 妄自寬己, 而須他人審判其罪也乎?

따라서 몸소 스스로 〔자신의 행동을〕 벌주고 따져 물어서, 조금이라도 잠시나마 용서해서는 안 됩니다.

所以, 躬自懲詰, 不少姑恕.

〔그래야〕 아마도 천주께서 측은하고 불쌍히 여기시어 〔그의 죄를〕 면제하고 사면하여 다시는 〔더〕 죄를 따져 묻는 일이 없을 것입니다.

或者天主惻恤, 而免宥之, 不再鞫也.

이것이 재(齋)를 올리고 소식(素食)을 하는 올바른 뜻의 첫째 설명입니다.

此齋素正旨之一也.

◆ 6-5:

덕을 행하는 것이 사람들의 본업입니다. 덕의 설명을 듣고서, 기뻐하며 급히 그것을 실천하지 않으려는 사람은 없습니다.

夫德之爲業, 人類本業也. 聞其說, 無不悅而願急事焉.

그러나 저들 사욕이 발동한 자들은 이미 먼저 사람의 〔본〕마음을 빼앗아 그것을 멋대로 주재하려 합니다.

但彼私欲所發者, 先已簒人心, 而擅主之.

〔이에 그들의 마음은〕 반목하여 서로 억누르며 어렵게 만들어서는 흥분하여 서로 치고 받고 합니다.

反相壓難, 憤激攻伐.

대개 평생을 두고 한 일이란 모두 〔사욕〕이 시키는 대로 한 것뿐입니다.

大抵平生所行, 悉供其役耳.

이렇기 때문에 무릇 해 놓은 일이란 정의가 시키는 바에 말미암은 것이 아니고 오직 인욕이 즐거워하는 바에 말미암은 것뿐입니다.

是以凡有所事, 弗因義之所令, 惟因欲之所樂.

그들의 얼굴을 보면 사람이지만 그들의 행동을 보면 짐승들과 무슨 다른 점이 있습니까?

睹其面容, 則人, 觀其行, 與禽何擇乎?

그 본성이 사람이면서 그것을 바꾸려고 하는 어떤 사람이 여기 있습니다.

有人於此, 人其性也, 而將易之.

그 모습을 금수로 만든다면 차라리 죽을지언정 그렇게 되기를 바라지 않을 것입니다.

使禽其形, 寧死不願之,

지금 그 모습은 사람이면서 그 본성이 짐승인데도 그것에 편안해하니 어찌된 일입니까!

今者人其形也, 而禽其性, 則安之, 何哉!

무릇 사욕의 즐거움이란 바로 의로움(義)의 적(敵)입니다. 〔그것은〕 지능과 사려를 막고 이성의 작용〔理竅〕을 가립니다.

夫私欲之樂, 乃義之敵. 塞智慮而蒙理竅.

덕과 교감(交感)하지 않습니다.

與德無交.

세상의 질병 중에 이것보다 깊은 것은 없습니다.

世界之痼病, 莫深乎此矣.

다른 병들의 해는 몸이나 살갗에 그치나, 사욕(私欲)의 독기는 우리들 마음의 골수에 통하여 본성〔原性〕을 크게 해칩니다.

他病之害, 止于軀殼, 欲之毒藥通吾心髓, 而大殘元性也.

만약 올바름〔義〕을 원수로 대하고, 〔그런 사욕이〕 온 마음을 휘어잡고 전횡을 하게 되면 도리〔理〕는 거의 망하지 않겠습니까?

若以義之仇寃, 攝一心之專權, 理不幾亡?

그러니 저 〔높은〕 덕성이 자리잡을 여지가 아직 남아 있겠습니까?

而厥德尙有地可居乎?

아아! 사욕의 쾌락은 미천한 것이나 재빠르게 지나가는 것입니다. 그러나 자주 마음에 오래도록 후회를 남겨 줍니다.

嗚呼! 私欲之樂, 微賤也, 遽過也. 而屢貽長悔于心.

비속하고 짧은 쾌락으로 영속적인 근심을 사는 일은 지혜롭다고 말할 수 없습니다.

以卑短之樂, 售永久之憂, 非智之謂也.

그러나 사욕은 오로지 자기 스스로의 힘을 빌려서 그 용맹을 떨치는 것입니다.

然私欲惟自本身藉力, 逞其勇猛.

따라서 자기의 사욕을 막으려면 마땅히 먼저 자기 자신의 혈기〔氣〕를 제약(制約)해야 합니다.

故遏其私欲, 當先約其本身之氣.

도(道)를 배우고자 하는 사람이, 욕심을 줄이고자 하면서 육체를 풍요롭게 기르고자 하는 것은, 비유하자면 불을 끄고자 하면서 더욱더 땔감을 보태고 있는 것과 같으니, 될 법한 일이겠습니까?

學道者, 願寡欲而豐養身, 比方願滅火, 而益加薪, 可得哉?

'올바른 선비'〔君子〕들이 음식을 드는 것은 다만 생명을 보전하려는 일 때문이나 소인(小人)들이 생명을 보전하려는 것은 단지 먹고 마시고자 하는 일 때문입니다.

君子之欲飮食也, 特所以存命也, 小人之欲存命, 特所以飮食.

진실로 '도'에 뜻을 두고 있다면, 이 육신을 도적이나 원수처럼 노엽게 보아야 합니다. 그러니 그만둘 수 없어서 잠시 그것을 기르고 있는 것입니다.

夫誠有志於道, 怒視是身若寇讐. 然不獲已而姑畜之.

어째서 입니까? 우리들이 본래는 육신을 위하여 태어난 것은 아니지만, 그러나 육신이 없으면 또한 살 수가 없는 것입니다.

何者? 吾未嘗爲身而生, 但無身又不得而生.

그렇다면 식사는 배의 허기를 〔해결하는〕 약이요, 물을 마심은 입의 갈증을 〔해소하는〕 약일 뿐입니다.

則服食爲腹飢之藥, 服飮爲口渴之藥耳.

약을 복용하는 데, '자기의 병〔치료〕에 소요되는 것만을 분량으로 삼지 않는 이'가 누가 있겠습니까?

誰有: '取藥, 而不惟以其病之所湏〔須〕爲度數焉' 者乎?

우리들의 이 몸은 모두 당연히 벌레들의 먹이가 될 뿐입니다.

吾輩此身, 皆當爲蟲所食耳.

맛있는 음식을 먹어서 〔몸을〕 더욱 살지게 하는 것은 벌레를 위해 사람을 기르는 일에 가깝지 않겠습니까?

食厚味以益其膏, 不幾爲蟲作牧人乎?

본성〔性〕에서 좋아하는 것〔嗜好〕이 많지 않다면 쉽게 해결할 수 있습니다.

性之所嗜, 寡而易營.

〔그러나〕 다수의 진미(珍味)들은 〔다〕 좋은 것들이긴 해도 〔다 만

족시키기는〕 어려운 일입니다.

多品之味, 佳而難遂.

궁극적으로 입과 몸, 그리고 굳센 의지가 바라는 것은, 그것으로써 사람을 봉양하는 일이나, 〔탐욕이〕 도리어 사람을 해치는 일이 자주 있습니다.

若窮極口體逞意貪圖, 則以其養人者, 頻反而賊人.

그렇다면 먹고 마시는 일로 사람들이 죽는 일이 칼이나 병기(兵器)보다 더 많다고 말할 만합니다.

謂飮食殗人多乎刀兵, 可也.

지금은 〔탐욕이〕, 몸을 해치는 점은 논의하지 않고, 단지 마음을 해치는 점만을 지적해 보겠습니다.

今未論所害于身, 獨指所傷乎心.

음식을 많이 모아 놓은 곳에는 고양이와 쥐, 그리고 벌레와 개미가 많이 몰려옵니다. 음식을 너무 많이 탐내는 사람은 자신에게 많은 죄와 잘못을 불러오기 마련입니다.

多聚飮食之處, 多來猫鼠蟲蟻. 多饕飮食之人, 多招罪過其身也.

종놈이 너무 건장하면 아마도 자기 주인에게 거슬러 대항할 수 있습니다. 혈기가 지나치게 강하면 반드시 〔마음의〕 의지를 위태롭게 합니다.

僕役過健, 恐忤抗其主也. 血氣過强, 定傾危乎志也.

의지가 위태롭게 되면, 곧 오욕(五欲)[8]이 그 해독들을 발동시킵니다. 〔그 가운데〕 색욕〔性慾〕이 가장 심합니다.

---

8) 五欲은 귀〔耳〕, 눈〔目〕, 코〔鼻〕, 입〔口〕 및 마음〔心〕에서 일어나는 욕망을 말한다. 그러나 佛敎에서는, 색(色, 이성에 대한 性慾), 성(聲, 아름다운 소리), 향(香, 향기), 미(味, 좋은 맛), 촉(觸, 감촉)의 다섯 가지 경(境, 대상 세계)에서 일어나는 감각적 정욕을 보통 五欲이라고 말한다.

志危卽五欲肆其惡. 而色欲尤甚.

진미가 배(腹)에 질편하고 풍성하게 채워지지 않았다면 성욕이 어떻게 발동할 수 있겠습니까?

豐味不恣腹, 色欲何從發?

마시는 것이 담백하고 먹는 것이 소략하면 성욕은 잠잠해지고 쇠할 것입니다.

淡飮薄食, 色氣潛餒.

한 몸이 일단 다스려지고 여러 욕망들을 제약하면, 〔그 몸은〕 스스로 도리를 따르게 될 것입니다.

一身旣理, 約諸欲, 自服理矣.

옛날에 현명한 사람에게 '학문을 한다는 것이 무엇인가' 라고 물어본 사람이 있었습니다.

古有問賢者, 何則爲學?

'몸으로부터 벗어나는 것일 뿐이다.' 고 〔현자는〕 대답했습니다.

答曰: '脫身耳'.

그리고 그것에 대해 풀어 설명해 주었습니다:

解之者曰:

'마음이 진실에 도달하는 것을 방해하는 것 중에서 육체적 즐거움의 유혹이 가장 큰 것입니다.

'阻心之達眞者, 莫甚乎身樂之誘也.

몸의 즐거움은 두터운 흙비와 안개처럼 내 마음을 어둡게 하여 가지가지 여러 현상의 바깥으로 벗어나지 못하게 하며, 또 안으로는 다섯 감관의 욕망을 버리고, 〔밖으로〕 나가서 대상 사물의 본성을 살핌으로써 조물주의 명령에 따르지 못하게 합니다.

身之樂以重霾霧晦我心, 才使不得: '外脫種種諸像, 內釋五官之欲, 而往察物性, 以率造物主命' 也.

그러므로 배움에 뜻을 두고 있는 사람이라면 마땅히 먼저 마음을 몸 밖으로 빼내야 합니다.

故有意于學者, 先當拔心于身外也.

몸은 지각할 줄만 아는 시체이자 기계처럼 움직이는 허수아비입니다.

身也者, 知覺屍也, 機動俑也,

〔몸은〕 잘 치장된 무덤이요 죄의 먹이입니다.

飾墁墳也, 罪愆餌也,

〔그리고〕 괴로움과 근심의 집이요 정신을 가둬 놓는 감옥입니다.

苦憂肆也, 囚神牢也.

〔몸은〕 실제로 죽은 것인데 마치 살아 있는 것처럼 보이지요.

實死而似生也.

집안의 도적〔몸〕은 애착을 불러일으키는 것으로써 유혹하여 내 마음을 손상시킵니다.

家賊用愛誘, 損我心.

〔몸은〕 마음을 때와 흙 같은 하찮은 것에 얽어매어서 하늘 높이 날아오를 수 없게 만듭니다.

纏縛于垢土, 俾不得沖天.

〔몸은〕 자기 '정신의 기운'〔精氣〕을 누리게 되면, 이 몸을 도와 줄 수 있고 모든 나쁜 일이 다 사라지게 합니다.

享其精氣也, 能援此身, 百凶盡熄.

〔그래야〕 마음은 장애로부터 벗어나 하늘에 따라 노닐고 〔하늘의〕 명령에 순종할 것입니다.

心脫阻礙, 任天游, 馴命矣.

옛날의 현인들은 그들이 배고프면 굶어 죽기를 바라지 배부르기를 바라지 않았습니다.

古賢, 耳〔其〕[9]餓, 求餒, 不求飽.

그들은 몸을 대할 때, 마치 원수 대하듯 하였으나, 실은 친하게 대했습니다.

其于身也, 似仇, 而實親焉.

이것이 소식(素食)을 하고 재(齋)를 지키는 올바른 뜻의 두 번째 설명입니다.

此齋素正旨之二也.

◆ 6-6:

또한 이 세상은 고난의 세상이지, 즐기며 노는 것을 추구하는 세상은 아닙니다.

且本世者, 苦世也, 非索翫之世矣.

천주께서 우리를 이 곳에 있게 한 것은 천주의 도리를 닦기에 힘을 쓰고 한가한 짬이 없기를 재촉하고 계신 것입니다.

天主寘我于是, 促促焉務修其道之不暇.

이 육체적 감각을 받들어 즐기라고 한 것은 아닙니다.

非以奉悅此肌膚也.

그러나 우리들은 이런 쾌락들을 필경 다 사양할 수는 없습니다.

然吾無能竟辭諸樂也.

〔우리들에게〕 청정한 즐거움이 없다면 반드시 음탕한 것을 찾을 것이며, 올바른 즐거움을 모르면 반드시 비뚤어진 것을 찾게 될 것입니다.

無清樂, 必求淫者, 無正樂, 必尋邪者.

이것을 얻게 되면 저것을 잃게 되는 것입니다.

9) 여기서 耳는 其의 오자이기에 바로잡는다.

得彼則失此.

따라서 '올바른 선비'들은 언제나 스스로 자기 마음을 잘 익혀서 도덕을 〔닦는〕 일로써 쾌락을 느끼고 근심과 답답함을 마음 속에 품어서 〔도덕성〕 밖으로 마음을 쓰게 하지 않습니다.

故君子常自習其心, 快以道德之事, 不令含憂困, 而望乎外.

〔그들은〕 또한 육체적 쾌락을 수시로 간략하게 하고 있습니다.

又時簡畧體膚之樂.

〔그리고〕 이것들이 마음에까지 침투하여서 마음 본래의 즐거움을 빼앗아 가지 않을까 하고 염려하고 있습니다.

恐: '其透于心, 而侵奪其本樂' 焉.

무릇 덕을 실천하는 즐거움은 바로 영혼의 본래의 즐거움입니다.

夫德行之樂, 乃靈魂之本樂也.

우리들은 이것으로써 '하늘의 천사들'〔天神〕[10]과 같아지는 것입니다.

吾以玆與'天神'侔矣.

먹고 마시는 즐거움은 바로 육신이 몰래 훔쳐서 하는 쾌락입니다.

飮食之娛, 乃身之竊愉也.

우리들은 이것으로써 짐승들과 같아지는 것입니다.

吾以玆與禽獸同矣.

우리들이 마음에 덕행의 즐거움을 보태면 보탤수록 '하늘의 천사들'에게 더욱 가깝게 이르게 되는 것입니다.

吾益增德行之娛於心, 益近至天神矣.

육신에 먹고 마시는 쾌락을 적게 하면 할수록 짐승들과는 더욱더 멀리 떨어지는 것입니다.

益減飮食之樂于身, 益逖離禽獸矣.

10) 여기서 天神은 하늘에 하느님과 함께 살고 있는 천사(angels)를 의미한다.

아아! 삼가지 않을 수 있겠습니까?

吁! 可不愼哉?

인의(仁義)는 사람의 마음을 밝게 해 주나 오미(五味)는 사람의 장기를 상하게 합니다.

仁義令人心明, 五味令人腐腸.

착한 일을 쌓아 가는 즐거움이 커지면, 곧 마음에는 크게 이로우면서도, 육신에는 해 됨이 없습니다.

積善之樂甚, 卽有大利乎心, 而于身無害也.

풍성한 음식의 쾌락이 많아지면 몸과 마음 모두가 크게 상처를 입는 것입니다.

豐膳之樂繁, 而身心俱見深傷矣.

배가 고기 반찬으로 가득 차면 반드시 아래로 처져서 자기의 의지를 더럽고 천한 것으로 떨어뜨려 버립니다.

腹充飽以殽饌, 必垂下而墜己志於汚賤.

이렇게 되면, 자기의 마음을 〔세속의〕 더러운 먼지 구덩이에서 어떻게 뽑아 내어 고상하고 넓은 사려를 펴 나갈 수 있겠습니까?

如此, 則安能抽其心於塵垢, 而起高曠之慮乎哉?

나쁜 사람들은 남들이 즐기는 것을 보고서, 자기들이 그런 것을 누리지 못하면 그들을 싫어하고 질투할 것입니다.

惡者覩人盤樂, 而己無之, 斯嫌妬之矣.

〔그러나〕 착한 사람이 보게 되면, 도리어 그들을 불쌍히 여기며 자기 스스로를 채근하며 이렇게 말합니다:

善者視之, 則反憐惜之, 而讓己曰:

"저들이 더럽고 천한 일을 얻고자 애쓰는 것이 오히려 〔가련하지만〕 이토록 좋아하고 이토록 간절히 바라고 있구나!

"彼殉汚賤事, 而猶好之如此, 懇求之如此!

나는 일단 높이 오르려는 데에 뜻을 두고서도 아직도 그 〔경지의 참〕 맛을 즐기지도 못하고 그것을 간략하게라도 갖추지도 못했는데, 또한 오히려 이처럼 나태하니 〔수도에 더욱〕 힘쓰지 않을 수 있겠는가!"

吾旣志於最上, 而未能聊味之, 未能略備之, 且寧如此懈惰, 而不勉乎哉!"

세상 사람들의 재앙은 다른 것이 아닙니다.

世人之災, 無他也.

마음에 병이 들어 덕행의 아름다운 맛을 모르는 일입니다.

心病而不知德之佳味耳.

이 맛을 느낄 수 있다면 기름진 밥도 오히려 가볍게 보면서 스스로 저 〔덕행의〕 즐거움을 얻었다고 말할 것입니다.

覺其味則膏粱可輕矣, 謂自得其樂也.

이 두 가지 맛〔덕행의 정신적 맛과 기름진 밥의 감각적인 맛〕은 사람의 마음에 서로 자리를 바꾸어 가며 드나드니 함께 있을 수는 없습니다.

此二味者, 更迭出入於人心, 而不可同住者也.

〔마음이〕 이것을 받아들이고자 하면 반드시 먼저 다른 것은 내보내야 합니다.

欲內此, 必先出彼也.

옛날 어떤 이가 우리 서방의 나라에 사냥개 두 마리를 조공하였습니다. 모두 좋은 종자였습니다.

古昔有貢我西國二獵犬者. 皆良種也.

임금은 한 마리는 도성 안의 세력 있는 신하의 집에 기탁하였고 그 다른 하나는 성밖의 농가에 기탁하여, 동시에 사육을 시켰습니다.

王以一寄國中顯臣家, 以其一寄郊外農舍, 並使畜之.

〔이 개들이〕 다 성장하니 왕은 사냥을 나가서 시험을 해 보려고, 이

두 마리 개를 모두 사냥터에 풀어 놓았습니다.

既〔已壯〕, 而王出田獵, 試焉, 二犬齊縱入囿.

농가에서 사육된 개는 몸이 마르고 체중이 가벼웠습니다.

農舍之所畜犬, 身臞體輕.

〔그 개는〕 달려 나가 날짐승의 흔적을 냄새 맡고 재빠르게 좇아가 사로잡고 죽이니 잡은 새들은 다 셀 수도 없었습니다.

走齅禽獸跡, 疾趨攫衂, 獲禽無筭.

대가(大家)에서 양육된 개는 비록 깨끗하고 포동포동하니 생김새의 아름다움은 볼만하였습니다.

顯家所養犬, 雖潔肥容美足觀也.

그러나 단지 고기를 먹어 배 채우는 데 익숙하여 사지가 느른하여 빨리 뛸 수가 없었습니다.

然但習肉食充腸, 安佚四肢, 不能馳驟.

〔이 개는〕 날짐승을 보고서도 거들떠보지도 않더니 우연히 길가에서 썩은 뼈다귀를 만나서는 곧 달려가 그것을 물어뜯었습니다.

則見禽不顧, 而忽遇路傍腐骨, 卽就而齕之.

물어뜯기를 끝내고는 움직이지 않았습니다.

齕畢不動矣.

사냥개〔이야기〕에서 볼 때, 〔한 배에서〕 같이 태어났으나 〔양육에 따라〕 달라지는 것을 알 수 있습니다.

從獵者, 知其同産則異之.

왕이 말했습니다:
“이것을 이상해 할 것 없노라. 어찌 오직 짐승들만 이렇겠느냐?

王曰: “此不足怪. 豈惟獸哉?

사람들도 모두 그러하다. 모두 양육에 달려 있을 뿐이로다.

人盡然也. 皆係於養耳矣.

〔사람을〕 편안하게 즐기게 하고 실컷 배불리 먹이면서 양육하면 〔그는〕 반드시 좋은 데로 나아가지 않는다.

養之以佚翫飫飽, 必無所進于善也.

잡다한 일로 수고롭게 하고 근검 절약해 가며 키우면 반드시 자네들의 기대를 그르치지 않을 것이로다!"

養之以煩勞儉約, 必不悞若所望矣!"

만약 "사람들이 좋은 요리와 풍성한 반찬을 〔들기에〕 익숙해졌다."고 한다면, 예의(禮儀) 같은 일을 거들떠볼 여가가 없습니다.

若曰: "凡人習於珍味厚膳." 見禮義之事不暇.

오직 힘쓰는 것은 먹으려는 일뿐일 것입니다.

惟俛焉而就食耳.

훌륭한 예(禮)와 미묘한 뜻〔微意〕에 익숙하게 되면, 먹고 마시는 즐거움을 만날 겨를이 또한 없을 것입니다.

習於精理微義, 遇飲食之翫亦不暇.

〔그러면〕 반드시 〔깊이〕 사고하며 도리의 뜻〔理義〕을 쫓을 뿐입니다.

必思焉而殉理義矣.

이것이 재계(齋)와 소식(素食)하는 세 번째 바른뜻입니다.

此齋素正旨之三也.

◆ 6-7:

이 선생이 다 읽고 나서 말했습니다:

"이것은 정말 재계하고 소식하는 일의 참된 의미입니다. 우리 유자들도 응당 따를 것입니다."

李子讀, 竟曰: "此實齋素眞指, 吾儒宜從焉."

바로 감사하다고 하며 적어 두기를 청했습니다.

乃謝而請錄之.

『畸人十篇』 재판 상권 끝

重刻畸人十篇卷上終

『기인십편』 재판 하권〔重刻畸人十篇卷下〕

마테오 리치 저술〔利瑪竇 述〕

후배 왕여순 교감〔後學, 汪汝淳 較梓〕

제 7 편

스스로를 살피고 스스로를 책망하며 허물이 될 행동을 하지 말라

第七: 自省自責, 無爲爲尤

◆ 7-1:

오 보좌관[1]이 예전에 백하(白下)[2]에서 저에게 물었습니다:

吳大參昔于白下問余曰:

“귀하의 종교에서는 앉아서 하는 공부〔坐功〕가 있는지요?”

“貴教坐功否?”

◆ 7-2:

제가 대답했다:

“저희들이 하는 공부는 세속에서 하는 공부와 다릅니다.

余曰: “吾輩爲功, 與俗功異焉.

저희들이 도모하는 것은 정신과 영혼〔神鬼〕에 있지 〔눈에 보이는〕 형체와 몸〔形身〕에 있지 않습니다.”

吾所圖者, 蓋在神鬼, 不在形身.”

◆ 7-3:

오 선생이 말했습니다:

---

1) 大參은 參政(參知政事)의 별칭이다. 參政은 宰相의 副, 즉 보좌관이다. 吳는 吳左海를 말한다. 생졸 연대는 미상이다. 張奉箴, 『利瑪竇在中國』, 157쪽 참조.

2) 옛 지명. 지금의 江蘇省 南京市 서북 지역에 해당된다.

“이미 정신이라고 한다면 본래 언제나 살아 있습니다. 무엇 때문에 공부를 합니까?”

吳子曰: 旣神, 則無有衰老, 自得常生. 何以功爲?

◆ 7-4:

제가 대답했습니다:

“무릇 사람의 몸과 모습은 형체에 속하며 장년이 되고 늙음에 이르면서 날로 점차 쇠약해지고 감소합니다.

余曰: “夫人體貌屬形. 至壯至老, 日漸衰減.

지혜와 뜻은 정신에 속하며 장년이 되고 늙음에 이르면 도리어 더욱 강해지고 확실하게 충족됩니다.

智志屬神. 至壯至老, 反更强確足.

미미한 정신이라도 죽일 수 없고 사멸시킬 수 없습니다.

微神不可殺, 不能死滅矣.

우리들은 그것〔정신〕이 언제나 살아 있기 때문에 정신이 늘 선하고 영원히 편안하여 근심이 없기를 도모합니다.

吾因其常生, 謀: ‘其常善, 永安無虞’ 也.

언제나 살아 있으면서 고통스럽고 힘들다면, 늘 죽어 가는 것이 아니겠습니까?

常生而苦辛, 毋乃常死乎?

정신이 늘 죽어 가기보다는 차라리 빨리 죽는 편이 낫지 않겠습니까?

與其常死, 寧速死乎?

여기에 공부가 필요한 것입니다.”

此, 功所爲用耳.”

◆ 7-5:

오 선생이 말했습니다:

“좋은 말씀입니다. 그렇다면 공부는 행동에 있지, 〔그냥〕 앉아 있음에 있지는 않을텐데요?”

吳子曰: “善. 然則功在行, 不在坐與?”

◆ 7-6:

제가 대답했습니다:

“앉아 있음이란 앉아서 조용히 묵상하여 선택하고 결정하며 진실하게 하고 돈독하게 하여 그 행동을 과단성 있게 하는 것입니다.

余曰: 坐, 坐而默繹之, 以擇以定以誠以篤, 用果其行也.

또 행동에는 두 가지 등급이 있습니다.

且行有二等.

몸 바깥으로 드러나는 것이 있고, 정신 안에 머무는 것이 있습니다.

有出於身外, 有留於神內.

정신 안에 머무는 행동이 중요합니다.

留於神之行重矣.

그리고 정신의 행동은 앉아 있을 때에도 진실로 행할 수 있습니다.”

而神之行, 於坐時, 固可行焉.”

◆ 7-7:

오 선생이 선한 정신을 여는 첫 공부에 대해 물었습니다.

吳子問: 善神之肇瑞初功.

◆ 7-8:

제가 대답했습니다:

“무릇 첫 공부는 매일 아침에 눈과 마음으로 하늘을 우러러보며, ‘하느님’〔上帝〕께서 우리를 낳아 주고 길러 주심과 지극한 가르침으로 우리를 깨우쳐 주신 무한한 은덕에 감사하는 것' 입니다.

余曰: "夫初功者, 每朝時, 目與心偕仰天, 籲謝: '上帝生我, 養我, 至教誨我, 無量恩德.'

다음으로 오늘 하루 〔하느님께〕 우리를 도와 주도록 기도합니다.

次祈今日祐我.

반드시 실천할 세 가지 맹세를 합니다:

必踐三誓:

망녕된 생각을 하지 않고, 망령된 말을 하지 않고, 망령된 행동을 하지 않는다.

毋妄念, 毋妄言, 毋妄行.

저녁이 되면 또 몸을 구부려 땅에 엎드려, '오늘 하루 언제 어느 곳에서나 생각과 말과 행실에 망녕됨이 있었는지 아닌지'를 스스로를 엄격하게 성찰합니다.

至夕又俯身投地, 嚴自察省: '本日, 刻刻處處, 所思所談及所動作, 有妄與否'.

그런 일이 없었으면, 곧 그 공로를 '하느님'께 돌리고 그 은혜와 도움에 머리 조아리어 감사드리고 앞으로도 계속하여 그침이 없기를 맹세합니다.

否卽歸功上帝, 叩謝恩祐, 誓期將來繼續無已.

잘못이 있었다면 곧 스스로 마음 깊이 회개합니다.

若有差爽, 卽自痛悔.

〔잘못의〕 경중에 따라서 스스로 책망하고 벌을 주며, 자애로운 용서와 죄의 사함을 하느님께 기도합니다.

而據重輕, 自行責罰, 禱祈上帝慈恕宥赦也.

〔그리고〕 앞으로는 반드시 〔잘못을〕 고치고 끊을 것을 맹세합니다.

誓期: '將來必改必絶.'

매일 밤낮으로, 이렇게 〔기도와 참회하는〕 일을 늘 성실하게 한다면, 이런 공부는 저절로 자기의 스승이 되어 스스로 자신을 판단하게 됩니다.

每日每夜, 以此爲常誠, 則是功自爲己師, 自爲己判.

〔이렇게〕 하루 또 하루를 거듭한다면, 잘못의 실마리가 소멸되지 않겠습니까?"

日復一日, 毋奈過端消耗矣."

◆ 7-8:

오 선생이 말했습니다:

"〔참된〕 공부로군요. 〔참된〕 공부로군요.

吳子曰: "功哉! 功哉!

스스로 자신의 증인이 된다면 〔자기의〕 잘못을 변명하지 않을 것입니다.

自爲己証, 則過不及辭.

하물며 문서로 죄를 줄 필요가 있겠습니까?

況文罪與?

스스로 자신을 심판하게 되면 스스로를 속이지 않고자 할 것입니다.

自爲己判, 則不欲欺己.

어찌 다른 사람의 비판과 책망을 기다리겠습니까?

豈待外人誎責焉.

먼저 내심을 다스리고, 다음으로 그것이 말과 행실로 드러난 것을 다듬는다면 공부는 순서를 얻게 되고 완전해지며 실속이 있게 됩니다.

先治內心, 次攻其表于言于行, 則功得序, 得全, 得實.

비유하자면 좋은 약이 반드시 착오 없이 효험이 있는 것과 같습니다.

喩如靈藥, 必效不誤也.

무릇 백 사람이 〔억지로〕 백 가지 벌을 주는 것은, 홀로 〔자신을〕 책망하는 것만 못합니다.

夫百人百罰, 不如獨責.

'올바른 선비'〔君子〕가 부끄러워하고 두려워하는 것은 남이 그를 아는 것보다 스스로 〔자신을〕 훨씬 더 잘 알기 때문입니다.

君子慚懼, 己知甚于人知之.

이른바 '스스로 아는 것이 곧 만 명의 증명〔과 같다.〕'는 말입니다.

所謂自知則萬証矣.

이와 다른 소인들은 오직 남이 〔자신의 허물을〕 아는 것만을 염려하여 이를 부끄러워하고 이를 꺼릴 뿐입니다.

殊乎小人, 惟念人知. 是愧是憚耳.

그들은 행동에 있어서 선을 도모하지 않고 오직 은폐하고자 합니다.

其於行也, 不圖善, 惟圖隱矣.

설령 남을 속여서 그로 하여금 눈을 어둡게 하여 '맞다, 맞다'라고 말하게 할 수는 있습니다.

縱可欺人, 使之矇, 曰: 是也, 是也.

그러나 양심 속에서, 마치 누군가가 '아니다, 아니다'라고 놀라서 외치는 소리를 마음은 은밀하게 들을 것입니다.

而夫心之良, 隱隱心聞: 若或驚呼, 曰: '非矣非矣'.

누가 강제로 〔양심의〕 입을 다물게 하여 〔그 소리를〕 그치게 할 수 있겠습니까?

孰能强喑而已之乎?

그러하니 밤이 되었을 때 낮의 일이 모두 끝나고 등불이 이미 꺼지면 하루의 일이 어떠하였는지를 점검하고 살피기를 추구하는 것 만한 것이 없습니다.

則莫如當夜時, 晝事已畢, 燈已滅, 追求檢察一日之事何如.

또한 자신에게 고하여, 〔이런 것들을〕 지금 자세하게 살피고 따지고 물어야 합니다:

且詔己, 今詳審責問:

'오늘 마음의 어떤 병을 고친 적이 있는지,

'今日嘗治心之何病,

어떤 욕심을 막았는지,

禁止何欲,

어떤 오명을 씻었는지,

洗滌何汚,

어떤 추한 행동을 고쳤는지,

改變何醜行,

오늘은 덕의 경지에 몇 발자국이나 나아갔는지,

今日移幾步于德域也,

자신이 어제보다 나아졌는지 아닌지.'

夫身今日善於昨乎否也'.

이러한 공부들이 진행되면, 노여운 마음은 줄여서 없앨 수 있으며, 〔공부에〕 게으른 마음은 도와서 북돋울 수 있고, 욕심은 징계하고 교화시킬 수 있습니다.

玆功行, 則怒心可減可除, 惰心可振可翌, 慾心可懲可化矣.

또한 일단 스스로 깨달았다면, 매일매일 또 매일, 마땅히 '하늘의 도리'〔天理〕의 대전에까지 나아가서 공정한 심판을 따를 수 있어야만 합니다.

且旣自知, 日日又日, 會當追至天理臺前, 從公審判.

〔그러면〕 곧 이러한 잡다한 망령된 생각이 감히 일어나지 않을 것입니다.

卽此諸種妄念, 不敢發也.

자신을 비판하고 자신을 칭찬한 다음에야, 진실로 온밤을 편히 자며 근심이 없을 것입니다.

自貶自褒之後, 固可盡夜安臥無慮焉.

다만 이 공부가 정밀하고 훌륭하게 되어서 잘못이 없음에 이를 수 있다면 곧 이미 성인이 된 것입니다.

第此功也, 精矣美矣. 得至無過, 便已聖人.

어찌 〔이것을〕 첫 공부라고 말합니까?"

何謂初功耶?

◆ 7-10:

제가 대답했습니다:

"성인과의 거리가 아직도 멀기에 이것은 첫 공부인 것입니다.

余曰: 去聖人猶遠, 是者初功.

또한 첫 〔공부〕에도 처음, 가운데, 마지막이라는 세 가지가 있습니다.

又有初之初, 中, 末, 三也.

무릇 아직 도리를 실천하지 않으면서 그것을 실천하려고 뜻을 세우면, 그 첫 단계의 일은 아직 혼탁하여 편하고 분명하지 못합니다.

蓋凡未行道, 而立志行之, 其始事猶混濁, 未得便澄.

오직 자기의 큰 잘못만을 경계할 뿐입니다.

惟戒其大非耳.

일단 추진해 보면 비로소 자기의 잘못을 반성할 수 있습니다.

旣聊進, 方克省其非也.

선한 경지에 가까이 이르면 바로 작고 미세한 잘못도 살필 수 있습니다.

至近善地, 乃察細微過者也.

비유하면 샘이 혼탁하게 된 지 오래 되었는데 그것을 맑게 하고자 하면, 우선 거친 돌을 없애야 할 뿐입니다.

譬之, 如泉久淪濁, 欲淸之, 先除其粗石耳.

물이 이미 고요하여 비로소 〔물 속을〕 볼 수 있게 되면 작은 돌을 제거합니다.

水已靜, 方可視, 小石去之.

물이 일단 맑아지면 찌꺼기 흙과 모래가 모두 물 밑에 가라앉게 되니 그것을 다 보고 없앨 수 있습니다.

水既澄, 則其眇末土沙, 沉居水底, 悉可睹而汰之矣.

이 세 가지는 모두 청소할 때의 일이니, 여러 나쁜 물건들을 물리치고 없애는 것일 뿐입니다.

此三者, 皆埽際之役, 屛棄諸惡耳.

선을 행하는 데에는 미치지 못하는 것입니다.

未及爲善也.

우리들이 일찍이 오랫동안 이런 앞의 〔준비〕 공부를 하고 여기에 진보가 있으면, 선을 행하는 공부를 함께 일으키게 됩니다.

吾曾久作前功, 進于此, 則兼起行善之功.

〔그러면〕 선을 행하는 것이 정밀하고 훌륭하게 됩니다.

行善, 精美矣.

선을 행한다는 것은 생각과 말과 행실에서 단지 망녕됨이 있었는지 아닌지를 살피는 것만이 아니고 오히려 이미 선함이 있었는지 아닌지를 살피는 것입니다.

行善者于念于言于行, 非惟審有妄否, 猶察夫既有善否.

아직 선함이 없다면, 마치 계율을 어긴 것처럼, 자신을 뉘우치고 자신을 책망해야 합니다.

未有善, 則自悔自責, 如犯誡焉.

이 때 또한 선함이 없는 것은 허물인 것입니다.

此時, 又以無善爲愆也.

지극한 선이 성대해야 바로 성인의 경지에 들어갈 수 있습니다."

至善盛, 乃可入聖人域也."

◆ 7-11:

오 선생이 말했습니다:

"진실로 그렇습니다. 무릇 성인의 덕에 비록 악이 없긴 하지만, 성인이 도를 이루게 되는 것은 오히려 선을 행함에 있는 것입니다.

吳子曰: 信! 夫聖德雖無惡, 及其成道, 尙在爲善.

당신의 천주교에서 하는 공부는 한결같이 성실함에 있습니다.

貴敎作功, 一在誠實.

이렇게 가는 길이 뚜렷하게 드러나고 법도의 효과는 헛된 것이 아닙니다.

斯途轍顯然, 程效不虛矣.

애석합니다! 오늘날 세속[사람들]은 불교에 빠지고 물들어서, '공'(空)을 말하고 '무'(無)를 숭상합니다.

惜! 今之俗淪染佛乘, 云'空', 尙'無'.

그래서 도를 논하는 이들은 한결같이 높고 현묘한 것을 받고자 합니다. [이것은] 날개 없이 하늘을 날고자 하는 것입니다.

則論道者, 一稟高玄. 無翅飛天.

이에 사람들로서는 실천할 수 없는 것입니다.

乃人之所不能行矣.

다만 [헛된] 이론으로 따지기만 하지 실천하는 바가 없습니다.

但論以論, 不以行.

진실로 참인지 헛된 것인지를 살펴보지 못합니다!

故不顧實虛乎!

선생께서는 실천하는 것으로 도리를 이야기합니다.

子談道以行.

〔그래서〕 곧 〔선생이〕 말하는 것은 다 〔실제의〕 일들에서 본받을 수 있습니다.

卽所談者, 悉可效于事也.

그런데 〔저는〕 '인'(仁)에 뜻을 두면 악함이 없고 잘못이 없으니, 바로 '인'에 가까운 것이다'[3]라고 들은 적이 있습니다.

然嘗聞: '志仁. 無惡, 無過失, 乃近仁也.'

잘못이 없다면 어찌 성인과 멀겠습니까?"

無過失, 曷爲與聖人遠乎!"

◆ 7-12:

제가 말했습니다:

"여기에 허물이 없는 사람이 누구이겠습니까?

余曰: 玆者能無疵, 誰乎?

재계하는 집에서는 사람과 사물이 하나하나 깨끗하고 정결합니다.

齋舍中, 人與物一一 潔.

날마다 쓸고 날마다 때를 닦아 낸 것입니다.

而日埽, 日除垢.

먼지와 티끌을 면하기 어려운 바람 속에서 있다면 어떻겠습니까?

何居風中難免塵埃也?

그러므로 이 세상에서는 덕이 비록 높아도 앞〔에서 말한〕 공부를 잠

3) "子曰: 「苟志於仁矣, 無惡也.", 『論語』, 「里仁」 편 참조.

시라도 손에서 놓을 수 없습니다.

故在本世, 德雖高, 前功之懺箴不得暫捨手也.

가령 때를 다 쓸고 닦아 낸 사람이 있다고 하면, 〔그는〕 성인의 경지에 가깝겠습니까?

縱設有人, 了悉埽除諸等醜咎, 而於聖人之域邇乎!

농부 중에 일단 밭을 다 정비한 이가 맹수들을 몰아 내고 가시를 뽑아 내고 들풀을 태우고 기와 조각과 자갈들을 골라 내고 지형을 평탄하게 했습니다.

農夫, 旣易田者, 猛獸已驅, 荊棘已拔, 野草已燼, 瓦礫已脫, 地形已平.

그러나 〔곡식을〕 심고 가꾸지 않았다면 그는 최고의 농부에 가깝겠습니까?

而無所種藝, 是近上農乎哉?

선생께서 고용한 하인이 있어서 집안 일을 시킨다고 합시다.

子有傭僕, 以應家役.

그는 일찍이 주인의 재물을 훔친 적도 없고 집의 기구들을 훼손하지도 않았으며 애들을 때리거나 욕하지도 않았고 노름하거나 술에 취해 있지 않았습니다.

彼未嘗竊主財物, 未損家械, 不擊子詈子, 不博不酗.

그러나 매일같이 한가로이 앉아 있거나 누워 있으면서 아무 일도 하지 않는다면 선생께서는 그 하인이 잘한다고 여기겠습니까, 잘못한다고 여기겠습니까?

而日惟游閑坐臥, 一切不爲. 子以爲: '是僕, 善乎, 不肖乎?'

살아 있는 영혼을 가진 모든 존재는 모두 농부이며 모두 노비입니다.

總總生靈, 皆農夫, 皆僕役.

하늘의 임금께 고용되어서 이런 '도리'(道理)의 밭을 일구고 '하느님'의 일을 공경하며 받들어야 합니다.

爲天王所傭, 以治此道之田, 以寅亮上帝工也.

반드시 수확하여 주인의 곳간에 바쳐야 하고 반드시 자기가 할 일을 하고자 하여 본래의 직분을 완수해야 합니다.

必欲收投, 而獻諸主庾, 必欲行其役, 而充本職也.

어찌 다만 예의에 맞지 않는 일을 하지 않는 것만을 바라야겠습니까?

豈啻望: '不爲非禮' 耶?

오늘날에는 덕을 온전히 갖춘 '올바른 선비'는 거의 보이지 않습니다.

今也全德之君子罕見.

그래서 과실이 없는 사람뿐만 아니라 과실을 적게 할 수 있는 사람도 곧바로 현자나 성인으로 지목됩니다.

則非但無過, 能寡過, 卽目爲賢爲聖焉.

세상이 쇠락한 때문입니다.

世衰故耳.

우리 천주의 큰 교리에서 사람의 죄악을 따질 때, 무릇 두 가지 단서가 있습니다.

吾天主大教, 論人罪惡, 凡有二端.

하나는 '선하지 못한 점'이 있음에 말미암는 것이고 다른 하나는 선이 결핍됨에서 말미암는 것입니다.

一因不善之有, 一因善之乏.

모두 〔사람들이〕 통회할 수 있으며, 모두 다 고칠 수 있는 것입니다."

俱可悔也, 俱可改也."

◆ 7-13:

오 선생이 말했습니다:

"말씀이 더욱 미묘하고 더욱 훌륭합니다.

吳子曰: "談愈微愈美矣.

범부라면, '선을 실천하지 않는 것과 악을 행하는 것, 두 가지가 같다는 것'을 누가 알겠습니까?

凡夫, 孰知: '無爲于善, 有爲于惡, 兩者等' 乎?

무릇 선이란 우리 능력으로 행할 수 있는 것입니다.

蓋凡善, 吾力所能行.

우리들의 본분에서 마땅히 해야 할 일이 아닌 것은 없을 것입니다.

無非吾分所當爲矣.

이와 같이 자신을 잘 살펴서 이해한다면, 도리에로 나아감이 무궁할 것입니다!"

若此審己也, 進道無疆矣!"

제 8 편

선과 악에 대한 응보는 죽은 다음에 있다

第八: 善惡之報, 在身之後

◆ 8-1:

을사년[1)]에 공 보좌관〔龔某〕[2)]이 〔선물을〕 가져다 바치려고 북경에 들어왔을 때 곧바로 저에게 물었습니다:

乙巳年, 大參賚捧入京, 卽余問曰:

"하늘은 지극히 공평하고 지극히 바릅니다.

"天也, 至公至正.

선을 행하는 모든 사람과 악을 행하는 모든 사람은 반드시 길흉의 응보를 받게 됩니다.

凡行善者, 凡爲惡者, 必有吉凶報應.

단지 요즘 사람들은 '선악에 대한 응보는 모두 현세에서 자기 몸(本身)에 부과되는 것이며,

第今人多曰: '善惡之報, 全在見世, 加於本身,

죽고 나면 불교에서 말하는 육도윤회[3)]는 없으니, 천당 지옥은 허망

---

1) 여기서 말하는 乙巳년은 1605년이다. 그리고 『畸人十篇』은 마테오 리치(1552-1610)가 北京에서 사망하기 2년 전인 1608년에 발간되었다.

2) 여기서 말하는 龔씨는 林東陽의 고증에 의하면 龔道立이다. 林東陽, 앞의 논문 참조. 그리고 그의 관직인 大參은 재상의 부관, 즉 보좌관을 말한다.

3) 불교에서는 衆生들이 각기 자기가 지은 業에 따라서 사후에 살아가는 길이 여섯 가지 방도로 달라진다고 한다. 六道란 바로 이 서로 다른 여섯 가

한 말이다.' 라고 마구 지껄여 댑니다.

若身後, 則無有佛氏所傳輪廻六道, 天堂地獄之虛說也'.

선생님의 종교〔즉 천주교〕에서는 어떻게 말씀하는지 모르겠습니다."

不識: 貴教云何."

◆ 8-2:

제가 말했습니다:

"이 무슨 말씀입니까! 어찌 '육도윤회' 라는 허망한 말 때문에 곧 천당 지옥이라는 참된 논의를 폐기할 수 있겠습니까?

余曰: "是何言與! 豈可以輪廻六道之虛說, 輒廢天堂地獄之實論乎!

우리 '천주' 의 거룩한 가르침은 이와 같이 경박하지 않습니다.

吾天主聖教, 不如是輕薄.

덕은 큰공로입니다. 〔세상에서도〕 '착한 사람을 〔현〕세상의 복록으로 충분히 상을 줄 수 있고 거역한 자들을 〔현〕세상의 재앙이나 불행으로 충분히 벌줄 수 있다.' 고 생각합니다.

德勛. 以爲: '順者, 天下福祿, 足賞之; 逆者, 天下災禍足罰之' 也.

〔그러나〕 덕의 〔깊은〕 근원과 높은 〔이상〕은 하늘로부터 나온 것입니다.

德之根柢高峻, 從天而發.

지 방도를 말한다. 六道란 바로 이 서로 다른 여섯 가지 삶의 방도: 하늘나라〔天上〕, 인간 세상〔人間〕, 수라〔修羅, asura(阿修羅)의 音譯: 須彌山의 북쪽, 바다 밑, 해안, 또는 사방의 산 속에 있다는 악령들의 소굴〕, 地獄, 굶주리는 악귀들〔餓鬼〕과 짐승〔畜生〕들의 세계를 말한다. 六道는 또한 六趣라고도 말한다. 輪廻는 바로 중생들은 자기가 살아 있는 동안에 지은 선과 악의 업보에 따라서 이 육도의 길을 끝임없이 반복하며 살아감을 말한다.

이 세상은 만물들은 모두 비속하고 더럽고 이상스런 것들입니다.

天下萬物, 皆卑陋異類.

그 어느 것이 덕에 보답할 만큼 응당한 값어치가 있겠습니까?

孰有價值相應, 可以酬德者哉?

세상의 임금은 세상의 〔관직의〕 등급으로 나라의 관리를 승진시키고 좌천시킵니다.

天下君, 以天下位, 絀陟國吏.

하늘 위의 임금 또한 이와 같이 하늘의 관리들을 상주시는 것입니다!

天上君, 亦以是償天吏乎!

◆ 8-3:

세상의 실정을 분명하게 터득한 사람들은 모두 이렇게 말합니다:

明達世界之情者, 咸曰:

"세상의 곳곳에는 모두 모두 사욕을 좇는 자들뿐이다. 중생들로부터 탁월하게 빼어나서 '올바른 선비'〔君子〕가 된 이들은 매세대마다 몇몇일 따름이다."

徧大地, 皆從欲者. 逈拔衆凡, 而爲君子, 每世得幾人耳.

세상에 도〔道〕를 실천하고자 하는 '군자'는 언제나 평생의 고통과 괴로움에서 벗어나지 못합니다.

君子欲行道于世, 常不脫終身之苦辛.

그래서 이 현세를 지옥의 모습과 기상이라고 말한다면 그렇다고 볼 수 있겠습니다.

則此世界也, 謂之地獄氣象, 猶可.

만약 천당이라고 말한다면 특히 사실과는 다른 것입니다.

若謂天堂, 殊不似矣.

여러 종류의 세상 사람들을 한 번 둘러본다면, 스스로 고통스럽다고 말하지 않는 사람이 없습니다.

試觀世人輩類, 無不自稱苦焉.

고통 속에 천당이 있습니까? 천당 속에 고통이 있습니까?

苦中有天堂耶? 天堂中有苦耶?

저들 백성들은, 농사일에 노역을 치르며, 〔장사를 하면〕 길 다니는 위험을 무릅쓰고 〔기술자라면〕 온갖 공사에 땀흘리며, 〔또한 변방에서〕 수 자리를 지키기에 몸이 피폐해집니다.

彼小民, 勞于農力, 險于經途, 汗于百工, 疲于戍守.

〔그들은〕 '지식인들이 권력을 가지고 편안히 즐기는 것' 을 매번 우러러보면서 또한 이렇게 말합니다:

每仰: '縉紳持權者, 爲安樂' , 且曰:

"〔현〕세상에 천당이 있다. 고관으로 많은 녹봉을 받는 사람이 바로 그들이다.

"世界有天堂. 居高官, 食厚祿者, 卽是其人.

어찌 그렇지 않겠는가?"

豈不然乎?"

〔그렇다면〕 지금 선생께서 〔고관으로〕 백성들을 다스린 지 〔이미〕 여러 해가 되었으니, 〔제가〕 감히 묻겠습니다:

今子臨民, 有年矣, 敢問:

〔백성들의 말처럼 현세에서〕 몸소 누리신 천상의 즐거움이 어떠하였습니까?"

身所得天上樂, 何如哉?"

◆ 8-4:

〔공〕 보좌관이 말했습니다:

"아닙니다. 아닙니다. 〔현〕세상에는 지옥만이 있습니다.

大參曰: "否, 否. 世界有地獄.

〔높은〕 관직에 있는 사람은 그 〔지옥의〕 깊은 곳에 빠져 있는 것입니다.

居官者, 陷于其深區焉.

〔비유하자면〕 진흙 길 속에서 어깨에 무거운 짐을 진 것이니 〔고관들의〕 이런 수고는 직위가 낮고 관리의 책임이 가벼운 이들에게는 미치지 않는 것입니다.

泥塗中肩重負, 此之爲勞不及於位小 官署輕任者.

하물며 이들 〔작은 관리들〕에게 이런 수고를 같게 하여 그들을 높여야겠습니까!

矧, 等而上之乎!

〔세상〕 사람들은 〔관직에 오른〕 지식인들이 당하는 쓰디쓴 고통을 모릅니다.

人不識: '縉紳士所茹 荼苦.

그러므로 〔그들은 縉紳을〕 얻어서 몸에 차려고(즉 높은 관직에 오르려고) 합니다.

故謀掇而加諸身.[4)]

〔하지만〕 그들이 만약 〔그 고통을〕 안다고 한다면,

令識之,

우연히 길에서 〔그 홀(縉)과 허리띠(紳)를〕 만나게 된다 하더라도

4) 이 문장을 직역하면 "띠와 홀을 얻어서 몸에 두르려고 한다"이다. 縉紳의 紳은 분홍색의 띠고, 縉은 관리를 상징하는 笏을 여기에 끼우는 것이다. 이 용어는 높은 관직을 의미한다. 이 말의 출처는 "鄒魯之士, 縉紳先生"이다. 『莊子』, 「天下」 편 참조. 따라서 縉紳(허리띠에 홀)을 '가지려고 한다'(掇)는 말은 '고관'이 되려는 욕망을 말한다.

반드시 빨리 지나가 버리고 주우려고 하지 않을 것입니다.

偶値諸路, 必速過, 不拾取也.

옛 사람들이 벼슬길을 황금으로 만든 족쇄와 수갑, 그리고 감옥에 구속되어 있는 것으로 비유하였으니, 그 실상을 매우 잘 표현한 것입니다.

古人比吏道, 如黃金桎梏, 拘于囹圄, 甚得其情也.

이 때문에 저는 지금 〔관리의〕 비녀를 뽑고 인장 끈을 던져 버리고 〔고향에〕 돌아가서 밭 갈며 노년을 즐기려고 생각하는 것입니다.

是以, 吾今思: '抽簪投紱,[5] 歸耕娛老.'

이 삶을 허망하게 만들지 않기를 바랄 뿐입니다."

冀幸不虛此生耳."

◆ 8-5:

제가 말했습니다:

"참으로 그렇습니다. 선생께서 한 지방을 다스리면서 당하는 수고로움이 이처럼 극심합니다.

余曰: "信矣. 子治一方見勞, 如此其甚.

하물며 여러 지방을 다스린다고 한다면 어떻겠습니까?

矧治多方乎?

바로 그 고통이 어찌 백 배뿐이겠습니까?

卽其苦, 奚啻百倍也?

지위가 높을수록 마음은 더욱 보전하기 어렵습니다.

位愈高, 心愈危也.

---

5) 簪는 머리에 꽂는 비녀이고 紱은 관리의 인장을 묶어 두는 끈이다. 둘 다 관직을 상징하는 물건이다. "비녀를 뽑아 버리고 인장 끈을 던져 버린다"는 것은 관직 생활을 그만둔다는 의미이다.

서쪽 땅에 옛날 '시칠리아'[6]라는 나라가 있었습니다.

西土古昔有'棲濟里亞'國.

왕의 이름은 '디오니시우스'[7]였습니다.

王曰: '的吾泥削.'

나라는 풍요롭고 넓었습니다.

國豐廣爾.

그 때 그 왕의 복과 즐거움을 매우 칭송하는 신하가 있었습니다.

時有臣極稱其福樂.

왕은 그에게 말했습니다:
"네가 왕좌에서 한 끼 밥을 편안히 먹을 수 있다면 〔왕〕위를 너에게 양보하겠다."

王謂之曰: 汝能居王座, 而安食一饌, 則以位遜汝.

〔그러고〕 곧 왕의 의관을 착용하고 왕좌에 오르게 하였습니다.

卽使著王衣冠, 升王座.

성대한 찬치를 베풀고 많은 관리들로 하여금 받들고, 왕의 예로써 그를 모시게 하였습니다.

設擧盛饌. 百執事, 以王禮御之.

그러나 보좌 위에는 홑실에 날카로운 검이 칼끝을 드리운 채 매달려서 그 정수리에 바짝 붙어 있었습니다.

而寶座之上, 則以單絲繫利劍垂鋒, 而切其頂.

이 신하는 자리에 올라서 처음에는 왕궁의 정원에 좌우의 시종들이 분주하게 명을 좇고 있는 것을 보고는 곧 크게 기뻐하였습니다.

---

6) '棲濟里亞'國은 이탈리아의 '시칠리아' 왕국을 말한다.
7) '的吾泥削'는 시칠리아에 Syrakus라는 도시 국가(기원전 약 430-367 존속)의 Dionysios 국왕의 한자 음역이다.

此臣升座, 初觀王庭, 左右侍人奔走趨命, 卽大歡喜.

그러나 떨어지려는 검을 쳐다보고 나서는 바로 두렵고 무서워 사지를 벌벌 떨었습니다.

旣仰視劍欲墮, 便慄慄危懼, 四體戰動.

한 끼 식사를 다 마치기도 전에 급히 옥좌에서 내려올 것을 청하며 이렇게 말했습니다:

未及一餐, 遽請下座曰:

신은 이미 이런 〔왕의〕 복락을 원하지 않습니다."

"臣已不願此福樂也."

왕이 말했습니다:

"아아! 나는 언제나 이와 같이 〔괴로울〕 뿐이었는데 그대는 복락이라고 생각하였다.

王曰: "嗟乎! 余時時如此, 子以爲福樂也.

모든 백성들이 군주를 두려워한다고 군주가 두려워하는 것이 없겠는가?

兆民畏君, 君無所畏耶?

준엄한 주님께서 위에 계시면서 하루하루, 시시각각 밝게〔보시는〕 위엄이라는 칼을 들고서 나를 두렵게 하는 것이다."

嚴主在上, 日日刻刻, 以明威之懸劍, 懼我焉."

◆ 8-6:

세상 사람들은 윗자리에 있는 〔사람의〕 고통을 알지 못합니다.

俗人不知居上之苦.

그러므로 그것을 흠모하고, 그것 때문에 시기합니다.

故慕之, 因嫉之.

만약 〔그들이〕 이것을 안다면 도리어 가련히 여길 것입니다.

倘知之, 反憐之矣.

저는 일찍이 '세상을 다스리는 저 선비들이 편안함을 꾀하려다가 〔도리어〕 액운에 빠지거나, 역경 속에서도 열심히 노력함으로써 공을 세우고 승진하는 것'을 〔한편〕 비웃기도 하고 〔또 다른 한편〕 가엾게 여겼습니다.

吾嘗且笑且惜: '彼經世之士, 謀安而溺于阨, 努力攻苦,[8] 以立功增職.'

왕의 통치 방법 또한 공로에 차등을 두고 작위(爵位)의 순서를 정하고 다만 더 보태어 주는 것입니다.

王法亦差功, 疏爵次, 第加之.

'우리〔고관〕들은 고통으로 고통을 사는 것이요, 조정 또한 고통으로 고통을 보상해 준다'는 것을 누가 알겠습니까!

誰知: 吾以苦市苦, 朝廷亦以苦償苦乎!

지금 선생께서 〔고향의〕 전원으로 돌아가려 합니까?

今子謀歸田耶?

돌아가서 인연을 끊고 오로지 자기 자신에만 힘쓸 의지를 가질 수 있다면, 〔선생께서〕 죽고 사는 큰일〔에 대한 요령〕은 터득하실 수 있을 것입니다.

歸而能意: '卻人緣, 專務一己'. 生死大事, 則得矣.

〔그러나〕 고통에서 벗어나 즐거움을 취하며 살기를 도모한다면 아마도 즐거움은 취할 수 있는 때가 없을 것입니다.

苟圖度離苦就甘, 恐甘者無時可就.

고통이란 벗어날 수 있는 때가 없습니다.

苦者無時可離也.

---

8) '攻苦'는 '역경에 처해서도 학문을 열심히 연마함'을 뜻한다.

세상은 광야와 같아서 모두 가시나무로 가득 차 있습니다.

世如壙野, 滿皆荊楚.

어디를 가든 몸을 찌르지 않겠습니까?

何逝, 不刺身焉?

◆ 8-7:

'야오씨' (Jonas)[9]는 서양의 성인으로, 일찍이 다음과 같이 말했습니다:

藥氏者, 西土聖人. 嘗曰:

"새는 태어나자마자 날고 사람은 태어나자마자 수고롭다."

'鳥生以飛, 人生以勞.'

이 때문에 사람들이 살아갈 때, 〔마치 이빨들이〕 이처럼 들쭉날쭉 어긋나서 아직 고르게 되기도 전에 〔다른 이가〕 밀고 나오듯이,

是以, 生人際, 此齟齬未及了坦, 而逼迫,

다른 근심이 이미 마치 〔이빨 빠지는 것을〕 보고 있다가 빈자리를 채우듯이 싹터 나옵니다.

他患已便萌發, 如候缺次補焉.

우리들에게 쓰라린 고통은 마치 원수의 나라가 세상 끝나도록 서로 공격하는 것과 같습니다.

吾于辛苦, 如仇國卒世相攻.

그 속에서 잠시 쉬는 것을 도모할 수 있겠지만, 어찌 태평을 얻을 수 있겠습니까?

---

9) '藥氏'는 『구약성경』에 나오는 예언자 Jonas의 한자 음역인 것 같다. 『성경』 잠언 27, 8, 잠언 25, 1, 이것도 솔로몬의 금언인데 유다 왕 히즈키야가 사람들을 시켜 베낀 것이다. 고향 잃은 사람은 보금자리 잃은 새와 같다.(As a bird that wandereth from her nest, so is a man that wandereth from his place.)

中或可圖暫瞬解休, 曷得其泰平乎?

지혜로운 사람은 적시에 그런 〔근심의〕 침입을 막아 냅니다.

智者時防其侵也.

사는 곳을 바꾸고 하는 일(직분)을 바꾸는 것은 고통을 끊는 것이 아닙니다.

易居易職, 非謝苦也.

씀바귀〔荼〕와 여귀〔蓼〕와 금초〔芩〕가 이어지는 것처럼 겨우 다른 맛의 고통으로 바뀌는 것일 뿐입니다.

如荼蓼芩[10]連, 僅易苦之別味耳.

〔천지〕 사방의 백성들 중에 '속세는 괴로운 삶이다' 라고 슬프게 외치지 않는 이가 없습니다.

四方民無不哀號曰: '世俗勞生'.

〔이 현세에서는〕 '그런 〔고통에서〕 벗어나려고 도모하는 것은 그것을 참고 수용하는 것만 못하다' 고 저는 생각합니다.

吾以爲: '圖免之, 不如圖忍受之.'

반드시 벗어나려고 하는 사람은 모름지기 다른 세상을 찾아야 합니다.

必欲免者, 須尋他世界.

이 세상에서 요행히도 〔그런 고통에서〕 벗어난 사람이 있다는 것을 아직 보지도 듣지도 못했습니다.

苟於此, 未見未聞, 有人倖免焉.

이 세상은 비유하자면 가늘고 긴 줄을 성급하고 촘촘하게 매듭을

10) '蓼' 는 마디풀과에 속하는 일 년생 풀로 습지에서 나며 흰꽃이 핀다. 잎은 매운맛이 난다. '芩' 은 덩굴 줄기로 잎이 나뭇잎 같고 소금기가 있는 습지에서 난다. 이것들은 한결같이 쓴맛을 낼 뿐이다.

지어 놓고 서로 얽히게 해 놓고서 뭇사람들로 하여금 하나하나 풀게 하는 것과 같습니다.

此世界, 譬若細長繩, 作急密締結, 糾纆盤互, 令羣生一一解之.

우리 뭇사람들이 먼저 자기 생명〔의 끈〕을 다 푼다고 하여도, 줄의 매듭들은 다 풀어질 수 없습니다.

我羣生者, 先盡解其生命, 而繩之締結不盡解也.

'조물주'[11]가 '올바른 선비'〔君子〕들을 돕는 것은 환난에 꺾이지 않도록 하는 것이지 그 환난을 면해 주는 것은 아닙니다.

造物主祐君子者, 令不屈于患, 莫免其患矣.

그 마음을 굳세게 하여 걱정을 달게 받도록 하는 것이지 그 걱정을 없애 주는 것은 아닙니다.

毅其心以甘受憂, 不息其憂矣.

그러므로 군자와 소인은, 〔그들의〕 덕이 비록 같지 않고 걱정과 근심이 비록 다르더라도 그로 말미암은 곤궁과 괴로움은 다 같은 것입니다."

故君子小人, 德雖不等, 憂患雖殊, 由而見困苦, 均焉."

◆ 8-8:

보좌관이 말했습니다:

"그렇습니다! 온 세상은 모두 괴로운 것입니다!

大參曰: "信哉! 率四海之濱, 皆苦乎!

사흘 뒤에, 소양(韶陽)의 후작인 소 선생이, 술상을 마련하고,

旣三日, 韶陽候蘇子, 張飮,

---

11) 造物主의 개념은, 마테오 리치가 『莊子』에 보이는 '造物者'의 개념을 빌려서, '上帝', 즉 하느님을 창조주로 부각시키기 위하여, 새롭게 창조한 개념으로 보인다.

〔공〕 보좌관을 위하여 송별연을 할 때, 저도 그 자리에 있었습니다.

爲大參祖道. 余在席.

보좌관이 저를 가리키며 웃으면서 말하였습니다:

大參目我而哂曰:

“세상 사람들이 모두 즐거워하니, 어쩐 일이지요? 오늘 또다시 서로 만나서 떠들고 술 마시며 즐기니, 즐거운 것이 아니겠습니까?

“世界人, 皆樂矣. 何也? 今日又復相晤, 談論飲嬉, 非樂乎?

또한 저는 〔개인적으로〕 아직도 의문이 있습니다.

且吾尙有疑焉.

사는 것이 만약 고생이라면, 왜 세상에는 죽기를 바라는 사람은 없고 모두 살기를 좋아하는 것입니까?

生若苦者, 世何以無願死, 悉嗜生乎?

단지 부유하고 건강하고 편안하며 영화로운 사람에게 물어 본 것만이 아닙니다.

非但問富庶, 康逸, 榮華者.

빈궁하고 가난하여 맨몸이나 홑옷으로 잠을 자며 얼음 위를 맨발로 걸어다니며, 거리에서 구걸하는 사람이나 혹은 80, 90세의 여러 노인들, 눈멀고 귀가 멀었으며, 온몸이 쇠잔하고 피로한 이들에게도 물어 보았습니다.

問貧窶, 裸裎臥, 淩跣氷, 丐于街市, 及諸耋耋, 目盲耳聾, 徧體衰憊.

늙고 병들어서 점차 독이 퍼져서 밤낮으로 누워서 지내며 상처와 고통이 끊이지 않는 사람도 오히려 모두 차라리 살지언정 죽으려 하지는 않습니다.

若老病痾毒, 晝夜僵地, 傷痛不間, 咸猶寧生, 不寧死焉.

어찌 모두 험난한 세상살이를 편안히 즐기는 것이 아니겠습니까?

奚不咸恬樂行世之驗乎?

이 곳〔세상〕이 즐거운 땅이 아니라면, 사람들이 어찌 기꺼이 사랑하고 연모하여 차마 버리고 떠나지 못하는 것이겠습니까?

此非樂地, 人人何肯愛戀之, 弗忍捨去之?

또한 선과 악에 대한 보답을 위해, 세상의 모든 나라들은 각기 군주를 세워 상벌의 권한을 전담하게 하였습니다.

且善惡之報, 天下萬國, 各立君主, 用專賞罰之權.

군주는 또한 선비를 선발하여 지방에 머물게 하고 율령을 제정하고 법을 만들어서 민심을 바로잡으며

君又選士居方, 定律設法, 綱紀民心,

상을 내려서 이를 바로잡고 형벌로써 그들을 다스리게 합니다.

以賞賜正之, 以刑僇齊之.

이로써, 지금 선한 이는 반드시 영화롭고 즐거우며 악한 이는 반드시 위태하고 욕을 보게 되니 〔선을〕 권하고 〔악을〕 징계하기에 충분합니다.

是今善者必榮樂, 惡者必危辱, 足爲勸懲焉.

어찌 멀고 더디게 〔오는〕 내세까지 기다릴 필요가 있겠습니까?"

奚待後世之遐且遲乎?"

◆ 8-9:

제가 말했습니다:

"그렇습니다. 저는 처음부터 이 세상에는 고통만 있고 끝내 즐거움이 없다고 말하지 않았습니다.

余曰: "固也. 竇未始曰, 此世有苦, 而竟無樂也.

다만 이 세상의 즐거움은 '하느님'〔上帝〕께서 어진 사람의 정신의 덕을 보답하기에 걸맞지 않고,

特曰: 此世樂, 不足稱上帝酬仁人之神德,

만약 이 현세의 고달픔이 이〔정도〕라면, 또한 ‘하느님’〔上帝〕께서 어질지 못한 자들에게 내리는 흉악한 재앙을 분명하게 드러내기에 부족하다고 말했을 뿐입니다.

若此世苦, 亦不足明著: 上帝殃不仁之凶禍也.

그러므로 육신〔이 죽은〕 다음〔에 들어갈〕 참된 천당과 참된 지옥을 만들어서 선악의 응보를 다함으로써 ‘하느님’께서 전능하시다는 깊은 뜻을 마땅히 크게 드러내고 널리 알려야 합니다.

故當造身後眞天堂眞地獄, 盡善惡之報, 以大顯宣上帝全能淵旨矣.

예전에 저는 『천주실의』를 저술하여 이미 그 이치를 제시하였습니다.[12)]

昔者, 吾述『天主實義』, 已揭其理.

지금 다시 그 실마리만을 들어 보겠습니다.

今復擧其端倪.

대개 하늘이 〔현세에〕 내리는 복과 재앙은 대부분 선과 악에 말미암은 것이 아닙니다.

夫天降禎祥妖孽, 多不因善惡.

하물며 〔그것이 어찌〕 그 사람들의 덕과 악의 경중(輕重)에 합치되겠습니까!

況合其德慝輕重乎!

세상이 병들어서, 세상의 권력을 잡은 자들이 사사롭고 편파적으로 상을 주고 벌을 줍니다.

世病, 柄世權者, 賞罰偏私,

---

12) 특히 『天主實義』, 제6편 「의지는 소멸될 수 없음을 설명하고 아울러 사후에 반드시 천당과 지옥의 상벌로써 세인들이 행한 선악에 응보가 있음을 논함」, 『天主實義』(공역) 참조.

그래서 조물주는 세상의 일을 도리에 따라 돌보지 않는구나 하고 되짚어 생각하고 의심합니다.

則以省疑: '造物主弗理視世事.'

〔그러나〕 어떤 이들은 또한 그것을 이렇게 해석하여 말합니다:

或又解之曰:

"이것으로 보면, 하늘에는 〔선악에 대한 판결이〕 아직 정해진 것이 없다."

"此, 天之未定焉."

아아! 하늘에 어찌 정해진 것이 없겠습니까?

嗟乎! 天豈有弗定?

정해진 것이 없다면 어찌 하늘의 법칙이라고 할 수 있겠습니까?

有弗定, 豈可爲天則?

'이 〔세상의 삶〕 이후의 어느 날에, 각자는 마땅히 자기가 받게 될 것을 받게 되고 또한 지금(현세)에서 부족했던 점〔보응〕이 보충되고, 아울러 저 〔집권자들의〕 사사롭고 편파적인 오류〔판결〕들이 추궁을 당한다.'는 것을 〔세상 사람들은〕 어찌 믿지 않는 것입니까?

曷不信: '此後有日焉, 各得其所當得, 且補今之缺, 而幷鞫彼偏私之咎' 耶.

아아! 세상의 집권자들이 설사 공평하다고 하더라도 〔사람들의〕 공적에 대한 칭찬과 비평의 여부는 오직 〔집권자 개인들의〕 보고 듣는 것에 따를 뿐입니다.

嗚呼! 持世權者, 縱爲公平. 而所褒貶功績與否, 惟耳目是信耳.

자세하게 살필 수 있는 근거가 없다면, 끝까지 구명(究明)할 수 없는 것입니다.

無審據者, 弗克究也.

사람들의 심정이란, 미워하고 시기하게 되면, 그 사람의 좋은 점은 없애고 그의 악만을 드러내니, 〔그 사람의 실정은〕 막히고 가려져서 알 수 없게 됩니다.

民之庸情, 有所妬憎, 則泯其善, 揚其惡. 壅蔽莫達.

가깝고 좋아하게 되면 이와 반대입니다.

有所親愛者, 反是.

그래서 위에 있는 사람은 때때로 혹 그 사람의 공적과 죄상을 듣지 못하게 됩니다.

則在上者. 時或不及聞: '其人之功罪.'

어찌 법의 의도가 잘못되지 않을 수 있겠습니까?

何能不失法意乎.

어찌 오직 다른 사람〔의 경우〕에 대해서만 이겠습니까? 자기 자신〔의 경우〕 또한 가려질 뿐입니다.

豈惟人也. 己亦掩已矣.

훌륭한 큰덕은 대부분 〔마음〕 속에 머금고 있어서 밖으로 드러나지 않습니다.

雋德之精, 多含于內, 不露于外.

밖으로 드러나는 것은 덕의 나머지일 뿐입니다.

發外者, 德之餘耳.

〔훌륭한 큰덕은〕 그 사람이 쉽게 꾸며 낼 수 있는 것이 아닙니다.

非其人易粉飾焉.

선한 사람은 성실할수록 그만큼 더 자신의 덕을 숨깁니다.

善者, 彌誠, 彌隱己德.

어찌 다만 '숨긴다' 고만 말할 수 있겠습니까?

何啻曰: 隱也?

또한 〔정말〕 그가 덕을 가지고 있지 않아서 다른 사람이나 그 자신도 그것을 알지 못한다면 누가 그를 쫓아서 칭찬하겠습니까?

且不有其德也, 人與己不知之, 則疇從而褒之.

악함과 사특함의 뿌리는 평소 마음에서 만들어져서 밖으로 드러나지 않습니다.

惡慝之本, 素醸于心, 不洩于外.

밖으로 드러나는 것은 사특함의 말단일 뿐입니다.

見外者, 慝之末耳.

위선자들은 어렵지 않게 〔자신의 사악함을〕 꾸미고 감춥니다.

詐善者, 不難文藏焉.

악한 사람은 익숙할수록 자신의 사특함을 더욱 잘 숨깁니다.

惡者滋熟, 滋匿己慝.

어찌 단지 〔악을 잘〕 감춘다고만 말할 수 있겠습니까?

奚徒曰: 匿也?

또한 자기의 악함을 깨닫지 못하여 다른 사람이나 그 자신이 그 점을 알지 못한다면, 누가 〔불쌍한〕 그를 쫓아가서 비판할 수 있겠습니까?

且不覺己慝矣, 人與己弗達, 則誰從而貶之.

무릇 스스로 〔덕을〕 쌓았더라도 〔현세에서〕 그 자신이 그 덕의 〔보답은〕 받지 못합니다.

夫己自蘊蓄, 己不有之.

비슷한 부류의 사람들이 또한 그〔의 덕〕을 차단하고 가려 두니, 〔위에서〕 법을 집행하는 군주나 신하들 역시 그것을 알 수 없는 것입니다.

同類之人又覆蓋之, 秉法君臣又不及知之.

〔현세에서는〕 천주께서 잠시 내버려 두고 보답하지 않으며, 혹 보답한다 하더라도 다 보답해 주지 않는 일이 또한 있습니다.

復有天主暫容姑且未報, 或姑報而不盡也.

이 경우는 반드시 내세를 기다려야 합니다.

此必待來世.

'하늘'이 〔만물을〕 주재하심에는 밝은 위엄으로 신묘하게 비추어 보아서 살펴보심에 조금도 어그러짐이 없습니다.

天之主宰, 明威神鑑, 按審無爽矣.

사람의 심정이 삶을 원하지 않는 이가 없게 된 것, 그것에는 다른 이유가 있습니다.

至若人情無不願生者, 此別有故.

천주께서 천당과 지옥을 만들어서 〔사람들의〕 선악에 보답하는 근본으로 삼으시고 스스로 친히 입으로 전하고 선포하여 사람으로 하여금 빨리 믿게 하였지 그것이 어떻게 〔받아들여질지를〕 헤아리지는 않았습니다.

天主造天堂地獄, 爲善惡之報本, 自親口傳宣, 令人遽信, 不待忖量其奈.

사람 마음이 악에 오염되어 스스로를 막아 버리면 하늘이 이끌어 주고 천사들이 전하는 큰 광명이 들어갈 수 없습니다.

人情染惡自塞, 天牖神傳大光, 無由得入.

그러면 육신〔이 죽은〕 다음 〔내세〕에서 받는 바를 밝게 알지 못할 것입니다.

便不能明知, 身後所受.

또한 옛날부터 사람이 죽으면 다시 살아난 사람이 적었으니, 죽은 뒤의 사정을 더욱더 알지 못하게 되었습니다.

又自古人死, 少有復生者. 益復不知: '死後事情'也.

일단 그 실정을 알지 못한다면 누가 〔그 곳에〕 가기를 원하겠습니까?

旣不知其情, 誰願往乎?

비유하자면 사람의 정리가 〔자기가 태어난〕 땅을 연모하는 것과 같습니다.

譬如人情戀土.

만약 어떤 사람이 다른 고장으로부터 돌아와서 그 곳이 이롭고 즐겁다는 것을 명백히 인식시켰다면, 〔모두〕 곧 양식을 싸서 그를 따라가려고 할 것입니다.

若有人從他鄕還, 明知彼處利樂, 便願裹糧從之.

〔그러나〕 만약 떠나간 사람 중에 옛날부터 지금까지 돌아온 이가 한 사람도 없다면, 꼭 그만둘 수 없는 경우가 아니라면 누가 기꺼이 즐거운 마음으로 가려고 하겠습니까?

若去者, 自古及今, 無一人還, 非萬不得已, 誰欣然肯行哉.

아주 지혜로운 여우가 우연히 사자굴에 들어갔다가 완전히 들어가기 전에 갑자기 놀라서 달아납니다.

狐最智. 偶入獅子窟, 未至也, 輒驚而走.

그 여우가 굴 속에서 온갖 짐승의 흔적이 들어간 것은 있는데 나온 것이 없음을 보았기 때문입니다.

彼見: '窟中百獸跡, 有入者無出' 者, 故也.

무릇 죽음이란 또한 사람에게 있어서의 사자굴입니다. 그러므로 그것을 두려워합니다.

夫死, 亦人之獅子窟矣. 故懼之.

죽음을 두려워한다면 살기를 바라는 것이니 이상하게 생각할 것이 있겠습니까?

懼死, 則願生, 何疑焉.

어진 사람과 군자는 천당이 있다는 것을 믿기에 스스로 죽음을 두려워하거나 삶에 연연해 하지 않습니다.

仁人君子, 信有天堂, 自不: '懼死戀生'.

악한 사람은 마땅히 지옥에 들어가야 하기에 죽음을 두려워하고 삶에 연연합니다.

惡人, 應入地獄, 則懼死戀生.

〔이 둘은〕 저절로 그렇게 갈라지는 것입니다."

自其分矣."

◆ 8-10:

(공) 보좌관이 말했습니다:

"선생께서는 사람〔이 저지른 행위〕에 대한 보응을 논하셨습니다.

大叅曰: "子論人之報.

사람들의 선행과 악행, 고통과 쾌락〔의 차이〕는 아주 작아서 서로서로 걸맞을 수가 없습니다.

人善惡苦樂眇小, 不能相稱.

이런 아주 작은 것 중에는 또한 법률로 따져 물을 수 없는 그런 것이 있습니다.

眇小之中, 又有法律所不能窮究者, 是則然矣.

그러나 다른 사람〔의 눈〕이나 법률이 미치지 못하는 것도, 우리 작은 가슴 속의 임금인 양심은 옳고 그른 것을 지각하여 철저하게 보응합니다.

然人與法律, 所不暨者, 吾方寸中, 具有心君, 覺是覺非, 切報之.

보응은 자기 자신에게 하는 것이요 지금〔당장〕 하는 것입니다. 죽은 뒤를 기다리지 않습니다.

則報仍在已在今, 不俟身後也.

덕을 베푸는 사람〔仁人〕은 천당, 곧 본심(本心)을 가지고 있습니다. 그 본심이 평안한 땅이요 낙원입니다.

仁人有天堂, 卽本心. 是心, 眞爲安土, 爲樂地.

저절로 마음이 흡족해지고 저절로 기뻐서 보상을 받는 것입니다.

自然快足, 自然欣賞矣.

당신이 만약 덕스런 마음을 한 번 베풀었으면 바로 복락(福樂) 한 개를 더 추가한 셈입니다.

汝若辦一德心, 卽增福祿一品.

모든 덕을 갖추게 되면 곧 모든 복락을 다 갖춘 셈입니다.

備全德, 卽備全福樂.

따라서 '인'을 이룬 사람〔仁者〕은 정신의 즐거움을 크게 이루어 내었다고 말합니다.

故謂仁者, 集神樂大成也.

나쁜 생각이 마음 속에 생기면 그 마음이 곧 고해(苦海)입니다.

慝生於心, 心卽苦海.

죄가 마음 속에 생겨나면 수백 수천의 재앙의 기회가 수시로 멋대로 나타납니다.

罪創於內, 百千殃械, 應時肆陳.

그렇다면 나쁜 마음은 스스로가 낭패를 당하고 스스로가 벌받은 셈입니다.

則慝自歉自罰矣.

우리가 계명을 한 번 어기면 스스로 재앙 하나를 불러오는 것입니다.

吾犯一戒, 自招一蘖.

멋대로 하고 법도가 없으면 그것이 지옥의 중벌입니다.

放恣無法, 則是地獄重刑也.

왜냐구요? 제가 일단 천명(天命)을 어겼으면 곧 제 스스로 수치심이 들어서 제 〔자신〕을 고발하고 제 죄를 따져서 정죄하니, 제가 무슨 변명을 할 수 있습니까?

何者? 吾旣違天命, 卽吾自羞耻, 心告訐証我, 我胡得辭乎?

곧 제 스스로 두려워하는 마음이 저를 죄이고 옥에 가두어 두는데, 제가 어찌 잠적할 수가 있겠습니까?

卽我自惴懼心, 桎梏囚我. 我胡能遁乎?

본성의 천리(天理)로부터 심판하여 제가 한 짓에 따라서 벌주니 제가 뇌물을 주고 벗어날 수 있겠습니까?

自性天理審判, 按我罪我, 我可以賄賂脫乎?

주님의 자비스런 용서를 바랄 수 있겠습니까?

可望主者慈宥乎?

그렇다면 애통과 참회와 참담함 등등 여러 감정들이 사방에서 제 속을 공격하고 재앙과 독기는 〔정해진〕 방향이 없으니 제가 어찌 피할 도리가 있겠습니까?

則哀痛悔慘, 種種諸情, 四向內攻, 殃毒無方, 我何能避哉?

남의 〔눈을〕 가린 사람도 자기는 가릴 수 없으며 남의 〔눈을〕 피한 사람도 자기는 피할 수 없습니다.

矇人者不得矇己, 逃人者不得逃己.

때문에 '어려운 환란을 당하면 현자나 못난이나 크게 다를 바 없으니, 대개 고생과 즐거움은 다 같은 것이다' 라고 말합니다.

故曰逢艱患, 賢不肖, 無大異, 蓋苦樂, 均也.

그러하니 〔사람의〕 피부만 보지 말고 그 속을 보십시오. 얼굴만 보지 말고 그 마음 속을 보십시오!

則請毋睹其膚, 視其臟矣. 請毋睹其面, 視其心矣.

군자는 밖의 환난으로 자기의 〔수양을 닦는〕 즐거움을 바꿔서는 안 되며,

君子不因外患改其樂,

소인도 밖의 화려함으로 〔군자가 되지 못한〕 자기의 근심을 멈추어서는 안 됩니다.

小人不據外榮輟其憂也.

이렇다면 덕행과 부덕에 대한 보상은 내 몸〔의 양심〕 안에 있는 것이요, 몸 밖에서 오는 것이 아닙니다.

若然, 德慝之償, 在身內, 不由身外.

어찌 이를 믿지 못하시겠습니까?"

豈不信夫?"

◈ 8-11:

제가 말했습니다:

"그렇습니다. 무릇 살아 있고 지각이 있는 부류들은 '이성적인 존재'나 '굼뜬 존재'를 막론하고,

余曰: "固也. 凡生覺之類,[13)] 不論靈蠢,

본성을 순조롭게 행하면 저절로 기뻐하고 자기의 본성에 거스르면 저절로 애통해 하고 슬퍼합니다.

行本性之順, 自忻愉, 遇己性之逆, 自哀慽矣.

배고프고 목마르면 마시고 먹습니다.

飢渴而飮食.

자양분이 많은 즙을 잘 주면 달게 맛봅니다.

滋液洗腆,[14)] 則甘嘗焉.

만약 이들이 좋아하는 것이 빠져 있거나 혹은 풀을 뜯어 먹는데, 쉰밥이나 상한 간장을 마련해 준다면, 곧 몸이 지치고 나른해지며 구역

---

13) 生覺之類는 生魂과 覺魂을 가진 식물이나 동물(인간 포함)의 부류를 말한다. 인간은 生魂과 覺魂 이외에 추론을 할 수 있는 靈魂을 가지고 있다.

14) 滋液은 자양분이 많은 즙이고, 洗腆은 먹거리를 잘 대접하는 것이다.

질을 할 것입니다.

倘乏其所嗜, 或啖食草, 具餲飯敗漿, 卽委頓嘔逆焉.

이것은 무슨 까닭에서입니까?

此, 何故也?

조물주의 깊은 뜻은 만물들을 이끌어서 그것들의 생육을 이루게 하고 잘못 부양되는 것을 피하게 하려는 것입니다.

造物者之奥旨, 廸物以就其生育, 而避之乎失養也.

미천한 몸뚱이와 하찮은 것을 먹고 마시는 미물들도, 천주께서 맛으로써 그들을 이끌어 주시는데, 이성적인 정신을 높이고 훌륭한 덕을 실천하는데, 맛이 없을 수 있겠습니까?

軀穀之陋, 飮食之卑, 行物主引之以味. 而靈神之崇, 作德之偉, 行無味乎?

반드시 도를 실천하면 곧 마음이 편안해집니다.

必踐道, 卽心休焉.

도에 위배되면 마음은 위태롭게 됩니다.

違道, 則心厄焉.

그런 다음에 천주께서 우리〔인간〕들에게 부여한 본성인 '이성 능력'〔靈才[15]〕은 본래 선한 것으로 '나쁜 것'〔惡〕이 없음이 분명하게 드러날 수 있습니다.

夫然後, 天主賦我, 本性靈才, 本善無惡, 足著明矣.

다만 덕의 맛은 덕을 따르도록 백성들에게 힘쓰게 하는 데 있으며, 이것으로써 〔이루어 낸〕 덕의 공로를 보상하려는 것은 아닙니다.

但德之味, 誘民以從德, 非以是賞德功也.

악의 역설은 사람들을 막아서 악을 행하지 않도록 하는 것이지 이

---

15) 인간의 특성으로서 마테오 리치가 말하는 '靈才'는 이성적인 추리 능력을 말한다. 『天主實義』(공역), 제1장, 주 1 참조.

것으로써 악의 죄과에 대해 벌하는 것이 아닙니다.

惡之困, 以沮人勿爲惡, 非以是罰惡之咎也.

세상의 군주가 신하를 부릴 때 명을 따르는 사람과 명을 거역하는 사람을 칭찬하거나 폄하하여 상을 주고 벌을 주는 일은 군주에 의해 행해집니다.

世主馭臣, 從命者方命者, 褒貶賞罰, 將由君.

어떤 이유로 이 창생의 무리들은 그들이 천명을 따르고 거역하는 데 대한 응보 만은 자기 자신들로부터 말미암고 끝내 하늘의 군주와는 아무 관련이 없는 것이겠습니까!

何故此蒼生之衆, 其順逆天命之報, 獨由己, 畢不關天君哉!

집안에 잔치가 있으면 주인은 술상을 차려 손님을 초대하고 악공으로 하여금 노래하고 춤을 추게 합니다.

家有燕喜, 主人置酒召客, 命樂工陳歌舞.

악공은 노래 부르고 춤추며 종일토록 아름다운 노래와 아리따운 자태로서 즐거움이 극에 달하게 합니다.

樂工謳歌舞踊, 終日曼聲趫客, 娛樂極矣.

잔치가 끝나면 주인이 악공에게 "당신들은 오늘 노래 잘하고 춤 잘 추면서 스스로 한없이 즐겁게 놀았으니, 나는 당신들에게 품삯을 주지 않겠소."라고 어찌 말할 수 있겠습니까?

卒燕, 主人豈謂樂工曰: '汝今日姸歌妙舞, 自娛樂無量也, 吾弗予若直' 乎.

어진 이〔仁者〕는 이미 덕을 쌓은 정신의 즐거움을 크게 이룬 사람으로 진실로 저절로 즐거워합니다.

仁者旣集德之神樂大成, 洵自愉悅.

그러나 하늘을 즐겁게 하는 것을 근본으로 삼습니다.

然本以娛樂天.

사람은 곧 천지의 주인입니다.

人也卽天地之主.

어찌 어진 사람이 스스로 기쁘다고 하여 끝내 그 무한한 높은 심정에 걸맞는 다른 보답이 없겠습니까?

豈以仁人自愉悅, 竟無他報稱用酬其無涯尊情也歟?

〔공〕 선생께서는 어찌 중국의 고전을 살펴보지 않으십니까?

子曷不察上國故典也?

"〔순(舜) 임금은〕 삼 년 간의 치적을 고찰하시고, 세 차례나 검토하여, 혼탁한 자를 파면시키고 현명한 자들을 들어올리셨다."

"三載考積, 三考, 黜幽陟明."[16]

또한 "〔하늘은〕 다섯 등급의 예복으로 〔관직의 품위를〕 찬연히 드러내셨고, 다섯 가지 형벌을 실시하여," 선한 사람에게 상을 주고 악한 사람에게 벌을 줍니다.

且有 "五服五章, 五刑五用,"[17] 以賞善罰惡.

무엇 때문에 "〔악인들이〕 '경솔하게 날뛰고 부정하게 〔나라의〕 안과 밖에서 난리를 피운다.'

曷嘗曰: "鴟義奸宄."[18]

---

16) "三載考積, 三考, 黜幽陟明."은 『書經』, 「舜典」에서 인용되었다.

17) "五服五章, 五刑五用"은 『書經』, 「皐陶謨」 편에서 인용된 것이다. 五服은, 天子, 諸侯, 卿, 大夫, 士라는 周나라 통치 계층의 다섯 신분을 말하고, 五刑은 墨(얼굴에 글씨 모양을 내어서 먹물을 먹이는 형벌), 劓(코 베는 형벌), 刖(다리를 베는 형벌), 宮(고자로 만드는 형벌), 大辟(사형)을 말한다.

18) "鴟義奸宄."는 『書經』, 「呂刑」 편에서 인용된 것임. 鴟는 '경솔하여 올바르지 못함'(輕率不正)의 뜻이 있고, 義는 '악에 기울어져서 뒤척인다'(傾邪反側)의 뜻이 있다. 奸宄는 '나라의 안과 밖에서 난리를 일으킨다'(內外作亂)의 뜻이 있다.

'도성의 문 밖에서 무력으로 사람을 죽이고 강탈하는 자'는 몸소 위험과 어려움을 겪어야 하고 또한 수고롭고 고달프고 곤욕스럽지만 나머지 형벌을 받게 될 것이다.

"禦人國門之外者,"[19] 身歷險艱, 且勞勩困苦, 有餘刑矣.

〔그런 악인들은〕 우리의 법률을 기다릴 것 없이 베어 죽일 것이다." 라고 말하였겠습니까?

無俟吾法律, 誅戮之耶?"[20]

또한 "나라의 근간이며 백성을 윤택하게 하는 충성스런 선비는 힘써서 수고롭게 공적을 쌓으면서 스스로 덕을 도모할지언정, 보답을 도모하지 않는다.

又豈曰: 幹國澤民, 忠貞之士, 縱懋勞績, 自謀德, 不圖報矣.

덕행이 날로 좋아지면 이미 스스로 그 복락을 누리는 것이다.

作德日休, 已自享其福樂.

국가는 번거롭게 마을에 정문(旌門)을 세워 표시하고 깃발에 새길 것 없으며, 언제나 녹봉으로써 그를 불러서 그의 관작을 풍성하게 해 줄 필요도 없다."라고 어떻게 말할 수 있겠습니까?

國家無煩表門閭勒旂, 常不必詔之以祿, 而豐其爵耶.?

무릇 사람들은 '선을 행하는 기쁨이 덕을 보상하기에 부족하고 악을 행하는 초췌한 마음이 실수를 탓하기에는 부족하다.'는 것을 압니다.

夫人知: '行善之愉悅, 不足以報德. 爲惡之況悴, 不足以責咎.'

그래서 밖으로 법령을 만들어서 〔관직에〕 임명하거나 〔잘못을〕 성토함으로써 그 대가를 후하게 치러 줍니다.

---

19) "禦人國門之外者,"는 『孟子』, 「萬章」 下(10:4)에서 인용된 것이다.

20) "無俟吾法律誅戮之"는 마테오 리치가 『孟子』의 "是不待教而誅者也"를 약간 변용한 것이다.
『孟子』, 「萬章」 下(10:4) 참조.

而外設法例, 以命以討, 厚售其値.

어찌 '천주'이신 임금의 법령이 더욱더 정밀하고 더욱더 완비되어 있다는 것을 모르는 것입니까?

詎不知: 天上君法例, 愈精愈備乎?

군주는 신하의 공로를 따져 보고 공훈을 살펴보고 또한 나라의 〔경제〕력을 보고서 이에 상을 줍니다.

君考臣功, 視勳庸, 又視國力, 乃賞焉.

하지만 〔지상의〕 나라의 창고는 미미할 뿐입니다.

然國藏微矣.

덕이 높은 사람도 일찍이 그 보답을 받지 못하였습니다.

上德嘗不得其酬也.

그러므로 상을 받지 못한 공훈도 있습니다.

故有不賞之功.

〔그러나〕 '하느님'〔上帝〕은 '우주 대자연'〔六合〕[21]의 주인입니다.

上帝六合之主.

그분은 한량없이 주어도 다함이 없습니다.

其能無盡以無量數給.

사람들은 그분이 가진 것 중에서 터럭 하나만큼도 덜어 내지 못합니다.

人未減其所有之毫毛.

그래서 〔사람의〕 덕행을 따지기에 이르면, 덕은 바로 그 보답을 다 얻게 됩니다.

則至校德之時, 德乃獲其盡報焉.

---

21) 六合은 天, 地와 四方(東, 西, 南, 北)을 통칭하는 것으로 '우주 대자연'에 대한 공간적 표현이다.

서양 나라의 역사에는 알렉산더 대왕의 지극한 부와 강성함에 대해 기록하고 있습니다.

西國史記歷山王至豐盛.

하루는 거지가 앞으로 나와 구걸하였습니다.

一日丐者進前, 乞捨.

왕은 그에게 만금을 주었습니다.

王予之萬金.

거지는 사양하며 말했습니다:
"저는 몇 개의 가락지만 얻어도 매우 다행스럽습니다.

丐者辭曰: "小人得數鐶幸甚.

어찌 감히 이와 같이 분수에 넘치는 것을 바라겠습니까?"

何敢徼分外如此."

왕이 말했습니다:
"너는 다만 거지가 몇 개의 가락지를 받으면 족하다는 것만을 아는구나.

王曰: "汝第知: '丐子承數鐶捨, 則足' 矣.

어찌 다시 알렉산더가 사람들에게 줄 때에는 만금이 아니면 안 된다는 것을 알겠느냐!

何復知: '曆山捨人, 不萬金不可' 哉!

그것을 모두 짊어지고 갈 것을 명하노라!

命: '悉負之, 去'!

저 광활한 대지의 군주로서, 지상의 존자인 〔나의〕 기상이 어찌 좁고 작겠느냐!"

夫寥廓之主, 寧若地尊氣象褊小哉!"

세속의 폐단은 바로 유독 귀로 듣고 눈으로 보는 것을 숭상할 뿐이라는 것입니다.

俗之弊, 乃獨尙耳聞目見爾已.

〔사람들은〕 자기의 귀와 눈이 미치지 못하는 복락에 대해서는 알지 못하는 것입니다.

不知: '其爾〔耳〕目[22]所不及之福樂' 也.

오직 현세의 형벌과 재앙에 대하여 놀랄 뿐, 이 세상 다음〔즉 내세〕의 아주 흉악하고 지극한 재앙은 생각지도 못하고 있습니다."

惟驚駭本世刑災. 不慮: 此世後殊凶極殃矣."

◆ 8-12:

공보좌관이 말했습니다:

"좌중의 〔분위기가〕 즐거운 때이니 육신이 〔죽은〕 후의 걱정거리에 대해서는 감히 묻지 않겠습니다.

龔大叅曰: "席中忻際. 其身後患, 不堪問.

오직 내세의 기쁨과 즐거움이 어떠한지 듣고 싶습니다."

惟願聞: '來世喜樂何如."

◆ 8-13:

제가 말했습니다:

"무릇 '천당' 이라는 중요한 주제는 〔성리학의 핵심인〕 '본성' 〔性〕과 '천리' 〔天理의 개념들〕보다도 상위에 있기 때문에 사람의 지력으로는 환히 알 수는 없습니다.[23]

---

22) 이 문장에서 '爾目' 은 분명 '耳目' 으로 읽어야 한다. 따라서 爾를 耳로 바로잡는다.

23) 마테오 리치는 기독교에서 말하는 '천당' 개념의 중요성을 강조하기 위하여 그것은 성리학의 핵심적 철학 주제인 '性', 즉 '인간의 도덕적 · 이상적 본성' 의 문제나 우주 삼라만상의 理, 또는 天理, 즉 '합목적적인 조직적 · 존재론적 근거' 보다도 더 상위의 개념이라고 말하고 있음에 우리

余曰, 夫天堂大事, 在性理之上. 則人之智力, 弗克洞明.

그 실정을 알고자 한다면 천주교의 경전에 의거하지 않고는 헤아려 볼 수 없습니다.

欲達其情, 非據天主經典, 不能測之.

제가 천주 경전에서 천당을 언급한 것을 살펴보겠습니다.

吾察: '天主經, 稱天堂' 者.

그 곳에 사는 이들은 모두 성인과 천사들입니다.

居彼之處, 一切聖神.

그 곳에는 여섯 가지 재앙이 없으나, 이 세상에는 그 가운데 하나라도 가지지 않은 사람이 없습니다.

具無六禍, 此世中, 無人無有其一.

그 곳에는 여섯 가지 복이 있으나, 이 세상에는 그 가운데 하나라도 가진 사람이 없습니다.

具有六福. 此世中, 無人有其一.

◆ 8-14:

여섯 가지 가운데 첫째로 〔천당은〕 '거룩함의 도성' 이라고 합니다.

六者, 一謂' 聖城' .

그래서 〔그 곳에는〕 허물이 없으니 온전한 덕만이 있습니다.

則無過而有全德也.

이 현세의 도리에는 성인〔의 그것〕보다 더 큰 것은 없습니다.

世道, 莫盛乎聖人.

성인이 현세에서 활동할 때 오히려 허물이 적은 것을 공으로 삼았는데 하물며 〔천당에서는〕 그 다음이 〔즉, 그만도 못하게〕되겠습니까!

는 주목해야 한다.

聖人行世, 猶以寡過爲功, 況其次乎!

『성경』에서 "의인도 하루에 일곱 번 〔죄악에〕 떨어진다."라고 하였습니다.[24]

經云: "義人, 一日七落."

떨어진다는 것은 위배한다는 것입니다. 의를 따르는 사람도 세세한 대목에는 매일 일곱 번 잘못을 범한다고 한다면, 의를 쫓지 않는 이들은 어떻겠습니까?

落者, 違也. 循義之人, 于小節, 每日七犯. 則不循義者, 何如也?

세상의 길은 험하고 어지러우며 도심〔道心〕은 위태롭고 품수 받은 기는 유약하며 성리〔性理〕에는 몽매하니 사람들이 어찌 〔불의를 범하는 데서〕 벗어날 수 있겠습니까?

世途險滑, 道心惟危,[25] 稟氣柔弱, 性理懜昧, 民焉克免乎?

무릇 스스로 허물이 없다고 말한다면 〔그것은〕 허물이 무거운 것입니다.

凡自云無過, 過重矣.

〔그러나〕 천당에 사는 사람은 이미 그런 영역에 도달한 사람으로 〔마음의 의지가〕 안정되고 굳세며 밝고 명철하여 〔불의에 대한〕 유혹이나 굴종이 없으며 정결하고 떳떳하고 바르며 '중용'을 지켜서 〔악에〕 기울어짐도 없고 허물도 없습니다.

居天堂者, 已臻其域, 安毅光明, 無惑無屈, 潔淨庸正, 中立不倚, 無過矣.

세상의 존귀한 군주를 모시는 사람은 그 옷이 반드시 깨끗하고 아

---

24) 『구약성서』, 잠언 24, 16, "나쁜 사람은 재난을 만나 망하지만 착한 사람은 일곱 번 넘어져도 다시 일어난다." (Denn siebenmal fällt der Gerechte und steht wieder auf, doch die Frevler stürzen ins Glück.)

25) "道心惟危"의 표현은 마테오 리치가 당시 성리학자들의 외어 대는 『心經』에 나오는 "人心惟危, 道心惟微. 惟精惟一, 允執厥中." (『書經』, 「大禹謨」 편)에서 말을 약간 바꾸어서 표현한 것이다.

름다워야 합니다.

侍世之尊君, 其衣必靜嘉.

하늘의 존귀한 분을 모시는 사람은 그 마음에 필경 더러움이 없어야 합니다.

侍天尊, 其心畢無垢塵也.

세상 사람들은 잘못이 많을 뿐만 아니라 선을 행하는 일 또한 드뭅니다.

且世人不但過失稠, 而善行又疏也.

죽을 때까지 못된 덕행 하나를 고달프게 다스려도 못된 덕은 없어지지 않습니다.

有窮年困攻一慝, 慝不去.

죽을 때까지 하나의 덕을 이루려고 노력을 해도 덕은 이루어지지 않습니다.

有盡年懋致一德, 德不至.

그러므로 어릴 때부터 늙을 때까지 다행히 두세 가지 덕행을 이룰 수 있다면, 백성들은 우러러보고 현명함을 칭찬합니다.

故自少詣老, 幸得辦二三德行, 民仰而稱賢矣.

누가 용기를 갖추고 도덕을 크고 온전하게 만들 수 있겠습니까?

孰勇具, 辦道德大全耶?

천상의 군자가 도리에 순수하게 되면 〔모든〕 덕이 갖추어지게 됩니다.

若天上君子道純, 則德備也.

비유하면, 마치 임금의 창고에 쌓인 곡식들처럼 쭉정이나 겨가 이미 제거되고 알곡만 검사하여 보존된 것입니다.

比之, 如上庾所蓄糧者, 枇〔秕〕[26]糠已去, 惟精鑒是存.

---

26) 여기에서 枇糠은 마땅히 秕糠, 즉 '쭉정이'〔秕〕와 겨(糠)로 읽어야만 된

비유하면, 마치 임금의 창고에 쌓인 재물처럼, 찌꺼기들은 일단 녹여서 없애고, 오직 '질 좋은 황금'만 쌓아 두게 되는 것입니다.

比之, 如上庫所蓄財者. 渣滓既鎖, 惟兼金[27]是儲矣.

이 때문에 〔천당은〕 "거룩함의 도성"이라고 말하는 것입니다.

是以, 曰: "聖城也."

◆ 8-15:

두 번째로 〔천당은〕 "태평스런 영역"이라고 말합니다.

二謂: "太平域."

그래서 〔그 곳에는〕 위태로움이나 두려움이 없이 언제나 편안하고 고요합니다.

則無危懼而恒恬淡也.

우리들은 현세에서 세 가지 원수를 가지고 있습니다.

吾于世, 有三仇焉.

자기 몸이 그 첫번째이고, 세상 풍속이 그 두 번째이며, 마귀가 그 세 번째입니다.

本身其一. 世俗其二. 鬼魔其三.

세 가지는 동맹하여 우리를 해칩니다.

三者同盟以害我矣.

자기 몸은, 소리와 색깔과 냄새와 맛 때문에, 나태해지고 방자해지고 즐기며 편하게 지내려 하기 때문에, '우리' 자신을 (마음) 속에서 몽매하게 만들고 〔방탕에〕 빠지게 합니다.

本身者, 以聲色臭味, 以怠惰放恣媮佚, 闇溺我于內矣.

다. 枇(비파나무)는 秕(쭉정이)로 바로잡는다.

27) 兼金은 보통의 黃金보다 값이 두 배가 나가는 순도가 높은 황금을 말한다.

세상 풍속은 재물, 권세, 공명, 게임의 즐거운 취미 놀이를 가지고 밖에서 '우리'를 드러나게 침해합니다.

世俗者, 以財勢功名, 戱樂玩好, 顯侵我于外矣.

마귀들은 오만과 매혹으로 우리를 기만하고 우리를 현혹시키며 안팎으로 우리를 쳐들어옵니다.

鬼魔者, 以倨傲魅惑, 誑我眩我, 內外伐我.

그러면 우리들은 그 사이에서 막고 지키기에 조급하고, 물리치고 거부하기에 급박하여 스스로 쉴 겨를이 없습니다.

則我于其間, 亟于防守, 迫于抵拒, 自不遑暇息矣.

아아! 〔우리의〕 자질구레한 하나의 작은 마음은 위로는 '천명'(天命)을 두려워하고 아래로는 예기치 못할 재앙을 두려워합니다.

嗟乎! 區區一心, 上畏天命, 下懼不虞之變.

왼쪽으로는 위험과 어려움에서 걸려서 뒤집혀질까 두렵고 오른쪽으로는 방탕한 욕구에 미혹될까 꺼려집니다.

左恐覆于險難, 右憚迷于佚欲.

앞으로는 왕년에 쌓은 많은 잘못들로 마음이 두렵고 뒤로는 내세의 아직 결정되지 않은 큰 재앙에 대해 걱정합니다.

前怵往年積累多愆, 後惕來世未決大凶.

안으로는 자신을 두려워하고 밖으로는 다른 사람들을 겁냅니다.

內悚于己, 外驚於人.

누가 허둥대지 않을 수 있겠습니까?

誰得不皇皇乎?

만약 우리들이 못났다면 어떨까요?

使吾不肖耶?

〔우리들은〕 자기를 극복하는 공부에 게으르게 되고, (앞에 말씀드린)

세 원수들의 세력에 몰려서 그것들을 받드는 데 마음을 쓸 것입니다.

解惓于克己之功, 窘于三仇之勢, 而委心奉之.

〔그렇게 되면〕 비록 잠시 동안 편안하더라도 사실은 원수의 잘못된 명령을 받들고 천주의 바른 명령을 위반하는 것이기에, 〔정말〕 문제가 크게 되는 것입니다.

雖得暫安, 而實奉敵讐之逆命, 反天主之正命, 爲患大矣.

만약 우리들이 군자라면 〔어떨까요〕?

使吾爲君子耶?

〔우리들은〕 뜻을 세우고 바름을 보존하여 천명을 따를 것입니다.

立志存正, 而率循天命.

이런 공로가 비록 높은 것이나 원수들의 원한 맺힌 대결은 〔우리들이〕 죽을 때에 이르러서야 바야흐로 그칠 것입니다.

其功雖高, 乃仇之寃對, 至死方止.

그래서 〔우리들이〕 살아 있는 동안 공덕이 아직 성취되지 않았으니 〔우리의 마음은〕 대체로 감히 편안하지 못할 것입니다.

則當在生時, 功未成就, 畧不敢安寧矣.

일단 '하늘의 영역'(즉 천당)에 올라가면 전쟁의 진영은 이미 그친 것이니 〔우리들의〕 공로와 업적은 이미 수립된 것입니다.

旣升天域, 則戰陳已休, 功績已立.

방패와 창을 풀어헤치고 다만 그 영화로움을 누리며 즐겁고 편안하며 아무 일도 없습니다.

釋干戈, 而特享其榮, 賞恬無事也.

그러므로 "태평스런 영역"이라고 말합니다.

故曰: "太平域"也.

◆ 8-16:

세 번째로 〔천당은〕 "즐거운 땅"이라고 말합니다.

三謂樂地.

그래서 근심과 고통이 없고 영원한 즐거움이 있습니다.

則無憂苦, 而有永樂也.

세상 사람들은 근심을 구하지 않지만 근심은 자꾸 다가옵니다.

世人不求憂, 而憂屢至.

부지런히 즐거움을 찾지만 즐거움을 얻는 〔경우는〕 드뭅니다.

勤以尋樂, 而樂罕得.

근심이 오고 나면 힘써 그것을 씻어 내려 하지만 근심은 도리어 스스로 거세어집니다.

憂已至, 力求以雪之, 而憂反自熾焉.

즐거움이 일단 오면 우리들은 삼가 그것을 더 머물게 늘리고자 하지만 즐거움은 더욱 빨리 소멸해 버립니다.

樂旣來, 吾愼以留延之, 而樂愈速消滅焉.

이 곳〔현세〕은 참으로 고통스런 세상입니다. 무엇을 의심하겠습니까?

玆眞爲苦世. 何疑哉?

또 세상의 즐거움이란 다섯 감각 기관이 받아들이는 것입니다.

且世樂者, 五官受之.

그것을 받아들이는 것은 전적으로 이 육신에 의존하는 것입니다.

受之, 全賴此身.

육신이 죽으면 세상의 즐거움도 아울러 흩어집니다.

身沒, 世樂幷渙矣.

비유하자면 칡이나 등나무 넝쿨이 나무를 휘감아 돌아가는 것과 같습니다.

譬如葛藟纍樛木耳.

나무가 쓰러지면 칡과 등나무 넝쿨은 스스로 설 수 없습니다.

木偃仆, 葛藟無自立矣.

지금 사람의 나이가 여든 살이면 '질'(耋)이라고 합니다.

今人八十爲耋.

아주 오래 산 것으로, 그렇게 되는 일이 별로 없습니다.

上壽也, 鮮得焉.

설사 그렇게 산다고 해도 영원한 삶과 비교하면 얼마나 긴 것이겠습니까?

縱得之, 較之常生, 得幾何長乎?

또한 팔순을 사는 동안 또한 전적으로 즐거움을 누릴 수 있었겠습니까?

又八旬之中, 且得全享樂歟?

그 실제의 수를 계산하여 세상의 즐거움의 허망함을 드러내 보겠습니다.

請計其實數, 以著世樂之妄焉.

갓난아이 때에는 지각이 없으니 어린 시절에는 결국 즐거움이 없는 것입니다.

嬰兒時, 無知覺. 則孩提之年, 竟無樂也.

칠십 세 이후에는 대체로 육신이 지치고 약해져서 눈은 어둡고 귀는 굼뜨고 입은 맛을 알지 못합니다.

七十以後, 大槩身疲劣, 目眯耳重, 口不知味.

즐거움을 누리는 감각 기관들이 이미 기능을 상실하게 되었으니 즐거운 일을 만나도 즐거워할 수 없습니다.

已失享樂之具, 卽逢樂事, 無以樂矣.

팔십 년 중에 처음과 마지막의 각각 10년씩을 제외하면 겨우 즐거워할 수 있는 것은 육십 년일 뿐입니다.

八十之中, 除其初末各一旬, 聊可樂者, 六十年耳.

대개 사람은 깨어 있을 때 즐길 수 있습니다. 잠이 들면 필경 일을 살필 수 없으니 즐거움이 없습니다.

夫人寤則能樂. 寐則畢不省事, 無樂焉.

세상살이에 게으름이 습관이 되어 밤에 자는 것만으로 흡족하지 않아 오히려 낮잠을 즐깁니다.

世習懈惰, 未厭夜寢, 猶耽晝眠.

그러므로 하루의 반 이상은 잠자리에서 보내는 것입니다.

故日之太半, 爲寢所得.

그래서 육십 년 동안 깨어 있으면서 즐기는 기간은 겨우 삼십 년입니다.

而六旬之徑, 醒且樂者, 僅三旬也.

서른 살이 될 때까지 어린 시절 학업을 익힐 때를 생각해 보면 어버이와 스승의 속박에 복종하며 기초를 다지느라 바쁘고 때로는 회초리로 맞기도 하여 즐거움이 다가올 수 없습니다.

及三旬之徑, 計幼時習藝業, 屬父師之繩束, 急于樹基, 時被夏楚, 樂無由至.

장성해서는 가업을 이어서 농사일을 맡아야 하고 처자식을 부양하고 온갖 일에 대응해야 하니, 어찌 기쁘고 즐겁다고 하겠습니까?

壯而承其家, 任易其稼穡, 鞠其妻孥, 酬應萬事, 曷云: '喜樂' 乎?

혹 쉬는 날이 조금은 있을 것입니다.

或暇日微及之.

〔그러나〕 그 기간 중에 누가 부모나 자식의 상을 당하지 않겠습니

까?

其間, 孰不遭父母兒女之喪乎?

누가 가뭄이나 기근이나 전염병의 재앙을 만나지 않겠습니까?

孰不值水旱饑饉瘟疫之災乎?

누가 종기나 멍도 들지 않고 다치거나 병신이 되지도 않고 심한 고통을 겪지 않으며 오래도록 육신이 편안할 수 있겠습니까?

誰久身安, 無瘡痏, 無傷殘, 無楚痛乎?

이 모두는 즐거운 때가 아닙니다.

此皆非樂之時焉.

이와 같이 이리저리 빠지게 되면 삼십 년 중에 하루에 열 번마다 한 번 즐거웠다면 매우 다행한 일입니다.

如是展轉淘汰, 三十年中, 日每十得樂其一, 幸甚矣.

그래서 일생의 즐거움은 "또한 드물지 않은가!"라고 말하는 것입니다.

則一生之樂, 曰: '不亦希歟!'

무릇 세상의 근심은 지극하나, 재미로는 미미한 거짓된 즐거움이 있을 뿐입니다.

夫世之憂, 至極; 聊, 帶微僞樂耳.

천상에서라면 전혀 근심이 없습니다.

若天上, 罄無憂焉.

근심은 그 곳에서 뿌리도 없고 종자도 없습니다.

憂于是處, 無根無種.

그러므로 〔근심이〕 싹터 나올 곳이 없어서 모든 것이 즐거움입니다.

故無從發萌, 而全爲樂也.

『성경』에서는 처음으로 하늘의 문으로 나아간 사람에게 이렇게 말합니다:

聖經謂始進天門者, 曰:

"착한 종아. 너의 충성이 너를 주님의 즐거움으로 들여보냈다!"[28)]

'善僕. 汝忠, 入汝主之樂矣.'

〔이것은〕 "이 세상의 즐거움은 미미하고 적어서 즐거움이 우리들〔의 마음〕 속에 들어가지만, 저 곳〔천당〕의 즐거움은 넓고 크니 우리들이 즐거움 속으로 들어간다."는 것을 말합니다.

言: '此世之樂, 微少. 則樂入於我中; 彼處之樂, 廣大, 則我入於樂中.'

이 때문에 〔천당은〕 "즐거운 땅"이라고 말합니다.

是以曰: '樂地' 也.

◆ 8-17:

네 번째로 〔천당은〕 "하늘의 고향"이라고 말합니다.

四謂天鄕.

그래서 〔그 곳에는〕 바라고 희망하지 않아도 모두 충만해집니다.

則無冀望, 而皆充滿也.

인류는 본래 하늘의 백성입니다. 그 온전한 복락은 오직 저기〔천당〕에 있을 뿐입니다.

人類本天民. 其全福, 獨在彼耳.

〔인간들은 사실〕 손님으로 다른 세상에 떠도는 것입니다. 그러므로 늘 본래의 고향에 대한 바람이 있어 늘 그것을 탄식하고 있습니다.

客流于他界. 故常有本鄕之望, 常歎息之.

---

28) 『신약성서』, 「마태복음」 25:21과 23, "너는 과연 착하고 충성스러운 종이다. 네가 작은 일에 충성을 다하였으니 이제 내가 큰일을 너에게 맡기겠다. 자, 와서 네 주인과 함께 기쁨을 나누어라." 참조.

일단 자기 본래의 장소를 얻지 못했으니 모자람이 있는 것입니다.

既未得其本所, 則有欠缺.

모자람이 있으니 바람이 있습니다. 바람이 있으니 온전한 행복이 없음이 분명합니다.

有欠缺, 則有希冀. 有希冀, 則明其無全福.

온전한 행복은 〔더 이상〕 바람이 없는 것입니다.

全福, 無冀也.

우리들 민중들의 본성이 바라는 것은 반드시 무궁하게 아름다운 것과 좋아하는 것을 얻어야만 비로소 위안을 얻게 될 뿐입니다.

吾人衆性所欲, 必得無窮之美好, 乃慰耳.

세상에서 말하는 아름답고 좋은 것이란 모두 미미하고 보잘것 없어서 모두 한계가 있습니다.

世所謂 '美好' 者, 咸微眇, 咸有限焉.

그래서 우리들의 본성은 이것에서 위안과 만족을 얻지 못하니 우리들이 얻고자 한 것을 얻을 수 없습니다.

則吾性于是, 不得慰滿, 不得其所欲得矣.

그러므로 사람들은 〔현〕세상은 결함이 있으니 행복과 즐거움이 부족하다고 여깁니다.

故人以爲世界缺陷, 福樂不足.

이것이 바로 참된 이치요 참된 실정이니, 이상하게 여길 것이 못됩니다.

是, 乃實理實情, 不足異也.

만약 〔누가〕 세상의 즐거움으로 스스로 만족한다면 이것이 참으로 괴이할 뿐입니다.

倘以世樂自滿足, 此眞足異耳.

비유하자면 왕에게 왕세자가 있다면 마땅히 큰나라의 임금 노릇을 하고서야 스스로 마음이 편안할 것입니다.

譬如王有上嗣, 宜君大邦而自安.

〔그가〕 비루한 곳에서 잠자리에 들고 사역을 당하며 살면서도 또한 담담하게 그 존엄한 지위를 회복하고자 생각하지 않는다면 또한 괴이하지 않겠습니까?

寢陋之處, 行役度生, 且恬然不思復其尊位, 不亦異乎.

우리 인간들의 본래의 나라는 하늘 나라입니다.

吾人本國天國也.

하늘 나라의 주인은 바로 우리 〔모든〕 세상 사람들의 〔제일〕 '크신 아버지'〔大父〕입니다.

天國主, 乃吾世人大父.

그런데 우리들은 스스로 본래 나라를 잊고 존엄하고 〔크신 아버지〕의 큰뜻을 거역하고 있습니다.

而吾儕, 乃自忘本國, 逆嚴尊大旨.

오직 방탕하게 세상의 비열하고 천한 일들을 좇는 그런 일에 푹 빠져서 그것을 즐거워하고 있습니다.

惟蕩流殉世卑賤之務, 是湛是悅.

누가 〔이런 문제점들을〕 알면서 깊이 탄식하고 불쌍하게 여기지 않겠습니까?

孰知, 而不深加歎恤乎哉?

우리들이 일단 하늘의 고향으로 돌아왔다면 크고 작은 욕망들은 이루어지지 않는 것이 없을 것입니다.

吾旣歸天鄕, 大小之欲, 無有不遂.

마땅히 누려야 할 행복을 점차적으로 나누어 얻는 것이 아니라 오직 아울러서 몽땅 받게 되니 〔더 이상〕 바랄 필요가 없게 되는 것입니다.

所宜享福, 非漸次分取之, 惟合併全受之. 則無庸冀望也.

대개 하늘에 오른 '올바른 선비'〔君子〕들은 분수에 벗어나는 것을 도모하지도 바라지도 않습니다.

蓋天上君子, 分外, 不得而圖, 不得而望.

그러므로 비록 복락을 받는 것에 크고 작은 등급은 있지만 오히려 모두가 충족되어 만족해 합니다.

故雖享福者, 有巨細品級, 卻皆充滿.

비유하면 크고 작은 옹기에 맛있는 음료를 가득 따라 붓는 것과 같습니다.

比之如大小甕, 各以佳液飽滿斟酌.

그러므로 보태 주고 빼 줄 것을 바라지 않게 됩니다.

故無增加之覬覦焉.

뭇사람들은 배우자나 형제들이 되니, 모두 서로를 자기 몸처럼 돌봅니다.

衆人爲伴侶, 爲昆弟, 相視如皆已身也.

항상 자기가 원하는 것을 얻게 되고, 자기가 얻을 수 없는 것은 바라지 않습니다.

常得其所願, 而不得願: '其所不能得' 也.

그러므로 〔천당은〕 "하늘의 고향"이라고 합니다.

是以, 曰: '天鄉' 也.

◆ 8-18:

다섯째로 〔천당은〕 "안정된 행복의 세계"라고 합니다.

五謂定吉界.

그래서 〔그 곳에는〕 변화가 없고 항상 행복하도록 정해져 있습니다.

則無變, 而常定於祥也.

무릇 세상 사람으로, 덕을 이루고 또한 〔다〕 갖추지 않은 이가 반드시 없는 것도, 마음이 평안하며 또한 담담한 이가 반드시 없는 것도, 즐기면서도 또한 오래 사는 이가 반드시 없는 것도, (욕심을) 극복하여 또한 만족하는 이가 반드시 없는 것도 아닙니다.

夫世界人, 未必: 無成德且備也, 無安且恬也, 無樂且永也, 無克且足也.

단지 〔현세에서〕 이 네 가지 행복이 아직 정해져 있지 않은 것일 뿐입니다.

第四福者, 未定耳.

『성경』에서 말합니다:

"자기가 천주에게서 사랑을 받을 것인지 미움을 받을 것인지를 아는 이는 없다."[29]

經曰: "無人: '知己在天主所愛耶, 所惡耶'."

세상에서의 일이 일단 끝나고 나면 우리들의 행복과 불행은 비로소 정해지고 〔그 뒤로는〕 다시는 바뀔 수 없습니다.

世事旣畢, 吾吉凶始定, 無復更動矣.

또한 세상의 일을 좇는 것은 마치 흐르는 강물 위를 걷는 것과 같아서, 〔물 위에는〕 우리들의 발자국을 찍을 만한 편안한 곳이 없는 것입니다.

又逐世務者, 如步行江流之上, 無安隱之處可印吾跡也.

이런 〔현세에서의〕 마음은 도리를 향하는 것을 잠깐은 기뻐하더라도, 홀연히 뒤집혀져서 〔곧〕 '도리 아닌 것'을 생각하게 됩니다.

此心乍悅向道, 忽翻然, 而思非道者也.

〔선생의〕 본래의 마음을 선생 〔스스로〕도 능히 잡을 수 없는데, 하

29) 『구약성서』, 「전도서」 9:1. "착한 일을 하며 사는 슬기로운 사람은 하느님의 손안에 있다는 것을 알지만, 사랑해 주실지 미워해 주실지는 알 길이 없다." 참조.

물며 다른 사람들이 〔그것을 잡아 줄 수〕 있겠습니까?

本心, 汝不能持; 矧他人乎?

세상〔을 사는〕 모습들이 늘 바뀌어 가는 것은 마치 〔수레의〕 바퀴와 같습니다.

世態恒轉, 如輪焉.

〔언제나〕 죄를 짓지 않을 덕이 어디 있겠습니까? 위험은 없고 〔언제나〕 편안한 것이 어디 있겠습니까?

何德無罪? 何安無危?

흔들림 없이 〔언제나〕 고요한 것이 어디 있겠습니까? 근심은 없고 〔언제나〕 즐겁기만 한 것이 어디에 있겠습니까?

何靜無搖? 何樂無憂?

약화됨이 없이 〔언제나〕 올라가는 것이 어디에 있습니까?

何隆無殺?

떨어지지 않고 높기만 한 것이 어디에 있습니까? 가기만 하고 돌아옴이 없는 것이 어디에 있겠습니까?

何峻無墮? 何往無復?

그래서 현세에서는 〔만사가〕 반복 무상하다고 말합니다.

則本世謂之, 反覆無常.

세상은 다만 '무상함'〔無常〕을 '정상'〔常〕으로 여길 따름입니다.

世特以無常爲常耳.

얻은 복록이란 오직 잠깐 빌린 것일 뿐입니다.

所獲福祿, 惟暫借也.

우리들은 그것의 주인이 될 수 없습니다.

吾不能爲之主焉.

하늘에 오르는 좋은 복과 같은 그런 것은 대체로 정해져서 바뀌지 않습니다.

若天上吉福, 是乃大定不易.

우리들이 언제나 믿을 수 있고 멀리까지 의지할 수 있습니다.

吾可恒恃, 遠攸據也.

이 때문에 〔천당은〕 "안정된 행복의 세계"라고 하는 것입니다.

是以曰: '定吉界' 也.

◆ 8-19:

여섯 번째로 〔천당은〕 "수명에 한계가 없는 산"이라고 말합니다.

六謂, '壽無疆山.'

그래서 〔그 곳에서〕 사람들은 누구나 죽지 않고 영원히 삽니다.

則人均不死, 而常生也.

유한한 생명은 그 상태가 죽음으로 가까이 갑니다.

夫有限之生, 其狀近乎死也.

대개 생명은 하루하루 없어져 가는데 더디게 가거나 머물게 할 수 없습니다.

蓋生, 日日消化, 而不可遲留也.

그러므로 『성경』에서는 세상 사람을 "어둠 속에 앉아 있으며, 죽음의 그늘이 미치고 있다."라고 말합니다.[30)]

故經謂世人曰, '坐于闇, 及死陰也'.

지금 세상의 모든 나라에 있는 백성들이나 짐승들이나 새들 등등,

---

30) 『구약성서』, 「마태복음」 4:16, "어둠 속에 앉은 백성이 큰 빛을 보겠고 죽음의 그늘진 땅에 사는 사람들에게 빛이 비치리라."; 「시편」 23:4, "나 비록 음산한 죽음의 골짜기를 지날지라도."; 「시편」 107:10과 14, "쇠사슬 아프게 차고 어둡고 캄캄한 곳에 갇혀 있던 자들 …… 사슬을 끊어 주시고 그 어둡고 캄캄한 데서 이끌어 내셨다." 참조.

여러 가지 생명체의 부류들은 백 년 이후에 대개 모두 죽을 것이며 새로운 것들이 번갈아 가며 태어납니다.

今見在天下萬國, 人民, 與鳥獸等, 諸種生類, 百年以後, 大槩皆死, 而新者迭生.

그 태어나고 죽는 것의 수는 똑같습니다.

其生死之數, 正等.

그래서 현세를 생명의 영역이라고 해도 되고 죽음의 영역이라고 말해도 됩니다.

則本世者, 謂之生域, 可, 謂之死域, 可也.

또한 그 생명의 시간은 짧고 죽음의 시간은 깁니다.

又其生時短, 死時長.

그러므로 서양의 옛 현인들은 늘 사람을 '장차 죽을 존재'라고 말하였고 세계를 '장차 죽을 땅'이라고 불렀으며,

故西土古賢者, 常呼人曰: '將死者.' 呼世界曰, '將死之土也,'

하늘에 사는 사람을 '죽지 않는 사람'이라고 불렀고 천국을 '산 사람들의 땅'이라고 불렀습니다.

常呼居天者曰: '不死者.' 呼天國曰: '生者之地也.'

사람의 이 세상에서의 수명은 비록 길다고 하여도, 〔사는〕 햇수, 달, 날과 시간은 모두 끝이 있습니다.

夫人世之壽, 縱修. 而歲月日時, 悉有旣也.

끝이 있다면 〔그들은〕 반드시 죽습니다.

有旣, 則必死.

반드시 죽는다면 마음은 죽음에 대한 염려를 갖게 되고 죽음을 싫어하는 생각이 쌓이게 됩니다.

必死, 則心懷死之慮, 蓄死之慊.

그러므로 죽음을 참고 견뎌야 하는 사람은 그의 행복과 즐거움이

온전하고 원만할 수가 없습니다.

故能死者, 其福樂不得全圓.

만약 영혼이 하늘로 올라가게 되면 진실로 언제나 살면서 죽지 않습니다.

若神靈升天者, 固常生不亡矣.

이 때문에 "수명에 한계가 없는 산"이라고 말합니다.

是以, 曰: '壽無疆山' 也.

◆ 8-20:

만약 수명이 끝이 없다면, 앞에서 〔열거한〕 여러 복락들도 아울러 영원히 없어지지 않습니다.

壽無疆, 則幷前諸福, 俱永久不滅.

이것은 천주께서 '어진 사람들'의 심정에 절절히 답한 것입니다.

此, 天主切答仁人之情也.

왜 그렇게 했겠습니까? 어진 사람들의 덕이 〔현세에서〕 성대하더라도 죽으면 그만입니다.

何者? 仁人德盛, 至死而已.

그렇지만 그들은 뜻을 세우면서 이렇게 말합니다:

而其立志曰:

"우리들이 세상에서 영원히 산다면 곧바로 언제나 선을 실천하고 그치지 않을 것이다."

'使吾常生于世, 卽常行善, 不止.'

그러므로 천주께서 그들에게 영원한 삶과 영원한 덕을 줌으로써 그들의 의지를 채워 주십니다.

故天主賜之常生常德, 以實其志也.

지옥에 들어가는 사람들은 어질지 못한 사람들이지만, 또한 소멸되거나 없어지지 않습니다.

入地獄者, 不仁人, 亦未嘗滅亡.

어찌 '영원한 삶'이라고 말하지 않겠습니까?

曷不謂之常生乎?

저 벌을 받는 죄인들은 그들의 수만 가지 고통을 이기지 못합니다.

彼受罪犯人, 不勝其痛苦萬端.

그래서 죽음으로써 재앙이 멈추게 되기를 간절히 바라지만 죽을 수도 없습니다.

則懇求死以息殃也, 而不得死.

그래서 그들의 삶은 영원한 삶과 비슷해 보이지만 실제로는 영원한 죽음입니다.

則其生似爲常生, 實爲常死矣.

저들은 살아 있을 때 악을 행함에 이미 익숙하며 죽음에 이르러서야 그만둡니다.

彼生時, 爲惡已熟, 至死乃已.

그리고 그들은 뜻을 세우면서 또한 이렇게 말합니다:

而其立志亦曰:

"우리들이 세상에서 영원히 산다면 언제나 악행을 하며 그치지 않을 것이다."

'使吾常生于世, 常爲惡不止.'

그러므로 천주께서는 그들로 하여금 영원히 존재하고 멸망하지 않게 하여 언제나 악에 대한 보답을 받게 하십니다.

故天主俾其永存不滅, 常受惡報者.

그들이 악〔행〕에 마음을 정한 것에 대해 보답하는 것입니다.

報其定于惡也.

이렇다고 한다면, 천주의 법도란 한 시기〔에 쌓아 놓은〕 선과 악에 대하여 만세의 행복과 불행으로 보답한다는 것입니다.

是, 則天主之法, 一世之善惡, 報以萬世之吉凶.

대략적인 뜻은 이와 같을 뿐입니다.

大指如是已.

◆ 8-21:

부처는 몰래 우리 서양의 천당 지옥의 학설을 듣고 또 우리〔서양의〕 옛날의 피타고라스가 망령되이 만들었던 윤회(輪廻)의 변화론을 끌어 들여서 마침내 〔자기의〕 가르침으로 만들어 이렇게 말했습니다:

佛氏竊聞: '吾西方天堂地獄之說,' 又攙入吾前世 '閉他臥刺'[31]所妄造輪廻變化之論. 遂造作教法, 云:

"천당에 살거나 지옥에 처한 이들도, 몇 겁(劫)[32]의 긴 시간을 지나면 또한 다시 세상에 환생하는 경우도 있다."

'居天堂, 置地獄者, 過去若干劫, 亦有又還生於世.'

이것이 어찌 조물주의 실정을 아는 것이겠습니까?

此, 奚知造物主情乎?

만약 하늘에 올라서 복을 받는 사람이 몇 겁의 긴 시간 뒤에는 장차 자기의 안락을 잃게되고 다시 고통스런 세상에 다시 태어나서 보통 사람이 된다는 것을 알게 된다면, 〔그가〕 받는 복이 비록 크지만 또한 크게 결함이 있는 것입니다.

設升天受福者知: '若干劫後, 將失其安樂, 而復生苦世, 更爲凡民,' 受福雖大, 亦大有欠缺.

---

31) '閉他臥刺' 는 그리스 Samos 섬의 유명한 철학이며 수학자인 Pythagoras (기원전 582-500)의 한자 음역이다.

32) '劫' 은 불교의 용어로서 '천지가 한 번 창조되었다가 다시 소멸되는 긴 시간' 을 말한다.

〔이와 같이 받은〕 행복이 진실로 온전하지 못하다면 반드시 근심과 두려움이 생겨날 것입니다.

福固不全, 必生憂懼.

천당을 지극히 즐겁고 충만한 곳이라고 부르지 않을 것입니다.

不稱: '天堂至樂充滿' 也.

〔그렇다면〕 또한 천주가 세상의 유덕한 사람들을 북돋아 주기 위한 훌륭하고 오묘한 방법이 아닐 것입니다.

又非天主善妙方, 以振世德者也.

대개 도리를 향하고자 도모하는 이들이 장차 이렇게 말할 것입니다:

蓋謀向道者, 將曰:

"우리들이 도리를 지극히 잘 실천한다고 해도, 우리들의 〔죽고 사는〕 큰일은 끝내 안정되어 불변함을 얻을 수 없을 것이다!"

"吾縱爲道至善, 而我大事, 終不得安定不移矣!"

만약 지옥에 들어가서 벌받는 자들이 '몇 겁의 긴 시간〔의 기한〕이 이미 다 차고 나면 그들의 고통이 장차 그치고 원래의 세계로 돌아와서 다시 세상 사람이 될 것을 알게 된다면 그 고통이 비록 크지만 또한 〔그 고통이〕 지극하지 않고 〔인간으로〕 다시 태어나는 기쁨과 위안이 생기기를 크게 바랄 것입니다.

使人〔入〕[33]地獄受刑者知: '若干劫已滿, 其苦將止, 還於元界, 復爲世人,' 其苦雖大, 亦大有異望: '不爲至極, 翻生喜慰.'

〔이는〕 이른바 지옥의 한량없는 고통과 번뇌가 아닙니다.

非所謂' 地獄無量苦惱' 也.

또한 천주께서 시행하는 악을 막는 훌륭한 방법이 아닙니다.

33) 여기서는 문맥상 人을 入으로 고쳐져야 의미가 잘 통한다.

且非天主所施, 沮惡善法也.

대개 소인들은 사사로운 욕심에 미혹됩니다.

蓋小人迷於私欲.

또 〔그들은〕 말합니다:

"우리들이 비록 도리를 거역하고 지극히 악하다고 할지라도 우리들의 〔죽고 사는〕 큰일은 모두 망하게 되지 않을 것이며 오히려 다행히 다시 이루어질 것이다."

且曰: "吾縱逆道至惡, 而我大事不(不)[34]得盡敗, 猶可幸復立矣.

이것은 부처가 실정을 모르는 첫번째입니다.

此, 佛氏不知情, 一也.

◆ 8-22:

무릇 즐거운 시간은 쉽게 지나가기 때문에 짧게 보입니다.

夫樂之時易過, 則見短.

고통의 날은 넘기기 어렵기 때문에 길게 보입니다.

苦之日難度, 則見長.

이러한 실정은 현명한 사람이나 어리석은 사람 할 것 없이 모두에게 통용됩니다.

此情, 無賢愚, 共達焉.

우리들은 미루어서 다음과 같은 것을 알 수 있습니다:

吾推而可識:

'매우 즐거우면, 하루가 한 순간과 같고, 매우 고통스러우면 한 순간이 하루와 같다. 〔즐거움과 고통〕 두 가지가 또한 더욱 그 정도가 심하면, 즐거운 이는 일 년을 하루같이 생각하고 고통스러운 자는 하

34) 이 글귀에서 不不이 연속된 것은 문맥상 명백히 오류이다. 不은 반드시 한 번만 있어야 한다. 따라서 不不을 단순히 不로만 읽어야 한다.

루를 일 년처럼 생각한다.'

'樂甚也, 一日當一刻, 苦甚也, 一刻當一日矣. 兩者又盛, 則樂者, 一年疑一日. 苦者, 一日疑一年也.'

천상의 즐거움이나 지옥의 고통에 대하여, 사람들은 그것을 말로써 분명하게 드러낼 수 없고 생각으로도 그것을 헤아릴 수가 없습니다.

若天上樂, 及地獄苦, 人言不及闡發之, 心不及思測之.

그렇다면 천당의 천 년은 세상에서 하루도 될 수 없을 뿐입니다.

則天堂之千年, 爲世界不能一日耳.

〔그러나〕 지옥의 하루는 세상에서 천 년뿐만이 아닙니다.

地獄之一日, 爲世界不啻千年也.

『성경』에서는 천당을 일컬어 "천주어전에서 천 년은 이미 지나간 어제 하루와 같다."라고 말합니다.

經謂天堂, 曰: '天主御前, 千載如已過之昨日也.'[35)]

"현재 운행중인 날"이라고 말하지 않고 "이미 지나간 날"이라고 말합니다.

不曰: 如現運日, 而曰: 已過之日.

"오늘"이라고 하지 않고 "어제"라고 말합니다.

不曰: 今日, 而曰: 昨日.

〔천 년이〕 마치 없는 것 같으나, 그러나 그것이 매우 짧다는 것을 가리킨 것입니다.

若無有者, 然以指其短之至也.

지옥을 일러서 '긴 하루에 심한 고통'이라고 합니다.

謂地獄曰: '大日甚苦' 也.

---

35) 『구약성서』, 「시편」 90:4, "당신 앞에서는 천 년도 하루와 같아 지나간 어제 같고" 참조.

기쁜 날은 길지 않고 오직 근심의 날만이 길고도 큽니다.

忻之日不長, 惟患之日長大矣.

『성인전』[36]에는 옛날 서쪽에서 있었던 수도회에 관하여 기록하고 있습니다.

『聖神實錄』記昔年西上有一道會.

몇 명의 수사들이 함께 어떤 산에서 살았습니다.

數友共居一山.

집에서 수행하던 한 수사는 그 이름은 전해지지 않지만 도(道)가 높아서 천주는 특히 그를 총애하여 굽어 살피셨습니다.

舍中, 修行一友者, 失其名, 道盛, 而天主殊寵眷之.

하루는 천사가 내려와 그에게, 깊은 산의 어떤 성에 들어가 하늘의 연회를 향유하라고 명령하여 천상의 행복과 즐거움을 한 번 맛보도록 하였습니다.

一日天神降命之: '入深山某壘, 享以天筵,' 使嘗天上福樂也.

아침에 그 곳으로 가다가 도중에 조금 지체하였습니다.

朝往其處, 塗次稍淹.

그 연회 장소에 도착해 보니 거의 끝나 가고 있었습니다.

至其所筵, 將徹矣.

겨우 한두 점의 고기를 맛보았지만 이상한 맛이 났습니다.

僅嚌一二臠, 覺異常味.

곧바로 집으로 돌아가서 〔수도원에〕 들어가려고 하였습니다.

卽還詣舍, 欲入.

문지기가 그를 크게 수상하게 보면서 말했습니다:

36) '聖神'은 아마도 天堂에 있는 聖人들이나 天使를 가리키는 것으로 보인다. 따라서 『聖神實錄』을 『聖人傳』으로 해석하였다.

閽人大詫之, 云:

“당신은 누구십니까? 바로 안으로 들어오시려 합니까?”

‘汝何人? 輒闌入內也?’

그 수도사가 말했습니다:
“나는 수도회의 수사입니다.

其友曰: “余會中友.

새벽에 산 속으로 놀러 나갔다가 지금 돌아왔습니다.

晨出遊山中, 今返.

당신은 누구시기에 저를 알아보지 못합니까?”

汝何人, 遂不識我乎?”

문지기는 그 말을 기이하게 여겼습니다. 수도회의 원장과 여러 수사들에게 그를 살펴보도록 하였습니다.

閽人奇其言. 請會長及諸友, 諦視之.

그랬더니 그 이름을 알고 그 얼굴을 아는 사람이 아무도 없었습니다.

則無有知其名, 識其面者矣.

피차 크게 경악했습니다.

彼此大驚愕.

문득 한 늙은 수사에게 물어 보니 그는 무언가를 깨달은 듯 말했습니다:

審問忽一老友, 悟曰:

“수도회에서 〔옛〕 사실을 기록한 책에는 이백 년 전에 아무개라는 이름의 한 수사가 산 속으로 놀러갔다가 끝내 돌아오지 않았다고 하는데 그 사람이 바로 이 사람일 것입니다.”

會中記事書, 稱二百年前, 一友名某, 出遊山中, 竟不還, 則此人是也.”

다시 살펴보니 정말 그랬습니다.

覆視信然也.

이것으로 하늘의 즐거움은 천 년이 하루와 같음을 증명하기에 충분합니다.

此, 足證: '天樂, 千年一日' 矣.

또한 큰 성인인 '어르워략'[37]은 예전에 〔천주〕교회의 높은 지위에 십여 년 간 있었을 때의 일을 기록하고 있습니다.

又記大聖人額肋臥畧者, 昔居持教尊位十餘年矣.

그 때 교황은 덕이 간특함을 서로 엄폐해 줄 수가 없어서 마땅히 지옥에 들어가야 했습니다.

時有總王, 德慝不相掩, 宜入地獄.

성인은 그것을 애석하게 여겨서 천주께 기도했습니다:

聖人惜之, 告禱天主:

"대신 고통스러운 벌을 받고자 하오니, 그의 끝없는 죄에 대한 재앙을 속죄해 주시기를 바랍니다."

"願代受苦罰. 以贖其無盡罪殃也."

천주께서는 굽어서 들어 보시고 곧바로 한 천사를 보내서 그에게 이렇게 알리게 했습니다:

天主俯聽, 卽委一天神報之. 曰:

"왕을 대신하여 평생 배가 아프거나 혹은 네 시각 동안 지옥의 고통

37) '額肋臥略' 은 아마도 Aurillac의 한자 음역인 것 같다. Gerald of Aurillac (855-909): Aurillac의 부유한 집안에서 출생했다. 수 차례에 걸쳐 로마를 방문했고, 많은 어려움에도 불구하고 894년 교황의 보호를 받고 있던 Aurillac 수도원의 원장으로 임명되었다. 그는 지도자로서의 정의로움과 열렬한 헌신, 일생에 걸친 금욕적 생활과 치유 능력 때문에 찬양을 받았다. New Catholic Encyclopedia, Vol. 1-16, New York: McGraw Hill, 1967-1974. Vol. 6, p.375쪽 참조.

을 받는다. 둘 가운데 하나를 선택하면 저 〔왕〕은 한없는 고통에서 벗어날 수 있을 것이다.”

“代王或終身腹痛. 或四刻受地獄之苦. 二者擇取其一, 則可免彼無量苦也.”

성인은 생각해 보았습니다:

聖人計之:

‘배아픈 고통은 심하지는 않지만 아마도 평생이라면 오랫동안 감당하고 참기는 어려울 것이다.

‘腹痛苦, 不爲甚, 恐在終身, 久難堪忍.

지옥의 고통은 지극히 심하지만 네 시각 동안이라면 또한 다행히 빨리 지나갈 것이다.’

地獄之苦, 至甚, 而四刻之頃, 且幸速過.’

마침내 지옥의 형벌을 택하였습니다.

遂擇地獄刑也.

천사는 그를 지옥에 두고 갔습니다.

天神置之地獄中而去.

성인은 그 지극한 고통을 감당하지 못하고 기한이 한참 지났다고 생각했습니다.

聖人不任其痛之極, 覺踰期且遠矣.

곧 스스로 의심하고 뉘우쳤습니다.

卽自疑悔.

〔그는〕‘기도를 할 수 있는지 없는지도.’

不知: ‘可禱耶, 否耶,’

아니 ‘죄가 마땅히 지옥에 들어가야 하는 경우 끝내 나올 수 없는 것인지도’ 알지 못했습니다.

抑罪應入地獄, 竟不得出耶.

얼마 후 천사가 가서 그를 보고 어떠냐고 물었습니다.

既而天神往見之, 問何如?

그가 대답했습니다:

“어찌하여 이처럼 저를 크게 속이십니까?

曰: “何如此大欺我?

먼저 네 시각만이라고 말했을 뿐입니다.

先謂四刻蹔耳.

그런데 도리어 저로 하여금 만여 년 동안 고통을 받게 하십니까?”

而乃使我受苦萬餘年乎?”

천사가 말했습니다:

“무슨 말이냐? 그 때부터 지금까지 두 시각에 불과할 뿐이다.

天神曰: “何謂乎. 向者至今, 止二刻耳.

다시 할 만하면 기한을 다 채우도록 해 주겠다.”

更如許, 則迄期矣.”

성인은 그 말을 듣고 크게 놀라 머리를 가로저으며 말했습니다:

“그만두십시오!

聖人聞之, 大駭搖首. 曰: “已矣!

평생 배아픈 고통을 받게 해 주십시오.

請終身腹痛.

그러면 지옥의 한 순간보다 가벼울 것입니다.”

則輕于地獄之一息也.”

그 뒤에 ‘어르워략’ (Aurillac)은 과연 평생 복통을 앓았습니다.

其後, 額肋臥畧果終身腹痛也.

많은 사람들이 그 병에 대해서 알지만 그 연유를 아는 이는 적었습니다.

衆人知其病, 少知其緣也.

이로써 천상과 지옥의 해와 날이 같지 않음을 볼 수 있습니다.

以是, 可觀: '天上地獄之年日不同.'

그런데 부처는 이렇게 말합니다:

而佛氏曰:

"지옥에 들어가서 고통을 받는 것은 몇 '겁'이 지나지면 그친다. 비록 길지만 진실로 지나친 것이 아니다."

"入地獄受苦, 若干劫止. 雖長, 固不爲過."

오직 "천당에 사는 것은 몇 '겁'에 지나지 않는다."라고 말합니다.

惟曰: '居天堂, 若干劫.'

〔이는〕 곧 매우 빨리 지나가는 것입니다.

卽速逝之甚也.

이것이 부처가 실정을 모르는 것의 두 번째입니다.

此, 佛氏不知情, 二也.

◆ 8-23:

저는 지금 '참된 천당에 있는 여섯 가지 행복과 〔그 곳에〕 없는 여섯 가지 불행이 언제나 영구히 불멸하는 것은,

竇今識: '眞天堂所有六福, 所無六禍. 常久不滅者,

천주께서 선(善)에 상 주고 덕(德)에 보답하는 진실한 법도의 뜻' 임을 압니다.

則天主賞善報德, 眞實法意也.'

〔그러나〕 세상에는 이런 여섯 가지 〔행복이〕 없고 이런 여섯 가지 〔불행만이〕 있으니, 세상에는 참된 천당이 없는 것입니다.

世界無斯六, 有斯六. 世界無眞天堂矣.

무릇 현세를 다스리는 것과 후세를 다스리는 것에 있어서, 두 세상에 하나의 주인이 있을 뿐입니다.

夫治今與治後, 兩世一主耳.

우리들의 덕업과 덕에 대한 보답에는 두 세상에 한결같은 덕업만이 있을 뿐입니다.

吾人之德業德報, 兩世一功耳.

현세는 가는 길이고, 후세는 도달해야 할 목적지입니다.

今者爲行路, 後者爲詣域.

서양 성인은 두 가지 비유를 하였습니다.

西聖人設兩喩.

그 비유들은 사태의 도리를 매우 밝게 드러냅니다.

喩是事理甚著明也.

◆ 8-24:

하나는 이렇습니다:

'덕업에 힘쓰는 것은 큰집을 짓는 것과 같다.'

一曰: '務德業, 如造大厦.'

나무와 돌 등의 여러 자재들이 어지러이 흩어져 있고 순서 없이 뒤섞여 있습니다.

木石諸材, 雜散厝署, 顚倒失序.

보다 아름답고 화려한 집이 되려면 보다 많은 도끼질이 필요합니다.

愈當華美之處, 愈受斧鑿.

큰집이 아직 완성되지 않았기 때문입니다.

厦未成故也.

큰집이 완성되면 걸출한 아름다움은 만 년 동안 걸출한 아름다움인 것입니다.

厦成, 則峻美者, 萬年峻美.

천하고 보잘것 없는 것은 만 년 동안 천하고 보잘것 없습니다.

卑陋者, 萬年卑陋.

지금 세상 사람들의 지위는 어지럽습니다.

今世人位淆亂.

그 차지하는 지위로 인하여 그 사람의 덕이 있는지 없는지를 징험할 수 없습니다.

不可因所居位, 卽徵其德否也.

선한 사람이 자주 근심하고 괴로운데, 불선한 자들이 종종 편안히 즐깁니다.

善者頻患苦, 不善者多安樂.

사마천이 일컬었던 '안회' 나 '도척' [38]의 무리들은 세세 대대로 종종 있는 일입니다.

如司馬遷稱顔回盜跖之倫, 世世多有之.

어리석은 사람 중에 혹자는 '세상에는 덕도 간특함도 없다' 고 말합니다.

愚者, 或曰: '世無德慝.'

혹자는 '불행과 행복은 〔모두〕 우연한 운명에 달린 것이다.' 라고 말합니다.

或曰: '禍福, 莫非偶命.'

모두 틀린 것입니다.

38) 司馬遷(기원전 145-87)은 『史記』를 저술한 중국의 최고의 역사가이다. 顔回는 40에 요절한 공자가 가장 아꼈던 제자이다. 그는 가난하면서도, 학문의 정신과 내면의 즐거움을 잃지 않았다. 盜跖은 『莊子』에서 소개되고 있는 전국 시대 당시에 기세를 날렸던 유명한 도적이다. 顔回가 선인의 대명사라면, 盜跖은 악인의 대명사이다.

皆謬也.

명철한 선비만이 '선인은 지위〔를 얻는데〕에 쓰여짐이 없고, 자기의 덕을 더하고 자기 공부를 닦을 뿐' 임을 아는 것입니다.

明哲之士, 乃知: '善者, 無位用, 以增其德而繕其功' 耳.

〔그는〕 마침내 마땅히 천상 궁전의 영험한 마당으로 연결될 것입니다.

終當結天殿靈庭.

모름지기 그를 가련히 여길 필요는 없습니다.

不須憫恤之.

선하지 않은 사람은 자기 쓰일 자리 아닌 것을 억지로 얻어서 자기의 악을 기르니 자기의 벌을 두텁게 할 뿐입니다.

不善者, 冒得非其位用, 以釀其惡而厚其罰耳.

〔그는〕 마침내 가장 낮은 곳에 처하게 될 것이니 특히 가련히 여길 만합니다.

終將寘最下處. 殊足可憐矣.

◆ 8-25:

〔다른〕 하나는 이렇습니다:

비유하자면 마치 수목들이 혹심한 겨울에는 좋은 것과 나쁜 것의 차이가 없는 것은 그 〔나무가 자랄〕 시기가 아니기 때문인 것과 같습니다.

一曰: 譬之如樹木, 隆冬時, 佳惡無異, 非其時故也.

〔겨울에〕 잘 사는 것과 시드는 것, 두 나무를 같이 정원에 심어도, 모두 꽃도 잎도 없고, 모두 과실이 없습니다.

常有菀枯二樹, 同植於苑, 俱無花葉, 俱無果實.

생사를 판가름나게 하는 것이라면 이 시기〔겨울〕에는 다만 〔나무〕 속의 차이일 뿐입니다.

以判生死, 則此時特內異耳.

하나는 뿌리가 보존되어 수액이 돌고 살려는 의지가 불끈 솟습니다.

一則根存, 液注, 生意勃然.

그러나 〔다른〕 하나는 뿌리가 이미 썩고 수액이 이미 말라서 처연하게 죽습니다.

而一者, 根已朽, 液已乾, 凄然死矣.

일단 봄과 여름이 되어야 사람들은 비로소 그것들을 가릴 수 있습니다.

春夏旣至, 人方辨之.

산 것은 곧 싹이 터서 분연히 살아나고 기름지게 광택이 나고 훤히 꽃이 피고 잎이 무성하고 열매가 큽니다.

生者, 卽萌蘖怒生, 沃然光澤, 灼灼其華, 蓁蓁其葉, 有蕡其實也.

저 시든 나무는 이미 정원사의 기대를 저버렸기에 뭇사람들은 그것을 버리고 천하게 여겨서 도끼로 쪼개고 잘라서 땔감에 덧보탤 뿐입니다.

彼枯木者, 旣負場師期望, 衆棄賤之, 則斤斫斧截析, 而付之燎爨耳.

우리들이 일단 열심하고 근면하게 천주의 큰 가르침을 받든다고 어찌 곧바로 영화롭고 부유하겠습니까?

吾人旣孜孜業業, 勤奉天主大敎, 豈卽榮富乎?

어찌 곧바로 몸에 질병이 없고 가정에 우환이 없겠습니까?

豈卽身無疾乎? 家無虞乎?

〔당장은〕 가르침을 받들지 않는 사람과 크게 다름이 없다 해도, 그대는 왜 그 〔판가름이 나는〕 때를 기다려 보지 않습니까?

與不奉敎者, 無大異焉, 則汝何不竢其時乎?

저 뿌리의 수액이 안에서 이겨 내는 것을 그대는 〔당장은〕 볼 수 없습니다.

彼其根液內克, 汝不得而見之.

이 현세는 참으로 사람들에게 겨울일 뿐입니다.

是本世也, 眞爲人之冬耳.

내세에 이르면 바로 그들의 봄과 여름입니다.

迨來世, 乃其春夏矣.

그러면 선한 사람과 악한 사람이 받는 것이 비로소 분명해집니다.

則善惡者之所受, 始分明焉.

선한 사람이면 그의 몸과 정신에 큰빛이 생깁니다.

善者則於其身神, 生大光輝.

태양에 비해서 일곱 배나 더 빛납니다.

視太陽七倍甚焉.

눈은 이 세상에서 아직 보지 못한 광경을 보게 됩니다.

目得見: '此世所未見景光.'

귀는 이 세상에서 아직 듣지 못한 즐거운 소리를 듣게 됩니다.

耳得聞: '此世所未聞聲樂.'

입과 코는 이 세상에서 아직 맛보고 맡지 못한 맛과 향을 맛보고 맡을 수 있습니다.

口鼻得啖嗅: '此世所未啖嗅味香.'

사지는 세상에서는 느껴 보지 못한 편안함을 느낄 수 있습니다.

四體得覺: '此世所未覺安逸也.'

겨울은 가 버리고 봄과 여름이 되면 셀 수 없는 해 동안 영화롭고 무성하여 갈마듦이 없습니다.

冬已往, 而爲春夏者, 無量年榮茂無替矣.

악한 사람은 이미 천주의 거듭된 은혜를 저버려서 천사들로부터 미움을 받게 됩니다.

惡者, 旣負天主重恩, 爲天神所厭惡.

그래서 그 몸과 정신은 검고 추하게 변하고 모습은 귀신이나 마귀와 서로 비슷하게 됩니다.

則其身神變成黑醜, 貌相類鬼魔焉.

마치 목재로 삼을 수 없는 시든 나무처럼 지옥에 버려져서 땔감으로 타 버려서 영원히 불을 지피는 데 공급될 뿐입니다.

如不材枯木, 棄之地獄, 爲薪燎, 以供其永 爇爨火耳.

그 고통의 온갖 실마리들은 말로 언급할 수 없습니다.

其苦痛萬端, 非言所及也.

전세〔즉 현세〕의 소소한 근심들은 이미 끝나 버렸다지만 후세의 큰 근심은 무한한 것입니다.

前世小患已畢, 而後世大患無限矣.

선생께서는 『성경』이나 성인의 참된 말에 대해 의심을 두지 마십시오."

請子無疑聖經, 及聖人醇言也."

◈ 8-26:

〔공〕 보좌관이 말했습니다:

"제가 〔선생의〕 빼어난 논의를 들어 보니 곧 마음에 우리 중국의 경서와 귀국의 경전이 서로 대응되며 서로 증명해 준다고 생각됩니다.

大叅曰: "竊聽精論, 卽心思吾中國經書, 與貴邦經典, 相應相證.

참된 성인을 믿는 것은 서쪽에서나 동쪽에서나 남쪽에서나 북쪽에서나 그 이르는 곳은 하나일 뿐입니다.

信眞聖人者, 自西自東, 自南自北, 其致一耳.

다만 귀국의 경전은 온전히 보존되어 있습니다.

但貴邦經典全存.

그러므로 천당과 지옥에 관한 학설은 지극히 상세히 갖추어져 있습니다.

故天堂地獄之說, 致爲詳備.

우리 유학의 책은 일찍이 진(秦)나라에 의해 불태워졌습니다. 어찌 선생께서 그것을 알겠습니까?

吾儒書, 曾遇秦火. 焉子知之乎?

따라서 이렇게 불타고 남은 것 가운데 대다수는 파손을 당했습니다.

故此燼餘, 大多殘缺.

그래서 후세의 응보에 대해서 모두 명확하지도 않고 알지도 못합니다.

而後世之報應, 具不明不諳焉.

그래서 재주부리는 지식인들은 〔후세의 보응이〕 '있다'와 '없다' 사이에서 의심과 믿음을 반씩 혼합하고 있습니다.

因而, 伎儒者, 疑信半混之, 有無之間也.

그러나 지금의 경전을 근거로 하여 그 학설을 미루어 밝힌다면 또한 〔귀국의〕 큰 가르침과 서로 〔논의를〕 발전시키기에 충분할 것입니다.

然有能據今經典, 推明其說, 亦足與大敎互相發也.

『시경』에서는 이렇게 말했습니다:

詩云:

"문왕이 위에 있으니,

"文王在上,

오 하늘에서 밝다."

於昭于天."[39]

"문왕〔의 혼령〕이 오르내리며

文王陟降,

'하느님'〔帝〕의 좌우에 있다."
在帝左右"[40)]

또한
"세상에는 명철한 왕이 있고
又云: "世有哲王,

삼대의 임금들은 하늘에 있다."라고 하였습니다.
三后[41)]在天."[42)]

또한 "문왕의 덕을 잡고
又云; "秉文王之德,

하늘에 계신 〔문왕의 혼령을〕 찬양한다."라고 하였습니다.
對越在天."[43)]

〔『서경』의〕〔소고〕에서는 이렇게 말했습니다:
召誥曰:

"하늘은 일찍이 큰나라 은의 천명을 끊으려고 하였다.
"天旣遐終大邦殷之命.

이들 은나라의 많은 선대의 영명한 임금들이 있다."
玆殷多先哲王在天."

경전은 이 말들을 실음으로써 육신이 죽은 다음에 천당에 올라가고

---

39) 『詩經』, 「大雅」, 「文王」 편.
40) 위와 같은 곳 참조.
41) 여기서 三后는 周나라 武王의 세 조상의 임금들, 즉 太王, 王季, 文王을 말한다.
42) 『詩經』, 「文王」, 「下武」 편.
43) 『詩經』, 「周頌」, 「淸廟」 편.

큰 덕으로써 큰 보응을 누린다는 것을 보여 주고 있습니다.

經載是語, 以示身後上升天堂, 以弘德享弘報.

그러나 세상〔사람들〕은 도리어 천당이 없다고 의심합니다.

而世反疑無天堂.

어찌 주공(周公)[44]께서 '하느님'과 조상의 이름을 빌려서 거짓말을 하였고 또한 〔그런 거짓말로써〕 그의 후세 사람들을 미혹시켰겠습니까?

豈周公爲矯誣上天及祖宗, 且以疑誤後世乎.

삼왕[45]들이 덕을 이룸에는 반드시 자신을 반성하여 성실하였고, 내려보고 우러러보아 부끄럽지 않았습니다.

三王爲德, 必有反身而誠, 俯仰不媿之.

〔그들은〕 내심에서 즐거워했으니, 하늘이 오히려 그들을 좇아서 지극히 높은 지위로써 영화롭게 하였습니다.

樂于內, 而天猶從而榮之, 以至尊之位.

그 이외에 또한 천상의 행복을 그들에게 주었습니다.

于外, 又錫之以天上福.

무엇 때문이겠습니까?

何也?

그래서 선생께서 "육신이 죽은 다음에 천당이 있다."고 말한 것은 찬연히 명백한 것입니다.

則子言: '身後有天堂,' 燦然白矣.

---

44) 周公은 기원전 11세기에 殷나라를 무력으로 멸망시킨 武王의 동생으로 周나라의 실제적인 문물 제도를 확립한 인물이다. 그는 『論語』에서 공자가 이상적으로 생각한 인물로 언급되고 있다.

45) 三王은 보통 중국의 고대 국가를 창건한 세 나라, 즉 夏, 殷, 周를 창건한 禹왕, 湯왕, 文왕을 가리킨다.

주공과 공자와 노자, 이 세 성현〔의 덕〕은 삼왕(三王)들보다 못하지 않고 후세의 제왕들보다 훨씬 높습니다.

周公, 仲尼, 老聃, 三聖之賢, 不下三王, 高于後世帝王遠矣.

그러나 높은 지위를 얻지 못했습니다.

而不得尊位.

그래서 하늘은 반드시 세상의 부귀로써 덕에 보답하는 것은 아닙니다.

則天未必以世之富貴酬德.

그러나 모두 천당의 행복을 영원히 누리도록 한다는 것을 또한 알 수 있습니다.

而咸令永享天堂樂, 又可知也.

삼왕들과 주공과 공자와 노자는 이미 하늘에 있습니다.

三王, 周公, 仲尼, 老聃, 旣已在天.

그러면 하의 걸임금과 상의 주임금과 도척 등 역대의 악인은 어디에 있습니까?

則夏桀, 商紂, 盜跖, 歷代之凶人, 何在乎?

포학하고 간악한 자들이 지옥에 있지 않으면 어디에 있겠습니까?

暴虐奸回, 不地獄, 安所置之哉?

이러한 상이 있으면 이러한 벌이 있습니다.

有此賞, 則有此罰.

이러한 사람들이 있으면 이들을 둘 곳이 있습니다.

有此人, 則有此置頓之處.

천당과 지옥은 서로 함께 있고 없는 것입니다.

天堂地獄, 相有無也.

천당〔이 있음〕을 믿고 지옥〔이 있음〕을 믿지 않으면 그것은 양만 있고 음은 없는 것입니다.

信天堂, 不信地獄, 其有陽而無陰.

'생성되고 변화되어 가는 일'〔造化〕이 어떻게 움직여 나가겠습니까?

造化安得運流乎?

오직 『중용』에서 순임금을 두고 이렇게 말했습니다:

惟『中庸』語舜云:

"큰 덕은 반드시 그 지위를 얻으며 반드시 그 장수함을 얻을 것이다."

"大德, 必得其位, 必得其壽."[46]

어찌 이것을 덕의 보답으로 보지 않겠습니까?"

得無以是爲德之報耶."

◆ 8-27:

제가 말했습니다:

"진실로 일찍이 말씀드렸듯이, 천주는 현세와 내세의 불행과 행복의 근원입니다.

余曰: "固嘗言之, 天主者, 前後世禍福之原.

〔천주께서〕 어찌 세상의 복락으로 덕에 대한 보답을 하지 못하겠습니까?

豈不能以世福報德?

〔『중용』을 지으신〕 자사 선생님은 세상을 덕으로 이끌기 위해 세상 사람에게 높은 지위와 장수를 보여 주었습니다.

子思子, 誘世于德, 見世人重位嗜壽.

〔이는〕 곧 사람들이 기대하고 바라는 보답을 지목하여 〔덕을〕 떨치고 고무하려는 것입니다.

---

46) "故大德, 必得其位, 必得其祿, 必得其名, 必得其壽.", 『中庸』, 17장 참조.

卽指人所期望之報, 而揚厲之.

다만 이것 〔즉 현세에서의 높은 관직이나 장수함을〕 정상으로 여기거나 그것을 지극한 보답으로 여겨서는 안 되는 것입니다.

但不可: '以是爲常, 以是爲至報' 焉.

그러므로 '공자에게 〔천자의〕 지위가 없고 안회(顔回)가 장수하지 못한 것은 그들에게 덕이 반드시 없었던 것이다.' 라고 말하지 않는 것입니다.

故不曰: '仲尼無位. 顔回無壽, 必無其德' 也.

만일 현세 이외에는 다른 응보가 없고 오직 〔현세에서의〕 지위와 장수함만이 지극한 보답이라고 한다면, 〔각자가 세상에서 자기의 덕에 걸맞는〕 올바른 지위를 〔얻은〕 뒤에 세운 공덕은 어떻게 보상될 것입니까?

苟世外無他報. 惟位與壽, 爲至報焉. 則正位之後, 所立功德, 何以償之乎?

'도' 를 실천하려는 연고로 〔자기〕 목숨을 버리고 뜻을 이루었다면, 이런 공적에 대한 보상은 누구에게 줄 것입니까?

爲道之故, 致命遂志. 此之爲績賚, 誰乎.

제가 가만히 살펴보니, 현자가 지위가 높으면 높을수록 그만큼 더 장수하고, 그 마음이 그만큼 더 단련될수록 그 몸은 더욱더 부지런합니다.

余竊觀: '賢者, 位彌峻, 壽彌修, 其心彌勵, 其身彌勤.'

그래서 〔저의〕 생각으로는, 천주께서 그들에게 세상의 복을 베푸는 것은 그들〔이 쌓은〕 덕의 공에 대한 보답이 아니라, 오직 그들의 공을 넓혀 주려는 것일 뿐입니다.

則意者, 天主施彼以世福, 非酬其德之功也, 惟以廣其功耳.

덕에 대한 보답은 진실로 〔육신이 죽은〕 뒤〔즉 후세〕에 있습니다.

酬德固在後也.

우리 서양의 학교에서 논의하는 기쁜 일과 슬픈 일은 다른 〔지역의〕 학교들과 크게 다릅니다.

吾西偏庠校所論休戚, 大異他校也.

그들은 말합니다:

"금과 은은 깊은 구덩이에서 나오며, 진주는 바다 밑에서 채집되며, 아름다운 옥은 투박한 돌 속에 묻혀 있다.

其言曰: '黃白出諸深坑, 珍珠探于海底, 美玉韞之石璞.

무릇 진귀한 보물들은 늘 궁벽하고 험한 곳에서 찾아진다."

凡諸珍寶物, 每擧諸窮險.'

하물며 덕은 지극한 보물이니 반드시 편안하고 즐거운 곳에서는 얻을 수 없을 것입니다!

矧德爲至寶, 必不可得之于安樂矣!

덕이란 편안한 땅이지만 덕에 이르는 길은 지극히 위험하고 어렵습니다.

德者安地, 而詣德之道, 至危難也.

몸을 기르는 방도로 우리를 이끌어서 마음을 기른다면, 몸은 별 탈이 없을 것입니다.

有育身之道, 可導我以育心者, 身無恙,

〔그러나〕 아무 일에도 힘쓰지 않고서 오직 한가롭게 지내며 편안히 놀기만 하면, 그 독은 병으로 누워 있는 것보다도 더 심한 것입니다.

了無作務, 惟事閑居宴安, 鴆毒[47] 劇于病臥.

무엇 때문이겠습니까?

何者?

---

47) '鴆'은 광동성에 사는 독조로 이 새의 깃을 담은 술을 마시면 죽는다고 한다.

한가로이 지내면 먹는 것에 싫증이 나서, 먹고 마셔도 영양 공급을 못하니 육신을 피로하게 만들면 허기를 느낍니다.

閑居, 則厭飫, 食飮不得其養, 勞身, 則餒.

허기지면 달게 마시고 달게 먹습니다. 비록 거칠고 싱겁더라도 언제나 영양을 얻을 수 있습니다.

餒則甘飮甘食. 雖粗淡, 常得其養焉.

마음이 도를 섬기는 데 부지런하지 않으면 이것은 일찍이 덕의 맛을 보지 못한 것이고 자양분을 적셔 주지 않은 것입니다.

心不勤動以事道, 是不嘗德味, 不需其養也.

탐욕스럽게 〔재물을〕 얻으려 하는 사람은 얻으면 얻을수록 더욱 얻고자 합니다.

貪得者, 愈得愈欲得.

덕을 즐기는 사람은 덕이 있을수록 더욱 덕을 도모합니다.

嗜德者, 愈德愈圖德.

"백성들이 떳떳한 도리를 지키고

"民之秉彛,

이런 미덕을 좋아하는구나!"

好是懿德!"[48)]

어찌 〔사람들이〕 재물을 쌓는 데는 많은 것을 싫다고 하지 않으면서, 덕을 쌓는 데만은 유독 적은 것을 바라겠습니까?

豈于積財不厭多, 于積德獨願寡乎?

길이란 사람들이 다님으로써 〔길이라는〕 이름이 성립될 뿐입니다.

---

48) "天生蒸民, 有物有則. 民之秉彝, 好是懿德.", 『詩經』, 「大雅」, 「蒸民」 편. 이 구절은 『孟子』에서 또한 인용되고 있다. 『孟子』, 「告子」 上(11:6) 참조.

道以行, 成名耳.

길에 있는 사람은 진실로 나아가는 것을 이롭게 여기고 머무는 것을 이롭게 여기지 않습니다.

在道者, 固利乎進, 不利乎止.

빨리 가는 것을 이롭게 여기고 지체되는 것을 이롭게 여기지 않습니다.

利乎速, 不利乎淹.

『성경』에서 이렇게 말합니다:

"하늘의 길은 좁으며 하늘의 문은 낮으니, 들어가는 사람이 드물다."[49)]

『聖經』曰: '天道狹, 天門卑, 進者鮮矣.'

여러분들은 스스로에게 관대한 곳에서 덕을 찾습니다.

汝索德于自寬之地.

만일 스스로 〔자기 생각이〕 높다고 여겨서 뭇사람들을 따르고 현자를 따르지 않는다면 아마도 그 〔올바른〕 길이 아닐 것이니 하늘의 문으로 들어가기 힘들 것입니다.

縱自高竦, 從衆不從賢, 恐非其路, 而難入天門矣.

태어나면서부터 아는 이는 적지만 배우려고 하면서도 막혀 있는 이들이 많은 것은 대대로 그러한 것입니다.

生知者寡, 而學困者多,[50)] 世世然也.

그러므로 고통을 꺼리고 수고로움을 피하려고 하니, '대장부'가 되

---

49) 『신약성서』, 「마태복음」 7:14, "생명에 이르는 문은 좁고 또 그 길이 험해서 그리로 찾아드는 사람이 적다." 참조.

50) 이 구절은 마테오 리치가 공자의 말을 응용하여 말한 것이다. "孔子曰: "生而知之者, 上也. 學而知之者, 次也. 困而學之, 又其次也. 困而不學, 民斯爲下矣." 『論語』, 「季氏」 16:9 참조.

는 이는 드문 것입니다.

故憚苦避勞, 而成爲大丈夫者, 希矣.

고통과 수고가 모든 선의 모태라면, 편안함과 즐거움은 바로 도와 덕의 적입니다.

苦勞也, 爲萬善母; 安樂, 乃道德之賊.

고인 물은 흐르지 않습니다. 움직이지 않는다면 반드시 구더기가 생기고 썩습니다.

止水不流. 不動, 必生蛆而敗.

그러므로 세상의 즐거움을 어진 사람의 고통이라고 말합니다. 어진 사람은 이를 적과 원수로 여깁니다.

故謂世樂, 爲仁人之苦. 仁者以是爲敵讐矣.

나약하고 용렬한 무리들은 덕으로 들어갈 수 있는 길이 없습니다.

弱劣之輩, 入德無因焉.

그들은 도리의 말을 들으면 마음이 무거워지고 놀라서 넋을 잃는 것이 마치 병졸들이 〔진격하라는〕 북소리를 들을 담력도 없이 접전하는 것과 같습니다.

其聞道語, 寒心驚魄, 如卒無膽氣聆鼓聲, 以接戰也.

옛날 현자가 '어린 사람이 색에 미혹된 것'을 보고서는 급히 물러나서 떠나 버렸습니다.

昔賢睹: '幼年之迷于色者,' 遽退而去.

어떤 사람이 물었습니다:
"어찌하여 이 사람을 교화하여 가르치시지 않으십니까?"

或問之: "奚不化誨斯人乎?"

〔현자가〕 이렇게 말했습니다:
"갓 빚은 〔맛좋은〕 버터에는 젓가락을 대지 않습니다."

曰: "新酥不上筯也."

무릇 즐거움을 취하면서 악행을 하는 자들은, '즐거움이란 홀연히 지나가는 것이요 간특함은 홀로 남아서 육신에게 후회와 오욕만을 영구하게 남겨 준다'는 것을 마땅히 생각해야 합니다.

夫取樂而爲慝者, 當念: '樂之忽逝, 而慝之獨留, 永久遺悔辱于身'也.

고난을 행하면서 선을 실천하는 사람은, '고난이란 홀연히 지나가는 것이요 선을 실천하는 덕은 마음에 영광을 영원토록 남겨 준다'는 것을 마땅히 생각해야 합니다.

行苦而爲善者, 宜繹: '苦之忽往, 而爲善之德, 永久遺光榮于心'也.

'바오로'[51] 성인은 이렇게 말했습니다:

'葆祿'聖人曰:

"순식간의 가벼운 수고가 우리들에게 무궁하고 소중한 즐거움을 가져다 준다."[52]

"以瞬息之輕勞, 致吾無窮之重樂也."

저는 그 말씀을 바꾸어서 이렇게 말하겠습니다:

予敢轉其語, 曰:

"순식간의 가벼운 즐거움은 우리들에게 끝없이 무거운 고통을 가져다 준다."

"以瞬息之輕樂, 招吾無涯之重苦也."

이와 같은 두 말씀을 누가 마땅히 평생의 잠언으로 삼지 않겠습니까?

若此兩言, 疇不當用爲終身箴儆與?

또한 천주의 경전에서는 처음부터 끝까지 '사람들이 아늑한 즐거움에 안주하는 것은 마치 물과 불에 빠져는 것과 같다.'고 경계시키지

51) '葆祿' 聖人은 바오로 성인(?- 대략 67)의 한자 음역이다.

52) 『신약성서』, 「로마서」 8:18, "장차 우리에게 나타날 영광에 비추어 보면 지금 우리가 겪고 있는 고통은 아무 것도 아니라고 생각합니다." 참조.

않는 곳이 없습니다.

且天主經, 自始迨末, 無不戒: '人安于逸樂, 如陷水火' 也.

일찍이 현세의 참된 복 여덟 가지[53]로 사람들을 가르쳤습니다.

嘗誨人, 以今世眞福八端.

하나하나 상세하게 논하여 의미를 밝혔습니다.

一一由劇艱趨義耳.

지금은 오직 여덟 번째를 서술하겠습니다. 그러면 그대는 그 나머지를 저절로 알 수 있을 것입니다.

今惟述第八, 則子自可知其餘也.

◈ 8-28:

〔여덟 번째는〕 이렇습니다:

"옳은 일을 하다가 곤경을 당하는 사람은 참으로 복되다. 그는 이미 천상의 나라를 얻었다."[54]

曰: "爲義被窘難者, 乃眞福, 爲其已得天上國也."

살아 있고 영혼을 가진 부류들은 힘들고 고통스럽지 않은 것이 없습니다.

生靈之類, 無不屯苦.

만약 이익이나 녹봉이나 공명을 추구한다든지, 부정한 음란 및 여러 가지 의롭지 못한 짓을 하자면, 그저 〔무척〕 힘들고 고통스러울 것입니다.

若爲利祿, 爲功名, 爲邪淫, 及種種非義者, 徒屯苦矣.

---

53) 예수의 산상 수훈인 '진복 팔단'을 말한다. 『신약성서』, 「마태복음」 5:3-12, "참된 행복."

54) 『신약성서』, 「마태복음」 5:10, "옳은 일을 하다가 박해를 받는 사람은 행복하다. 하늘 나라가 그들의 것이다."

만약 천주를 위하고 의로움을 위하여 곤경을 당한다면 이것이 복된 것입니다.

若爲天主, 爲義, 而受窘難, 此乃福也.

그러므로 '이미 하늘 나라를 얻었다' 고 말하는 것입니다.

故謂' 已得天國矣.'

만약 아래 〔지상의〕 세상의 문제점들을 아직도 벗어나지 못했다면 어찌 이미 하늘 나라를 얻었다고 말할 수 있겠습니까?

玆且未離下界累, 曷謂之已得天國耶?

〔의인들은〕 이미 그 값을 쌓았기 때문입니다.

已積其賈也.

무릇 '의' 를 행하면 사람들은, 칭찬과 기림, 잘 차린 음식, 존경과 숭앙, 사당의 제사, 비문의 기록으로써 그에게 보답합니다.

夫爲義, 而人答之, 以讚譽, 以腆貺,[55] 以敬崇, 以祠宇, 以碑記.

모두 복되기에 족하지만 참된 복은 아닙니다.

皆足爲福, 而非眞福也.

장차 우리들이 이 때문에 자랑과 오만이 싹터서 도리어 덕을 망치기에 족하니, 나중에 천주께 상을 바라면 천주께서 곧 "너는 이미 너의 보답을 얻었다." 라고 말할까 두렵습니다.

將懼: '吾以是萌生矜傲, 反足敗德, 而後祈天主賞. 天主卽曰: 汝曾得汝報已.'

오직 '의' 를 실천하는 사람은 끝내 상을 셈에 넣는 일이 없습니다.

惟行義者, 竟無計賞.

또한 남이 도리어 그것에 대해 훼손, 모욕, 복수로써 보답하여도 우리들은 절절하게 절도를 지키고 후회가 없어야 합니다.

且人反報之以毁以辱以讐, 而吾惓惓操節無悔.

---

55) '腆' 은 '풍성한 요리' 의 뜻이며, '貺' 은 賜(내려 주다)의 뜻이다.

이것이 바로 최상 등급의 덕일 따름입니다.

此乃上品德耳.

사람들의 보답이 없어도 천주를 위하여 전력을 하면, 받게 될 보답은 반드시 성대하고 반드시 클 것입니다.

人輩無以答之, 全力爲天主, 所酬必盛必重也.

따라서 천주교의 선비들은 원수를 덕으로 갚는 것이 마땅합니다.

所以, 天主教士以德報讐, 宜也.

원수를 원수로 여기지 않고, 또한 원수를 자기의 덕〔을 채우는〕 바탕으로 써야 합니다.

不以讐爲讐, 且用讐以資己德也.

금은 제련하지 않으면 정교한 아름다움을 이루지 못합니다.

金無煉, 不成精美.

향은 불사르지 않으면 아름다운 향기를 내지 못합니다.

香無爇, 不生郁烈.

군자의 덕은 소인들〔로부터〕의 곤경을 겪지 못하면, 그 성취를 이루어서 천하에 크게 유명해질 수가 없습니다.

君子德, 不得小人之窘難. 無: '以致其成就, 鴻聞于天下' 也.

우리 나라에서 자라는 나무 중에 '파얼마' (palm, 즉 종려수)라는 한 종류가 있습니다.

敝邦所産木, 有一種曰: '巴耳瑪.'

중국말로는 '손바닥나무' 입니다.

華言 '掌樹' 也.

본성이 보통의 나무들과 다릅니다. 늘 무거운 것을 집니다.

性, 異凡木, 每以任重.

무거운 것을 지면 굽습니다.

任重則曲.

보통 나무들은 굽어지면 아래로 향합니다.

凡木之曲, 曲而向下.

'손바닥나무' 가 굽으면, 굽으면서 위로 향합니다.

掌樹之曲, 曲而向上.

그러므로 전쟁에서 이겨서 공이 있는 사람에게 나누어 주는 상에는 '손바닥나무' 의 가지가 있습니다.

故戰勝有功者, 班賞, 有掌樹之枝焉.

대개 "용감한 사람은 적군을 마주치면 자연히 더욱 분발합니다. 더욱 분발하지 않으면 용감하지 않은 것입니다."라고 말합니다.

蓋曰: '勇遇觸敵, 自然奮增. 不奮增, 非勇' 也.

무릇 덕은 어려움과 근심을 숫돌로 삼아서 스스로를 갈고 닦습니다.

凡德以屯患爲砥用, 自磨厲也.

수고롭고 힘든 일을 두려워하지 않는다면 무슨 공로든 못 이루겠습니까?

不畏劬勞, 何功不成乎.

고통을 보기를 즐거움같이 하고 즐거움을 보기를 고통같이 한다면 고통과 즐거움은 변화하여 같아져서, 동요되지 않고 꺾이지도 않으면서 도리어 알차고 순수해집니다.

視苦如樂, 視樂如苦, 苦樂化齊, 不爲所動, 不爲所屈, 而反精粹.

이런 것이 또한 덕을 행하는 사람의 '손바닥나무' 일 따름입니다.

斯亦爲德者之掌樹已.

이 때문에 우리의 가르침〔즉 천주교〕의 성현들은 수고롭고 곤궁한 일을 찾는 데 익숙한 것이 속인들이 편안하게 즐기려고 무릅쓰는 것보다 더 심합니다.

是故, 吾教中聖賢, 習求勞困, 甚乎俗人于冒安樂也.

어떤 이들은 제왕이나 군주나 공후의 높은 지위와 중후한 녹봉을 사양하고, 평생 스승의 명령을 듣고 따르며, 천한 노역을 몸소 실천합니다.

或辭后王君公尊位重祿, 而終身順聽師命, 躬行賤役.

〔이들은〕 일찍부터 근육과 뼈들이 능욕을 당하면서도 어려운 사람들을 붙들어 도와 주고 미혹된 이들을 구원해 주고 있습니다.

自古筋骨受凌辱, 以扶難拯迷者.

어떤 이들은 풍요로운 가문의 많은 재물로서 편안함과 즐거움, 맛좋은 음식과 아름다운 옷에 오랫동안 익숙했어도 궁핍한 사람에게 〔그것을〕 다 베풀어 줍니다.

或豊家盛財, 久習安樂, 旨殽衣美, 而盡施於窮乏.

〔이들은〕 몸소 거리에서 구걸하여 담박한 음식을 먹고 추한 옷을 입으며 굳고 딱딱한 마루에서 잠을 자면서 몸과 피부〔의 고통〕을 극복하고 꾸짖습니다.

身行乞於衢市, 食淡服麤, 睡臥堅勁牀地, 克責體膚.

어떤 이들은 고향에서 학업을 이미 성취하여 스스로 명성을 얻고 영달하기에 족하더라도 부모의 나라와 골육의 친지를 떠나 먼 지방에 객으로 떠돕니다.

或在鄉文業已成, 足自聞達. 而離父母國骨肉親, 客流遠方.

〔이들은〕 몸과 마음을 고생스럽게 하여 명성의 흔적을 깎아 없앰으로써 도를 이야기하고 덕을 권하며 하늘이 내려 주시는 복을 널리 닦습니다.

煩劇身心, 鏟滅名迹, 以談道勸德, 博修陰騭.

어떤 이들은 빼어난 예지로서 충분히 세상에서 영달할 수 있어도 세속의 일들을 버리고 다만 삿된 가르침과 잘못된 말을 물리치고 천주의 바른 전승을 증명하려고, 즐거운 마음으로 재앙을 받고 형벌 아래 목숨을 맡깁니다.

或睿穎足逢世, 而棄俗業, 特以闢邪教謬言, 証天主正傳, 甘心服殃, 置命刑下也.

약간의 쉬는 틈에도 휴식을 도모하지 않고, 오로지 인내와 근면으로써 오래도록 수고로움을 받는 것은 모두 온갖 생각과 꾀를 내어 '의'를 실천하려고 도모하기 때문입니다.

嘗有聊歇息, 非謀歇息, 惟以耐以勉, 以久受勞苦, 皆萬計謀爲義之.

그러므로 사나 죽으나 즐거움을 피하고 고통에로 나아갈 뿐입니다.

故生死, 違樂就苦耳.

만약 눈을 크게 뜨고 〔도리를 따르려는〕 뜻을 어기는 일을 당하게 되면, 문득 스스로 성찰하여 죄를 얻어 천주에 의해 버림받게 될까 두려워합니다.

倘有曠目弗〔而〕[56]逢拂志之事, 輒自省察, 恐或得罪天主爲所棄也.

대개 괴롭고 힘든 것에 굴복하게 되면 이것은 그것에 의해서 억눌리고 덮이는 것입니다.

蓋伏屈苦勞之下, 則是爲彼抑覆.

괴롭고 힘든 것을 발로 밟고서 몸소 그 위를 걸어다닌다면 이것은 괴롭고 힘든 것을 하늘로 오르는 계단으로 삼은 것입니다.

著踵踏苦勞, 身行其上, 是以苦勞爲上天階矣.

우리 나라의 사람들이 보기에는, '천 수백여 년 이래로 학자와 선비들은 다른 이론도 없고 다른 행위도 없이 이를 변함없는 〔법도로〕 삼고 있습니다.'

吾國人見: '學士者, 千數百年以來, 無異論, 無異行, 以此爲常.'

〔그러나〕 이것들을 따지지 않는 것은 사람들의 실정에 맞지 않기 때

---

56) '弗'은 문맥상 '而' 자가 되어야 한다. 따라서 弗은 而로 바로잡는다.

문입니다.

無議之爲非人情也.

만약 '이런 것'을 뭇사람들이 괴이하게 여긴다면 명철한 사람들은 그것 때문에 그것을 더욱 존경하고 숭상할 것입니다.

倘以是爲衆庶所怪, 卽明哲者, 因是益尊尙之矣.

◆ 8-29:

〔공〕 보좌관이 말했습니다:

"저에게 부유한 작록과 안락과 명예와 출세가 베풀어진다면 저는 부득이하게 우선 그것을 받을 것입니다.

大叅曰: "施我富爵安樂名譽顯達, 則我不得已姑受之.

저에게 빈천과 우환, 우울함과 남들이 알아 주지 않음이 베풀어진다면 저는 그 뜻을 이해하고 기쁘게 그것을 받습니다.

施我貧賤憂患鬱沒無聞, 則我領其意, 然取之.

이런 말씀은 중국에서 아직 들어 보지 못한 기이한 규범입니다.

此中國未聞奇範也.

이 규범이 존중받고 도리라고 여겨진다면 무슨 어려움이 있겠습니까?

此範得見尊尙以爲道. 何有乎.

선생께서 능히 이 학설을 중국에 시행한다면 백성들은 다스리지 않아도 다스려질 것입니다.

子能行此說于中國, 民不治而治矣.

사람들이 다투는 것은 재물, 지위, 공명뿐인데, 기쁨과 즐거움의 재료일 뿐입니다.

人所爭競者, 財耳, 位耳, 功名耳, 喜樂資耳.

다툼과 겨룸의 섶나무를 없앤다면 저 투쟁의 불이 어디에서 타오르겠습니까?

除爭競之薪, 彼鬪亂之火, 從何而熾乎?

그러면 태평성대가 저절로 오래고 길 것입니다.

則太平自久長矣.

비록 그렇지만 몸이 달게 받는 고통은 몸이 스스로 그것을 받는다면 고통은 고통이 되지 않을 것입니다.

雖然身所甘受之苦, 身自取之, 則苦不爲苦.

우리들은 오직 그것을 즐깁니다.

吾惟樂之.

이것을 피한다면 즐거움이 도리어 고통이 됩니다.

是避, 卽樂反爲苦也.

또한 고통이 이미 익숙해지면 또한 즐겁지 않은 것이 없습니다.

且苦旣習也, 亦無不樂也.

그렇다면 현명한 사람은 이 세상도 또한 즐겁고 후세도 또한 즐거울 것입니다."

則賢人者, 此世亦樂矣, 後世亦樂矣."

제 9 편

망령되이 미래에 대하여 물으면 스스로 몸에 재앙을 불러온다

第九: 妄詢未來 自速身凶

◆ 9-1:

예전에 제가 남월(南粵)[1]의 소양군(韶陽郡)에 기거할 때 사귀던 한 선비를 사람들은 곽 아무개라고 하였습니다.

昔余居南粵之韶陽郡, 所交一士, 人曰: 郭某.

그는 덕을 숭상하고 도를 흠모하였으니 보통의 속인이 아니었습니다.

其尙德慕道, 非庸俗人也.

하루는 제가 머무는 곳으로 찾아와, 눈물, 콧물을 쏟아 내며 말하였습니다:

一日踵余門, 涕淚交頤[2]而曰:

"저는 선생님께 작별 인사를 하러 왔습니다. 두 번 다시 뵙지 못할 것입니다."

"吾來, 辭吾師. 不再見矣."

저는 이상하다고 〔생각하면서〕 가는 곳을 물었다.

余怪, 問所往.

그가 대답했습니다:

"세상을 떠나려고 합니다."

---

1) 현재의 廣東성과, 廣西성 일대를 말한다. 南越이라고도 불리었다.

2) '交頤'는 눈물과 콧물이 흘러내려 아래턱에서 서로 만날 정도로 많이 흘리는 모습을 형용한 말이다.

曰: "將去世也."

저는 놀라서 말했습니다:

余驚而曰:

"선생의 나이는 아직 늙지 않았고, 몸은 건장합니다.

"子年未耄, 體壯.

어떤 근거로 수명이 이처럼 빨리 끝나리란 것을 압니까?"

甚何從知壽命當終如此其亟乎?"

〔그가〕 말했습니다:

"지난해 저의 나이는 쉰다섯이었습니다.

曰: "往歲之犬馬齒[3)]五十有五.

그 때 마치 귀신처럼 운세를 이야기하는 높은 사람을 만났습니다.

時遇高人談星命如神.

〔그 사람이〕 저를 위하여 점괘를 뽑아 다음 5년 간의 일을 미리 이야기해 주었습니다.

爲我推筭, 預說後來五載事也.

그 가운데 길한 것은 반드시 그랬던 것은 아닙니다.

其吉者未必.

그러나 흉한 것은 말한 것마다 그렇게 증험되었습니다.

然凶則言言驗矣.

제 수명이 끝나는 기한에 대해서 다음과 같이 말하였습니다:

謂命終之期曰:

"금년 4월 중이면 반드시 〔죽는 것을〕 면치 못할 것이다."

---

3) '犬馬齒' 란 신하가 임금 앞에서 자신의 나이를 밝힐 때 사용하는 말이다. '犬馬' 란 원래 신하가 임금에게 자신을 낮추어 일컫는 말이다.

"今年四月中, 必不得免焉."

이번 달 중에 과연 꿈 속에서 여러 가지 상서롭지 못한 일들을 보았습니다.

今月內, 果乃夢見諸不詳.

어찌 〔그에 대한〕 증험과 응답이 아니겠습니까?

豈不爲徵應乎?

아아! 지난해 저는 나이 예순을 채우고서야 바야흐로 아들 하나를 두었는데, 이제 끝장입니다.

嗚呼! 客歲吾滿六旬, 方產一子, 今已矣.

홀로 남아서 엉엉 울게 될 이 아이를 누가 돌보고 길러 주겠습니까? 애통할 따름입니다!"

獨此呱呱泣者, 誰顧育之? 痛夫!"

◆ 9-2:

저는 그의 그릇됨을 불쌍하게 여기고, 여러 차례 애석하다는 말을 하다가, 마침내 크게 한숨을 내쉬면서 위로하여 말했습니다:

余憐其悞也, 數頓足惜之語, 竟大息, 而慰之曰:

"이 세상에서 지극히 허망한 것 중 점성술사들의 말과 밤에 꿈 속에서 본 것 두 가지 만한 것이 없습니다.

"此世間至虛至妄, 無若星家之言與夜夢所見兩者.

그런데도 선생께서 실제로 그렇다고 여기고 정해진 것으로 생각하니 또한 잘못된 일이 아니겠습니까?"

而子以爲實然, 以爲定然, 不亦爽與?."

◆ 9-3:

〔그가〕 말했습니다:

"그〔 점괘〕가 들어맞는 것을 보고도 믿지 않을 수 있겠습니까?"

曰: "睹其孚, 得無信乎?"

◆ 9-4:

제가 말했습니다:

"서투른 사수도 하루 종일 활을 쏘다 보면 진실로 한두 번은 과녁을 맞힐 수 있습니다.

余曰: "拙工盡日射, 固有一二中的.

〔그러나 그것은〕 기술 덕택이 아니라 우연히 맞힌 것입니다.

非巧也, 其偶得也.

어찌 유독 사람〔의 일〕만 그렇겠습니까?

奚獨人乎?

여러 차례 노름 기구인 오목(五木)[4]을 두드려 가며 물어 본다고 합시다.

以數叩五木而問之.

여러 차례 던지다 보면 반드시 한두 번은 합치되는 경우가 있습니다.

數投之, 必有一二合者.

운명에 대한 별점이 미더운 것과 꿈풀이〔解夢〕가 들어맞았다면, 서툰 사수가 적중시킨 것이나 〔노름에서〕 '오목'(五木)이 〔우연히〕 합치되는 것〔과 같을〕 따름입니다.

星命之允, 解夢之符, 則拙工之中, 五木之合耳.

하물며 점성술사 무리들은 여러 가지 기교와 술수를 전해 주고받으면서 얽혀 있으니 〔간혹〕 맞지 않을 수 있겠습니까?

況星家之輩, 有種種巧術, 傳遞鉤致, 能無合乎?

그러나 결국에는 맞지 않는 경우가 많습니다.

---

4) '五木'은 도박 기구이다. 이후에 골패로 발전하였다. 나무를 쪼개어 다섯 매를 한 벌로 했다.

然終不合者多也.

여기에 어떤 사람이 있다고 합시다.

有人于此.

열 번 시험하여 두세 번 맞추었지만 〔그가 결국〕 검은 것을 희다고 하고 낮을 밤이라고 한다면, 우리들은 곧 그가 장님임을 알 수 있습니다.

十試之有二三焉, 以黑爲白, 以晝爲夜, 吾卽知其爲瞽人.

무릇 점성술사와 밤에 꿈을 〔꾸는〕 사람들은, 검은 것과 흰 것, 낮과 밤을 혼동하여 〔이러니 저러니〕 어지럽게 수런대지 않는 날이 없습니다.

夫星家與夜夢者, 無日不混黑白晝夜紛紜其云.

그런데도 우리들로 하여금 도리어 그들에게 현혹되어서 신령스러운 것으로 지목하라고 한다면,

而令我反爲之眩瞀, 目爲神靈,

망령됨이 많은 것을 망령된 징험으로 여기지 않고, 두세 가지 우연히 합치된 것을 가지고 곧바로 믿을 만한 징험으로 여기라는 것과 무엇이 〔다릅〕니까?

何與以多妄不爲妄徵, 以二三偶合卽爲信徵乎?

이것은 다른 것이 아닙니다.

此無他.

바로 상제께서 〔엄한〕 형벌과 죽임을 내림으로써, 〔인간이〕 이해할 수 없는 천명을 감히 요행으로 이해하려고 했던 못난 자들을 견책하시는 것입니다.

乃帝之刑僇, 以譴責: '不肖子敢微達不可達之天命' 者也.

길함과 흉함은 옳고 그름에 대한 응보일 뿐입니다.

吉凶, 是非之應耳.

우리들은 〔그 보응을〕 옳다거나 그르다거나 〔판단하는 권한이〕 없으니, 〔우리들〕 스스로 그렇게 할 수 없습니다.

吾無是非, 非自爲之.

길하고 흉함이 있다면 어찌 그것을 〔우리들이〕 스스로 초래한 것이 아니겠습니까?

豈有吉凶, 非自招之乎?

세상의 어떤 것도 당신으로 하여금 억지로 악을 행하게 할 수 없다면, 어떤 것도 당신으로 하여금 억지로 흉함에 빠져 들게 할 수 없습니다.

天下無物能强汝爲惡, 則無物能强汝入凶也.

이러한 까닭에 〔선행도 악행도 할 수 있는〕 사람의 마음은 별자리보다 강한 것입니다.

是故, 人心强于星也.

점성술사들이 일단 사람의 선과 악을 모른다고 한다면,

星家旣不知人之善惡,

〔우리들이〕 어찌 그들이 인간의 불행과 행복을 안다고 망언해서야 되겠습니까?

豈宜妄言其知人之禍福乎?

당신들은 길함을 바라고 흉함을 꺼립니다. 저만 어찌 유독 그렇지 않겠습니까?

汝冀吉忌凶. 我何獨不然?

다만 길함을 맞이하고 흉함을 피하는 데는 길이 있습니다.

惟迎吉避凶有道.

〔그것은 우리들이〕 악을 고쳐서 선한 데로 옮겨 가는 것일 뿐입니다.

改惡遷善耳矣.

당신들은 악에 물들어도 씻을 생각을 하지 않고, 선을 보아도 행할 것을 도모하지 않으면서, 바로 요행으로 화를 면하고 복을 받으려 합니다.

汝染惡不思洗, 見善不圖行, 乃欲僥倖免禍受福.

점성술사들이 비록 당신들을 자식처럼 여긴다고 하더라도, 천주와 귀신의 바른 이치는 반드시 그대들을 자식으로 대하지 않을 것입니다.

星家縱子汝, 而天主鬼神正理必不子之.

당신들은 오히려 그것〔즉 천주와 귀신들이 자식으로 대해 줄 것〕을 얻기를 바라면서도, 한가로운 세속인들과 함께 어울리면서, 화복과 길흉〔의 이치〕를 어긋나게 가리킨 지가 오래 되었습니다.

汝猶望得之, 與悠悠之俗, 錯指禍福吉凶久矣.

〔현세에서의〕 부귀를 복락으로, 빈천을 재앙으로, 삶을 길함으로, 죽음을 흉함으로 삼아 어긋나게 그것들을 가리키고 또 어긋나게 그것을 버리고 취하지 않은 적이 없습니다.

無不以富貴爲福, 以貧賤爲禍, 以生爲吉, 以死爲凶, 錯指之, 又錯捨取之.

길함과 복락, 흉함과 재앙이 이와 같다면 충신 효자라 하더라도 〔현세에서 길함과 복락을〕 만나기 어렵고 〔흉함과 재앙을〕 피하기 어려울 것입니다.

若是之吉福凶禍, 忠臣孝子, 難遇難避也.

그렇다면 이러한 〔현세〕에서 도리를 논의하고자 한다면, 〔우리들은〕 무엇에 말미암아야겠습니까?

而此間, 欲論道, 何由哉?

우리들이 〔지금〕 만약 임금과 어버이, 집안과 나라가 어려운 때에 처하게 되었다면, 마땅히 급히 그것을 구원하는 것이 도의입니다.

吾值君父家國之難, 則義當急拯之.

점성술사에게 물어서, 〔그가〕 '길하다'고 하면 우리들이 가고, 〔그가〕 '흉하다'고 하면 우리들은 가지 않겠습니까?

問星家, 曰: '吉', 我往. 曰: '凶', 我不往乎?

크고 작은 〔세상의〕 모든 일은 모두 이와 같은 이치입니다.

大小萬事, 皆然,

그렇다면, '〔우리가〕 행동하는 것이 선인지 악인지, 옳은 것인지 그른 것인지, 해야 할 것인지 아닌지'를 왜 쓸데없이 그들〔점술가〕에게 물어야겠습니까?

則何徒問之: '爲, 夫善惡, 是非, 可否?

현명하고 지혜로운 사람은 그것을 분명하게 압니다.

惟賢智者能審明之.

우리들이 의심이 들 때, 〔우리 생각에〕 똑똑하고 지혜로운 사람〔의 집〕을 〔찾아가〕 두드리고 물어 보면, 〔예를 들어〕 '당신은 땅을 가려서 밟으시오'라고 말할 수도 있을 것입니다.

吾有疑, 叩賢智者而問之, 則能謂: '汝擇地而蹈焉.'

그는 어떤 〔신통력 있는〕 사람이기에 이런 방식으로 남들에게 큰복을 허락할 수 있습니까?

彼何人斯能許人大福?

그러나 〔그는〕 먼저 남에게 적은 양의 재물을 구합니다.

而先索人少財.

〔신통력이 있는 그런 사람이〕 어찌 스스로 부귀해지지 못하여 점포에 앉아서 문만을 바라보고 있는 수고를 면하지 못하는 것입니까?

何不自富貴而免居肆望門之勞乎?

스스로 백 수십 년의 미래를 안다고 자랑하면서도, 어찌 지금 여기 발 아래의 일을 알지 못하는 것입니까?

自詫知未來百數十年, 曷不識今玆足下乎?

우리들이 발 딛고 있는 땅 아래에는 종종 옛날부터 감추어진 금은 보화가 있습니다.

吾儕所踐土下, 多有古藏金寶.

어찌 〔스스로〕 구멍을 하나 파서 자신의 재산으로 삼지 않고서, 길을 돌아다니면서 다른 사람을 찾는 것입니까?

何不拍一孔以自資, 而巡路求人乎?

그러면 그는 '그런 운명이 아니면 취할 수 없다.' 라고 말할 것입니다.

則彼將曰: '非其命, 不得而取之.'

아! 과연 운명이 아니면 취할 수도 없고, 운명이라면 사양할 수도 없다고 한다면, 그를 위하여 점괘를 뽑는 것이 무슨 필요가 있겠습니까?

嗟夫! 果非命, 不得取, 有命, 不得辭, 安用推筭爲彼.

이 사람은 어찌 그가 헛되고 괴이한 짓을 하고 있다고 또한 분명히 인식하지 못하는 것입니까?

是人者, 豈不亦明知其爲虛爲誕?

그리고 〔그는〕 이것을 생업으로 삼는 것을 부끄럽게 여기지 않습니다.

而不耻以是爲業.

그렇다면 '그가 하느님으로부터 받는 사랑이 달라서, 미래의 으슥하고 어두운 곳〔즉 지옥〕에 〔가도록〕 조칙을 받을 것을 우리들은 믿을 수 있습니다.

則吾能信: '其爲天神所寵異, 詔以未來之奧幽' 乎夫.

〔이것이〕 또한 어찌 충분히 벌받는 것이 되겠습니까?

又奚足讁也?

특히 어떤 사람이 — 기꺼이 스스로도 속고, 또 기꺼이 남을 속이면서 — 이러한 거짓 술수를 억지로 믿게 한다고 합시다.

第有人焉, 甘以自欺, 又甘以欺人, 强令信此僞術.

〔그는〕, '누가 별자리의 운세를 믿지 않고 시일을 간택하지 않아서 죽었다' 고 수다떨 것입니다.

侈言: '某人不信星命, 不簡[5]時日, 而死'.

그러나 '모든 사람이 그것〔즉 점괘〕를 깊이 믿고 일마다 가려서 택하였어도 역시 죽었다' 고는 말하지 않을 것입니다.

而不言: '萬人深信之, 事事差擇, 亦死' 矣.

〔이렇게〕 의거할 만한 이치가 없으니, 다만 군더더기 말일 뿐입니다.

無理可據, 惟贅述.

점성술사들은 먼저 말을 하고 뒤에 그것을 믿게 합니다.

星家, 先言, 後允.

따라서 〔닥친〕 일들이 당신들을 미혹되게 만들어서 〔그들의 말을〕 듣게 하는 것입니다.

故事眩汝, 聽焉.

그런데 당신들은 어찌 바른 이치는 믿지 않고, 저로 하여금 이런 사람들이 기록하고 전한 허망한 것을 믿게 하려는 것입니까?

則汝曷不信正理, 而令我信: 若人所記所詒虛哉?

또한 별 점치는 사람들이 근거하는 바는 중국의 성현들이 만든 것이 아닙니다.

且星家所自來, 非中國賢聖所作.

〔그들의〕 음험한 계략과 삿된 방법들은 귀신과 마귀들이 몰래 도와서, 은밀한 일들을 추진하게 한 것이거나, 혹은 〔그들이〕 스스로 만들어서 사람의 일들을 미혹시키고 있는 것입니다.

有陰計, 有邪法, 鬼魔暝佐, 令推得隱事, 或自作迷人事.

바른 사람들은 이렇기 때문에 그런 것을 찾는 일을 대수롭게 여기

---

5) '簡' 에는 '選擇하다, 분별하다' 의 뜻이 있다.

지 않습니다.

正人, 以是故不屑求之.

어찌 믿고 따를 수 있겠습니까?

曷足信從與?

'하느님'은 사람들이 낮에 수고한 것을 긍휼히 여겨서, 그들을 밤에 잠들게 하여 일 없이 편안히 쉬게 하는 것입니다.

上帝恤生靈之勞于晝, 則使之夜寢, 以宴息無事焉.

가령 사람이 꿈을 꿈이라 여기지 않고, 그것을 억지로 사실이라고 말하려고 한다면, 〔이것은〕 하느님의 자애로운 뜻을 등지고 스스로 재앙을 만드는 것이 아니겠습니까?

設人不以夢爲夢, 而强欲謂之事, 不負上帝慈旨, 而自作孽乎?

어떤 사람이 우연히 한두 가지 허망한 말로 당신들을 속였다면, 그 다음에 참된 말을 하더라도, 〔누구도〕 곧바로 그 말을 믿으려고 하지 않을 것입니다.

有人偶誑汝以一二虛言, 其後有實言, 不敢卽信之.

무릇 옛날을 꿈꾼 것들이 모두 오류요 착란이었고 우연히 한 가지만 합치되었다면, 〔그것이〕 실제의 일들이 되겠습니까?"

夫夢昔昔, 皆謬亂, 偶一合, 則爲實事乎?"

◆ 9-5:

곽생이 말했습니다:

〔보통〕"점성가들은 진실로 망녕된 것입니다.

郭生曰: "星家誠妄.

제가 예전에 그래서 그것을 믿지 않았습니다.

吾往者故不信之.

이 사람만큼은 제게 일어날 미래 수 년간의 흉함과 재앙을 미리 말하는 것이 마치 귀신 같았으므로, 감히 믿지 않을 수 없었던 것입니다.

惟此人, 先說吾數年未來凶禍若神, 不敢不信焉.

한두 가지라면 우연히 합치되는 것입니다.

一二, 偶合也.

하나하나 모두 합치되었다면, 어찌 우연이라고 말하겠습니까?"

一一合, 烏云: '偶' 乎?"

◆ 9-6:

제가 말했습니다:

"애통합니다.

余曰: "痛夫.

선생은 지난 수 년간의 재앙들이 어떻게 일어나게 되었는지 압니까?

子知往數年之禍, 胡爲來乎?

그가 그것들을 주었고 선생은 그것을 주워 모은 것입니다.

彼授之, 子掇之.

가령 그가 〔그런 빌미를〕 말하지 않았다면, 그대는 믿지 않았을 것이고, 〔그것들은〕 끝내 일어나지 않았을 것입니다.

藉令彼不言, 子不信, 畢不來矣.

그렇다면 선생이 그에게 물어 본 것이야말로 스스로 재앙을 구한 것입니다."

則子之問彼也, 自求禍也."

◆ 9-7:

곽생은 저의 말을 크게 의아하게 여기면서 다음과 같이 물었다:

"무슨 말씀이십니까?"

郭生大訝吾言, 問曰, 何謂也?

◆ 9-8:

제가 말했습니다:

“제가 처음에 중국에 들어왔을 때 중국의 민속에서 별자리 운세와 풍수지리의 술수를 맹신하는 것을 보았습니다.

余曰: “吾初入中國. 竊見大邦之民俗, 酷信星命地理之術.

커다란 피해를 받으면서도 누구도 그것을 깨닫지 못하고 있었습니다.

受其大害, 而莫之覺.

저는 매우 애석하게 여겨 재빨리 논설을 펴서 그것을 지적하려고 생각하였습니다.

甚惜之, 遽有意: ‘爲說, 擿之’.

다만 선비들과 백성들의 옛 풍속을 보니 옛 습성에 안주한 것이 이미 하루〔이틀〕의 일이 아니었습니다.

第復睹士民舊俗, 安于故習, 已非一日.

저의 자질이 못나서 한 주먹에 움켜쥔 흙으로, 〔도도한〕 강물의 흐름을 감히 거꾸로 막고자 도모할 수가 없었습니다.

吾材質下, 不敢以撮土, 謀逆塞江流也.

그러나 자기의 행동과 앎을 신중히 하는 뛰어난 선비들이 상당히 있었습니다.

然頗有俊士, 祗愼其行知.

모든 일을 하든 안 하든 마땅히 실제의 이치를 헤아렸습니다.

凡事行止, 當量實理.

보통 사람의 척도로써 헤아려서는 안 될 사람이었습니다.

不宜以庸人之度度之也.

그리고 〔저에게〕 저희 나라의 학교와 선비들의 풍습에 대하여 물어왔습니다.

因而垂問: 國庠校士人風習.

제가 그 큰 계명과 천주교에서 금하는 바를 말해 주니, 좋다고 말하지 않은 것이 없었습니다.

吾論其大誡, 及天主敎所禁止, 無不稱善.

밝게 깨닫고는 과거의 잘못들을 고치고 여러 가지 스스로 만든 폐해들을 끊고자 했습니다.

而憬然忖悟, 願改前失, 斷絶種種自作之害也.

선생이 저의 말을 들을 수 있다면, 자기의 목숨을 보존하는 것은 어렵지 않을 것입니다."

子能聽愚言, 其存命, 不難耳."

◆ 9-9:

곽생은 환히 기뻐하며 귀를 기울이고 들었습니다.

郭生蘇然喜, 碩耳以聽.

◆ 9-10:

제가 이어서 말했습니다:

"무릇 몸의 편안함과 위태로움은 모두 마음에 달려 있을 뿐입니다.

余嗣曰: "夫身之安危, 咸賴心耳.

그러므로 〔마음을〕 '마음의 임금'〔心君〕이라고 이름하는 것입니다.

故名爲心君.

마음이 몸 가운데 자리잡은 것은 마치 임금이 나라 가운데 자리잡은 것과 같습니다.

其居身中, 如君于中國焉.

사람이 근심과 두려움의 곤란에 처하게 되면, 진위를 따질 틈도 없이, 곧 사지의 혈기가 급히 〔올라〕와서 그 심장(마음)을 보호하고 안정시킬 것입니다.

人値憂懼之耗, 不論眞僞, 卽四肢血氣急來, 護寧其心.

마치 장병들이 네 문 밖에 나뉘어 정렬해 있다가, 한 번 사변이 일어났다고 들으면 궁성으로 재빨리 달려와 군주를 막고 보호하는 것과 같습니다.

如兵將分列四外, 一聞事變, 亟赴京師, 扞衛君主也.

이러한 이유로 사람은 두려워하면 얼굴색이 창백해지고 사지는 흔들리고 떨리는 것입니다.

以故人懼, 則面色青白, 四肢搖顫.

좋은 것들이 피를 통해 심장(마음)으로 가서 사지나 다른 몸의 부분에 있지 않기 때문일 뿐입니다.

良由血往于心, 不在肢體故耳.

만약 두려워하는 것이 너무 심하면 혈기는 심장에 급박하게 모여서 도리어 그것을 휩싸고 핍박하여 심장(마음)의 기운을 갑자기 끊어지도록 합니다.

若惶懼太甚, 血氣迫聚于心, 反鬱逼之, 令心氣遽絶.

그러므로 두려움으로 인하여 죽는 경우도 있습니다.

故有因懼而死者.

무릇 백성의 탐욕에는 삶을 탐하는 것보다 더 간절한 것이 없습니다.

夫民之貪, 莫切乎貪生.

그러니 그 두려움은 죽음을 두려워하는 것보다 더 간절한 것이 없습니다.

則其懼莫切乎懼死也.

우리들은 언제나 온갖 험난함 속에 머물고 있기 때문에 편안한 곳이 없습니다.

吾儕永居百險之中, 無處安妥.

그러니 그 위태로운 일을 쉽게 믿는 것입니다.

則其危事易信焉.

그러므로 문득 그것을 들으면 그 진위를 따질 겨를도 없이 놀람과 두려움이 급히 일어나 그칠 수 없습니다.

故忽聞之, 不暇繹其眞僞, 駭懼急發, 不得止矣.

황망한 가운데 듣는 소리와 어렴풋이 본 그림자가 종종 마음의 큰 상처를 낳습니다.

恍聞之音, 惚見之影, 屢生心之大傷也.

무릇 두려움이라는 병은 가장 치료하기 어렵습니다.

夫懼之病, 最難治也.

치료하면 할수록 더욱 늘어나고, 없애려고 도모할수록 더욱 자랍니다.

療之, 愈增也; 謀消之, 愈長也.

〔그것을〕 만나 장차 밟고 지나가려 해도 근심은 근심을 중복시킵니다.

遇將蹈之, 患乃重患也.

왜 그렇습니까? 근심을 두려워하는 것 또한 하나의 근심입니다.

何者? 懼患, 亦一患也.

그러니 근심을 두려워하는 것이란 근심에 근심을 덧보태는 것입니다.

則懼患者, 是以患加患也.

어째서 두려워하는 근심이 보태어진 근심은 〔원래〕 두려워했던 근심보다 번번이 더 크게 되는 것일까요?

豈惟加之懼患之患, 頻大于所懼之患者也?

그러므로 '〔원인을〕 알지 못하고 홀연히 당한 재앙이 극심한 재앙이다' 라고 말하는 것입니다.

故曰: '不知以忽受災者, 至災也.'

속담에 이르기를, '믿으면 있고 믿지 않으면 없다' 고 했습니다.

諺云: '信之則有, 不信則無.'

〔이는〕 바로 이러한 허망한 일들을 말한 것일 뿐입니다.

正謂: '此等虛妄事' 耳.

만약 사실이라면 그것은 이미 실제로 있는 것이니, 당신이 가령 믿지 않는다고 하더라도 무엇으로 말미암아 없앨 수 있겠습니까?

若實事者, 彼旣實有, 汝縱不信, 何由得無乎?

그러나 허망한 일이란, 만약 길하고 행복한 것이라고 말했더라도, 또한 그것을 믿는다고 해서 가질 수 있는 것도 아닙니다.

然虛妄之事, 若言吉福, 亦非信之所能得有.

오직 이러한 흉함과 불행이라고 말하는 것들은, 두려움 때문에 생겨난 재앙을 〔엉뚱하게도 재앙의〕 징험이라고 〔잘못〕 여긴 것뿐입니다.

惟是所言凶禍之事, 因懼生灾以爲驗耳.

왜 그렇습니까? 당신들이 만약 그 말을 믿어서 마땅히 길함과 행복을 얻는다면 당신은 기쁘고 즐거워할 것입니다.

何者? 汝信彼言, 當得吉福, 汝則喜悅.

〔그러나〕 인생의 길함과 행복은 진실로 〔마음의〕 기쁨과 즐거움이 불러오게 할 수 있는 것이 아닙니다.

人生吉福, 固非喜悅所能招致.

당신이 만약 그의 말을 믿어서 마땅히 흉함과 불운을 얻는다면 당신은 근심하고 두려워할 것입니다.

汝信彼言, 當得凶咎, 汝則憂懼.

근심과 두려움이 깊다면 병환이 생기니, 그 반응이 마치 메아리 같습니다.

憂懼之深則生病患, 其應若響.

당신이 앞서 말씀한 '길함은 반드시 그러했던 것은 아니지만 흉함은 다 징험되었다' 라는 것은 이러한 것이 아니겠습니까?

汝向固云: '吉未必然, 凶則盡驗', 不其然乎?

제가 땅 위를 걸어갈 때 반드시 필요한 것은, 오직 발을 지탱할 팔촌 너비의 땅일 뿐입니다.[6)]

吾行于地, 所必須者, 惟地八寸以持足耳.

그러나 팔촌 너비의 나무를 높은 곳에 뚝 떼어 배치해 놓고 당신으로 하여금 그것을 밟게 한다면 아마 남이 밀어 떨어뜨리지 않는다 하더라도 스스로 기울어져서 넘어질 것입니다.

然有八寸之木, 置絶高處, 令汝踐之, 縱無人推墜, 自傾隕矣.

나무를 평지에 배치하게 한다면 당신은 재빨리 그 위에 뛰어올라도 근심이 없을 것입니다.

使置木于平地, 則汝疾趨其上, 無恙也.

이것은 무슨 말입니까? 어찌 나무가 높은 곳에 있을 때 좁아지고 땅에 있을 때 넓어지겠습니까?

此何謂乎? 豈木在高則狹, 在地則廣哉?

하늘은 조용히 사람을 길러 줄 뿐입니다.

惟天養人以從容耳.

〔그러나 사람은〕 좁혀지게 되면 서두릅니다.

見窄則亟矣.

그러므로 팔촌 너비 외에 진실로 여분의 땅이 있어야 마침내 편안히 다닐 수 있는 것입니다.

故八寸之外, 苟有餘地, 乃安行也.

선생은 지금 망령된 사람 〔즉 점술인〕이 한 말을 믿고 있습니다.

子今信妄人之云.

---

6) 이 이야기는 『莊子』, 「外物」 편의 이야기를 참고한 듯하다. 『莊子』, 「外物」 惠子謂莊子曰: 「子言无用」; 莊子曰: 「知无用而始可與言用矣. 天地非不廣且大也, 人之所用容足耳. 然則厠足而塹之致黃泉, 人尙有用乎?」; 惠子曰: 「无用.」; 莊子曰: 「然則无用之爲用也亦明矣.」.

이것은 〔비유하면〕 곧 자신의 목숨이 팔촌 너비의 땅 위에 있는 것〔과 같은 것〕일 따름입니다.

是則己命乃在八寸地耳.

생각컨대 다니는 데 필요한 여분의 땅이 없으니 어찌 급히 기울어 넘어지지 않을 수 있겠습니까?

意, 無餘地于行, 何得不急傾倒乎?

서쪽 나라의 중세에 '국가 의사'〔國醫〕가 있어서 그 당시 풍속에 떠도는 허망한 말과 의혹이 백성에게 크게 해로움을 끼친다고 주장하였습니다.

西國中古有一國醫, 論其時俗虛言熒惑, 大爲民害.

국왕과 대신은 끝내 그 말을 믿지 않았습니다.

國王大臣, 竟未信之.

그 의사는 명령을 내려 옥중에 있는 죄인 중 큰 형벌을 받아야 할 사람을 데려다 〔자신의 말을〕 징험해 보일 수 있도록 해 달라고 왕에게 부탁했습니다.

彼醫乞以王, 命往拘獄中罪人, 宜受大刑者, 來可徵驗也.

왕은 바로 허락하였습니다.

王輒許之.

죄인이 〔왕의〕 뜰에 이르자 의사는 그에게 다음과 같이 말했습니다.

罪人至庭, 醫謂之, 曰:

"너의 경우에 〔너에게 적용할〕 법은 엄중하고 〔너의〕 정상은 가볍다. 머리를 자르는 톱으로 인해 〔네가 받게 될〕 고통에 대하여 왕은 실로 너를 가련히 여기신다.

"汝法重情輕. 斫首鉅痛, 王實憐汝.

나는 국가의 의사로써 이 방면에 대하여 기술을 가지고 있다.

我國醫也, 有術于此.

바늘로 혈관을 찌르면 조금씩 피가 나올 터이니 아마도 〔너는〕 통증을 느끼지 못하는 사이에 죽게 될 것이다.

用鍼刺脉, 微漸出血, 畧不覺痛, 已得死矣.

왕께서 이미 나에게 〔이 방법을〕 허락하였으니 너는 어찌하겠느냐?"

王旣許我. 汝爲何如?"

죄수는 이에 머리를 조아리며 고마워하였습니다.

囚乃叩謝.

다만 고통 없을 것을 다행으로 여기고, 편안한 마음으로 죽게 될 자리로 나아갔습니다.

但幸不痛, 安意就死.

의사는 곧 겹비단으로 그 〔죄수의〕 눈을 가리고 그의 팔뚝을 끌어내고 바늘로 찔렀습니다.

醫, 則以曾帛障蔽其目. 出其臂, 刺以芒鍼.

그런데 상처는 조금도 나지 않았으며 또한 피도 나지 않았습니다.

了無創傷, 亦未出血.

따로 주석 그릇을 사용해 바닥에 구멍 하나를 뚫어 놓고 그 가운데 물을 채웠습니다.

別用錫器, 穿底一竅, 實水其中.

〔그리고는〕 구멍으로부터 〔물을〕 흘러나오게 하고, 거기다가 사발을 대어 놓았습니다.

令自竅出, 承之以椀.

거짓으로 다음과 같이 큰소리로 말하였습니다.

僞爲大聲曰,

"피가 이미 나온다. 사람의 몸에 있는 피는 10근일 뿐이다.

"血已出矣. 人身止血, 十斤耳.

이렇게 〔피가〕 나와서 여덟 사발을 〔채울〕 정도면 죽게 된다."

如是出者八椀, 則死矣."

이렇게 매사발마다 차례로 〔그 죄수에게〕 알려 주었습니다.

如是每椀, 以次傳報.

죄수는 물소리를 듣고 또 들려 준 말을 듣고는, 피가 나와서 점차 쇠약해지는 것으로 믿었습니다.

囚聞水聲又聞傳報, 信謂血出, 漸次衰弱.

여덟 사발에 이르렀다고 말해 주자 〔그 죄수는〕 완전히 죽었습니다.

報至八椀, 宛其死矣.

여러 사람이 그 몸을 보니 실제로는 아무런 상처도 없었습니다.

衆視其身, 實無傷也.

왕은 비로소 국가 의사의 말이 참된 이론임을 믿게 되었습니다.

王始信國醫之說眞實理論.

놀랍고 두려운 말은 가벼이 발설해서도 안 되고 가벼이 들어 넘겨서도 안 됩니다.

駭懼之言, 不可輕發, 不可輕聞焉.

그래서 엄격한 법으로써 국민들로 하여금 크게 경계하도록 하고 거짓 술수를 금지하여 지금까지 〔그 나라에서는 거짓 술수가〕 유행할 수가 없습니다.

則以嚴法大戒國民, 而禁革僞術, 迄今不得行也.

아아! 조물자인 천주는 크게 자비롭습니다.

嗚呼! 造物者天主大慈也.

죄를 벌하는 가운데서도 그 자애로운 마음을 잊지 않습니다.

罰罪中, 不忘其悲心.

그러므로 세인의 미래의 흉함과 허물을 천명의 적막함에 감추어 두고 차마 미리 그들을 고통스럽게 하지 않습니다.

故藏世人未來凶咎, 于天命之寂寞, 不忍預苦之.

그런데도 망녕된 사람들은 도리어 그 빈 곳을 천착하여, 남몰래 그것을 미리 엿보려 함으로써, 그 죄를 거듭 쌓고 그 화를 불러들이고 그 고통을 무겁게 합니다!"

而妄人反鑿其空, 陰固欲援之, 以疊其罪, 以速其禍, 以重其苦乎!"

◆ 9-11:

곽생이 말했다:

郭生曰:

"미래를 점쳐서 그 길함을 기뻐하고, 그 흉함을 두려워하지 않는다면, 또한 합당하지 않겠습니까?

"卜未來, 喜其吉, 不懼其凶, 不亦可乎?

이렇기 때문에 옛사람들은 여러 차례 점을 치면서도 해침을 입지 않았습니다."

是故古人屢卜而無所傷焉."

◆ 9-12:

제가 말했습니다:

余曰:

"점을 치고 안 치는 것은 나에게 달려 있습니다. 두려워하고 두려워하지 않는 것은 이미 나에게서 말미암지 않습니다.

"卜不卜, 在我; 懼不懼, 已不由我矣.

죽음의 징후가 다가온다는 것을 듣고도 두려워하지 않는 것은 성인도 어려워하는 것인데 보통 사람이 할 수 있겠습니까?

聞死候至, 而不懼, 聖人難之, 凡人能乎?

그러므로 점을 치지 않는 것만 못합니다.

故不若不卜矣.

무릇 옛날의 점은 요즘의 점이 아닙니다.

夫古之卜, 非今之卜也.

옛날의 점은 점괘를 뽑음으로써 의심나는 것을 결정한 것일 따름이었습니다.

古之卜筮以決疑耳.

요즘은 요행을 구하는 것일 뿐입니다.

今者, 惟僥倖是求耳.

선과 악의 구분은 알기 쉽습니다.

善惡之分易審.

두 가지 선 가운데 어느 것이 더 선한지를 가려 내는 것은 어렵습니다.

二善之中, 指孰善, 難也.

이에 점괘를 뽑음으로써 그것을 결정합니다.

于是決之以卜筮.

점괘를 뽑는 것은 그것으로써 두 가지 선 가운데 어느 것이 더 선한지를 가려 내는 것일 뿐입니다.

卜筮者, 以訊二善之孰善者已.

그러므로 『춘추』(春秋)에서 혜백(惠伯)은 '『역』으로는 위험한 것을 점칠 수 없다[7]' 라고 말하였습니다.

故春秋惠伯曰, 易不得以占險也.

「홍범」(洪範)에서 이렇게 말합니다:
"너에게 큰 의심이 생길 때, 도모함이 네 마음에 미치고,

7) 『左傳』, 昭公 12年.

洪範曰, "汝則有大疑, 謀及汝心,

도모함이 경사(卿士)들에게 미치고, 도모함이 서인들에게 미치고,

謀及卿士, 謀及庶人,

도모함이 점치는 일에까지 미친다."[8)]

謀及卜筮."

옛날에 점을 치는 것은 최후의 일이었습니다.

古之卜, 最後也.

요즘에는 별자리를 살피거나 운세를 따지는 자들에게 묻는 것이 가장 먼저 하는 일입니다.

今之問星命, 最先也.

「대고」(大誥)에서 〔주공은〕 다음과 같이 말했습니다:

大誥曰:

"내 어찌 점을 모두 쓰려 하며, 감히 너희들의 말을 따르지 않으려는가!

予曷其極卜, 敢弗于從!

무왕(武王)의 신하를 따르려 한다면 강토를 지정할 도리가 있을 것이다.

率寧人有指疆土.

하물며 오늘의 점이 모두 길한데 있어서랴!"[9)]

矧今卜并吉!"

〔여기서〕 주공(周公)이 점을 중요하게 여기지 않았다는 것을 알 수 있습니다.

可見: 周公不以卜爲重也.

---

8) 『尙書』, 「洪範」 편 참조.

9) 『尙書』, 「大誥」. 여기서 '寧人'은 寧王, 즉 武王의 신하들을 의미한다.

지난번에 선생은 두 가지 선의 의심을 결정할 일이 없었으니, 쓸데없이 점을 치지 말아야 했습니다.

曩者, 子無二善之疑可決, 則徒卜不可.

하물며 별자리 살피고 운세를 논하는 자들에게 물음으로써 천주의 첫번째 계명을 어겨야만 했습니까?

況問星命, 以犯天主首誡乎?

만일 운명이 천주보다 위에 있어서 천주가 이미 정한 바가 아니라고 말한다면, 잘못은 이보다 더 클 수 없으니, 〔범한〕 죄는 더욱더 지극한 것입니다.

若曰: 命在天主之上, 非天主所已定, 則謬莫大, 犯愈極矣.

만일 〔운명이란〕 천주 아래에 있으며 원래 천주에 의해 정해져 있는 것이라고 말하면서도,

若曰: 在天主下, 原爲天主所定,

소인들로 하여금 작은 재물들을 취하려고 〔천명을〕 조작하려 하고, 작은 술수로 바로 〔천명을〕 가늠해 볼 수 있다고 한다면,

而令小人用以取小財造作, 小術便可測量,

또한 천주를 모독함이 얕지 않은 것입니다.

亦侮天主不淺矣.

사람의 마음도 헤아릴 수 없는데 지극한 신의 깊은 뜻을 헤아릴 수 있겠습니까?"

人心不可測, 而至神之深旨, 可測乎?"

◆ 9-13:

곽생은 저의 말을 듣고 크게 깨달아 곧 가르침에 대하여 절하고 사례하면서 다음과 같이 말하였습니다:

郭生聞吾言大悟, 卽拜謝教曰:

“제 목숨을 스승께서 실로 다시금 살게 하셨습니다.

“吾命也, 吾師實更生之.

큰 가르침을 듣지 않았다면 잘못해서 스스로 판단하여 포기해 버렸을 뿐입니다.

不聞大教, 枉自斷棄耳.

지금 이후부터 아이는 다시 아버지를 얻고 지어미는 다시 지아비를 얻은 셈입니다.

自今以後, 兒復得父, 婦復得夫.

한 집안이 편안하고 온전해졌으니, 그것이 어디서 말미암았는지를 감히 잊을 수 있겠습니까?”

一家安全, 敢忘所自乎?”

◆ 9-14:

저는 이내 그를 이끌고 천주의 대전 아래에 나아가 절하며 감사드리고 다음과 같이 그에게 간곡하게 당부하였습니다:

余乃引之天主臺下, 叩謝丁寧之:

“반드시 오성(五星)의 점이나 풍수지리 같은 여러 사람들의 허망하고 거짓된 근거 없는 말들을 믿지 말고 오직 마음을 바르게 하여 천주의 바른 명을 기다리십시오.”

“必勿聽五星地理諸家虛誕浮說, 惟正心候天主正命也.”

◆ 9-15:

곽생은 헤어진 후에 별탈이 없었습니다. 4년이 지나서 또 아들 하나를 얻었습니다.

郭生別後了無恙. 踰四年又得一子.

지난 해에 80세가 되었는데 오히려 건강과 식사는 옛날보다 줄어들지 않았습니다.

舊歲八旬, 猶健飯不減昔日也.

제10편

부유하나 탐욕스럽고 인색하면 가난한 것보다 고통스럽다

第十: 富而貪吝, 苦于貧屢

◆ 10-1:

제가 남쪽 지방에 살 때 한 친구의 성품이 소박하고 곧았습니다.

余居南中時, 一友人, 性質直.

그의 집안은 큰 부자여도, 〔그는 재물을〕 얻는 데는 탐욕스러웠지만, 쓰는 데는 인색하였습니다.

其家素封, 貪得而吝於用.

아는 사람들은 그것을 분개하고 안타깝게 생각하였습니다.

識者, 慨惜焉.

제가 그에게 타일러 말하였습니다:

余爲說誡之, 曰:

"욕심 내어 〔부를〕 추구하는 자는 혹 산골짜기를 지나기도 하고 강과 바다를 건너기도 하며, 혹은 도리어 밭 위로 나오기도 합니다.

"貪得者, 或歷山谿, 或涉江海, 或反上於田畝.

무예를 연마하는 사람들은 활쏘기에 힘을 소진하고 진치고 싸우는 데에 위험을 무릅씁니다.

習武者, 損力于弓矢, 冒險于戰陣.

학문을 익히는 사람들은 서책에 정신을 피로하게 하고 정사에 번거로운 수고를 합니다.

習文者, 疲神于書牒, 煩勞於政事.

모두들 말합니다:
"우리들이 재물을 모으는 것은 〔우리들이〕 늙고 약해졌을 때 의지하려고 하는 것입니다."

皆曰: "吾欲且聚財, 俾老弱獲賴耳."

이런 것은 개미를 본받는 것입니다.

此, 效夫蟻者也.

개미는 지혜로운 곤충입니다.

蟻, 蟲之智也.

작은 몸으로 아주 힘든 일을 떠맡아, 여름에 부지런히 힘써서 바쁘게 곡식을 물어 와서 겨울을 대비해 개미굴에 저장해 두고 꺼내려 하지 않습니다.

以小身任大勞, 夏勤力, 急箝穀食, 以爲冬儲入其垤, 弗肯舍之出矣.

당신의 실정은 무엇이 이와 다르겠습니까?

汝之情, 孰異于此?

◆ 10-2:
〔그는〕 그저 부유함으로 남보다 위에 있고자 할 뿐이었습니다.

徒欲以富上人耳.

더울 때나 추울 때를 막론하고 재화를 불리는 데 싫증을 모르니 또한 이상하지 않습니까?

無暑無寒, 殖貨不厭, 不亦異哉?

쌓아 둔 것이 다시 쌓아 둔 것을 불리며, 얻으면 얻을수록 더 많이 바라게 되니, 욕심과 재물이 모두 자라납니다.

以積增積, 彌得彌欲. 欲與財均長焉.

당신의 곳간에 저장한 곡식은 만종에 가깝지만, 당신의 배는 제가 수용할 수 있는 양보다 얼마나 더 클 수 있습니까?

汝庾藏粟幾萬鍾. 而腹幾許大於我能容乎?

길을 따라 곡식을 짊어지고 팔러 다니는 사람이 〔곡식을〕 짊어지지 않는 사람보다 반드시 더 많이 먹는 것은 아닙니다.

循塗負穀而鬻諸, 未必多茹於不負者也.

만일 "나는 큰 창고에서 가져다 먹어서 맛있다!"고 해도 〔결국〕 먹는 양은 동일합니다.

如曰: "吾取於大稟. 有味乎" 所取, 則一也.

큰 창고와 작은 창고 중 어느 것을 택해야 하겠습니까?

於巨稟微稟, 奚擇焉?

◆ 10-3:

우리들이 〔마시는 데〕 필요로 하는 물은 단지 한 병일 뿐입니다.

余儕所須之水, 止一缾耳.

〔그런데〕 당신은 반드시 큰강에서만 〔물을〕 길으려 하고 개울이나 샘에서는 긷지 않습니다.

汝意將必酌之於大江, 不酌之於涓泉.

만약 강가에 나갔다가 폭풍과 홍수를 만나 파도가 강둑을 허물어 버리게 되면,

倘臨江而值暴風水大, 至波浪崩江涯,

당신 몸은 물에 빠지게 될 것이지만 누가 〔이런〕 당신을 불쌍히 여기겠습니까?

汝身陷水中, 誰愍之乎?

만족스러울 때 그칠 줄을 알면, 혼탁한 강에서 물을 뜨지도 않고,

知止足, 則不酌水於濁流,

또한 파도에 목숨을 잃지도 않을 것입니다.

又不失命于波浪矣.

욕망은 입고 먹는 〔정도의 범위〕 안에 있으면 괜찮습니다.

欲者在衣食之內, 則可.

입고 먹는 범위를 벗어나 버리면 정해진 〔한계도〕 없고 그침도 없는 것입니다.

越衣食之外, 是則無定無止焉.

가난한 사람들은 부족한 것이 적지만 탐욕스런 사람은 부족한 것이 한이 없습니다.

貧者之所乏也寡. 貪者之所乏無限矣.

만금의 값진 재화는 매우 선망하여서 얻을 수도 있고, 뜻하지 않게 얻을 수도 있습니다.

萬金重貨也, 有以艶羨得之, 有以不意得之.

이 둘 중, 어느 것이 더 고상합니까?

兩者, 孰高乎?

재물과 씀씀이와의 관계는 마치 신발과 발처럼, 치수에 맞으면 그만입니다.

財之於用, 如履之於足也, 適度焉爾矣.

작으면 발이 아프고 크면 넘어질 뿐입니다.

短則拘迫, 長則傾倒耳.

◆ 10-4:

만약 재화가 지혜를 늘려 주고 어리석음을 줄여 줄 수 있는 〔그런 보배〕이고, 세상에 저보다 더 〔그 보배를 아끼는〕 인색한 자가 있다면, 저는 부끄러워해야 할 것입니다.

若財能增智減愚, 則世有吝踰于我者, 吾耻之.

그러나 제가 볼 때 지혜는 재물로 인해서 자라나는 것도 아니고 어리석음이 재물로 인해서 줄어드는 것도 아닙니다.

然吾覩: 智非因財長, 愚非因財消也.

여러 사람들은 '좋은 것처럼 보이나 〔실제〕 좋지 않은 것들'에 현혹되어 이렇게 말합니다:

衆人昧于似善而非善者, 曰:

"부유함은 가난함보다 나으니 재물의 추구는 멈출 수 없다.

"富善于貧, 求財, 不可已也.

나 자신의 '잘 되고 못 됨'은 재물의 모임과 흩어짐에 있을 뿐이다.

吾身榮辱, 在財盈耗耳.

재물이 많을수록 남들이 나를 더욱 존중할 것이다.

財愈多, 人愈重我也.

가난한 사람은 평생 모욕을 받을 것이다."

貧人終身受辱也."

아아! 적게 지녔을 때 가난하고 궁핍한 것이 아닙니다.

噫嘻! 寡有非貧匱.

욕심이 많으면 이내 가난하고 궁핍할 뿐입니다.

多欲, 乃貧匱耳.

많이 가져야 부유하고 풍족한 것이 아닙니다.

多有, 非富足.

욕심이 적으면 곧 부유하고 풍족할 뿐입니다.

寡欲, 乃富足耳.

무릇 재물이 아무리 풍성하더라도 당신의 욕심에 차지 않으면,

夫財縱盛, 不滿汝欲,

당신은 이처럼 부족하다고 생각할 것이니, 어찌 항상 곤궁한 상태가 아니겠습니까?

汝以爲薄焉如此, 豈不常居窮哉?

이런 욕심을 없애 버리면 가난함이 없을 것입니다.

除此欲心, 則罔貧矣.

가난한 자도 〔자기〕 본분을 편안히 여기면 부유한 것입니다.

貧者, 安于本分, 則富矣.

◆ 10–5:

가난한 자는 재물이 모자라서 부족하다고 여기고,

貧者缺財, 以爲不足,

부자는 재물을 좋아해서 또한 부족하다고 여기는 것입니다.

富者嗜財, 亦以爲不足也.

재물이 우리를 무슨 재앙에서 벗어나게 해 줍니까?

財, 免我何灾乎?

〔또한〕 재물〔이 불러온〕 불행은 저절로 구제될 수 없는 것입니다.

財之禍, 自不能捄矣.

재물이란 도망치는 데 익숙한 종과 같습니다.

財者, 習逃僕耳.

비록 그를 밧줄로 꽉 묶어 놓았다 하더라도 밧줄에 묶인 채로 도망갑니다.

雖以繩急縛之, 偕繩而走矣.

사람을 두어서 재물을 지키게 해 보면, 〔그〕 지키는 사람이 재물을 지니고 달아나 버립니다.

嘗置人以守財, 而守者携財而遁矣.

무릇 재화란 본래 허망한 것입니다.

夫財本虛物.

만일 그것이 참된 것이라면 어찌해서 〔이미 그것을〕 얻은 사람의 욕심을 채워 주지 못하는 것입니까?

如其實也, 何不能塞得者之欲乎?

만약 매우 목마른 사람이 있어, 종일토록 물을 마셨지만 갈증이 그치지 않았다면 두려워서 반드시 의사를 찾을 것입니다.

如有甚渴者, 終日飲水而渴不息, 必懼而覓醫.

당신이 오랫동안 재물 모으기를 좋아하여 얻는 재물이 많아질수록 그에 대한 애착은 점점 맹렬해지는데도, 어찌해서 두려워하며 의원을 찾지 않습니까?

汝久嗜財聚, 財得之滋多, 嗜之滋猛, 何不懼而覓醫乎?

무릇 병이 났을 때 전에 복용하던 약을 썼는데 낫지 않으면 반드시 이 약이 혹시 도리어 해를 입히는 것이 아닐까 걱정해서 복용하지 않습니다.

凡患疾用所嘗服藥, 弗瘳必懼此藥也, 或反致傷耶, 弗服矣.

재물 좋아하는 병도 재물 모으는 약으로 다스렸지만 낫지 않았다면 왜 그 약을 버릴 수 없는 것이겠습니까?

嗜財之疾, 醫以聚財之藥, 不瘳, 何不能捨其藥耶?

◈ 10-6:

무릇 선한 것이란 〔그것을〕 얻는 사람의 마음을 선하게 하는 것입니다.

夫善者, 善得者之心者也.

재물이란 사람의 욕심을 부채질하고 교만함과 자랑하는 〔마음을〕 북돋우는 것으로 겸손과 반대되는 것입니다.

財也, 煽人欲, 培驕矜, 反謙遜.

〔또〕 아첨을 불러오고 바른말을 떨쳐 버리게 하며, 매우 사치하게 하고 사악한 생각을 꾀어 들이니 그 불선함이 매우 심합니다.

速諛諂, 拂直言, 振侈泰, 誘邪念, 非善甚也.

누가 부유하면서도 가난한 자의 절개를 지닐 수 있겠습니까?

孰如富而存貧者之節乎?

무릇 재물과 덕은 공존할 수 없는 것입니다.

夫財與德, 不共存之物也.

재물을 탐내는 일은 바로 세속의 큰 해로움입니다.

慕財之事, 乃世俗之大害也.

◆ 10-7:

'올바른 선비'는 만약 자신이 바라는 바를 따를 수 없다고 한다면, 곧바로 자신이 〔이미〕 얻어 가진 것을 따르고자 합니다.

君子倘不以得順其所欲, 卽以欲順其所得.

〔그래서〕 가난해도 〔지조를〕 굽히지 않고 부유해도 〔거기에〕 현혹되지 않습니다.

不屈于貧, 不惑于富.

이것이 〔그가〕 '올바른 선비'〔君子〕가 되는 까닭일 것입니다!

玆所以爲君子歟!

얻는 것을 좋아한 적이 있어서 자신이 〔그렇게 하여〕 이미 얻어 놓은 것을 즐기지 않는다면,

嘗有喜得, 而弗享其所已得,

평생 걱정 속에 살면서 〔걱정에서〕 헤어나지 못할 것입니다.

生平居患, 而弗得脫也.

제가 이를 어떻게 하겠습니까?

吾若之何哉?

◆ 10-8:

옛날 서양의 고을에 한 사람이 있었는데 부유했으나 매우 인색하였고 입은 옷은 더럽고 기운 것이라, 부리는 종보다도 비천하게 보였습니다.

西邑古有一人, 富而甚吝, 所衣穢衲, 賤於奴虜.

저자를 지나던 사람이 소리 높여 그를 가리키며 꾸짖자 그가 이렇게 말하였습니다:

過市人, 揚聲而指誚之, 渠曰:

"저 사람은 나를 꾸짖지만 나는 집에 돌아가 상자 속에 가득 찬 황금을 보고 있으면 저절로 즐겁다네."

"彼誚我, 我還室, 私視金滿笈, 自樂矣."

〔이 얼마나〕 못났습니까!

陋哉!

전해 오는 기록에 의하면 옛날에 한 부호가 있었는데 매우 인색하였다고 합니다.

誌傳曩一富家甚吝.

후에 그는 자기의 재산이 감소될까 두려워 자기 재산을 모두 팔아 수만 금을 얻었습니다.

後懼減其財, 則擧其資産盡鬻之, 得數萬金.

〔그것으로〕 큰 금덩이 한 개를 만들어 땅 속에 묻고 자신은 숲 속에서 쓴 잎을 주워서 그것을 먹었습니다.

成一巨鋌, 埋土中, 自拾林下苦葉, 食之.

얼마 후에 도둑이 땅을 파고 훔쳐가버리자 그는 〔금을〕 간직했던 곳에서 통곡하며 울음을 그치지 않았습니다.

旣而, 盜扣以去, 痛哭於藏所不已.

같은 마을 사람이 그를 위로하고자 이렇게 말했습니다:

有鄕人慰之, 曰:

"당신은 금을 가지고 있었는데도 전혀 쓰지 않았습니다.

"汝有金, 旣悉不用之.

그러니 이제 〔예전의〕 금덩이와 크기가 비슷한 큰돌을 찾아서, 그것을 당신의 금덩이 대신 땅에 묻어 두면 마찬가지일텐데 어째서 이렇게 통곡을 하고 있습니까?"

今覔一巨石大小與金等, 代汝金埋之土中, 則同矣, 奚而痛哭如此?"

당신이 지금 이미 수만 금을 얻어 백 겹으로 견고한 방비를 하고 그것을 상자 속에 간수하여 밀폐시키고 사용하지 않는다면,

汝今已得若干萬金, 以百重所固, 收之笥篋中, 閉而不用,

돌이 들어 있든 금이 들어 있든 상자 속에서 무엇이 달라지겠습니까?

則或石或金, 在笥篋中, 何異乎?

◆ 10-9:

이는 '탄타로스'[1]가 목이 마르지만 가까이 있는 물을 마시지 못하는 것과 마찬가지입니다.

此如但大氏之渴也, 而不得飮近水焉.

옛날에 '탄타로스'라고 하는 사람이 있었는데, 세상에 살 때에 탐욕스럽고 인색하였습니다.

---

1) '但大'는 그리스 신화에 나오는 Tantalos 왕의 한자 음역이다. Tantalos는 신들의 모임에 초대되어서 그들로부터 많은 선물을 받았다. 그러나 그는 신들과 동등한 삶을 원했다고 한다. 제우스는 그의 소원을 들어 주었으나, 동시에 그의 머리 위에 큰돌을 매달아 놓아서 Tantalos는 어느 것 하나도 즐길 수가 없었다. 물과 과실들이 그의 가까이에 있었으나 그의 손이 닿을 수가 없었다고 한다. *Der Kleine Pauly*(*Lexikon der Antike*), Bd. 5, 512-513쪽 참조.

古有云: 但大氏, 生世饕惏而吝.

그는 죽어서 지옥에 떨어졌는데, 다른 형벌은 받지 않고 오직 물 좋은 못에 들어가 있게 되었습니다.

死置地獄中, 不受他刑, 惟居良水澤中.

입은 갈증을 견디지 못하는데 물은 겨우 입술 아래까지만 오고,

口不勝渴, 水僅至下唇,

밤낮으로 물을 마시고자 하나 입이 〔물에〕 접근하는 데 따라서 물도 곧 아래로 내려가 버렸습니다.

晝夜欲就水, 隨口所就, 其水輒下.

공연히 애만 태우고 원망해도 끝내 물을 얻어서 마시지 못하니, 이것이 그가 받은 재앙이었습니다.

徒煩寃, 竟不獲飮之, 是其咎殃焉.

당신은 어째서 웃고 있습니까?

汝何笑耶?

뒷사람들은 '탄타로스'의 일을 당신에 〔대한 이야기로〕 바꾸어 말할 것입니다.

後人將以但大氏事轉謂汝哉.

당신은 안으로는 하인들을 의심하고 밖으로는 도적들을 막으며, 빗장을 질러 지키는 데 힘써서 밤에도 감히 잠자리에 들지 못합니다.

汝內嫌僕者, 外防盜者, 勤於扃守, 夜不敢寢.

또 이익을 얻음이 신통치 못할 때는 이를 한탄하여 음식을 줄여 가면서까지 이를 보충하여 굶주려도 밥을 지어 먹지 않습니다.

恨得利未暢則節食補之, 而饑不餐也.

〔항상〕 마음 조리며 이익을 추구하여, 스스로 애쓰고 스스로 괴로워할 뿐입니다.

惶惶逐逐, 自勞自苦耳.

◆ 10-10:

옛말에 이런 말이 있습니다:

"당신은 인색한 자에게 어떤 재앙을 빌겠는가? 오직 그가 장수하기만을 빌 따름이다."

古語曰: "汝詛吝者, 何禍乎? 詛其長壽而已."

친척과 친구, 마을 사람들이 모두 그를 피하고 미워하여 오직 그가 빨리 죽기만을 바랍니다.

親戚朋友鄕黨, 俱避匿之, 厭惡之, 惟願彼速死.

〔이는〕 그의 은택을 누린 바가 없기 때문입니다.

無有沾其潤者故也.

자신에게 인색한 자가 어찌 다른 사람에게 베풀 수 있겠습니까?

吝諸己, 胡能捨諸人乎?

인색하기가 우리 안에 갇힌 돼지와 같으니, 살아 있을 때는 더러워서 사람이 가까이 가기를 꺼립니다.

吝如牢豚, 生而穢濁, 人不屑近.

오직 죽은 후를 기다려서야만 사람에게 도움이 됩니다.

惟俟旣死, 乃益于人焉.

인색한 자의 더러움도 마찬가지로 그를 가까이하는 사람이 없습니다.

吝嗇之汚, 亦無親人.

일단 죽은 뒤에 사람들이 그의 재물을 이롭게 여기는 것입니다!

旣死之後, 人利其財與!

탐욕과 인색함은 함께 하는 것이니 탐욕스러우면 반드시 인색하고 인색하면 반드시 탐욕스럽습니다.

貪與吝相隨, 貪必吝, 吝必貪.

사람이 이미 죽었으면 그가 말하는 것을 기대할 수 없습니다.

如人已死, 毋望之言.

사람이 이미 인색하다면, 그의 재물을 기대하지 말아야 할 것입니다.

若人已吝, 毋望之財.

오로지 재물 불리기만을 일삼는 자는 매번 하나를 가득 채울 것만을 생각하고, 그 수가 다 차면 재물이 줄어드는 것을 꺼립니다.

專于殖貨者, 每思盈一, 數數盈, 卽忌減缺.

이를 염두에 두고 있으니 항상 〔재물이〕 줄어드는가를 의식하게 됩니다.

以此爲念, 則常覺減缺.

〔그러면〕 재물이 있든 없든 당신은 모자랄 뿐입니다.

所有所無, 爾俱乏焉.

어떤 사람이 상앗대, 노, 돛과 돛대를 많이 모았으나 끝내 배를 띄워 사용하는 일이 없었고,

有人于此, 聚篙楫帆檣之衆, 而了無艘艇之用,

끌과 톱, 도끼 등을 널리 모았으나 목수 일을 절대로 하는 법이 없었으며,

集鑿鋸斧斤之廣, 而絶不爲梓匠之工,

붓과 벼루, 종이와 먹을 샀으나 끝내 이를 사용하여 문자를 쓰는 일이 없었다면,

貨筆硏楮墨之盛, 而竟不爲文字之需,

우리는 〔그를〕 병들고 미친 자라고 하지 않겠습니까?

不謂病狂者與?

◆ 10-11:

당신은 이제 재물을 무수히 쌓아 두고 하나도 내어 쓰지 않으면서

도 자신을 지혜롭다고 여기십니까?

汝今積金無數, 而一不捨用, 而自以爲智乎?

재물의 아름다움은 쓰는 데 있을 뿐이라는 것을 당신은 왜 명확히 알지 못하십니까?

汝何不明哉? 財之美在乎用耳.

〔재물이〕 다만 바라보기 위해서만 〔존재하는〕 옛날의 기물이나 참배를 위한 신상 같은 것에 비견된다면, 어찌 합당한 것이겠습니까?

豈宜比之如古器物, 徒以爲觀, 如神像以參謁而已哉?

이는 당신이 재물을 잡은 것이 아니라 재물이 도리어 당신을 잡은 것입니다.

此非汝獲物, 物反獲汝也.

재물의 주인은 재물을 부리고, 재물은 종으로서 〔주인을〕 섬기는 것입니다.

財主使財, 財僕事.

재물이 사람의 종노릇을 해도 사람이 오히려 부끄러워하는데 당신은 어째서 조그마한 물건의 종이 되려는 마음을 먹고 있습니까?

財爲人之僕, 人猶愧之, 而爾安心爲小物之僕乎?

◆ 10-12:

상고 시대에 말과 사슴이 함께 들판에 살면서 풀과 물을 다투던 때가 있었습니다.

上古之時, 馬與鹿共居于野, 而爭水草也.

〔그러다가〕 말이 장차 〔자신의〕 영역을 잃어버리게 되었고, 그러자 말은 사람에게 복종하여 인력의 도움을 빌어 사슴을 정벌했습니다.

馬將失地, 因服于人, 借人力助之, 因以伐鹿.

말이 비록 사슴을 이기긴 했으나 이미 사람에게 굴복한 것입니다.

馬雖勝鹿, 已服于人.

등에는 안장이 떠나지 않았고 입은 재갈에서 벗어나지 못했습니다.

脊不離鞍, 口不脫銜也.

후회해도 이미 늦은 일이었습니다.

悔晚矣.

당신도 처음엔 잘 모르고 가난을 미워하다가 재물의 힘을 빌어 이를 이긴 것입니다.

爾初亦不知, 而惡貧, 且借財力以克之.

가난이 이미 제거되기에 이르니, 마음은 재물에 얽매이고,

迨貧已去, 心累於財,

재물을 사모하다가 병을 얻었으며, 또한 재물에 의해 부림을 받고 있는 것입니다.

戀財爲病, 且爲財役矣.

이 어찌 말의 후회와 같은 경우가 아니겠습니까?

曷不如馬悔乎?

◆ 10-13:

옛날 저희 서양에 한 사람이 있었는데 자신의 이름을 잊어버릴 정도로 부를 〔추구하였고〕 재물을 자기 목숨보다 더 아꼈습니다.

吾西土昔有一人, 忘其名, 富而愛財, 甚乎身命.

〔이 사람이〕 얼마 후에 병이 들었는데, 치료하는 데 인색하여 오래 두다가 병이 악화되어 혼수 상태에 빠져서 깨어나지 못했습니다.

俄而病, 嗇于治療, 久之增劇, 熟寐不醒.

그의 의원 친구가 슬퍼하며 그를 깨울 방법을 생각해 내고는, 집안의 사람들로 하여금 자리를 깔게 했습니다.

其友醫也, 哀而謀醒之, 令家人設几席.

〔그가 누운〕 평상 앞에서 자물쇠를 따 상자를 열고 자리 위에 금을 올려놓았습니다.

其榻前, 取鑰發篋, 置金几上.

그의 친척들이 모두 손수 저울질을 하여 재물을 나누는 시늉을 하자 그 의원 친구가 병자의 귀에 대고 큰소리로 그의 이름을 부르며 말했습니다:

其親戚皆手權衡爲分財狀, 其友醫就病耳, 大呼其名, 曰:

"자네가 잠들어 자네의 재물을 돌보지 않으니 사람들이 이를 나누어 앗아 가려고 하네."

"汝睡而不顧汝財, 人將瓜分之."

병자가 그 말을 듣자 신속히 깨어나 일어서서 말했습니다:
"내가 아직 살아 있지 않은가?"

病者聞若言, 迅醒而立. 曰: "吾不猶在乎?"

〔그 후〕 병이 조금 낫자 의원이 말했습니다:

病小間, 醫曰:

"이제 병이 조금 나았네. 다만 배가 아직 좋지 않으니 환약 한 알을 먹으면 곧 나을 것이네."

"今病已愈. 但腹弱, 須服一丸藥, 卽瘳."

병자가 환약의 값을 물어 보자 의원은 금 한 근〔一金〕이라고 대답하였습니다.

病者問丸之値, 曰: 一金.

〔그 말을 듣고〕 병자는 화를 내며 꾸짖어 말했습니다:
"이는 도둑과 무엇이 다른가?"

病者怒罵, 曰: "此與盜者, 何異?"

〔이 경우〕 의원이 나간 후 바로 죽게 된다면 어떻게 해야겠습니까?

醫退而立死, 奈何哉?

오래지 않아 죽음이 당신의 〔집〕 문 앞에도 당도할 것입니다.

不久, 則死亦將踵汝門.

어찌 뇌물을 써서 물리칠 수 있겠습니까?

豈可以賄賂辭耶?

그 동안 모은 전대 속의 금으로 〔목숨을〕 늘릴 수 있겠습니까?

所萃橐中金, 能携乎?

나는 여기서 사람이 재물 없애는 것은 보지 못하고 재물이 사람 없애는 것을 보게 됩니다.

吾於此不見: '人無財', 見: '財無人' 也.

아아! 재물이 사람을 없애는 것은 사람이 재물을 없애는 것만 못한 것입니다.

吁! 財無人, 不如人無財.

이런 까닭에 내가 이를 가슴 아파하여 이를 위해 말을 모아 편집하고 사흘 밤을 자지 않으며 진정한 당신 자신을 자신에게 돌아가게 하리라 생각하면서 당신이 곧 〔진실을〕 직시하고 〔그것에〕 돌아갈 생각을 하기를 기도했습니다."

是以吾慘傷之, 爲此纂言, 三昔不寐, 思還汝於汝, 祈汝片時視而思歸也."

내 친구는 이 말을 듣고 권면되는 바가 있고 또 망연히 깨달은 바가 있었던지 곧 재산을 증식하는 일을 그만두고 주판을 불태워 버렸으며, 비장하게 도를 추구해서 나는 기뻤습니다.

吾友聆勸, 恍然有悟, 卽捨殖貨之事, 焚其會計具, 而慷慨求道, 余爲欣然.

〔그러나〕 이 친구는 29일에 주판을 태워 버리고서 〔다음 달〕 1일에 새 주판을 만들어 예전의 일을 다시 하였습니다. 슬픈 일입니다!

廿九日焚之, 初一日復製新器, 理前業矣. 悲哉!

부 록

「서양 비파 곡의 가사 8장」

〔附西琴[1])曲意八章〕

만력 28년 경자년(1600)에 저는 조공 물품들을 갖추어 가지고 북경에 왔습니다.

萬曆二十八年, 歲次庚子, 竇具贄物, 赴京師.

조공 품목 중에 서양의 악기인 '아금'(雅琴, 클라비어코드) 하나가 있었는데 중국 것과 비교하면 모양이 다르고 연주하면 다른 소리가 났습니다.

獻上間, 有西洋樂器, 雅琴一具, 視中州異形, 撫之有異音

황제께서는 그것을 기이하게 여기고 악사를 통하여 〔저에게〕 물었습니다:

皇上奇之, 因樂師問曰:

"그 〔악기를〕 연주할 때는 원래 나라의 곡이 있을 것이니 듣고 싶다."

"其奏必有本國之曲, 願聞之."

저는 이렇게 대답하였습니다:

"과객〔인 저〕는 다른 곡은 모르습니다.

竇對曰: "夫他曲, 旅人罔知.

오직 가사 몇 곡을 익혔을 뿐입니다.

惟習道語數曲.

---

1) 西琴은 마테오 리치가 明나라 神宗 황제에게 바친 朝貢 품목에 하나인 '클라비어코드'를 말한다.

지금 그 대체적인 의미를 중국 문자로 번역하여 아래와 같이 공경히 올립니다.

今譯其大意, 以聖朝文字, 敬陳于左.

다만 그 의미만을 번역하였지 본래의 멜로디를 따를 수 없는 것은 지역의 음(音, 소리)이 〔서로〕 다르기 때문입니다."

第譯其意, 而不能隨其本韻者, 方音異也."

◆ 1장: 우리들은 하늘에 있기를 바란다
〔吾願在上, 一章〕

누가 사람의 실정을 아는가?

誰識人類之情耶?

사람이란 나무와 반대일 뿐이네.

人也者, 乃反樹耳.

나무의 뿌리는 땅에 있고 흙에서 양분을 얻고 그 줄기와 가지는 하늘을 향해 올라가네.

樹之根本在地而從土受養, 其幹枝向天而竦.

사람의 근본은 하늘을 향해 있고 하늘로부터 육성되지만 그 줄기와 가지는 아래로 늘어뜨리고 있네.

人之根本向乎天而自天承育, 其幹枝垂下.

군자의 앎은 하느님을 아는 것이고 군자의 학문은 하느님을 배우는 것이네.

君子之知, 知上帝者, 君子之學, 學上帝者.

이를 통해 아래의 백성들을 가려 내어 가르친다네.

因以擇誨下衆也.

하느님의 마음은 백성들을 불쌍히 여기는 것이 대부분이고 벼락으로 사람을 해치는 일은 적다네.

上帝之心, 惟多憐恤蒼生, 少許霹靂傷人.

항상 해와 달을 비추게 하지만 비추는 데에는 사사로움이 없으니 반듯하구나!

常使日月照, 而照無私, 方兮!

항상 비와 눈을 내리지만 내려 주는 데 사사로움이 없으니 반듯하구나!

常使雨雪降, 而降無私, 田兮!

◆ 2장: 목동이 산에서 노닌다

〔牧童遊山, 二章〕

목동은 홀연 근심이 생기면 곧 이 산을 싫어하고, 저 산은 아름다워 근심을 씻어 주리라 멀리서 바라본다네.

牧童忽有憂, 卽厭此山, 而遠望彼山之如美可雪憂焉.

저 산 가까이 가 보면 저 산 근처는 멀리서 보는 것과는 다르다네.

至彼山近, 彼山近不若遠矣.

목동이여! 목동이여! 옮겨 가는 것보다 차라리 너의 마음을 바꾸게나!

牧童! 牧童! 易居者, 寧易己乎!

네가 어디를 간들 자기 〔마음〕을 떠날 수 있겠는가?

汝何往而能離己乎!

근심과 즐거움은 마음에서 생겨 나니 마음이 평안하면 어디를 간들 즐겁고 마음이 어지러우면 어디를 간들 걱정이라네.

憂樂由心萌, 心平, 隨處樂, 心幻, 隨處憂.

눈에 조그만 티끌이 들어와도 금방 아픔을 느끼는데 마음(심장)을 찌르는 송곳〔의 아픔〕을 너는 견딜 수 있겠는가?

微埃入目, 人速疾之, 而爾寬於串心之錐乎?

이미 〔마음〕 밖의 것들을 높이고 나면 자신은 진실로 스스로 만족할 수 없다네.

已外尊, 己固不及自得矣.

왜 본마음을 다스려 원래의 산에 영원히 안주하려 하지 않는가?

奚不: '治本心, 而永安于故山' 也?

예나 지금이나 이론은 모두 동일한 것을 가리킬 뿐이네.

古今論皆指一耳.

〔마음이〕 바깥에서 노닐면 보탬이 되지 않고 〔마음〕 속에 있으면 이롭다네.

遊外無益, 居內有利矣.

◆ 3장: 수명의 길이를 잘 헤아려라
〔善計壽修, 三章〕

수명의 장단을 잘 헤아릴 줄 알면 그저 〔사는〕 세월의 많고 적음만을 따지지 않네.

善知計壽修否, 不徒數年月多寡.

오직 성대하게 쌓인 덕행으로 자기 수명의 길이를 계산할 뿐이네.

惟以德行之積盛, 量已之長也.

못난 사람이 삼천 년을 산다 해도 어찌 똑똑한 사람의 하루의 길이만 하겠는가!

不肖百紀,[2] 孰及賢者一日之長哉!

---

2) 紀는 年의 단위이다. 1紀는 12年, 또는 1500년, 또는 一世(즉 30년) 등으로 보는 여러 설이 있다.

큰일을 해 놓은 사람은 육신이 비록 세상에 오래 살지 못했더라도 '연만한 어르신' 으로 불릴 만하다네.

有爲者, 其身雖未久經世, 而足稱 '耆耄' 矣.

하느님께서 우리에게 하루를 보태 주어 우리들이 어제의 잘못을 고치고 덕의 영역으로 한 발짝 더 나아가게 하시네.

上帝加我一日, 以我改前日之非, 而進于德域一步.

만약 순간순간의 보배 같은 시간을 헛되이 낭비하면 해수가 쌓인 만큼 우리들의 허물이 모이는 것이니 이는 진실로 하느님의 자애로운 뜻을 저버리는 것이네.

設令我空費寸寸之寶, 因歲之集, 集己之咎. 夫誠負上君之慈旨矣.

아아! 아마도 다시 오래 살기를 기원해도 장수는 얻을 수 없고 비록 얻는다 해도 우리에게 복이 되지 않는다네.

嗚呼! 恐再復禱壽, 壽不可得之. 雖得之, 非我福也

◈ 4장: 덕의 용맹함과 훌륭함

〔德之勇巧, 四章〕

비록 거문고와 비파 소리가 고와서 넓은 집안을 가득 채우고 벗들을 화합시키고 담 밖의 이웃에까지 즐거움이 미친다고 해도 덕행〔을 칭송하는〕 소리가 가득하여 온 세상에 미치는 것만은 못하다네.

琴瑟之音雖雅, 止能盈廣寓, 和友朋, 徑迄墻壁之外, 而樂及隣人, 不如德行之聲之洋洋, 其以四海爲界乎.

대지가 다 실을 수 없으면 아홉 겹의 하늘을 관통하여 해, 달, 별, 별자리 위에까지 올라가 천사들을 기쁘게 하고 상제께서 좋아하게 할 수 있겠는가?

寰宇莫載, 則猶通天之九重, 浮日月星辰之上, 悅天神而致后帝之寵乎?

용맹하구나 큰 덕의 성취여! 하늘의 철옹성도 공격하고 〔하느님의〕

지극한 분노도 가라앉힐 수 있다네!

勇哉! 大德之成. 能攻蒼天之金㓻〔剛〕[3)]石城, 而息至威之怒矣.

훌륭하구나 덕을 크게 이룸이여!

巧哉, 德之大成!

하늘에까지 들려 보이지 않는 하느님의 지혜까지 감동시킬 수 있구나!

有聞于天, 能感無形之神明矣.

◆ 5장: 늙어서도 덕이 없음을 후회한다

〔悔老無德 五章〕

우리들의 젊은 날은 점점 가 버리고, 가 버린 날은 돌아오지 않네.

余春年漸退, 有往無復.

늙음이 모르는 사이에 몰려와도 우리들이 너그러이 받아 줄 것은 없으니, 어찌할 것인가?

饕老暗侵, 莫我恕也. 何爲乎?

땅을 파서 넓은 집을 지을 때 여러 날 동안 많은 계획을 세우지 않는가?

窄地而營廣厦, 以有數之日, 圖無數之謨歟?

다행이 오늘을 살 수 있으면 하루를 잘 사용하여 헛되이 놓치지 말기를!

幸獲今日, 一日卽亟用之勿失!

아! 내일로 미루지 말라, 내일은 보장할 수 없다네.

吁! 毋許明日, 明日難保.

---

3) 㓻은 剛의 古字이다.

내일을 바라는 것은 단지 바보들을 속이는 것이네!

來日之望, 止欺愚乎!

바보들은 온종일 강가에 서서 그 물이 마르기를 기다리지만 강물은 급히 바다로 흘러가 버려도 끝내 강물은 마르지 않는다네.

愚者罄日立於江涯, 竢其涸, 而江水汲汲流于海, 終弗竭也.

세월이 가벼운 날개를 달고 재빨리 날아가 버리는 것을 괴이하게 볼 수 없다네.

年也者, 具有輶翼, 莫怪其急飛也.

우리들은 세월이 재빨리 날아가 버리는 것을 괴이하게 여기지 말고 오직 '우리가 〔덕을 쌓아〕 나가는 데 게을러서 늙음이 오려 하는 데도 아직 덕이 이루어지지 못한 것'을 후회해야만 한다네!

吾不怪年之急飛, 而惟悔: '吾之懈進已, 夫老將臻而德未成夫!'

◈ 6장: 마음 속의 평안함

〔胸中庸平, 六章〕

마음 속으로 준비하고 있는 이들은 드러나지 마음의 평정을 늘 헤아린다네.

胸中有備者, 常衡乎靖隱.

영화롭다고 스스로 으스대지도 않고 어렵다고 스스로 비하하지도 않는다네.

不以榮自揚揚, 不以窮自抑抑矣.

영화로울 때는 두렵게 여기고 어려울 때는 희망을 가진다네.

榮時則含懼, 而窮際有所望.

세상의 권세는 무상하다는 것을 알고 있는 것인가?

乃知世之勢無常耶?

마음 편히 운명을 받아들이는 자라도 운명을 바꾸는 것이 정의라네.

安心受命者, 改命爲義也.

바닷가에 우뚝 솟은 봉우리는 해변에 서 있기에 사나운 바람이 두드리고 파도가 부딪히지만 움직이지 않는다네.

海嶽巍巍, 樹于海角, 猛風鼓之, 波浪伐之, 不動也.

떠다니는 뗏목처럼 물결에 휩쓸리는 우리와는 다르다네.

異于我浮梗蕩漾.

〔우리들은〕 끝내 마음에 주인이 없기에 다만 밖의 나부낌과 흐름에 따라 다닐 뿐이네.

竟無內主, 第外之飄流, 是從耳.

조물주는 우리 〔인간을〕 세상 만물 중에 가장 존엄한 존재로 만들었지만 우리들은 떼거리들에 굴복하여 모두가 그들의 종이 되었네.

造物者, 造我乎宇內爲萬物尊, 而我屈己於林, 總爲其僕也.

비참하구나! 비참하구나!

慘兮! 慘兮!

누가 덕과 용기와 지혜를 가진 자가 있어 외물이 자기〔마음〕을 내버리기 전에 자기가 먼저 외물을 내버리고 그 위에 우뚝 솟을 수 있는가?

孰有抱德勇智者, 能不待物棄己, 而己先棄之, 斯拔于其上乎?

"우리들은 맨몸으로 와서 맨몸으로 간다. 오직 덕만이 우리들이 죽은 뒤에까지 따라온다. 다른 물건들은 아무리 오래 있다고 해도, 함께 갈 수 있겠는가?"라고 말한다네.

曰: "吾赤身且來, 赤身且去, 惟德殉我身之後也, 他物雖可久, 共歟!"

◆ 7장: 두 개의 주머니를 짊어지다

〔肩負雙囊, 七章〕

무릇 사람이란 자기를 알기는 어렵고, 자기를 속이기는 쉽다네.

夫人也, 識己也難乎, 欺己也易乎.

옛날 말씀에 사람은 모두 어깨에 주머니 두 개를 지고 있었다고 하네.

昔有言, 凡人肩負雙囊

가슴 주머니에는 다른 사람의 잘못을 담고, 등 주머니에는 자신의 잘못을 담았네.

以胸囊囊人非, 以背囊囊己慝兮.

눈을 내려 보면 다른 사람의 잘못이 잘 보이고 고개를 돌려 뒤의 주머니를 보면 자기 잘못은 거의 없다고 생각했다네.

目俯下易見他惡, 回首顧後囊, 而覺自醜者希兮.

남의 단점을 볼 때는 용의 큰 눈으로 보고, 자기의 잘못을 볼 때는 장님이었네!

覘他短, 乃龍睛, 視己失, 卽瞽目兮!

'모니스'[4]는 하루는 함부로 사람을 찔러서 다치게 하였다네.

默泥氏一日濫刺毁人.

"당신 정말 잘못이 없소? 아니면 우리들을 바보라고 생각하시오?" 라고 누가 물었다네.

或曰: "汝獨無咎乎. 抑思昧吾儕歟?"

'모니스'는 "있지요! 아마 또한 큰 잘못이지요! 지금 저는 다만 스스로를 용서하지요!"라고 말했다네.

---

4) 默泥氏는 아마도 Monaises의 한자 음역인 것 같다. 그는 고대 이란 지방에 살았던 유목민인 Parther의 무사이다. *Der Kleine Pauly*, Bd. 3, 1404쪽 참조.

曰: "有哉! 或又重兮! 惟今吾且自宥兮!"

아아! 당시에 〔자신에게〕 이처럼 관대했다면, 진실로 몽매한 노릇이로다!

嗟嗟! 時已如是寬也, 誠闇矣!

당신이 자기 자신을 용서한다면 다른 사람들이 어떻게 그것을 용서하겠는가?

汝宥已, 人則奚宥之?

내가 복수하는 법을 만들면 다른 사람들도 마찬가지로 이 법을 가지고 나를 얽맬 것이로다.

余制雪法, 人亦以此繩我矣.

세상에 잘못이 없는 사람은 적다네.

世寡無過者.

잘못이 적은 사람이 바로 현자일 뿐이네.

過者鐵, 乃賢耳.

당신은 다른 사람이 당신의 큰 허물을 용서해 주기를 바라면서 당신은 저들의 작은 잘못도 용서하지 않는가!

汝望人恕汝大癩, 而可不恕彼小疵乎!

◈ 8장: 정해진 운명은 어디든지 간다

〔定命四達, 八章〕

아아! 망망한 세상, 시간의 흐름은 빨리 지나가서 살아 있는 사람들을 핍박한다네.

嗚呼! 世之芒芒, 流年速逝, 逼生人也.

〔이〕 달을 대하면 〔금방〕 달이 바뀌고, 달이 바뀌었는가 했는데 벌써 백발의 늙은이라네.

月面月易, 月易銀容.

봄꽃의 붉은빛과 윤기는 저녁이면 아침과는 같지 않다네.

春花紅潤, 暮不若旦矣.

비록 재주가 있어도 재주로는 피부에 주름살을 면할 수 없고, 귀밑머리가 희어지는 것을 막을 수 없네.

若雖才, 而才不免膚皺, 弗禁鬓白.

늙고 쇠약한 것이 일단 오면 급히 흉한 밤을 불러 내어 눈을 감게 한다네.

衰老旣詣 迅招凶夜來瞑目也

정해진 운명은 어디든지 간다네.

定命四達.

왕궁이라고 두려워하지도 않고 가난한 집도 가련히 여기지 않는다네.

不畏王宮 不恤窮舍.

가난뱅이, 부자, 바보, 현자 〔모두〕 어두운 길로 달려가서 땅 속에서 2척 남짓하게 머물게 될 때는 우리들과 왕이 마찬가지이라네!

貧富愚賢, 槩馳幽道, 土中之次二尺候, 我與王子同場兮!

수고롭게 여름의 맹렬한 더위를 피하려 한들 무슨 소용 있는가?

何用勞勞, 而避夏猛炎?

부지런히 좋지 않은 가을 바람을 막으려 한들 무슨 소용 있는가?

奚用勤勤, 而防秋風不祥乎?

하루도 못 되어 너를 기다리는 것은 처자와 친한 벗들과의 영원한 이별인 것이네.

不日而需汝, 長別妻女〔子〕[5]親友.

---

5) 여기서 妻女는 妻子의 잘못으로 보아야 한다. 따라서 女를 子로 바로잡는다.

만약 깊은 방에서 납이 광채를 내고 있어서 밖에서 온 손님이 혹 그곳에 살고 싶어한다면, 어찌 아까울 것이 없겠습니까?

縱有深室青金[6]明朗, 外客或將居之, 豈無所愛?

정원의 온갖 나무도 〔관을 만드는 재료로 쓰이는〕 소나무와 오동나무가 아니면 모두 주인의 죽음을 함께 따라갈 수 없다네.

苑囿百樹 非松楸, 皆不殉主喪也.

〔나이가 들면〕 날로 차츰 고통스럽고 초췌해진다네.

日漸苦萃.

재물과 뇌물이 얼마나 모여야 사람들이 즐거울까?

財賄幾聚後, 人樂?

한 번 사치하면 곧 흩어지고 마는 것이라네.

侈奢一番卽散兮

6) 青金은 鉛의 다른 이름이다.

제 2 부

중국 지식인들의 서문과 발문

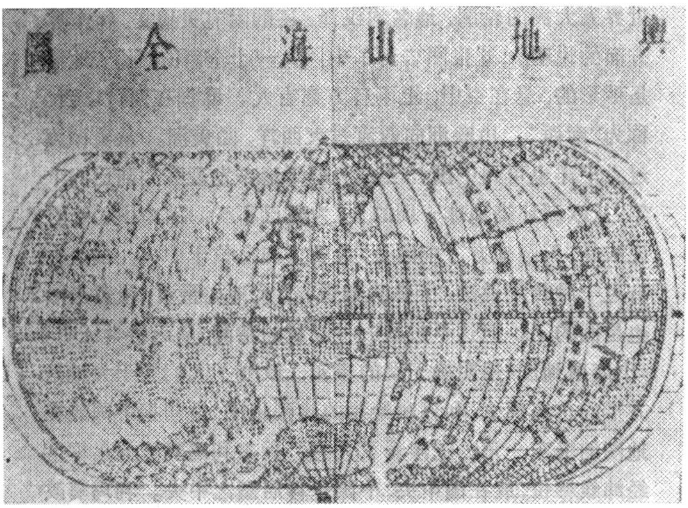

마테오 리치가 1584년 소경(肇慶)의 지부(知府)인 왕반(王泮)에게 그려 준 최초의 세계 전도

서역 사람 이마두의 『교우론』에 붙인 서문

〔大西域利公友論序, 1599〕

구여기(瞿汝夔 1549-?)

옛날 주나라 왕실은 덕을 쌓고 인(仁)을 쌓아 그 광휘가 천하를 덮어 천자의 자리에 올랐지만 〔제후들이〕 바치는 공물들을 신중히 선택하였다.

昔周家, 積德累仁, 光被四表, 以致越裳肅〔繡〕,[1] 愼重擇來獻,

주공은 이를 사양하면서 말했다:

"제후의 자리를 줄 수 없기에 저는 감히 받아 둘 수 없습니다."

周文公[2]讓而不居, 曰: "正朔[3]不加, 未敢臣畜."

이 때에는 빈객의 예로 그들을 대접했다.

于是, 以賓禮, 賓之.

〔이런 사실은〕 『주관』과 『왕회』[4]〔에 기록되어 있고〕 역사 기록물에

---

1) 裳繡는 천자의 옷에 수놓인 무늬를 말한다. 日, 月, 星, 辰, 山, 龍, 蟲, 藻, 火, 粉, 米, 乿 12가지 무늬이다.

2) 주나라 문왕의 아들로 어린 조카인 成王을 도와서 주나라의 문물 제도를 완비한 인물이다. 이름은 旦이어서 일반적으로 周公 또는 周公旦이라고 호칭되지만 시호가 文이라고 알려져 있어 周文公이라고도 불린다.

3) 正朔은 천자가 제후에게 내리는 달력이다. 천자는 제후들에게 정삭을 반포하여 그들이 천자의 통치권 내에 있는 제후국임을 인정하였다. 제후로 임명받는 것을 奉正朔이라고 말한다.

4) 지금은 남아 있지 않은 주나라 때 편찬된 책의 이름이다. 周公이 洛邑을 완성하고 난 후 제후들을 조회시켜 각각에게 직책을 수여할 때의 상황을 본보기로 후세에 남겨 주기 위해서 그가 지은 책이라고 한다.

실려 있다.

而周官王會, 著在史冊.

이 때 이후로 한(漢)나라 때는 사막에 있는 나라들과 교통하였고, 당(唐)나라 때에는 〔남중국〕 바다의 나라 사람들을 불러들였다.

自時厥後, 漢通漠磧, 唐聘海邦.

비록 또한 다른 지역들도 모두가 지극한 덕에 감회되었지만 알려진 것이 적었다.

雖亦殊域 並至德感, 鮮稱.

따라서 조공 품목들은 많았으나 기록들이 〔망실되어〕 남아 있지 않다.

故庭實[5]則繁, 而論著罔列.

태평성세를 구가하고 있는 우리 명나라는 역사상 그 어느 시대보다 위대하다.

洪惟我大明中天,[6] 冠絶百代.

신묘한 성인들이 계속 일어나서 그 덕이 온 세상을 덮었다.

神聖繼起, 德覆無疆.

그리하여 먼 나라 출신으로 뛰어난 덕을 지닌 마테오 리치 공과 같은 사람도 그 교화를 흠모하여 명나라에 도달하였다.

以致遐方碩德, 如利公者, 慕化來款.

〔그는〕 명성과 영달을 바라는 것이 아니라 명나라의 백성으로 편입되기를 원했다.

匪希聞達, 願列編氓.

---

5) 庭實은 전리품이나 조공품을 말한다.

6) 태양의 운행이 하늘의 정점에 이르는 것, 즉 한낮을 의미하는 말로서 태평성대를 비유하는 데 사용된다.

〔그는〕 성인의 가르침을 외우고 제왕의 법도를 따르며, 관과 띠를 하사받고 봄, 가을로 제사를 지냈다.

誦聖謨, 遵王度, 受冠帶, 祠春秋.

〔그리고〕 몸소 자신의 몸가짐을 바르게 함으로써 참된 수양을 실천하였고, 하느님을 섬기는 가르침을 경건히 전파하여 〔우리 중국의〕 바른 학문을 보필하였다.

躬守身之行, 以踐眞修, 申敬事天之旨, 以裨正學.

그러니 희헌[7]과 같은 남방의 인재도 마테오 리치 공과 같은 날에 이야기를 할 자격이 없는 것이다.

卽楚材[8]希憲, 未得與利公同日語也.

만력 기축년(1589)에 나는 남쪽의 나부(羅浮) 지역을 유람하다가 그 길에 〔肇慶의〕 군정장관인〔司馬〕 유절재(劉節齋) 공을 방문하였다가 마테오 리치를 '단주' 에서[9] 만났다.

萬曆己丑, 不佞南遊羅浮, 因訪司馬節齋劉公, 與利公遇于端州.

그를 보자 나는 그를 거리낌없이 경이롭게 생각하였다.

目擊之頃, 己灑然異之矣.

군정장관〔즉 劉節齋〕이 공(마테오 리치)을 소주(韶州)로 이주시킨 뒤에,[10] 나는 우연히 '조계' 에 들렀다.

及司馬公徙公于韶, 予適過曹谿.

또 여기서[11] 공(마테오 리치)을 만나고, 〔그를 따라 韶州로 가서〕

7) 명나라 때 項夢原의 字. 그는 秀水 사람으로 벼슬은 刑部郎中에 이르렀고, 저술로 『宋史偶識』이 있다.

8) 초나라 지역, 나아가 남방의 인재를 두루 일컫는 말.

9) 端州는 현재 廣東성의 '高要' (까오야오)縣이다.

10) 1589년 8월 15일에 마테오 리치는 韶州의 南華寺에 도착하였고, 8월 28일에 韶州의 읍내에 자리를 잡았다.

11) 이 곳은 南雄을 말한다.

수학[12)]을 배웠다.

又與公遇于是, 從公講象數之學.

2년 후 서로 이별하였는데, 공과 헤어진 지 6년쯤 후에도 공은 계속해서 북쪽으로 가면서 중국〔의 학문〕을 배웠다.

凡兩年而別, 別公六年所,[13)] 而公益北學中國.

〔그는〕 예장(즉 南昌)에 도착한 후 순무(巡撫)인 육중학(陸仲鶴)이 그를 '남창'에 머물게 하였다.

抵豫章, 撫臺仲鶴陸公留之駐南昌.

여가가 생겨 건안왕(建安王) 전하와 함께 벗의 도리에 대해 논하고 이를 한 편의 책으로 펴냈다.

暇與建安郡王殿下, 論及友道, 著成一編.

공(마테오 리치)은 〔그 책을〕 나에게 보여 주고서 나에게 머리말을 써 달라고 부탁했다.

公擧以示不佞, 俾爲一言弁[14)]之.

'호목화살'〔楛矢〕과 '흰꿩'〔白雉〕[15)]은 '윤리 도덕의 가르침'〔名教〕의 이치에 관계되는 것은 나는 아니라고 생각한다.

予思: 楛矢白雉, 非關名理.

그러나 옛날의 현명한 임금들은 오히려 이런 〔귀중한〕 것들을 〔신

12) 1592년 2월 18일 마테오 리치는 瞿汝夔의 초청으로 南雄에 가서 그를 만나고 함께 韶州로 돌아와서, 瞿汝夔(號는 太素)는 마테오 리치를 스승으로 모시고, 리치로부터 Christopher Clavius가 지은 「同文算法」, 「渾蓋圖說」 및 '유크리드 기하학'을 배우기 사작하였다. 張奉箴, 앞의 책, 111쪽 참조.

13) 所는 …… 쯤, …… 정도를 의미하는 말이다

14) 弁言이라고 하면 책머리에 쓰는 말을 뜻한다.

15) 楛矢은 '싸리나무화살대'이고 白雉는 행운을 가져온다는 '흰꿩'이다. 옛날 주나라 때에 周王에게 바치던 이민족들의 좋은 조공 품목이다.

하들에게〕 나누어 줌으로써 〔임금의〕 밝은 덕을 빛나게 한 것이다.

而古先哲王, 猶頒示之以昭明德.

지금 마테오 리치 공은 하늘을 가득 채울 만한 자질을 갖추고 있으니, 다만 손님으로 〔중국에〕 온 것이 아니요, 성인의 교화를 익히려고 마음먹은 것이다.

今利公其彌天之資, 匪徒來賓, 腹習聖化.

〔또한 그는〕 우리 중국말로 저들의 스승으로부터 전해 받은 〔가르침을〕 번역하였는데, 이러한 마음과 이러한 도리들은 〔우리 중국인들의 마음에〕 마치 부절〔신표〕처럼 꼭 합치하는 것이다.

以我華文, 譯彼師授, 此心此理, 若合契符.

민간에서 채록한 시가를 진술하여 〔왕에게〕 바치듯이 〔이〕 책에 기록한 것이다.

籍有錄之, 以備陳風采謠之獻.

〔이 책의〕 그의 글이 나라를 위하는 좋은 점은 ‘싸리나무화살’과 ‘흰꿩’의 백 배 이상 가는 것이 아니겠는가!

其爲國之瑞, 不更在楛失白雉百累之上哉!

그의 논의의 정수에 다다르면 그 자체가 충족되어서 집어 내어 버릴 것이 없다.

至其論議精粹中, 自具足, 無俟拈出矣.

그러나 〔이 글은〕 공에게 있어 백분의 일 정도밖에 안 되는 것이다.

然于公特百分一耳.

혹 방융(房融) 재상[16]과 같은 사람이 있어 그의 ‘본성과 천명’〔즉 철학〕과 ‘도리의 법칙’〔즉 과학〕의 이론을 붓으로 받아 적게 한다면 완비된 일가를 이룰 것이다.

---

16) 房融은 당나라 사람으로 洛陽 사람이다. 일찍이 인도의 승려 般剌, 密帝 등과 함께 『首楞嚴經』을 번역하였다.

或有如房相國融等, 爲筆授其 '性命' '理數' 之說, 勒成一家.

〔그리하여 그것을〕 온 나라에 보관하고 그 부본들을 이름난 산에 보관하여 후세 사람들로 하여금 그 뜻을 아는 이가 있도록 한다면, 하늘을 섬기는 목표를 반드시 밝힐 수 있을 것이다.

藏之通國, 副在名山, 使萬世而下, 有知其解者, 未必非昭事上天之準的也.

만력 기해(1599)년 1월 좋은 날

萬曆 已亥, 正月 穀旦

벗 구여기 서문을 씀

友人 瞿汝夔 序

『교우론』 출간에 붙인 서문

〔刻交友論序, 1601〕

풍응경(馮應京 1555-1606)

'서태'[1] 선생이 팔 만리의 힘들고 먼 길을 여행하여 동쪽으로 중국에 온 것은 벗을 사귀기 위해서이다.

西泰子間關[2]八萬里, 東遊於中國, 爲交友也.

그는 벗 사귐의 도리를 매우 잘 깨닫고 있었기 때문에 절실하게 벗을 찾았고, 〔벗과〕 서로 함께 있을 때는 돈독하게 대했고, 벗의 도리에 대해서 말할 때는 특히 상세하였다.

其悟交道也深, 故其相求也切, 相與也篤, 而論交道獨詳.

아아! 벗이 맺어지게 되는 것은 중요하구나!

嗟夫! 友之所繫, 大矣哉!

임금과 신하는 의리〔義〕가 없을 수 없고 아비와 자식은 사랑〔親〕하지 않을 수 없다.

君臣, 不得不義; 父子, 不得不親.

지아비와 지어미 사이에는 구분〔別〕이 없을 수 없고 어른과 어린아이는 차례〔序〕가 없을 수 없다.

夫婦不得不別, 長幼不得不序.

---

1) 당시 중국에서는 서양을 泰西, 즉 '아주 서쪽'으로 불렀다. 말하자면, 泰西는 '서쪽(즉 인도)보다 더 서쪽'이라는 뜻이다. 마테오 리치는 이 泰西를 뒤집은 西泰를 자기의 號로 취하였다.

2) '間關'은 험하고 힘든 길을 지나가다는 의미이다.

이 어찌 사귐이 없을 수 있겠는가?

是烏可無交?

대저 사귐이란 범범하게 서로 즐겁게 하고 부합하거나, 서로에게 은혜를 베풀어 주는 것이 아니다.

夫交非汎汎然相讙洽, 相施報而已.

서로를 돕고 서로에게 보탬이 되며, 서로를 바로잡아 주고 서로를 완성시켜 주는 것이다.

相比相益, 相矯相成.

그 사귐이 이루어지는 중에는 〔사욕이〕 용납될 수 없는 데에서 〔사귐이〕 시작되고 지극해지면 끝내는 헤어질 수 없게 되어야만 〔진정한〕 사귐이라고 말할 수 있다.

根於其中之不容已, 而極於其終之不可解, 乃稱爲交.

세상에는 '나를 〔드러난〕 얼굴로, 벗을 〔속의〕 마음'으로 보는 사람도 없지만 또한 '나를 〔속의〕 마음으로, 벗을 〔드러난〕 얼굴'로 보는 사람도 없다.

世未有: '我以面, 而友以心' 者, 亦未有: '我以心, 而友以面' 者.

새는 벗이 있어야 노래하고 사람은 벗이 있어야 살 수 있다.

鳥有友, 聲; 人有友, 生.

새는 거짓이 없는데 사람이 거짓을 용인해서 되겠는가!

鳥無僞也, 而人容僞乎哉!

나는 똑똑치 못하여 어려서부터 책에 빠져 있어서 책을 떨쳐 버리고 벗을 찾을 여유를 갖지 못했다.

京不敏, 蚤溺鉛槧, 未遑負笈求友.

장성해서는 동서남북 〔사방〕으로 돌아다니며 비로소 임금〔즉 나라〕의 일로 인하여 벗과의 정분을 두텁게 했다.

壯遊東西南北, 乃因王事, 敦友誼,

'서태' 선생이 산으로 바다로 마음껏 다니면서 힘써 벗을 사귀는 것을 보고 유달리 많은 부끄러움을 느꼈다.

視西泰子迢遙山海, 以交友爲務, 殊有餘愧.

이리하여 그의 〔교우〕론을 음미해 보고 동양에서 서양까지 이 마음과 이 이치는 모두 같다는 것을 더욱 믿게 되었다.

爰有味乎其論, 而益信: '東海西海, 此心此理同'也.

출판에 붙여서, 〔이 책을〕 보는 사람들이 내가 사귐의 도리를 중시한다는 것을 알게 하고 싶었다.

付之剞劂, 冀觀者知京重交道.

〔이 책이〕 보고 버리지는 것을 차마 견딜 수가 없다!

勿忍見棄.

서로 얼굴을 맞대고 말을 하지 않아도, 마치 불꽃을 피우기 위해 거울이 태양을 향하고 있으며, 그리고 물을 받기 위해 거울이 달을 향하고 있기에 물과 불이 서로 상응하여 생겨나는 것처럼, 정신적인 사귐이 있기를 바란다.

卽顔未承, 詞未接, 願以神交, 如陽燧[3]向日, 方諸[4]向月, 水火相應以生.

내가 어찌 감히 〔리치 선생의〕 은덕을 잊겠는가?

京何敢忘德?

교우론은 모두 백 장인데 벗이 되어 줄 것을 부탁할 때 이것을 예물로 삼을 것이다.

交友論凡百章, 藉以爲求友贄.

명나라 만력 신축년(1601) 봄, 1월 8일

明 萬曆 辛丑, 春正月八日

---

3) 陽燧는 火鏡이라고도 한다. 태양으로부터 불을 취하는 청동 거울이다

4) 方諸는 달로부터 물을 받는 돌로 만들어진 거울이다. 諸는 구슬〔珠〕의 의미이고 方은 돌〔石〕의 의미이다.

우이(盱眙) 사람 풍응경

盱眙, 馮應京

삼가 초얼사(楚臬司)의 명덕당(明德堂)에서 씀

敬書於楚臬司之明德堂

『스물다섯 마디 잠언』의 재판 서문

〔重刻二十五言序, 1604〕

풍응경(馮應京 1555-1606)

가장 좋은 것은 말을 잊는 것이고, 그 다음이 〔이론을〕 세워 말을 하는 것이다.

太上忘言, 其次立言.

말은 지혜로운 사람을 위해 마련된 것이 아니다.

言非爲知者設也.

사람은 태어났을 때에는 몽매하여 말이 아니면 누구도 깨우칠 수 없다.

人生而蒙, 非言莫覺.

그러므로 하늘은 말을 하지 않지만 세상에 태어난 현명한 철인들이 말로써 그들을 깨우쳐 준다.

故天不言, 而世生賢哲以覺之.

이 『스물다섯 마디 잠언』(二十五言)은 진실로 '하늘의 이치'〔天數〕에 근본을 두고 있는 것으로, '큰 서쪽 나라'의 리치 선생이 지은 것이다.

玆二十五言, 實本天數, 大西國利先生作也.

큰 서쪽 〔나라는〕 중국 땅에서 〔아주〕 멀리 떨어져 있지 않은가?

夫大西, 於中土, 不遼絶乎?

오직 이 〔서양의〕 학문은 오로지 하늘을 섬기는 것이며 하늘의 만백성들이 서로 이롭게 하고 구제하지 않음이 없음을 보여 주는 것이다.

唯是學專事天, 見爲: '總總天民, 罔不交相利濟也' 者.

〔누가〕 위태로우면 힘으로 구해 주지만, 〔생각이〕 미혹되어 있으면 말로 구해 주어야지 힘으로써 할 수 있는 것이 아니다.

阽危則拯以力, 迷惑則救以言, 非力所及.

애오라지 말을 통해 사랑을 베푸는 것이다.

聊因言寄愛焉.

그러므로 〔리치 선생은〕 곡진하게 일러 주는 것에 싫증 내지 않는다.

故不厭諄諄[1]也.

무릇 사람들의 마음이 항상 먹는 음식에 물리게 되면 산과 바다의 진귀한 음식을 찾는 것은 다만 〔그것이〕 특이하기 때문일 뿐이다.

凡人之情, 厭飫常餐, 則尋珍錯於山海, 亦秖以異耳.

선생께서는 이 참된 도리를 가지고 산을 넘고 바다를 건너오셔서 — 마치 용이 파리해지고 봉황에 뼈만 남아 있는 것처럼 — 볼 만한 것이 없는 우리 중국에 은혜를 베풀었다.

先生載此道腴,[2] 梯航[3]而來, 以惠我中國, 如龍臠鳳嵴, 無所希覯.[4]

얻고 잃는 것의 전모를 말하여 많은 사람들에게 본성을 손상시켜서는 안 되며 욕망을 거리낌없이 추구해서는 안 된다는 것을 밝혔다.

要以陳得失之林, 使衆著於性之不可虧, 而欲之不可肆.

---

1) 諄諄은 곡진하게 타이르는 모양을 형용하는 표현이다.

2) 腴는 맛있는 음식〔膏腴〕인데, 道腴는 그 맛이 뛰어남을 비유하여 도의 참된 근원을 의미한다. 班固의 「答賓戲」에 다음과 같은 표현이 있다. '委命供己, 味道之腴'. 그리고 注에는 '善曰, 腴, 道之美者也, 向曰, 腴, 膏腴也, 言硏味道德之膏腴.' 라고 되어 있다. 『모로하시』 11권 136쪽 참조.

3) '梯航' 은 '梯山航海' 의 준말로 험한 산에 사닥다리를 놓고 올라가고 배를 타고 바다를 건넌다는 뜻으로 아주 먼 곳으로 가거나 아주 먼 곳에서 온다는 의미를 갖고 있다.

4) '希覯' 는 드물게 볼 수 있는 것, 귀한 것을 말한다.

그래서 백성들의 생활에 관련되는 바가 정말로 매우 크다.

則所關於民用, 固甚鉅已.

아아! 〔이론을〕 세워 말을 하기도 어렵고 말을 듣는 것도 쉽지 않다.

於戱! 立言難, 聽言不易.

우리 나라 성인들의 가르침은 많다.

中國聖人之訓, 夥矣.

그래서 뜻을 숨기고 세속에 맞춰 처신하는 사람은 수레바퀴를 만드는 목수에게도 조롱당한다.

然餔糟[5]者, 見譏於輪人.

겉모습이 화려한 사람이 혹 이름난 배우인 우맹(優孟)처럼 행세하면 지금 만사가 형통하는 형국이다.

掞藻[6]者, 或方之優孟,[7] 則今對證而發藥.[8]

어떻게 〔이런 사이비들을〕 끝낼 수 있겠는가?

烏可以已?

만일 이 〔『스물다섯 마디 잠언』〕의 말씀을 외우게 되면 〔우리들은〕 엄숙하게 행동하고 오래도록 깊이 생각하게 된다.

儻誦斯言者, 穆然動, 深長之思.

모든 것에 대해서 '안'〔마음〕을 중시하고 '밖'〔외물〕을 경시하게

---

5) '餔糟'는 뜻을 굽히고 세속을 따라 처신하는 것을 말한다. "衆人皆醉, 何不餔其糟而歠其釃?", 『楚辭』, 「漁父」 편; 『抱朴子』, 「刺驕」 편 참조.

6) 掞藻는 詞藻〔詩文의 문채〕가 풍부하다, 문장이 아름답다는 의미를 가진다.

7) 優孟은 楚나라의 이름난 배우이다. 그와 관련된 優孟衣冠이라는 고사는, 그가 죽은 孫叔敖의 의관을 차려 입고 손숙오의 아들을 곤궁에서 구해 낸 이야기이다. 더 나아가서 사이비의 비유로 쓰인다.

8) 對證之藥은 병증에 따라 알맞게 처방전을 내어 짓는 약을 말하는데, 처방하는 사람이나 약을 먹는 사람이 모두 적중한다는 비유적 의미이다.

되어 위로는 하늘의 덕에 이를 수 있게 된다.

一切重內輕外, 以上達於天德.

그래서 반드시 무덤 속에서 자유(子遊)와 자하(子夏)를 일으켜 세워야만 공자가 사람들을 일깨웠던 뜻을 이을 수 있는 것이 아니다.

則不必起游夏於九原,[9] 而尼父覺人之志以續.

그 〔리치 선생의〕 글을 '란대석실'에 보존된 〔불교의〕 『사십이장경』과 비교한다면, 어느 것을 더 높이 쓸 수 있겠는가?

其視蘭臺四十二章,[10] 孰可尊用?

기필코 분별해 줄 수 있는 사람이 마땅히 있어야 한다.

當必有能辨之者.

나는 일단 〔그 책을〕 받고서 전부를 다 외서 읽었으니, 〔리치 선생의 이 책이〕 다행히 두텁지 못한 〔나의〕 덕에 도움이 되기를 바라며 출판에 부치는 것이다.

京旣受而卒業,[11] 幸裨凉德[12]乃付殺青.

---

9) 九原은 戰國시대 晉나라 경대부의 묘지이다. 나아가 일반적으로 묘지, 黃泉을 가리킨다.

10) 後漢의 明帝의 永平 3년(즉 서기 60년)에 中郎인 蔡愔 등이 천자의 명령을 받고서 서역의 大月氏국에 사신으로 파견되어, 그 곳에서 최초의 漢譯佛經이 된 『四十二章經』을 베껴 왔으며, 동시에 부처의 立像을 그림으로 그려 가지고 돌아와서, 그것들을 漢나라의 궁중 도서관인 蘭臺石室 第14間에 안치했다는 기록이 있으나, 이런 전설은 믿을 수 없는 것이다. 『望月佛教大辭典』(증보판) 5권, 4444쪽 4단 참조. 따라서 蘭臺四十二章은 바로 蘭臺石室에 보관되었다는 최초의 한역 불경서인 『四十二章經』을 말한다. 『四十二章經』의 저자는 迦葉, 摩騰, 法蘭이라고 하지만, 근대의 고증에 의하면, 摩騰, 法蘭은 실재 인물이 아니다. 그것은 三國(220-280) 및 東晋(317-420) 시대에 가탁하여 지어 낸 小乘 불교 경전이다. 이 경전에는 그러나 漢代의 道術이나 黃老 사상의 색채가 혼입되어 있다.

11) 卒業을 전편을 외어서 읽는 것을 말한다.

12) 凉德은 얇은 덕, 두텁지 못한 덕을 말한다.

그 책을 우리 벗들에게 공표하고 차라리 다른 사람들로 하여금 내가 쇠나 나무 방망이로 고문을 당하고 있다고 말하지 말지어다!

公之吾黨, 無寧使人謂我金木方訊!

오로지 이 책에 의지하여 〔정신적인〕 양심의 형벌에서 벗어나고자 할 뿐이다.

獨藉此, 免內刑.[13)]

또한 〔이 책의 말씀을〕 누구나 지껄이는 가벼운 말씀으로 여기면 〔마음을〕 진작시키고 수양하는 데 해당되지 않을 것이다.

且聽道說途,[14)]于震[15)]脩無當也.

이 책이 돌고 흘러서 서쪽 바다에까지 이르면 이 어진 사람의 베풀어 주심을 숨길 수 없을 것이니, 이 하늘을 함께 이고 있는 사람들로 하여금 새벽으로 나아가게 할 것이다.

惟是滙流西海, 不隱仁人之賜, 俾共戴此天者, 曙所嚮往.

그렇게 되면 〔이 책의〕 말씀을 이해한 군자들은 또한 장차 내 마음과 부합함이 있을 것이다.

則知言君子, 將亦有契於予心.

1604년 5월 어느 좋은 날

萬曆甲辰, 歲夏五月, 穀旦

우이(盱眙) 사람 풍응경 씀

盱眙 馮應京書

---

13) 金木은 쇠붙이나 나무로 된 刑具를 말하고, 內刑은 마음으로 받는 형벌을 말한다. "爲外刑者, 金與木也. 爲內刑者, 動與過也. 宵人之離外刑者, 金木訊之. 離內刑者, 陰陽食之.", 『莊子』, 「列御寇」 편 참조.

14) 道聽塗說은 길에서 들을 일을 바로 길에서 이야기한다는 말로, 좋은 말을 듣고도 마음에 깊이 새겨 두지 않고 흘려 버리는 것을 의미한다. "道聽而塗說, 德之棄也.", 『論語』, 「陽貨」(17:12) 참조.

15) 여기서 震은 振(진작시키다)로 통한다.

『스물다섯 마디 잠언』의 발문

〔跋二十五言, 1604〕

서광계(徐光啓 1562-1633)

옛날 하남성의 숭산(嵩山)을 유람할 때 천주의 상을 우러러본 적이 있다.

昔遊嶺嵩, 則嘗瞻仰, 天主像設.[1]

〔이것은〕 대개 유럽으로부터 바다로 배를 타고 건너온 것들이다.

蓋從歐羅巴海舶來也.

조(趙) 중승(中丞)과 오(吳) 전부(銓部)[2]가 전후하여 판각한 (세계) 지도[3]를 보고 바로 마테오 리치 선생이 있음을 알았다.

已見趙中丞吳銓部前後所勒輿圖, 乃知有利先生焉.

〔리치 선생이〕 도성[4]에 머무는 동안[5]에 〔그를〕 만나서 간략하나마

---

1) 像設은 제사지낼 때 사용하는 것으로 죽은 사람의 모습 혹은 불상 등등을 지시한다. 『楚辭』, 「招魂」, 天地四方, 多賊姦些, 像設君室, 靜間安些. 『漢語大詞典』 1권 1655쪽 참조. 여기서는 十字架를 말한다.

2) 마테오 리치는 肇慶에서 1984년에 당시 肇慶의 知府인 王泮에게 세계 지도를 그려 주었고 王泮은 그것을 肇慶에서 출판하였다. 그것이 바로 『輿地山海全圖』(1584)이다. 여기서 말하는 趙中丞은 1594에서 1598 사이에 바로 마테오 리치의 『輿地山海全圖』(1584)를 모사하여 돌에 판각한 趙可懷를 말하고, 吳銓部는 당시 南京의 吏部의 主事로 있던 吳中明이다. 마테오 리치는 吳中明의 요청에 의하여 1600년에 자기의 지도를 다시 수정하여 남경에서 다시 출판하였다. 王欣之, 『明代大科學者徐光啓』, 30쪽 참고. 그리고 中丞은 巡撫 벼슬을 말하고, 銓部는 吏部에서 전문적으로 관리를 선발하는 직책을 말한다.

3) 이 지도가 『山海輿地圖』이다.

함께 애기를 나눠 보고는 이 사람은 두루 세상의 모든 것에 박학다식하고 능통한 군자라고 생각했다.

間邂逅留都, 略偕之語, 竊以爲此海內博物通達君子[6]矣.

곧 이어 〔리치 선생은〕 조공 물품들을 가지고 북경에 들어와 관사에 머물면서[7] 고관〔수준〕의 월급을 받았다.

亡何, 齎貢入燕, 居禮賓之館, 月急〔給〕[8]大官飱錢.[9]

이 때부터 사방의 모든 사람들 가운데, 리치 선생이라는 사람이 있다는 것을 모르는 이가 없었다.

自是, 四方人士, 無不知有利先生者.

학식이 높거나 명망이 높은 여러 엘리트들 역시 그를 만나 보기를 학수고대(鶴首苦待)하지 않는 이가 없었다.

諸博雅[10]名流, 亦無不延頸, 願望見焉.

그의 말의 서두나 나머지 말들을 조금 들어 보면 〔우리들의〕 '마음

---

4) 여기서 都는 南京을 말한다.

5) 1598년 6월 25일에 마테오 리치는 南昌을 떠나서 南京에 정착하게 되고 그 곳에서 여러 문인 학자들과 교류하면서 北京의 진입을 시도한다. 마침내 1600년 5월 18일(또는 20일)에 제2차 北京 진입을 시도한다. 1600년 초에 徐光啓가 南京을 지나면서 마테오 리치를 만난다. 여기에서는 이 때의 만남을 말한 것이다. 『利瑪竇評傳』 下권, 637-638쪽 참조.

6) 博物은 온갖 사물을 가리키는 말로, 博物君子라고 하면 모든 사물에 능통한 사람을 의미한다.

7) 1601년 3월 중순에 마테오 리치 일행은 조공국의 사신 일행 등이 머무는 "四夷館"에 입주하게 되고, 그 해 5월 28일에 그 곳에서 나와서, 황제의 비용으로 민간의 집에 세를 들어 살면서, 중국 진입(1583) 18년 만에 그와 예수회가 고대하던 北京에서 정식적인 삶이 비로소 시작된다. 같은 책, 638쪽 참조.

8) '急'은 '給'의 오자이다.

9) 飱錢는 관리에게 봉록 이외에 지급되던 식대(飯食錢)를 말한다.

10) 博雅는 학식이 넓고 성품이 고아함 혹은 그런 사람을 가리킨다.

이 기쁘게 되고 의지가 충만해져서 〔이전에 자신에게〕 없던 것을 얻었다' 고 여기지 않는 사람이 없었다.

稍聞其緒言 · 餘論, 則又無不: '心悅志滿, 以爲得所未有.'

나도 또한 〔그의 문하에서〕 배우는 사이에 상세한 가르침을 청하여 〔그의〕 주요한 뜻을 들을 수 있었다.

而余亦以間遊從請益,[11] 獲聞大旨也.

〔그래서〕 전에 내가 탄복했던 말들은 술지게미나 재 같은 것이요, 또 술지게미나 재 중에서도 만분의 일에 불과한 것임을 알게 되었다.

則余向所歎服者, 是乃糟粕煨燼,[12] 又是乃糟粕煨燼中, 萬分之一耳.

대체로 그의 학문은 탐구하지 않은 것 없이 〔박학〕하지만 그 핵심은 '하느님' 께 정성을 다하는 데로 귀결된다.

蓋其學無所不闚, 而其大者以歸誠上帝.

쉬지 않고 부지런히 힘쓰며 밝게 섬기는 일을 종지로 삼아 아침부터 저녁까지 한 순간도 모든 생각이 이에 있지 않은 경우가 없다.

乾乾,[13] 昭事爲宗, 朝夕瞬息, 亡一念不在此.

여러 모든 감정과 유혹이 몸에 범접하지 못하고, 입에 오르내리지 않는 것은 물론이고 또한 그런 것들은 절대로 그의 마음에 싹트지 못한다.

諸凡情感誘慕, 卽無論不涉其躬, 不挂其口, 亦絶不萌諸其心.

〔몸을〕 잘 닦고 〔마음을〕 정결하는 것을 기약하고 힘을 쓰면서, 이른바 '받은 몸을 온전하게 〔천주께〕 되돌려 줌' 을 추구하는 것이다.

務期埽除淨潔, 以求所謂' 體受歸全' 者.

---

11) 請益은 한층 상세하게 가르쳐 주기를 청하는 것이다.

12) 糟粕은 술지게미를, 燼은 타고 남은 재를 가리키는 말이다.

13) 乾乾은 쉬지 않고 부지런히 힘쓰는 모양, 自强不息 하는 모습을 형용하는 말이다.

그 사이에 반복해서 어려운 문제들을 극복하면서, 잡담이나 한담 같은 수만 가지 말씀 중에서 충효의 큰 가르침과 합치하지 않는 것이나 사람의 마음과 세상의 도리에 무익한 말은 한 마디를 찾으려 해도, 끝내 찾을 수 없었다.

閒嘗反覆送難, 以至雜語燕譚,[14] 百千萬言中, 求一語不合忠孝大指〔旨〕,[15] 求一語無益於人心·世道者, 竟不可得.

아마 이 점은 그의 책 가운데는 보이지 않지만, 〔그의〕 가르침 중에 큰 훈계이다.

蓋是其書傳中所無有, 而教法中所大誡也.

평생에 가졌던 '선'에 대한 의문을 깨우쳐 주어, 이 〔책에〕 이르러서는 마치 구름을 걷어 내는 것처럼 의심할 만한 것이 없게 되었다.

啓生平善疑, 至是, 若披雲然, 了無可疑.

때로는 또한 이해할 수 있었던 것도, 이 〔책에〕 이르러서는 마치 어둠 속을 거니는 것처럼 이해할 길이 없었다.

時亦能作解, 至是, 若遊溟然, 了亡可解.

〔나는〕 일찍이 〔그런 의문들을〕 마음 속에 깊이 간직했다가, 가르침을 청했다.

乃始服膺,[16] 請事焉.

그 사이에 몇 종류의 번역한 책을 부탁하여 〔그것들을〕 받아서 전편을 다 외어서 읽었다.

閒請其所譯書數種, 受而卒業.

선생께서 자기 나라에서 가지고 온 여러 경서들이 상자 속에 그득했는데, 아직 번역되지 않은 것은 읽을 수가 없었다.

---

14) 燕譚는 閑談(한가롭게 노닥거리는 말)을 말한다.

15) 여기서 指는 旨로 읽어야 한다.

16) 服膺은 잠시도 잊지 않고 잘 지킨다는 의미를 가진다.

其從國中携來諸經書盈篋, 未及譯, 不可得讀也.

〔그래서 리치 선생이〕 도성(즉 南京)에 온 이래로 논의하는 사람들이 다시 적어졌다.

自來京師,[17] 論者復少.

이『이십오언』은 도성(즉 南京)에 머무는 동안 완성되었다.[18]

此二十五言, 成於留都.

금년 여름에 초헌(楚憲) 풍응경(馮應京) 선생이 출판을 부탁하여 〔이 책을〕 그에게 전해 주었다.

今年夏, 楚憲馮先生, 請以付梨棗,[19] 傳之其人.

이것 역시 〔리치 선생의 가르침의〕 만 분의 일에 불과한 것이다.

是亦所謂萬分之一也.

그러나 〔그의 가르침의〕 중요한 뜻은 찾아볼 수 있다.

然大義可睹矣.

나는 그〔리치 선생〕에게 이렇게 다시 청해 보았다:

余更請之, 曰:

"선생께서 가져오신 경서들 속에는 '미묘한 말씀과 신비한 뜻'이 바다가 물을 머금고, 땅이 만물을 짊어지고 있는 것처럼 〔많습니다.〕

"先生所携經書中, 微言妙義, 海涵地負.

진실로 뜻을 같이하는 여러 동료들을 모아 함께 번역하여 사람들로 하여금 그 지극한 이론들을 충분히 듣게 하고 그 원래의 근본을 얻고

---

17) 京師에서, 京은 大, 師는 衆, 곧 대중이 사는 곳, 임금의 궁성이 있는 곳이라는 뜻이다. 그리고 마테오 리치가 南京에 머무른 기간에 대하여는 앞의 주 5 참조.

18) 1959년 8월 15일경이다.『利瑪竇評傳』下, 637쪽 참조.

19) 梨棗는 원래 배나무와 대추나무라는 뜻인데, 서적의 판목으로 배나무와 대추나무를 최고로 간주했기 때문에 梨棗는 출판의 뜻으로도 사용된다.

자 합니다.

誠得同志數輩, 相共傳譯, 使人人飫聞至論, 獲厥原本.

또한 그 나머지 실마리들을 얻어서 백성들의 일용에 유익한 도움이 되게 하고 싶습니다.

且得竊其緒餘, 以裨益民用.

이는 또한 천고[에 없었던] 큰 기쁨이니, 어찌 의미 있는 일이 아니겠습니까?"

斯亦千古大快也, 豈有意乎?"

[리치 선생은 이렇게] 대답하였다.

答曰:

"그렇습니다. 하지만 당신의 말씀까지 기다리지 않겠습니다.

"唯然, 無竢子言之.

일찍이 서쪽에서부터 바다로 팔만 리를 건너오면서, 지나온 긴 여정은 무려 수백 개의 나라들인데, 마치 탱자나무나 가시나무 가운데를 지나는 듯[한 고생스러운 길이었습니다.]

向自西來, 涉海八萬里, 脩途所經, 無慮數百國, 若行枳棘中.

중국에 이르러서는 인의예악의 성대한 문물을 보고는 마치 구름과 안개를 다시 걷어 내고 푸른 하늘을 보는 것 같았습니다.

比至中華, 獲瞻仁義禮樂聲明文物之盛, 如復撥雲霧, 見靑天焉.

때때로 여러 유명하신 분들과 교유하며 그들과 더불어 이야기하면서 서로 인정하지 않음이 없어서 저는 이런 것으로 보아 도리는 외롭지 않다고 믿었습니다.

時從諸名公遊, 與之語, 無不相許可者, 吾以是信道之不孤也.

『성경』의 뜻을 번역하는 것은 지금 여기에서 아직은 서두를 일이 아닙니다.

飜譯經義, 今玆未遑.

당신은 잠시 기다려 주십시오."

子姑待之耳."

나는 혼자서 그 말이 옳다고 여겼다.

余竊韙其言.

아아! 옛날 제왕들의 시대에는 봉황이 누각에 내려앉아 둥지를 틀고 뜰에서 법도에 맞게 춤을 추었으니 대대로 그것을 진귀하게 여겼다.

嗚呼! 在昔帝世, 有鳳有皇, 巢閣儀庭, 世世珍之.

지금 이 성대한 시대에, 박학다식(博學多識)한 진인(眞人)이 있어서 나에게 덕의 광채를 보여 주고, 〔우리〕 땅에 와서 머물며 나에게 모범이 되어 주었다.

今玆盛際, 乃有博大眞人, 覽我德輝, 至止於庭, 爲我羽儀.[20)]

그가 〔우리 중국〕 세상의 보배가 됨이 정말 크지 않은가!

其爲世珍, 不亦弘乎!

찬란한 〔문화로〕 돌아갈 수 있도록 이끌어 주고 소리쳐 분발시켜 주어 우리 문명의 아름다움을 도와 주고 있다.

提扶歸昌, 音聲激揚, 以贊贊[21)]我文明之休.

더 이상 기다릴 수 있겠는가!

日可竢哉!

세월을 더 기다려야 할 것인가!

日可竢哉!

1604년 하지날에

萬曆 甲辰, 長至日

---

20) 羽儀는 훌륭한 행동으로 세상의 모범이 되는 것을 말한다.

21) 贊贊은 돕는다는 뜻이다. 『尙書』, 「皐陶謨」 참조.

운간(雲間)[22] 사람, 후배 서광계(徐光啓) 지음

後學 雲間 徐光啓 撰

22) 雲間은 江蘇성의 松江縣이니, 지금의 上海에 해당한다.

『기인십편』의 서문

〔刻畸人十篇, 1608〕

이지조(李之藻 1565-1630)

◆ 서태[1] 선생은 구만 리 〔길〕을 항해해 오면서, 사막, 태풍, 그리고 사람을 잡아먹는 괴상한 인종의 나라들을 지나온 것이 얼마인지도 모를 정도이지만 재앙이나 해를 당하지 않았다.

西泰子浮槎九萬里而來, 所歷沉沙狂颸與夫啖人畸人之國, 不知幾許而不菑不害.

〔중국에 와서는〕 부지런히 벗을 찾아서 빈번하게 대화를 주고받고 내왕을 했으나 〔재물은〕 조금도 취한 적이 없으며 또한 궁핍하여 〔양식이〕 떨어진 적도 없었다.

孜孜求友, 酬應頻繁, 一分不取, 又不致乏絶.

일찍이 못난 나는 그를 '별난 사람'〔畸人〕이라고 생각하였다.

始不肖以爲異人.

〔그러나〕 그가 결혼하지도 않고 벼슬하지도 않으며 말을 적게 하고 신중하게 행동하면서 오직 날마다 마음을 가라앉히고 덕을 닦으며 '하느님' 을 밝히고 섬기는 것을 보고는 〔그는 자기의 뜻을〕 '홀로 실천해 나가는 사람' 이라고 생각했다.

已覩: '其不婚不宦, 寡言飭行, 日惟是潛心修德, 以昭事乎上帝' , 以爲是獨行[2]人也.

---

1) 당시 중국에서는 서양을 泰西, 즉 '아주 서쪽' 으로 불렀다. 말하자면, 泰西는 '서쪽(즉 인도)보다 더 서쪽' 이라는 뜻이다. 마테오 리치는 이 泰西를 뒤집은 西泰를 자기의 號로 취하였다.

2) 獨行은 '홀로 가는 사람' , 즉 변덕스러운 세상 사람들의 평가〔炎凉世態〕에 좌우되지 않고 자신의 고상한 신념에 따라서 살아가는 주체적인 사람

다시 천천히 그와 접촉해 보니, 그는 정도(正道)를 숭상하고 사도(邪道)를 물리치는 논지를 가지고 있었다.

復徐叩之, 其持議崇正闢邪.

◆ 평소에 항상 손에서 책을 놓지 않으며, 눈으로 〔보고〕 지나간 것들은 순서를 거꾸로 해서도 암송할 수 있었다.[3]

居, 恒手不釋卷, 經目能逆順誦.

〔인간의〕 '본성'(性)과 '천명'(命)의 〔신학적〕 논의에 〔그 학식의〕 정밀함이 미치고, 천문(天文)과 지리(地理)학과 지도(제작)에 박식함이 미치고 〔그의 학식은〕 그 밖에 기하학, 산술학에까지 이른다.

精及性命, 博及象緯[4]輿地, 旁及句股[5]算術.

중국의 옛날 학자들이 여러 세대에 걸쳐서 분명하게 밝히지 못한 것이 있었으나 〔리치 선생은〕 마치 주머니를 뒤집어 숫자 하나하나를 세듯 모두 밝혀 놓았다.

有中國儒先累世發明未晰者. 而悉倒囊, 若數一二.

그래서 〔나는 그를〕 폭넓은 지식을 가지고 도술을 지닌 사람으로 여

을 말한다. "獨行其道", 『孟子』, 「滕文公」下(6:2) 참조.

3) 마테오 리치는 서양에서 배워 온 특수한 기억술을 가지고 있어서, 1595년 南昌에 사는 建安王이 초대한 연회의 자리에서 마테오 리치는 마침내 여러 중국 선비들 앞에서 자기의 기억술의 일면을 과시할 수가 있었다. 그는 주어진 텍스트를 한 번 눈으로 읽고는 바로 그것을 순차적으로 읽어 내었다고 한다. 그러나 이상한 소동이 일자 그는 그 동일한 텍스트를 이번에는 완전히 역순으로 암송해 내었다고 한다. 이런 기억술이 중국 지식인들에게 준 충격과 감동은 무척 진한 것이었다. 建安王의 요청으로 마테오 리치는 「교우론」과 「(서양)기억법」(西國記法)이라는 두 가지 소책자를 지어서 그에게 봉정하였다. 張奉箴, 앞의 책, 113쪽 참조.

4) 象緯는 天文과 地理를 다 포함한 말이다.

5) 勾는 직각 삼각형의 짧은 변, 股는 직각 삼각형의 긴 변의 명칭이다. 勾股는 기하학을 말한다.

기는 것이다.

則以爲博聞, 有道術之人.

이제까지 거의 십 년 동안 〔그에게서〕 배워 익힌 것이 더욱 깊어졌다.

迄今, 近十年,[6] 所而習之益深.

〔리치 선생이 말씀한〕 '망녕된 말, 행동, 그리고 생각' 을 방비하니 모두 사라져서 깨끗하게 되었다.

所稱: '妄言, 妄行, 妄念' 之戒, 消融都淨.

〔그리고〕 하늘과 조화를 이루고, 사람과 조화를 이루며, 자신과 조화를 이루는 덕을 닦으니 순수해지고 정밀해졌다.

而所修和天 · 和人 · 和己之德, 純粹以精.

〔그는〕 세상을 선하게 만들려고 의도하고 기대했으며 행동은 아주 정연하였고 말에는 배격할 만한 것이 없었다.

意期善世, 而行絶畛畦, 語無擊排.

〔그를〕 알지 못하는 사람은 그 한계를 헤아릴 수 없고 아는 사람은 서로 기뻐하며 이해했다.

不知者, 莫測其倪, 而知者相悅以解.

때때로 일을 상의할 때 그의 말대로 따라 하면 합당하였고 그 말대로 하지 않으면 후회하게 되었다.

間商以事, 法之如其言則當, 不如其言則悔.

---

6) 李之藻가 마테오 리치를 처음으로 만난 것은 리치가 두 번째로 北京을 방문했을 때인 1601년이다. 그 이전에 李之藻는 이미 자작으로 세계 지도를 그려서 자기의 사무실에 걸어 두었던 것을 마테오 리치가 李之藻 방문시 보았다고 한다. 그 후 李之藻는 마테오 리치의 「세계 지도」를 북경에서 재판하면서 이 두 사람의 관계는 매우 밀접해졌다. 이 『畸人十篇』의 서문은 1608년에 쓴 것이니, 그 때까지 이 두 사람의 면식 기간은 8년 이상이 됨으로 李之藻는 여기서 '近十年' (십 년이 가깝다)이라고 쓰고 있다. 方豪, 『李之藻硏究』, 19-21쪽 참조.

그러고 난 후에야 그 사람이 지인(至人)임을 알게 되었다.

而後識其爲至人也.

지인은 하늘과 닮았지만 사람과도 다르지 않다.

至人侔於天, 不異於人.

'서태' 선생이 최근에 저술한 책 십 편은 『천주실의』와 더불어 서로 세상을 살아가는 데 도움이 된다.

乃西泰子, 近所著書十篇, 與天主實義相輔行世者.

그런데도 도리어 스스로 '별난 사람'이라고 이름을 부쳤다.

顧自命曰: '畸人'.

그 책의 말씀은 사람의 도리와 절실하게 관련되어 있다.

其言關切人道.

그 대략적인 내용은 담담하게 〔천주에 대한〕 지향을 밝힌 것이고 법도를 행함으로써 천명을 기다리는 것이다.

大約, 澹泊以明志, 行法以俟命.

말을 삼가서 하고 뜻을 수고롭게 함으로써 자신〔의 입지〕를 편안하게 하고, 사욕을 끊어 버리고 〔남을〕 널리 사랑함으로써 하늘과 감통하고자 하는 것이다.

謹言苦志以禔身, 絶欲廣愛以通乎天載.

비록 〔그가 한 말이〕 반 이상은 앞선 성현들이 이미 한 말이지만 〔그는〕 비유를 통하여 〔이를〕 폭넓게 증명하고 있다.

雖强半[7]先聖賢所已言, 而譬喩博證.

그 글을 읽는 사람들로 하여금 미혹된 이는 깨어나고 탐욕을 부리는 이가 청렴하게 되고 오만하던 사람을 부끄러워하게 하며 질투하던 사람을 마음이 평안해지고 사납게 굴던 사람을 공손하게 한다.

---

7) 强半이란 太半과 같은 말이다.

令人讀之, 以迷者豁〔醒〕, 貪者醒〔廉〕,[8] 傲者愧, 妬者平, 悍者悌.

항상 죽을 때를 생각하게 되어 선으로 인도하고 악을 막음으로써 '하느님'〔帝天〕께 용서해 주시기를 기도하게 된다.

至於常念死候, 引善坊〔防〕惡, 以祈宥於帝天.

매우 훌륭하게 쓰여진 글인데다가 더욱이 세상을 질타하는 탁월한 이론이니, 무슨 '별스러운 것' 이 있겠는가!

一唱三歎,[9] 尤爲砭世至論, 何畸之與有!

무릇 죽음이란 결코 피할 수 없고 또 늦게 오고 빨리 옴을 헤아릴 수 없다는 것을 한 번 서글퍼한 것이다.

蓋嘗悲: '夫死之必於不免, 且不能以遲速料' 也.

'하느님'〔上帝〕께서 당신에게 임하시는 데 〔우리는〕 두 마음을 가져서는 안 되는 것이다.

上帝之臨汝, 而不可貳也.

하늘에 죄를 지으면 아무에게도 빌 수 없는 것이다.

獲罪于天, 之莫〔莫之〕[10] 禱也.[11]

〔그러나〕 악인도 재계한다면 '하느님' 을 섬길 수 있는 것이다.

惡人齋戒之, 可以事帝也.

어려서부터 익힌다면 지혜로운 사람이나 어리석은 사람이나 모두 알 수 있다.

---

8) 以迷者'豁', 貪者'醒' 의 구절에서, 豁과 醒을 徐宗澤은 각각 醒과 廉으로 정정하였다. 徐宗澤의 교감이 문맥상 옳기 때문에 그를 따라서 바로잡았다.

9) 一唱三歎은 잘된 시를 칭찬하는 말이다. '淸廟之歌, 一唱而三歎也', 『荀子』, 「禮論」 참조.

10) 여기서 之莫는 莫之를 거꾸로 쓴 것이기에 바로잡는다.

11) "子曰: …… 獲罪於天, 無所禱也.", 『論語』, 「八佾」 편(3:13) 참조.

童而習之, 智愚共識.

그러나 본래 타고난 근본을 어지럽히고 그릇되게 하여 〔하늘을〕 공경하는 일을 게을리 하고 소홀히 하는 것이다.

然而, 迷謬本原, 怠忽祗事.

나이가 젊고 힘도 세지만 왕성한 기세로 떨쳐 일어나려는 의지가 없고, 다 늙어 죽어 가면서도 오히려 〔잘못을〕 고치기를 꺼려 하는 사람들이 대부분이다.

年富力强, 而無志迅奮, 鐘鳴漏盡,[12] 而尙諱改圖者衆也.

삶을 없는 것으로 여기는 현학(玄學)을 담론하는 것이 아니라면 곧 바로 그대들은 죽음을 초월할 수 없는 것이다.

非譚玄以罔生, 卽汝佛爲超死.

죽음이 초월할 수 있는 것이고, 삶이란 없을 수 있는 것이라고 한다면, 세상에 〔어떻게〕 그럴 수가 있겠는가?

死可超, 生可罔, 世有是哉!

사람 마음의 병이 심해질수록 마음〔의 병〕을 치료하는 약은 머리가 혼몽해지고 눈이 아찔아찔 하여 보이지 않을 만큼 〔독하지〕 않을 수 없다.

人心之病愈劇, 而救心之藥, 不得不瞑眩.[13]

머리가 혼몽하고 눈이 아찔아찔 보이지 않을 만큼 〔강한〕 것이 덕〔을 함양하는 데〕에도 적합한 것은 마치 기름진 음식이 입에 적합한 것과 같다.

瞑眩適于德, 猶是膏梁之適于口也.

---

12) 鐘鳴漏盡은 시각을 알리는 종이 울리고 물시계의 물이 다한다는 의미이다. 나아가 밤이 깊어 가거나 늙어서 수명이 얼마 남지 않았음을 비유하는 말이다.

13) 瞑眩은 머리가 혼미해지고 눈이 아찔아찔 함을 말함. "若藥弗瞑眩, 厥疾不", 『書經』, 「說命上」 참조.

『기인십편』의 글은 덕〔을 함양하는 데〕에 적합한 것이지 별스런 것이 아님을 알 수 있다.

有知: '十篇之於德適也, 不畸' 也.

1608년, 무신(戊申)해, 태양이 기(箕)의 별자리에 있는 날

萬曆戊申歲, 日在箕

호림(虎林)[14] 사람 이지조(李之藻)가 손을 닦고 삼가 서문을 씀

虎林 李之藻, 手謹序

---

14) 여기서 虎林은 浙江성 杭州시 서쪽에 있는 虎林山을 말한 것이다. 李之藻는 원래 浙江성 杭州의 仁和 사람이다. 따라서 李之藻는 자기 고장의 虎林山을 따라서 자신을 또한 虎林 사람으로 말한 것이다.

『기인십편』의 재판 서문

주병모(周炳謨)

나는 리치 선생과 교류하여 그 사람을 잘 안다.

余遊於利先生, 習其人.

〔그는〕 대체로 옛날에 일컬었던 '지인'(至人)에 가깝다고 하겠다.

蓋庶乎古所稱至人也.

그런데 그가 여러 사람들과 묻고 대답한 어록에 붙인 이름이 '별난 사람'〔畸人〕이다.

而名其與諸公問答之語, 曰; '畸人.'

나는 그것을 읽어 보고, '별난 사람'으로 되는 것이 어디에 있는지를 찾아보았다.

余讀之, 求所爲畸人者何在?

그 중 큰 것은 죽음을 두려워하지 않는 데 있었다.

其大者, 在不怖死.

죽음을 두려워하지 않는 것은 무엇 때문인가? 하늘을 믿기 때문이다.

其不怖死, 何也? 信以天也.

스스로 하늘을 믿고 또 남의 눈에 띄지 않을 때도 속이려 들지 않았다.

至其自信以天, 又非矯誣於冥冥也.

"하늘이 도와 주는 것은 선(善)뿐이다. 우리들의 '선'이 없을 때는 '선'이 있기를 바라고, 우리들의 '선'이 미미하면 '선'이 크게 되기를 바란다."고 말하고 있다.

曰: 天所佑者, 善耳. 吾善乏, 蘄有善焉. 吾善細, 蘄大善焉.

생각하고 생각하는 순간마다 자신에게 엄격히 하고 하늘의 마음에 만족할 수 있는 사람은 하늘의 보상을 영원히 누린다.

密之念念刻刻, 用以克厭[1]天心者. 永食天報.

〔누가 세상을〕 떠난다거나 〔다시〕 태어난다 해도 스스로 〔마음이〕 맑지 않은 적이 없다.

而去來之際, 自無弗灑然也.

삶과 죽음〔의 도리〕에 어두운 세상 사람들이 갑자기 이런 말을 들으면, 놀라면서 궤변으로 치부하지 않는 이들이 있겠는가?

夫世之芒於死生者, 驟聞若說, 有不: '駭以爲吊詭[2]者' 耶?

곧바로 '별난 사람'(畸人)이라고 말하는 것은 마땅한 것이다.

卽謂之 '畸人,' 宜也.

그러나 내가 책을 살펴보니 이른바 천주, 천당, 지옥 같은 그러한 논의들은 불교와 도교의 책에도 많이 있다.

抑余考載籍, 所稱天主 · 天堂 · 地獄諸論, 二氏[3]書多有之.

그렇다면 그 말들은 어떤 것인가?

然其言若何?

한나라가 천하 차지했을 때는 아무 것도 건질 것이 없었지만 서양 학교에서 전래된 것은 그렇지 않다.

漢欛〔覇〕[4]柄莫執, 而西庠之傳不然.

---

1) 여기서 厭은 滿足(만족하다), 心服(마음에서 복종하다)의 뜻이다.
2) 弔詭는 '말도 안 되는 궤변'을 뜻한다. 『莊子』, 「齊物論」 참조.
3) 二氏는 釋氏(석가모니)와 老氏(老子), 즉 불교와 도교를 말한다.
4) 欛는 覇로 읽어야 한다.

그 〔서양의〕 뜻은 현묘하고 그 공부는 실제로 하늘을 근본으로 하는 종지(宗旨)이니, 우리〔중국의〕 성인의 학문에 가깝다.

其指玄, 其功實本天之宗, 與吾聖學爲近.

다만 〔중국의〕 성인의 학문은 현재에 대해서는 말하지만 내세에 대해서는 말하지 않는다.

第聖學言現在, 不言未來.

그래서 〔공자는〕 "삶에 대해 알지 못하면서 어떻게 죽음에 대해 알 수 있을까' 라고 말한 것이다.

故曰: "未知生, 焉知死."[5)]

〔중국에서는〕 아마도 은밀한 것은 잘 드러나는 것 속에 감추고 귀신보다 백성을 우선시했습니다.

蓋藏隱於顯, 先民於神也.

홀로 생각하고 홀로 깨달아서 '아침에 도를 들으면 저녁에 죽어도 좋다' 는 지적에 이르게 되었다.

至其獨參獨證, 而指點[6)]於朝聞夕死之可.[7)]

그래서 이른바 본성과 하늘의 길에 대해서는 보통 사람들은 들어본 적이 없다.

則所謂性與天道, 中人不可得聞矣.[8)]

저들 보통의 스승들이 전하고 민중들이 배운 것으로, 하루 종일 말을 해도 '이런 것들' 에서 벗어나지 않았다고 하는 그것은 무엇인가?

乃彼中師傳曹習, 終日言而不離乎是. 何也?

---

5) "(子)曰: 「未知生, 焉知死?」", 『論語』, 「先進」(11:12) 참조.

6) 指點은 일일이 손가락으로 가리켜 보인다는 의미이다.

7) "子曰: 「朝聞道, 夕死可矣.」", 『論語』, 「里仁」(4:8) 참조.

8) "子貢曰: 「夫子之文章, 可得而聞也; 夫子之言性與天道, 不可得而聞也.」, 『論語』, 「公冶長」(5:13) 참조.

대저 우리 유가의 학문은 현인과 철인이 되게끔 〔자신을〕 채근하는 것을 위주로 한다.

大抵吾儒之學, 主於責成賢哲,

이유를 가지고 하늘을 다스리는 성인[9]은 뭇만물들을 솟아나게 하는 것을 우선으로 한다.[10]

以故御天之聖, 首出庶物.

그리고 운명을 판결하는 계산도 또한 〔하늘이 부여한〕 요절과 장수의 원리〔數〕와 다르지 않다.

而立命之算, 亦無貳於殀壽之數,

저 백성들은 단지 일상 속에서 살아가며 그것을 알지 못할 뿐이다.

彼百姓特日用不知耳.

〔그러나〕 서양 학교의 학문은 보통 사람과 어리석은 사람까지 모두를 가르쳐 교화시키려 한다.

而西庠之學, 兼於化誨凡愚.

그러므로 그 가르침이 행해지면 〔세상의〕 집집마다 다 알 수 있게 하는 것이다.

是以, 其教之行, 能使家喻戶曉.

사람들이 하늘을 섬기는 절도를 배운다지만 〔리치 선생처럼 하늘을〕 도와서 한 번이라도 일을 마무리짓는 데는 미치지 못한다.

人人脩事天之節, 而不及參贊一截事.

이것은 같으면서도 다른 점이다.

此, 則同而不同者也.

---

9) 여기서 '이유를 가지고 하늘을 다스리는 성인'(以故御天之聖)은 아마도 『易』을 연역해 낸 周의 文王을 가리킨다고 볼 수 있다.

10) "首出庶物"은 『周易』「乾卦 · 彖辭」에 보인다.

비록 그렇다고 해도, 우리 중국 사람들은 성인의 말씀을 외워서 말하는 이들은 적지 않다.

雖然, 吾華誦說聖言者, 不少矣.

〔그러나〕 이해 득실의 상황에 부닥쳐도 〔마음이〕 흔들리지 않는 사람이 몇이나 되겠는가?

利害得失臨之, 而能不動者幾人?

하물며 삶과 죽음의 상황에 부닥친다면 어떻겠는가?

況生死乎?

어려서부터 배워서 머리카락이 희끗하게 되어도 〔삶의 참 의미를〕 체득하여 헤아리지 못하는 이들이 많다.

童而習焉, 白首, 而莫知體勘者, 衆耳.

지금 이 글을 얻어서 읽어 본다면, 눈과 귀가 새로워지고 신묘한 이치가 다 드러날 것이다.

今試取玆篇讀之, 耳目一新, 神理畢現.

직접적으로 지목한 곳에서는 아무리 우매하더라도 〔그 뜻을〕 깨닫게 될 것이다.

直指處, 何寤弗醒.

반복한 곳에서는 아무리 얽혀 있어도 〔그 뜻이〕 풀리게 될 것이다.

反覆處, 何結弗破.

사람들이 마구 스스로 잘못을 저지른다 해도 마치 〔위에서〕 '하느님' 이 두렵게도 너희들을 내려다 보신다고 하는 것이 아니겠는가?

不: '令人爽然自失, 而竦然若上帝之臨汝' 耶?

그렇다면 이 〔책이〕 출판이 세상의 도리를 돕는 것이 적지 않은 것이다.

則玆刻之裨世道, 非小也.

어떤 빈객이 나에게 물었다:

"당신의 말과 같다면 서양 학문이 아마도 우리 땅에서 마침내 크게 유행하겠지요?"

客有問於余曰:"如子言, 西學其遂大行於吾土耶?"

〔나는 이렇게〕 대답하였다.

應之曰:

"그것은 아직 잘 모르겠습니다.

"是未可知也.

제가 예전에 『묵자』의 〔천지〕(天志) 등 여러 편을 읽어 본 적이 있습니다.

乃余嘗讀, 墨子天志諸篇矣.

그 책의 도리는 하늘을 존중하고 귀신을 섬기며 온 세상을 모두 이롭게 하고, 사사로운 이익을 쌓지 않는 데에 있습니다.

其道在: '尊天事鬼, 兼利天下, 而不蓄私.'

각 편에서는 하늘의 뜻이 세 번 거듭 밝혀지고 있습니다.[11)]

每篇之中, 於天意三致意焉.

〔『묵자』에는〕 비록 도가에서 나온 말로 부회한 것이 많지만, 『기인십편』과 비교해 보면, 조악하고 정밀한 것이 매우 다르지만, 그러나 중요한 뜻은 살펴볼 수 있습니다.

雖出於道家多附會, 較畸人十篇, 精麤殊科, 然大指可覩矣.

저 묵자는 주(周)나라와 한(漢)나라 사이에 살았고 공자와 더불어 일컬어졌던 사람입니다.

夫墨子者, 固周漢間, 與孔氏并稱者也.

---

11) 『墨子』의 每篇의 주제는 각각 3학파에 의하여 조금씩 다르게 주장되고 있다. 따라서 매편마다 상, 중, 하로 나누어서 비교 대조하며 읽게 된다.

그러므로 저는 〔『墨子』와 매우 유사한〕 이 판본〔즉 『畸人十篇』〕이 중국에 유포되면 〔『墨子』 책처럼〕 하늘과 땅과 함께 〔영원히〕 더불어 있을 것임을 알겠습니다."

吾以知玆刻之行於華, 與天壤並矣."

빈객은 "그렇겠다"고 대답하였다.

客曰: "然."

마침내 이것을 아울러 기록하여 리치 선생의 말씀에 대답하는 바이다.

遂倂書之, 以復於利先生云.

구오(勾吳)[12] 사람 주병모(周炳謨)가 씀

勾吳, 周炳謨書

---

12) 勾吳는 句吳이며, 吳나라를 가리킨다. 따라서 지금의 蘇州에 해당된다.

『기인십편』의 서문

〔題畸人十篇小引〕

왕가식(王家植)

나 목중자(木仲子) 왕가식(王家植)은 서광계를 통해 리치 선생을 만났다.

木仲子因徐子而見利子.

리치 선생은 서양 사람으로 짙은 턱수염에 말수가 적었다.

利子者, 大西國人也, 多顴寡言.

〔그는〕 자기 나라의 스무 권의 경전을 가지고 〔그것에〕 매우 힘을 쏟았다.

持其國二十經者甚力.

틈틈이 〔그 내용에 대해〕 말을 했는데 듣는 사람들이 이해하지 못했다.

間以語, 聽者不解.

〔그래서〕 리치 선생은 『천주실의』를 지어 그 대략적 내용을 널리 알렸다.

利子乃爲天主實義, 以著其凡.

알아들을 만한 사람들이 이해하게 되자 이에 리치 선생은 『별난 사람 십 편』을 지어서 그 의미를 분석하였다.

能聽者解矣. 利子乃爲畸人十篇, 以析其義.

나는 그 일을 마무리지으며 리치 선생의 특이함에 매우 감탄하였다.

木仲子終其業, 而深嘆利子之異也.

서양 나라는 중국에서 십만 리나 떨어져 마치 하늘과 땅의 〔차이가〕 있어서 서로 소통할 수 없었다.

西國去中州十萬里, 有天有地, 而不能相通.

소통하게 된 것은 리치 선생으로부터 비롯된 것이다.

通之, 自利子始.

리치 선생이 경유한 나라와 도시는 모두 백여 개에 이르는데, 〔그는〕 유독 중국을 좋아했다.

利子經國都以百數, 獨喜中州.

그가 항해한 곳 중에는 교룡과 괴물〔이 나타나는〕 지역이나 식인종들이 〔사는〕 지역 이 적지 않았다.

其航海也, 蛟龍㺐[1]鬼之區, 諸啖膾人類者不少.

리치는 침상에서부터 우물, 부엌을 지나오면서 몸의 독을 제거하는 일을 최우선으로 여겼다.

利子從枕席井竈上過之, 去身毒爲冣近.

홀로 자기의 가르침을 깊게 펼쳤다.

獨深闢其教.

〔그가〕 배운 것은 '선'을 숭상하고 윤리를 중시하며 하늘을 섬기는 것이었다.

所習爲崇善, 重倫, 事天.

〔그의〕 말씀은 왕왕 요 · 순 · 주공 · 공자의 대체적인 뜻에서 벗어나지 않았다.

語往往不詭于堯 · 舜 · 周 · 孔大指.

〔리치 선생은〕 한 나라의 도읍을 지날 때마다 바로 그 나라 도읍〔의

---

1) '㺐'는 전설상의 괴물이다. 山㺐라고도 한다. 『神異經』, 『玄黃經』 등에 등장한다.

언어와 풍속을〕익혔다.

每過一國都, 輒習其國都.

중국 땅에 들어와서는 곧바로 말과 문자, 경전과 역사, 발음을 상세하게 배워 조금도 어그러지지 않았다.

入中州, 卽習其語言文字經史聲韻之詳, 不少垂盭.

또 어렵지 않게 그 습속을 바꿔 중국〔의 관습에〕 따라 모자〔冠〕를 쓰고 신을 신는 것을 편안하게 여겼다.

且不難變其俗, 而從中州冠履之便.

리치 선생〔과 같은 사람이〕 되는 데는 여덟 가지 어려움[2)]이 있다.

爲利子者, 有八難.

〔그러나〕 세상 사람들이 하는 일을 멀리하는 것, 욕망을 억제하는 것은 〔그 속에〕 포함되지 않는다.

世俗所服爲能離遠, 能杜慾者不與焉.

나는 책 만드는 일을 마치고서, 리치의 특이함에 매우 감탄하였다.

木仲子終其策, 而深嘆利子之異也.

아! 세상에는 두 이치가 없고 사람에게는 두 마음이 없으며, 일에는 두 가지 좋음이 없고, 우러러보면 두 하늘이 없으며 하늘에는 두 주인이 없는 것이다.

噫! 世無二理, 人無二心, 事無二善, 仰無二天, 天無二主.

리치 선생이 '특이'〔異〕하고 우리들이 '보통'〔常〕이라고 말하면 어찌 안 되겠는가?

謂利子之異, 爲吾人之常, 豈不可乎?

내가 풀이한 『畸人十規』는 나의 마음이며 리치 선생의 마음이고 모

---

2) 八難, 즉 여덟 가지 어려움이란 배고픔 · 목마름 · 추위 · 더위 · 물난리 · 화재 · 도둑 · 전쟁을 뜻한다.

든 사람들의 마음이며 또한 천주의 마음이다.

卽木仲子所演『十規』, 木仲子之心也, 利子之心也, 人人之心也, 亦天主之心也.

그렇다면 세상에 리치 선생이 없어도 리치 선생의 도리는 진실로 행해질 것이다.

卽世無利子, 利子之道固行矣.

저들이 훤한 곳에서 달을 보든 〔좁은〕 창을 통해서 해를 바라보든, 〔그런 것을 바라보는〕 그런 사람들만 있다면, 리치 선생〔이 있음과 없음〕과 무슨 상관이 있겠는가?

彼顯處視月, 牖中窺日, 存乎其人, 何與利子?

옛날과 오늘날이라는 세대 〔즉 시간적 차이〕와 길의 멀고 가까움 〔즉 공간적 차이〕, 어둡고 밝음이라는 〔빛의〕 장벽 때문에 〔이들 간의 소통을〕 막거나 방해하지 마시라.

請不以世代之古今 · 道路之遠近 · 幽明之隔, 閡障之.

발해(渤海) 사람 목중자 왕가식이 씀

渤海, 王家植木仲識

『기인십편』의 서문

이지조(李之藻 1565-1630)

누군가가 물었다:
"기인〔마테오 리치〕이 말한 천당과 지옥이 경전에 나와 있습니까?"

或問: "畸人之言天堂地獄也, 於傳有諸?"

〔나는〕 대답했다:
"아직 보지는 못했습니다. 비록 그렇지만 그 이론은 조리가 있습니다.

曰: "未之覩也. 雖然其說辯矣.

안회(顏回)는 가난하게 살다가 요절했고 도척(盜跖)은 부유하게 살며 장수했는데, 만일 천당과 지옥이 없다면, 그래도 되겠습니까?"

顏貧夭跖富壽, 令不天堂不地獄也, 而可哉!"

큰 덕을 가진 〔순임금은〕 사명을 부여받았고 사명을 받아 덕이 더욱 널리 베풀어졌지만 창오(蒼梧)[1]에서 〔객사하는〕 보답을 받았다.

大德受命, 受命而德施彌溥, 報以蒼梧.

〔공자는〕 베어 넘어진 나무에 〔깔려 죽을 뻔하고 또 포위당해〕 오도 가도 못하게 되는 〔곤경을 당하였고〕 두 기둥 사이〔즉 마루〕에서 〔자신을〕 제사지내는 것을 〔꿈에서나 보았다.〕

伐木削跡之身,[2] 兩楹奠[3]

---

1) 『禮記』에 의하면 舜임금이 (巡狩하다가) 蒼梧의 들에서 죽었다고 한다. "舜葬於蒼梧之野.", 『禮記』, 「檀弓」 上편 참조.

2) 『莊子』, 「天運」에 다음과 같은 이야기가 있다. '伐樹於宋, 削迹於衛.' ; 그리고 『史記』, 「孔子世家」에 의하면 공자가 큰 나무 아래에서 제자들에게

〔공자는 작위 없는〕 '소왕'(素王)으로 살다가 죽고 나서야 제사가 끊이지 않고 만세에 걸쳐서 이어졌으니, 죽은 뒤에 영예를 얻은 것이다.

而素王[4]終, 卽血食[5]萬世, 浪得身後榮.

성인〔즉 공자〕가 〔다시〕 살아나서 〔그 영예를〕 누리지는 못하는 것이다.

聖人不起而享也.

자손에게 보답이 주어지는가? 단주(丹朱)[6]는 오만하였고 외병(外丙), 중임(仲壬)[7]은 어려서 죽었고 백읍고(伯邑考)[8]의 〔죽은 몸은〕 젓갈로 담가졌는데, 무슨 보답이 있단 말인가?

報在子孫乎? 丹朱傲, 外丙, 仲壬殤, 伯邑考醢, 奚報焉?

오직 〔공자에게는〕 '연성공'[9]이라는 작위만이 대대로 이어진다.

예를 가르칠 때, 宋나라의 司馬인 桓魋가 공자를 죽이기 위해 나무를 넘어뜨렸다고 한다.

3) 堂上의 동서에 있는 두 개의 큰 기둥을 兩楹이라고 하는데, 『禮記』, 「檀弓」 上에 의하면 공자가 꿈에 죽은 자신을 제사지내는 것을 보았다고 한다. '夢坐奠於兩楹之間.', '兩楹之殯.' 이라고도 한다.

4) 素王은 왕위가 없으나 왕의 덕을 갖추고 있는 사람을 말한다. 유가에서는 공자를 도가에서는 노자를 가리킨다. 『莊子』, 「天道」에 玄聖素王之道라는 말이 있고, 成玄英의 疏에 다음과 같은 구절이 있다. '夫有其道, 而無其爵者, 所謂玄聖素王自貴者也, 卽老君 · 尼父是也.'

5) 血食은 털과 피가 있는 희생을 종묘에 바치는 제사를 말한다. 나아가 자손이 이어져 제사가 끊어지지 않는다는 의미를 가진다.

6) 丹朱는 堯임금의 아들이다. 단주는 오만하고 질펀하게 놀기를 좋아했다고 한다(丹朱傲, 惟慢遊是好.). 『書經』, 「益稷」 편 참조.

7) 外丙과 仲壬은 商나라를 세운 湯임금의 둘째와 셋째 아들이다. 湯임금의 장자인 太丁이 병사하자 그를 대신하여 '외병'은 2년을 임금 노릇하다가 병사했고, 그 뒤를 이어 '중임'이 임금 노릇을 했으나 또한 불행히 4년 만에 병사하였다. 『孟子』, 「萬章」 上(9:6) 참조.

8) 伯邑考는 周 文王의 長子로 商나라에 인질로 갔었는데, 紂임금이 그를 삶아 죽였다고 한다. 『禮記』, 「檀弓」 上 참조.

惟是衍聖之爵延世.

세대가 바뀌어, 자손들의 모습, 이름, 그리고 현명하고 어리석음을 모두 알 수 없으나 성인(공자)을 대신하여 보상을 받고 있다.

顧易世, 而子孫之面目 · 名號 · 賢愚, 悉不可知, 以〔而〕[10)]代聖人受賞.

이것으로 성인을 후하게 〔보상하는〕하는 데 충분하겠는가?

此, 足以厚聖人乎?

천당이 아니면 또한 안 될 것이다.

不天堂, 又不可也.

어떤 이는 "진나라 때의 분서(焚書)가 매우 철저해서 〔지옥, 천당에 대한〕 이론이 남아 있지 않게 된 것이다." 라고 말한다.

或曰: "秦燄酷, 而其義不存."

이것은 〔또한〕 하나의 학설이다

是一說也.

'서태' 선생이 인용하는 경전이 하나가 아니라는 것을 보면 진실로 알 수 있다.

顧西泰子所稱引經傳, 非一, 固可繹也.

그렇다면 불교와 어떻게 다르다고 말할 수 있겠는가?"

然則與瞿曇氏[11)]奚異而云?"

"저〔불교도〕들은 이른바 '보배로운 옥과 큰 활'을 〔서양에서〕 훔친 것이다."라고 〔서양〕 선비들은 말한다.

儒曰: "彼所謂寶玉大弓之竊.

---

9) 衍聖公은 宋 仁宗 때 공자의 자손에게 내려진 세습 작위이다.

10) 여기에서 以는 而로 읽어야 한다.

11) 瞿曇은 喬達摩라고도 쓰는데, Gotama의 음역으로 붇다의 성이다. 瞿曇氏는 여기서 '불교'의 의미를 갖고 있다.

'서태' 선생은 각별한 달변이니, 〔유교의〕 경전에서 보지 못한 것이지만 반드시 도리가 반드시 있다.

西泰子別有辯也, 經術所未睹, 理所必有.

〔다만〕 융통성 없는 지식인들만이 〔그것을〕 의심한다.

拘儒疑焉.

만약 불교가 〔그 이론을 서양에서〕 훔쳤고 또한 그 주장을 지리하게 속이면서 세상을 미혹시키고 있다면,

令瞿曇氏竊焉, 又支誕其說以惑世,

'서태' 선생은 혈혈단신으로 중국에 들어와 〔불교에서〕 그것을 〔다시〕 빼앗아서 우리 유학자들에게 돌려 주려고 망가지고 빠진 것을 〔보충하는 일을〕 도와서 무지한 것을 〔새롭게〕 진작시키려는 것이다.

而西泰子, 孑身入中國. 奪而歸之吾儒, 以佐殘闕, 而振聾憒.[12)]

〔이에 그는〕 말 많은 자들의 의심과 비방을 거들떠보지도 않고 있다.

不顧: '詹詹者[13)]之疑且訕.'

그 〔리치 선생〕의 이론은 반드시 전해져 없어지지 않을 것이다.

其論必傳不朽.

그 근원으로 말하면, '범상치 않은 것'을 시작하는 것이다.

其原, 則刱非常.

이 때문에 스스로를 '별난 사람'(畸人)이라고 말하는 것이다.

是以自謂: '畸人.'

이지조가 씀

涼庵居士[14)]識

---

12) '聾憒'는 聾聵로 보이며 聾聵는 귀머거리를 뜻한다. 따라서 무지함을 뜻하는 것으로 보인다.

13) 詹詹은 수다스럽고 말이 많은 모양 혹은 자꾸 지껄이는 모양을 가리킨다.

14) 凉庵居士는 李之藻의 號이다. 원래 李之藻의 세례명이 Leo이기 때문에 그와 비슷한 중국 발음이 바로 'liang' (凉)이기에 '凉庵' 이란 號를 지었다고 한다. 李之藻의 字는 振之, 또는 我存이고, 號로는 存園寄叟, 凉庵居士, 凉庵逸民, 凉庵子, 凉叟, 東海波臣 등이 있다. 方豪, 『李之藻研究』, 1쪽 참조.

냉석생(冷石生)*의 『기인』의 열 가지 가르침의 풀이

〔冷石生演畸人十規〕

◆ (서언)

〔『별난 사람』(畸人)의〕 열 가지 가르침은 서양의 은밀한 뜻이다.

十規, 西國之微旨也.

혹은 '세밀하게 온축한 것'이라 하고, 혹은 '도를 드러낸 것'이라 하고, 혹은 '그것을 기억해 낸 것'이라고 하고 혹은 '그것을 공식화시킨 것'이라고도 말한다.

或曰: '細蘊', 或曰: '顯道', 或曰: '臆之', 或曰: '公之',

혹은 '하늘을 섬기고 벗과 사귀는 〔도리라는〕 것이 여기서부터 시작된다'고도 말한다.

或曰: '事天交友, 玆其濫觴'.[1)]

(본문)

◆ 1:

사람에게 나이가 없을 수 없네.

人不可以無年.

---

* 王家植의 「題畸人十篇小引」에 의하면, 그의 號는 木仲子이고 木仲子가 풀이한 (畸人)十規를 풀이했음을 말하고 있다. 따라서 冷石生은 바로 王家植의 또 다른 號로 추측된다.

1) 양쯔강 같은 큰 강도 그 기원은 잔을 띄울 정도의 작은 샘이라는 이야기에서 나온 濫觴은 일의 처음, 시작, 기원을 의미한다.

나이가 없을 수 있다면, 나이가 적을 수록 씻어 내야 할 〔죄도〕 그만큼 적을 것이네.

可以無年, 眇年眇湔.

사람에게 〔살아온〕 세월이 없을 수 있네.

人可以無歲.

만일 세월이 없을 수 없는 것이라면, 〔살아온〕 세월이 많아질수록 지혜도 많아질 것이네.

不可以無歲, 多歲多慧.

해가 져야 하늘이 밤이 된다면, 생각이 멈추는 것이 사람에게 밤인 것이네.

日隱天夜, 念息人夜.

〔이 밤에〕 아낌없이 돈을 쓰며 거리낌없이 즐기니 길짐승〔처럼〕 행동하고 날짐승〔처럼〕 조화를 부린다네.

屑越[2]戲娛, 獸行禽化.

〔사람의〕 나이와 〔살아온〕 세월은 부합하며 세월과 나이는 〔서로〕 쌍을 이룬다네.

歲與年契, 年與歲雙.

오는 시간을 누가 끌어당기는 것인가? 빨리 가 버리는 시간을 누가 머무르게 할 수 있는가?

來者, 誰牽? 速者, 誰留?

지혜로운 사람은 날〔의 소중함〕을 알고 아주 지혜로운 사람은 일 년을 걱정한다네.

智者知日, 大智憂年.

---

2) 屑越는 '못쓰게 만들다, 아낌없이 마구 쓰다'(糟蹋), '너저분하게 내버리다'(狼藉而棄之也)의 뜻이 있다. 『辭源』, 494쪽 1단 참조.

좋지 못한 일에 〔시간을〕 헛되이 쓰고 나면 마음에 욕구와 잘못만을 더 보태는 격이네.

不祥空亡, 贈心嗜愆.

오직 부지런해야만 마음에 생기가 나고, 오직 〔마음을〕 텅 비워야 기운이 모여드네.

惟勤, 心活, 惟虛, 氣聚.

〔마음은〕 고요히 가고 고요히 오면서, 빛나게 천주와 감통(感通)한다네.

冥去冥來, 昭格天主.

◆ 2:

황금 만일〔萬鎰〕을 가지고 장삿길에 나섰다가 겨우 백금(百金)만을 남겨 집으로 돌아온다네.

萬鎰行估, 百金僦屋.

구걸하는 아이들 울부짖지만 일전(一錢)이면 이틀을 묵을 수 있는걸.

丐子噭號, 一錢信宿.

숨가쁘게 지름길로 돌아다니며 〔열심히 장사하였건만〕 끝내는 마찬가지일 뿐이네.

息氣接踕, 僦焉迺同.

집으로 돌아가 내 밭일에 힘씀만 못하였네.

不如歸家, 務我圃農.

사람이 세상을 살아가는 것 또한 이와 같네.

人之處世, 亦復然然.

가족들을 버리고 달려 나가 대체 무엇을 하였더란 말인가?

棄家馳逐, 夫何有焉.

잃게 되면 〔욕망은〕 얼음같이 차지고, 얻게 되면 〔욕망은〕 불처럼 타오르네.

失或寒氷, 獲斯火熾.

우러러 둥글고 큰 하늘을 대하라. 너에게 맡겨진 일은 무엇인가?

仰讎大圓, 爾司何事.

더러운 탐욕은 이익을 탐하는 것이고 맑은 탐욕은 명예를 탐하는 것이네.

濁貪貪利, 淸貪貪名.

맑은 것은 아마도 지렁이 같은 것이고 더러운 것은 아마도 족제비 같으리라.

淸其如蚓, 濁其如鼪.

서양의 선현 중에 헤라클레이토스와 데모크리토스가 있었네.

西國先達, 黑蠟德牧.

헤라클레이토스는 항상 웃었고 데모크리토스는 항상 울었네.

黑蠟恒笑, 德牧恒哭.

〔헤라클레이토스는 사람들이〕 마음을 잃어버린 것을 〔보고〕 비웃었고, 〔데모크리토스는 사람들이〕 본성을 해치는 것을 〔보고〕 가슴아파 울었네.

笑嗤失心, 哭傷喪性.

한결같은 마음 고통 속에 있는 것이 비유하면 이별하는 부부의 마음 아픔이라네.

一念沈淪, 比諸破鏡.[3)]

---

3) 破鏡은 夫婦의 생이별을 비유한 것이다. "옛날에 부부가 (긴급한 연고로) 이별을 할 때에 거울을 쪼개서 각기 반쪽을 가지고 (사랑의) 신표로 삼았다.", 『太平御覽』 卷 717, 「神異經」 참조. 여기서는 『辭源』, 1217의 3쪽에서 인용.

굳게 인내하여 따르고 받들어, 고요히 담담하게 성난 〔마음을〕 변화시키면 천주께서 내려 비춰 보시고 괴로움에서 벗어나게 하시리라.

堅忍順受, 棲澹化瞋, 天主降鑒, 脫之苦辛.

◆ 3:

그대는 어디에 연유해 살아가는가? 어찌 태어나지 않았다고 말하는가!

爾緣何息? 云胡不生!

그대는 무엇에 의지해 왔는가? 어찌 죽지 않을 것이라고 말하는가!

爾依何來? 云胡不死!

죽음은 꺼릴 것이 아니네! 죽으면 곧 멈출 수 있으리라!

死, 匪可諱! 死乃得止!

어찌하여 나이는 이렇게 빨리 먹어 가고 욕심은 이렇게 자라는가?

胡齒斯促, 而欲斯長?

어찌 삶은 이렇게 번잡하고 이렇게 빨리 돌아가게 되는가?

胡生斯繁, 而歸斯駛?

생각하고 생각하라! 물러나 행실을 닦느니만 못하다는 것을!

思矣思矣! 不如退而脩行!

천천히 자신이 갈 자리를 맞이하라.

徐候其所.

〔수준〕 낮은 선비는 삶은 죽음과 다르다고 또 죽음은 삶과 다르다고 생각하네.

下士生不如死, 死不如生.

〔하지만〕 지인(至人)은 삶을 삶으로, 죽음을 죽음으로 생각하네.

至人生如其生, 死如其死.

〔인간은〕 오직 살 수 있으므로 죽을 수도 있는 것이네.

惟其能生, 是以能死.

신선도 아니고 부처도 아니지만 두려워하지도 않으며 의지하지도 않는다네.

非仙非佛, 不怖, 不恃.

'야고보'를 본받아서 '헬로트'〔사람들에게〕 물었다네.

法 '雅哥般', 問: '黑入多.'

이미 천주를 뵈었으므로 노래를 그만둘 수 없노라고 〔대답했다네〕.

旣覲天主, 不廢嘯歌.

◆ 4:

요절과 장수는 다른 것이 아니네! 아침에 도를 들으면 저녁에 죽어도 〔좋은 것이네〕.

殀壽不貳[4]! 朝聞夕死.[5]

이 신령한 마음을 전하여, '닦으라' 말하고 '기다리라' 말하네.

傳玆靈心, 曰: 脩, 曰: 俟.

아침과 낮 동안 한 일, 저녁에 성낼 일이 없는가?

旦晝所行, 宵無嗔乎?

살아 있는 동안 행한 일, 죽어서 얼굴 찡그릴 일은 없는가?

生生所營, 死無顰乎!

명나라 성조(成祖) 때의 호씨 부인도 불꽃처럼 꺼져 갔네!

永天[6]胡婦, 爲熄乎!

4) "殀壽不貳"은 『孟子』, 「盡心」 上(13:1)에서 인용된 것이다.

5) "子曰: 朝聞道, 夕死可矣.", 『論語』, 「里仁」 편(4:8) 참조.

6) 永天은 明나라 成祖 때의 연호(1419-1428)이다.

남해 〔미인〕의 어여쁜 보조개 모범이 되네!

南海黎渦,[7] 湛矜式乎!

현세에서 떠들썩하게 화려한 출세, 그 누가 묶어 둘 수 있겠는가!

當境諠赫, 誰縢觵〔韘〕[8]乎!

육신이 죽은 후에 〔생시의〕 헛된 명예 얽매서 매둘 수 있겠는가!

身後, 虛名可留縶乎!

수고를 하고도 〔자기의〕 선행을 뽐낸다면 교만하고도 인색하네!

施勞伐善, 驕且吝乎!

늙고서도 더 살기를 탐하면 제멋대로 다투려 들 것이네!

却老耽存, 擅以爭乎!

이 다섯 가지 이로움[9]에 순응하고 세 가지 화해[10]를 지켜서 마치 구름이 하늘을 지나가듯, 물이 물결을 따르듯 한다네.

馴兹五益, 用守三和, 如雲經天, 如水隨波.

〔인생에서는〕 자주 가득 차도 마음이 불안하고 자주 싹 빠져 나가도 마음이 두려운 것이네.

數贏皇皇,[11] 數消稟稟.

---

7) '黎渦'는 '보조개'를 말한다.

8) '觵'는 문맥상 마땅히 韘으로 읽어야 한다.

9) 『畸人十篇』의 제4편에서 말하고 있는 다섯 가지 이로움이다. 그것은 ① 마음을 수렴하고 몸을 단속하여 죽은 후의 큰 재앙에서 벗어나는 것, ② 음욕이 덕행을 해치는 것을 다스릴 수 있다는 것, ③ 재화와 공명, 부귀를 가벼이 여기게 된다는 것, ④ 우리들의 오만한 마음을 쳐서 없앨 수 있다는 것, ⑤ 망령되이 죽음을 두려워하지 않고 편안히 받아들이게 해 준다는 것을 말한다.

10) 세 가지 화해 ① 하늘과 화해하고, ② 다른 사람과 화해하며, ③ 자신과 화해하는 것을 말함. 위와 같은 곳 참조.

11) '皇皇'은 遑遑(불안한 마음의 모습)으로 통한다.

〔사람이란〕 살아서는 〔도리를〕 따르고 죽어서야 편안하니, 천주께서 이를 크게 웃으신 다네.

存順沒寧,[12] 天主用矖.

◆ 5:

사계절이 〔제대로〕 운행되지 않으면 만물이 생성되지 않는다네.

四時不行, 萬物不生.

비록 깊은 고요 속에서 '무위'(無爲)하는 성군(聖君)이라도 하나도 이루어 내지 못한다네.

雖稱玄默,[13] 了無一成.

오직 〔하늘은〕 말이 없어도 〔사계절의〕 운행과 〔만물의〕 생성을 서로 번갈아 이어 주고, 하루 종일 바람을 불게 하고 천둥을 쳐도, 적막하여 아무 것도 보이는 것이 없네.

惟其無言, 行生相禪, 終日風雷, 寂寂莫見.

감각 기관을 막고 혀를 조심하며 말없이 힘써 실천한다면, 어찌 공허한 이론들이 난무하겠는가?

載塞其竅, 載捫其舌, 不言躬行, 何騰虛說?

소크라테스, 바르나바스, 제논은 남들처럼 입은 있으니 〔입을〕 봉하고 〔말을〕 적게 하였네.

瑣格剌得, 邦伴, 責煖. 有口如人, 載緘載罕.

오직 천주만을 공경하며 혀를 지켜서 허물이 적었다네.

欽惟天主, 守舌寡尤.

취한 것도 아니고 꿈결도 아니면서 요망한 일을 지껄이는 일은 부

12) "살아서는 나는 따르고 섬길 것이며, 죽어서야 편안할 것이다."(存, 吾順事; 沒, 吾寧也), 張載의 『西銘』 참조.

13) '玄默'은 沈靜無爲(깊이 고여함에 빠져서 아무 것도 하지 않음)의 뜻이다.

끄러워해야 할 일이네.

匪醉匪夢, 鼓妖可羞.

◆ 6:

살생을 금계로 삼지 않아도 좋은 맛을 끝까지는 추구하지 않는다네.

不戒殺, 不窮味.

쓰다고 차를 싫어하지 않고, 달다고 냉이를 많이 먹지도 않는다네.

苦不厭荼, 甘不䭇薺.

배고픔과 목마름은 마음을 해치고 너무 배불리 먹는 것은 기운을 손상시킨다네.

饑渴害心, 饜飫損氣.

맑고 텅 빈 〔기가〕 나날이 들어올수록 찌꺼기는 매일매일 버려진다네.

淸虛日來, 渣滓日棄.

옛날의 지혜로운 사람이 다음과 같이 말을 했다네:
"마시고 먹지 않는 사람이 없지만 그 맛을 아는 사람은 드물다고."

先正[14]曰: '人莫不飮食也, 鮮能知味也.'

우리들은 물을 떠서 간을 맞춰 제사에 쓰는 국을 만들어 천주께 바친다네.

吾酌之以玄酒,[15] 調之以太羹, 奉而薦之天主.

천주께서는 담백한 맛을 훌륭하게 여기시고 마음이 고요하고 편안한 것을 높게 평가하신다네.

天主嘉澹泊, 賞攖寧.[16]

---

14) '先正'은 先賢, 先哲과 같은 의미로 옛날의 지혜로운 사람을 말한다.

15) '玄酒'는 물의 별칭이다.

16) '攖寧'은 마음이 항상 고요하고 편안하여 外物에 의해 교란되지 않는 것을 말한다. 『莊子』, 「大宗師」 편 참조.

검소한 것에 익숙하시며 풍요로운 것을 멀리하신다네.

習於嗇, 遠於豊.

◆ 7:

중급의 선비는 몸을 다스리지만 상급의 선비는 정신을 다스린다네.

中士治身, 上士治神.

중급의 선비는 기를 다스리지만 상급의 선비는 마음을 다스린다네.

中士治氣, 上士治心.

반성은 좋은 약이고 행위는 〔약을〕 다리는 것이네.

省是良藥, 爲是煎煮,

저녁이건 아침이건 마음과 입이 서로 말을 나눈다네.

夜夜朝朝, 心口相語.

〔우리들은〕 불을 때고 훈기를 쬐고 불사르지만, 〔아직〕 남은 재를 보고 전율한다네.

經火燻灼, 見炭顫動.

자신의 〔잘못을〕 스스로 고발하고 스스로 자비를 베푸니, 다시 죄를 범하고 다시 잘못을 저지른다네.

自訟自悲, 再犯再病.

반성은 좋은 약이고 회개는 좋은 처방이라네.

省是良藥, 悔是良方.

하나의 행동도 중요하게 여겨 소중히 한다면, 무엇을 한들 좋지 않겠는가?

珍重一爲, 何用不臧?

농부에 비유하면, 자갈을 제거하고 풀을 제거하더라도 곡식을 파종하거나 심지 않는다면, 돌피와 피만 도리어 좋게 된다네.

譬諸農夫, 去礫去草, 苟無種秇[藝],[17] 荑稗翻好.

하인에 비유하면, 도박하거나 술 마시지 않더라도 가만히 앉았거나 누워만 있다면 우물 속〔에 빠진〕 절구공이보다도 못한 것이네.

辟諸僕人, 不博不酒. 苟爲坐糜, 不如井杵.

작은 악행이라도 반드시 제거해야 하고 작은 선행이라도 모두 실천해야 한다네.

纖惡必除, 微善盡體.

천주께서는 이 모든 것을 비춰 보시고 복을 내려 주시네.

天主鑒之, 錫以福祉.

◆ 8:

새는 날아다니면서 살아가고 사람은 일하면서 살아간다네.

鳥生以飛, 人生以勞.

일하는 사람은 죽어서야 쉬고,[18] 나는 새는 둥지에 〔들어가면〕 쉰다네.

勞者息以死, 飛者息以巢.

마음에서 기뻐할 만한 것 가운데 번뇌가 감추어져 있는데, 세상 사람들은 알지 못하고 마침내 마음으로 즐거워한다네.

情所歡喜, 中藏煩惱, 世人不知, 遂心是好.

마음에서 괴로워할 만한 것 가운데 춤추고 즐거워할 만한 것이 있어도 세상 사람들은 알지 못하고 힘들어만 한다네.

情所勞頓, 中藏鼓舞. 世人不知, 勞形是苦.

〔지상에서〕 괴로운 자는 〔죽은 후 천상에서〕 괴롭지 않고, 〔지상에서〕 괴롭지 않은 자는 〔죽은 후〕 괴롭다네.

苦者不苦, 不苦者苦.

---

17) '䅵' 은 본문 제7편에는 藝로 되어 있다.

18) "夫大塊載我以形, 勞我以生,佚我以老, 息我以死.", 『莊子』, 「大宗師」 편 참조.

어찌 〔지상에서의〕 한 번의 편안함을 〔죽은 후의 천상에서의〕 백 번의 괴로움과 바꾸는 일을 차마 할 수 있겠는가?

豈忍: '一逸易玆百苦?'

선을 행하는 것도 괴롭고 악을 제거하는 것도 괴롭다네.

爲善亦苦, 去惡亦苦.

〔그러나〕 괴로움을 견디면서 일생을 보낸다면 도리어 〔내세에서〕 괴로움에서 벗어날 수 있다네.

受苦一生, 却能離苦.

하늘에서 다니는 길은 매우 즐겁지만 하늘에 들어가는 문은 매우 낮다네.

天路甚樂, 天門甚卑.

하늘의 시간은 매우 길다네.

天時甚長.

천당의 매우 낮은 땅의 지하에 감옥이 있는데, 한 번 들어가면 나올 수 없다네.

天堂甚低, 地下有獄, 一入不出.

지난날의 탐닉은 〔지옥으로 가는〕 무서운 두려움으로 변한다네.

向時耽淫, 變爲觳觫.[19]

저 부처의 말은 비슷한 말씀을 훔쳐 내어 윤회〔설〕을 만들어서 사람의 마음을 바꾸게 하였다네.

彼浮屠氏, 竊其近似. 設爲輪廻, 變人心志.

오직 〔현세의〕 즐거움만은 가장 큰 고통이나 고통이 없으면 즐거움도 없다네.

---

19) '觳觫'은 도살장으로 끌려가는 소가 매우 두려워서 떠는 모양이다. 『孟子』, 「梁惠王」上(1:7) 참조.

惟樂最苦, 不苦不樂.

천주께서 부르시면 텅 빈 (우주) 공간에서 머물면 된다네.

天主召之, 駐玆廖廓.

◆ 9:

사람은 살기도 하고 죽기도 하기에 〔죽음을〕 얻을까 걱정하고, 〔생명을〕 잃을까 걱정한다네.

人以死生, 患得患失.

〔이런 걱정이〕 한 번 마음을 잡아 끌게 되면 황당한 착각이 병으로 된다네.

一引其心, 皇惑成疾.

누군가는 오행을 말하고 누군가는 풍수를 말한다네.

或說吾〔五〕[20]行, 或說風水.

그 가운데 고치기 어려운 병폐가 있으니 죽음에 대한 두려움은 끝이 없다네.

一中膏肓,[21] 畏死不正〔止〕.[22]

〔그러나〕 하찮은 술수를 몰아 내고, 사악한 마귀를 제거해야 하네.

請驅小數,[23] 請芟邪魔.

우리들이 살아서는 행위를 하여도, 죽으면 그런 것이 없다네.

我生有爲, 我死無他.

---

20) 여기서 '吾行' 은 명백히 五行으로 읽혀야만 한다. 따라서 吾를 五로 바로잡았다.

21) '膏肓' 은 심장과 격막 사이의 부분으로 명치를 말하는데, 침이나 약으로 고치지 못하는 부분이다. 나아가 전부터 내려오는 고치기 어려운 오류라는 의미를 가진다.

22) 여기거 '正' 은 止의 잘못이기에 바로잡는다.

23) 여기서 '小數' 는 '작은 술수', 즉 하찮은 기예를 의미한다.

선의 씨앗은 마음에 뿌려지고 악의 씨앗은 말 속에 뿌려진다네.

善種種心, 惡種種語.

〔선악을〕 분별하여 〔악인을〕 몰아 내고 〔선인을〕 상주는 것은 천주께서 스스로 주관하신다네.

黜陟分別, 天主自主.

◆ 10:

세상에서 일하는 사람 중에 재물을 고수하려는 노예보다 〔가련한 것은〕 없다네.

世間作業人, 莫如守財虜.

몸을 갈라서 진주를 숨겨 두고, 아침부터 저녁까지 실낱 같은 이익을 긁어모으느라 애쓴다네.

剖身以藏珠, 朝夕事斂聚纖利.

작은 씨앗이나 낟알까지 곳간에 쌓아 두고 궁핍한 사람들은 구제하지 않고서 다만 장사꾼만을 존경할 줄만 안다네.

竭羊羔[24)]顆粟堆倉庾. 不肯賙窮乏, 但知敬商賈.

피로한 정신은 말이나 소와 같고 마음 쓰는 것은 여우나 쥐를 스승으로 삼고 있다네.

疲精如馬牛, 心計師狐鼠.

이익을 좋아하는 것은 모기와 같고 교만하고 어리석은 것은 울부짖는 호랑이와 같다네.

嗜利類蚋蚊, 驕癡類虓虎.

아! 기력이 다 소진할 때, 무엇을 가지고 천주를 알현하려는가?

嗚呼! 氣盡時, 持何見天主?

---

24) '羊'은 芉과 통한다. 간은 율무이다. 羔는 새끼라는 의미도 있지만 씨앗이라는 뜻으로도 사용된다.

가난이란 선비의 변함없는 모습이고 선행은 복을 가져오는 창고라네.

貧者士之常, 善者福之府.

두 갈래 길이 사람과 짐승을 갈라놓는다네.

兩路分人禽.

지혜로운 사람은 얼마나 취해야 할지를 스스로 안다네.

智者, 自識取多少.

총명한 사람은 실오라기〔같이 작은 것〕마저도 멀쩡하게 살핀다네.

聰明漢, 惺惺檢絲縷.

제 3 부

마테오 리치의 저작에 대한 연구 논문

왼쪽부터 마테오 리치(Matteo Ricci), 아담 샬(J. Adam Schall von Bell), 페르디난드 베르비스트(Ferdinand Verbiest)

마테오 리치의 전교 활동의 개략과 그의 유교관

마테오 리치(Matteo Ricci, 利瑪竇 1552-1610)는 예수회 소속 이탈리아인 선교사로서 중국 최초의 천주교회 창립자이다. 그는 17세기 이래 동서 문명 교류[즉 전통적 중국 문화권 내에 이른바 '서학'(西學)의 형성과 아울러 중국 문명의 서구 계몽주의 사조에 대한 영향]를 촉발한 위대한 문화 매개와 융합의 사도라고 평가될 수 있다.

출생과 교육

리치는 당시 로마의 교황령에 속한 중부 이탈리아의 마체라타(Macerata)에서 출생하였다(1552. 10. 6). 그리고 16세에 부친의 권유로 법학을 공부하기 위해 로마로 갔으나 법학 공부를 중도 포기하고, 예수회 수련원 산트 안드레아(Sant' Andrea)에 들어갔다(1571. 8. 15). 일 년 뒤 로마대학(Roman College)에 입학하여 공부하였으며, 또한 당시 독일 출신의 유명한 수학자 클라비우스(Christopher Clavius)로부터 수재로 인정을 받았다고 한다. 그는 결국 예수회의 동양 전교 사업에 마음을 정하고서, 당시 인도로의 정기 항로는 일 년에 단 한 번 오직 포르투갈의 리스본에서만 있었기 때문에 그 곳으로 갔다(1577. 5. 18). 그리고 다음 해 봄 출항할 때까지 리스본의 코임브라(Coimbra) 대학에서 수학하였다. 1578년 봄에 리스본을 출항하여 당시 천주교 동방 전교의 중심지인 인도의 고아(Goa)에 도착하였다(1578. 9. 13). 그곳에서 신학을 공부하고 코친(Cochin)에서 사제 서품을 받았다(1580. 7. 25). 드디어 그는 1582년에 마카오로 출항하였다.

중국에 온 '서양 승려'〔西僧〕

중국과 서양과의 문명 교섭은 사실 기원전 3세기 한(漢) 제국의 성립 이래 중앙아시아, 즉 실크로드를 통한 서역과의 교역이 그 대표적인 것이었다. 이 과정에서 징기스칸(1162-1227)의 대정벌이 돌출적인 특징이었다면, 이 시대를 마감하는 동서 교섭의 위대한 증거인은 마르코 폴로(Marco Polo 1254?-1324)였다고 하겠다. 그러나 원(元, 1271-1368)제국의 멸망과 함께 이러한 북방 경로의 카라반 여행을 통한 동서 교섭은 그 (세계사적인) 실질적 의미를 상실하고 만다. 그 대신 해상 무역의 발전과 함께 해로를 통한 동서 교섭이 점점 더 큰 의미를 갖게 되었다. 포르투갈인 바스코 다 가마(Vasco da Gama 1469?-1524)의 인도 항로 발견(1497)은 현대사의 시작인 서세동점(西勢東漸)의 효시라고 하겠다. 그러나 넓은 동아시아 대륙에서 몇 천 년 간 자체의 찬란한 문명과 전통을 지녀 온 중국은 명조(明朝 1368-1644)에서도 여전히 스스로를 '천하의 중심의 나라'〔中國〕로 당연하게 확신하는 중국 문화 중심주의적 세계관 속에 완고하게 젖어 있었다. 중국 문명만이 '화'(華), 즉 문화의 꽃이요, 이 문명의 교화를 받기를 거부하거나 도대체 그것과 이질적인 먼 변방의 문명은 '이'(夷), 즉 야만의 상태일 수밖에 없다고 생각하였다. 따라서 중국을 지도하는 문화적 엘리트, 즉 유림(儒林)들이나 관료들은 화승총을 들고 해안을 노략질하는 포르투갈인이나 왜구(倭寇)들 모두를 야만인으로 취급하였다. 따라서 포르투갈인이나 기타 서구의 스페인이나 홀란드 상인들의 활동은 마카오와, 광주(廣州, '꽝쪼우')에서의 연 2회에 걸친 시장 교역에만 제한되어 철저한 감독을 받고 있었을 뿐, 중국 내륙 전역에 대한 그들의 접근은 거의 완전 봉쇄되어 있었다.

그러나 당시 예수회의 동방 전교 총 책임자인 프란치스코 사베리오(Franciscus Xaverius 1506-1552)는 그의 성공적인 일본 전교에 이어 강력하게 중국 전교를 추진하는 도중 중국 내륙에 발을 딛어 보지도 못하고 발병하여 광주(廣州) 근해의 상천(上川, '쌍추안')도에서 사망하였다. 예수회 동방 전교의 순안사(巡按使, *Visitator*)가 된 발리냐노(Alessandro Valignano)는 그의 유지를 이어 중국의 언어, 관습과 세계관을 철저하게 습득한 탁월한 인재를 통하여 당시 폐쇄된 '중화 제국'을 복음화하려는 매우 야심적인 계획을 수행해 나갔다. 그는 먼저 고아로부터 루지에리(Michele Ruggieri)를 1579년 마카오로 불렀다. 그로 하여금 삼 년여에 걸쳐서 중국어와 한문을 열심히 배우게 하면서 중국인들과의 몇 가지 예비적인 접촉 시도를 해 보게 한다. 이런 무수한 시도들을 통하여 중국 관헌들의 호의를 얻게 되었다. 발리냐노는 마침내 루지에리와 로마와 고아에서 동학한 마테오 리치를 마카오로 불러서(1582. 8. 7), 이 둘로 하여금 중국 전교 사업을 맡게 하였다. 이들은 가진 노력을 통해 마침내 당시 광동(廣東)과 광서(廣西) 양성의 겸임 총독인 진서(陳瑞)의 이해와 당시의 성도 조경(肇慶, '짜오칭')의 지부(知府)인 왕반(王泮)의 호의를 얻어서 드디어 1583년 9월 10일(후에 중국 전교사의 기념일이 됨)에 그 곳 조경(肇慶)에 정착하게 되었다.

이들 최초의 두 예수회 선교사 루지에리와 리치의 최대의 과제는 결국 자신들이 노략질이나 폭력을 일삼는 포르투갈이나 카스틸리아(스페인)에서 온 상인(즉 '야만인'?)이 아니라는 점을 강조하는 일이었다. 그들은 사실 언제라도 중국의 관헌들에 의해 가차없이 추방당할 수 있는 불안과 악몽에 시달렸기 때문에, 한편으로는 열심히 중국의 경전들과 관습들을 배우고 이해하고자 했으며, 그리고 다른 한편으로는 기회 있을 때마다 당시 서방의 최고 명품들을 지부(知府)나 총독(總督)에게 선사함으로써, 그리고 동시에 중국의 지식인들에게 '새로운' 우수한 서방의 기기(機器)를 제시함으로써, 자기들이 결코 '야만인'이 아님을 입증하고자 하였다. 그리고 중국인들로부터 이상한 혐오감을 사지 않기 위해 그들은 우선, 일본에서의 성공적인 전교 경험을 토대로, 불교식의 복장과 삭발을 한 **서방의 승려**〔西僧〕로 행동을 했고, 따라서 그들은 조경(肇慶)에서 중국 총독의 윤허와 도움으로 최초로 세운 천주 교회의 이름을 '선화사'(僊化寺)라고 하였다.

서사〔西士〕로서의 학문과 전교 활동

리치가 중국을 중심에 두고 새롭게 제작해 낸 특히 '산해만국여지

전도'(山海萬國輿地全圖)는 종래의 중국 중심의 '천하관'을 허물기 시작한 것이요, 중국의 문화와 위치를 서양의 그것에 대해서 상대적으로 생각할 수 있게 하는 새로운 세계 인식의 지평을 제시하는 첫발이었던 셈이다. 사실 이로부터 중국 전통 문화 속에 "서학"(西學)이 발붙일 수 있는 최초의 계기가 마련되었다고 하겠다. 리치의 중국 학자들과의 교류에 결정적인 계기가 된 것은 그가 조경(肇慶)에 부임한 신임 총독에 의해 그 곳에서 쫓겨나서 좀더 내륙의 소주(韶州, '싸오조우')에 정착(1589. 8. 26)하게 된 이후의 일이다. 리치는 그 곳에서 자기로부터 연금술을 배우겠다고 찾아온 중국의 문인 구여기(瞿汝夔, 號는 太素, 1549-?)를 최초의 천주교 교화인으로 만들기에 성공하였다. 리치는 그에게 천주교의 교리 외에 서양의 수학, 기하학, 역학 등을 가르쳤으며, 동시에 그로부터 사서오경(四書五經)을 배우면서 그것을 라틴어로 번역하고 주해하기 시작하였다. 특히 구여기의 제안에 따라 당시 중국 사회의 지도층인 유림(儒林)들과의 자유로운 접촉과 교류를 위하여, 불교식의 승복을 벗고 중국에 온 지 12년 뒤인 1594년부터는 로마 본부의 허락을 얻어 유림의 복장을 하고 '리마또우'(利瑪竇, 리치 마테오의 漢音譯)라는 이름 외에 별도로 문인들의 관습에 따라서, 호(號)를 서태(西泰)라 짓고 **서방에서 온 학자**〔西士〕의 신분으로 중국 문인들과 본격적인 교류를 시작하였다. 리치는 이들 중국 문인들에게 정밀한 지도, 지구의, 천체의(天體儀)를 제작해 보이는 일 외에 그의 한문 지식이 발전되어 감에 따라 한문으로 저술함으로써 그의 전교 활동을 더욱 발전시켰다. 이런 학문과 저술 활동을 통하여 리치는 많은 중국 문인들을 지기로 만들 수 있었다. 1595년 4월에 마테오 리치는 우연히 '사오조우'(韶州)에 들른 '베이징'(北京)의 병부상서 '스'(石) 대인(大人, 즉 石星 1538-1599)을 알게 되었다. 그가 마테오 리치에게 자식의 병의 치료를 의탁함으로써, 마테오 리치는 처음으로 그를 따라서 '사오조우'를 떠나서, '베이징'에 진입하여 중국 황제를 알현하고 그에게 조공을 바침으로써 그 곳에 중국 전교의 확실한 근거지를 마련하고자 하는 최초의 '베이징' 진입의 시도를 하게 되었다. 그는 '스' 대인을 따라서 운하로 여행을 하면서 수많은 고초를 겪었고 겨우 '난징'(南京)에 도착할 수 있었다(1595. 5. 31). 그러나 그곳에서의 거주가 실패하자, 결국 그는 그에게 우호적인 중국 문인들의 도움으로 1595년에는 중국의 내륙의 요로인 남창(南昌, '난창')에 전교지를 확보하게 되었다(1595. 6. 28). 이 때 발리냐노가 리치를 예수회 중국 전교 책임자로 임명함(1597. 8. 4)으로써, 그는 독자적으로 중국 전교 활동을 펼쳐 나갈 수 있게 되었다. 1598년 남경(南京, '난징')의 예부상서(禮部尙書) 왕충명(王忠銘, '왕쭝밍')을 수행하여 북경에 가서 황제를 알현하고 조공을 바치고자 하였으나 실패하고 남경으로 다시 돌아와 전교 활동을 하였다.

그리고 유교 경전이나 효(孝) 관념에 근거하여 중국 전래의 '천'(天) 또는 '상제'(上帝, 하느님) 관념과 연관하여 천주교의 하느님을 '천주'(天主)라 설명하였다. 그는 '천주교'의 교리란 중국의 전통적인 유교적 세계관과 윤리관에 적대적 모순적인 것이 아니라 오히려 그런 유교적인 관념을 더욱 완전하게 하는 것이라고 하는 보유론(補儒論)을 강하게 표명하였다. 이와 같이 유교적 세계관에 타협적인 그리스도교 호교론을 폄으로써 중국 지식인〔士大夫〕들의 일부를 그리스도교에 귀의시킬 수 있는 대단한 호응을 얻기 시작하였다. 리치는 그가 중국에서 활동한 지 19년 만에, 그의 나이 49세에 마침내 그와 예수회가 간절히 목표하던 북경에 입성하여 명(明) 신종(神宗) 황제(萬曆, 1573-1619년 간)를 알현하게 된다. 리치는 중국 황제에게 정교한 자명종(自鳴鍾), 프리즘, 클라비어코드, 원색의 천주상과 성모상 등등 당시 진귀한 서방의 진품들을 조공하고 결국 자명종의 수선이나 클라비어코드의 교수, 또는 천문 역학에 관한 일로 인해 명 황궁〔紫禁城〕에서 일을 하게 되면서 북경에서의 거주를 허락받게 되었다.

리치의 이런 남경에 이은 북경의 "정복"에 대하여 발리냐노는 너무나 환희에 찬 보고의 편지(1603. 11. 12)를 로마의 예수회 본부에 올렸다. "이런 행운이 백 년 안에 우리에게 오면 좋겠다는 것이 그 때까지 우리들이 꿈꾸어 오던 일이었다." 당시 자아 독존적인 중국인들의 세계관에 전혀 생소한 서방의 기독교 진리를 성공적으로 전교한 리치의 업적은 사실 초대 교회의 사도들의 전교 활동만큼이나 지난한 업적으로 평가받을 만한 것이다. 먼 서방에서 온 이국 선교사로서 당대 중국을 대표하는 최고의 지성인인 서광계(徐光啓 1562-1633)나 이지조(李之藻 1565-1630) 등을 천주교로 개종시킨 사실은 리치의 사상과 신념의 크기가 결국 동서 문화의 융합의 새로운 지평을 열 수 있었을 만큼 대단히 큰 것이었음을 입증하고도 남는 것이다.

그는 그 곳에서 많은 중국의 최고급 문인들과 교류하면서 서양의 수학과 천문 지식뿐만 아니라 중국 문명에 이미 훈습된 필치로 서양의 그리스도 교리를 전파하였다. 바로 이 점에서 이지(李贄 1527-1602), 황종희(黃宗羲 1609-1695), 왕부지(王夫之 1619-1692) 등과 같은 명말의 대표적인 탁월한 철학자들은, 그의 교설에 우호적이든 혹은 비판적이든, 모두 서방학자 리치〔利西泰子, 즉 利瑪竇〕의 이와 같은 학문적 업적을 증언하고 있다. 그가 58세의 나이로 북경에서 사망(1610. 5. 11)하자 신종(神宗) 황제는 그에게 북경성 밖에 장지를 하사하고 그의 덕을 기렸다.

저술 업적

400여 년 전 완전히 봉쇄된 중국 지역에 들어가 서구적 학문을 바탕으로 오로지 중국 문화를 배우고 또 그것에 탁월하게 적응함으로써 동서 문명 융합의 새 지평을 열 수 있었던 리치의 가상한 업적은 그의 초인적인 재능과 노력뿐만 아니라 그에게 감화된 당시 중국 지성계의 열려진 마음이 함께 어우러져 성취된 것임에 틀림없지만, 이러한 대성공의 배경적 이유는 또한 — 그 당시 세계 문명 어디에도 — 찾아볼 수 없었던 당대 중국의 높은 인쇄 문화와 광범한 독서 문화층의 절대적 지배에서도 찾아질 수 있다. 사실 리치의 활동과 업적은 이렇게 발달된 당대 중국의 높은 문화 수준과 목판 인쇄술에 의한 용이한 서적의 간행과 보급에 의한 것이었다. 새로운 관념 및 지식의 유포에 주요한 수단이 되었던 목판 인쇄술의 뛰어난 역할은, 리치를 비롯해서 그의 뒤를 이어 중국에 온 서양 선교사들에게 매우 놀라운 사실이었으며, 그들은 그것을 최대로 이용하였다. 리치는 그의 회고록에서 인쇄된 서적 덕택에 "기독교법의 명망이 점점 더 빨리, 그리고 점점 더 널리 전파되고 있다."고 말하고 있다. 그리고 그는 다음과 같이 쓰고 있다. "이 왕조〔明朝〕에서는 책읽기가 너무나 일반화되어 있기 때문에 서적에 관해서 완전히 무지한 사람은 별로 없다. 그들의 모든 교파는 민간에 대한 설교나 연설을 통해서가 아니라, 서적을 통해서 전파되고 발전되어 왔다. 이 점은 우리들이 기독교도들에게 필요한 기도문들을 가르치는 데 큰 도움이 되었다. 왜냐하면 인쇄된 **기독교 교리서**를 그들이 스스로 읽거나, 아니면 친척이나 친구들로 하여금 그것을 낭독시킴으로써, 그들은 즉각 그 기도문들을 암기하였기 때문이며, 결코 그들 중에 읽을 줄 아는 사람들을 찾지 못하는 경우는 없었기 때문이다."[1)]

리치가 중국에 와서 활동하다 죽기까지(1582-1610) 28년 동안 그는 "사전의 편찬과 『사서』(四書)의 번역을 비롯해서 종교와 천문, 그리고 지리와 수학 등 전교에 도움이 될 만한 저술들을 한문으로 이십여 권이나"[2)] 저술하였다. 이 중에서 그 유명한 건륭(乾隆 1736-1795)년 간에 수집 정리된 방대한 양의 『사고전서존목총서』(四庫全書存目總書)에 수록된 리치의 저술은 다음과 같다:

『건곤체의』(乾坤體義) 2권;
『동문산지』(同文算指) 전편(前篇) 2권, 통편(通編) 8권, 利瑪竇 역;
『기하원본』(幾何原本) 6권, 利瑪竇 역;
『변학유독』(辨學遺牘) 1권;
『이십오언』(二十五言) 1권;
『천주실의』(天主實義) 2권;
『기인십편』(畸人十編) 2권(부록 「서금곡의」(西琴曲意) 1권);
『교우론』(交友論) 1권 등

이 중에서 전통적인 중국 문화권의 지식인들에게 가장 널리 읽혀졌

1) Gernet, 16쪽.
2) Cronin, 이기반 번역, 318쪽.

으며 가장 영향력이 큰 저술은 『천주실의』라고 하겠다. 이 책은 수 세기에 걸쳐 중국은 물론 조선, 월남, 일본 등에서까지 광범위하게 읽혀졌다.

사실 리치는 1583년 중국에 도착한 이래 10년 동안 중국의 문화 풍토에 맞는 새로운 교리서를 편찬할 생각으로 우선 중국의 고전들을 연구하여야 했다. ***Vera et brevis divinarium rerum expositio***〔天主述要, 1581〕라는 라틴어본을 따른 『천주성교실록』(天主聖敎實錄)이라는 첫 번째 교리서가 1584년에 조경(肇慶)에서 서둘러 출판되었다. 이 교리서의 초고가 1596년에 완성되었고 그 다음 해에 라틴어 번역본이 당시의 일본 주교인 체르게이라(Luis Cerqueira)에게 제시되었다. 그러나 그 초고와는 상당히 체제가 다른 최종판은 1601년에야 겨우 완성되었다. 이 최종판, 즉 『天主實義』는 풍응경(馮應京 1555-1606)이라는 탁월한 문인에 의해 문체가 윤색되었다. 리치는 1599-1601년 사이에 그 자신이 남경이나 북경에서 많은 유학자들이나 불교 승려들과의 대화 속에서 얻은 체험들을 그 책 속에서 피력하였다.

이 저작은 고아(Goa, 인도)의 천주교 당국으로부터 출판 허가증을 취득하지 못했기 때문에 1604년(혹은 1603년 12월)에야 비로소 목판 인쇄에 부치게 되었다. 이 책은 『천주실의』(天主實義)라는 이름으로 그 후 여러 번에 걸쳐 재판되었다. 리치가 설명하고 있듯이 이 저작은 실제 교리서가 아니었다. 사실상 이 저작은 자연 이성(*natural reasons*)으로 입증될 수 있는, 예를 들면 천지의 창조주이신 하느님, 영혼의 불멸, 천당과 지옥의 존재 등에만 관계되어 있다고 리치는 말하였다. 그 책의 저자는 동시에 공개적으로 불교와 도교의 관념을 비판 배격하는 데 힘을 쏟았으며, 좀더 암시적인 방식으로 고금(古今)의 유교적인 관념 자체까지도 비판했다.[3)]

『천주실의』 외에 리치의 최후의 한문 저작인 『기인십편』(畸人十編,

3) Gernet, 17-18쪽 참조.

1608)에는 동서 문명을 융합한 그의 완숙한 정신과 신앙의 경지가 드러나고 있다. 『사고전서총목』에는 다음과 같은 해제가 실려 있다:

"열 편 모두 문답식으로 천주교의를 전개하고 있다.
1편 사람들은 지나간 수명이 아직 있다고 잘못 생각한다;
2편 현세는 잠시 머물다 갈 뿐이다;
3편 늘 죽을 때를 생각하고 좋은 일을 함이 길하다;
4편 늘 죽을 때를 생각하고 죽음의 심판에 대비하라;
5편 군자는 말수가 적고 무언(無言)하고자 한다;
6편 금식의 본뜻은 살생을 금하는 것이 아니다;
7편 스스로 반성하고 스스로 책임을 물어 허물이 없게 하라;
8편 선악의 보응은 죽고 난 다음(영혼이 받는 것이다);
9편 미래를 헛되이 찾으면 갑자기 불행을 만나 죽게 된다;
10편 부자이면서 인색한 것은 가난한 것보다 더 괴롭다.
언론 전개가 장대하며 거침없는 달변이어서 사뭇 설득력이 있다."[4)]

이런 한문 저작 외에 리치는 자기가 얼마 못 살 것을 직감하고 1609년부터 마지막의 심혈을 다하여 예수회 중국 전교 역사의 전말을 이탈리아로 집필하였다. 이것이 바로 ***Della entrata della Compagnia di Giesù e Christianità nella Cina***(『예수회와 천주교의 중국 진입』)이라는 표제가 달린 마테오 리치의 수고(手稿)이다. 플랑드르 출신의 예수회수사 니꼬라 뜨리골(Nicolas Trigault)은 1610년 말에 중국에 도착해서, 이 수고를 가지고 1613년에 마카오에서 로마로 돌아왔다. 이 수고는 5장(章)으로 이루어져 있다. 제1장에는 중국에 관한 일반적인 정보가 요약되어 있고, 이어서 1582년 중국에서의 예수회 전교 시작부터 저자〔Ricci〕가 북경에서 1610년 5월 11일 죽기 몇 달 전까지의 역사가 기록되어 있다. 1614년에 로마에 도착한 이 원고는, 롱고바르도(Longobardo, 龍華民) 신부, 바뇬(Vagnone, 王豊肅) 신부 및 카타네

4) 『四庫全書總目』, 上卷, 1080쪽 참조.

오(Cattaneo, 郭居靜) 신부가 각각 그들의 중국 거주에 대한 포르투갈어로 쓴 보고문들과 우르시스(Sabatino de Ursis, 熊三拔) 신부가 라틴어로 쓴 1610년과 1611년도의 서간문에서 발췌한 글 등을 바탕으로 하여, 트리골 신부 자신에 의해 완간되었다. 그러나 리치의 이탈리아어 원본이 1909년에 다시 발견되었다. 그 후 몇 년에 걸쳐 리치의 이 원문 원고는 중국에 건너간 최초의 두 선교사, 루지에리(羅明堅)와 리치 간의 상호 통신문과 함께, 벤투리(Tacchi Venturi)의 감수를 받아, *Opere storiche del P. Matted Ricci*(『마테오 리치 신부의 역사 저작』)이라는 제목으로 간행되었다.

1942-1949년에 걸쳐서, 리치의 원본이 이 통신문 없이 다만 더욱 풍부한 주석과 인명(人名) 고증을 거쳐서, 엘리아(Pasquale d' Elia)에 의해 *Fonti Ricciane*(리치 전집, 전3권)으로 출판되었다.[5] 최근에 이탈리아어 원본으로부터 모든 자세한 고증을 거친 중국어 완역본 『이마두 전집』(利瑪竇全集, 총 4권, 1986)이 대만에서 출판되었다.

유교관

우리는 이제 끝으로, 마테오 리치가 서양과는 전혀 다른 이질 문화권인 중국에 와서 천주교 교리를 성공적으로 전파한 그의 천주교 전교 활동을, 요컨대 '천주교 교리의 유교적 인생관과 세계관에 대한 조화적인 적응' (*the Accomodation of Christianity to Confucianism*)이라는 측면에서 살펴보고자 한다.

리치가 이해한 중국의 문화, 특히 유교 사상은 '자연의 광명' (***lume naturale***)에 의해 상당히 개명되고 발전된 것이었다. 그가 구여기(瞿汝夔)로부터 유교의 사서(四書)와 오경(五經)을 배우면서, 그리고 동시에 그것을 라틴어로 번역하는 과정에서 유교에 대한 그의 이런 심증은 더욱 확실해졌다. 유교는 다른 이교(특히 불교, 도교 등)와는 달리 엄격한 의미의 종파(***una legge formata***)가 아니라, 개인의 덕성이나

5) Gernet, 17쪽 참조.

사회의 질서와 안녕을 도모하려는 지식인들의 집단이기 때문에, 이런 것들은 천주교에도 허용될 수 있다고 생각하였다.[6] 사실 유교는 기독교 교리와 대비해 볼 때, 여러 면에서 애매하여, 어떤 것들은 천주교 교리와 완전히 합치하는 것으로 해석할 수도 있고, 어떤 것들은 별로 상관이 없을 수도 있다고 리치는 생각했다.[7] 공자의 가르침 가운데 아예 제기되지 않은 문제에 대하여는 자기들에게 유리한 쪽으로 얼마든지 해석할 수 있다고 생각하였다.

리치는 "서구인들이 알고 있는 이교도들 가운데 고대의 초기 문명기에 중국 민족보다 오류를 범하지 않은 민족을 모른다"고 말하였다. 중국 역사의 초기부터 그들의 책에는 그들이 인정하고 숭배한 최고의 유일신이 기록되어 있고, 그를 '상제'(上帝) 또는 '천'(天)이라고 불렀으며, 또한 만유를 주재하는 이 '천'은 악인에게 징벌을 선인에게 상급을 준다고 믿었으며, 중국의 고대인들은 영혼 불멸에 대하여도 별반 회의를 하지 않았다고 설명했다. 따라서 원시유학(原始儒學)에서는 이와 같이 **원시적인 자연 이성**에 의해 이미 천주교의 진리가 알려졌었다고 해석하였다. 그러나 후대에 서방(인도)에서 우상을 숭배하는 불교가 중국에 들어와서 유교를 오염시킴으로써 후대의 문인들이 창조설과 영혼 불멸을 부인하고 내세의 천당과 지옥의 존재를 믿지 않게 되었으며, 신을 섬기는 성직자(聖職者) 계층도 사라지고, 기도하는 경문도 민멸되었으며, 다만 상제(上帝)에게 제사 드리는 것만은 오직 황제의 특권으로 귀속되어 버렸다는 것이다.[8]

리치는 고대 중국인들의 '상제'(上帝) 또는 '천'(天)의 관념에 인격신적 요소를 강조하기 위해, 그것을 천주교의 '천주'(天主)의 관념과 일치시켜서 설명하였다. 리치에 의하면, 유교는 '자연 이성'에 근거하는 윤리 체계나 사회철학이거나 자연 종교 이상이 아니기 때문에, 그는, 천주의 관념이나 현세의 인간과 내세의 삶 등에 대한 천주교의

6) P.A. Rule, 46쪽 참조.
7) 같은 책, 28쪽 참조.
8) 孫尙揚, 48-9頁 참조.

기본 교리(Christianity)는 결코 생소하고 외래적인 것이 아니라, 원래 중국 고대의 유자(儒者)들에 의해 설파되어졌던 것을 다시 환기시킬 뿐[9]이라고 중국의 문인들에게 말하고 있다. 이런 시각에서 쓰여진 책이 바로 앞서 언급한 『천주실의』(天主實義)이다. 또한 리치는 로마에 있는 예수회 총장이나 교황에게 중국의 초기의 (유교적) 가르침과 천주교의 교리는 사실 서로 합치할 수 있는 것이요, 따라서 중국의 전교는 개별적으로 몇 사람을 천주교로 개종시키는 것이 문제인 것이 아니라, 이런 기본적 확신이 설득될 경우, 중국의 전체가 하루 아침에 복음화될 수 있다고 설명하였다.

그러나 중국인들의 세계관에는 원래 영혼과 육체의 이원적 구분이나 우주의 창조설이 없고, 이 실제로 영원히 변화 변동하는 우주적 실체를 초월해 있는 또 다른 초월 세계로의 이분법적 구별이 없기 때문에, 리치는 이런 후대 신유학(新儒學)의 일원론적 세계 원리를 불교에서 파생해 온 것으로 간주하고, 그것의 부정에 온힘을 기울인다. 리치는 『천주실의』에서, 아리스토텔레스의 4원인설과 실체〔自立者〕와 속성〔依賴者〕의 개념 구별의 도입을 통해서, 신유학에서 말하는 '이'(理)나 '태극'(太極)은 그 자체가 실제 사물을 만들어 내는 사물 밖에 있는 "독립된 운동인"(초월적 존재)이 아니라, 단지 사물이 있으면, 그 사물에 내재하는 것이기 때문에 단순히 사물에 종속되는 "속성"(依賴者)일 뿐, 독립적인 실체(自立者)가 아니라고 논박한다. 만약 그것이 초월적인 독립적 존재라면, 그것은 서양의 '신'(神)의 개념과 마찬가지라는 것이다. 그러나 사물마다에 내재하는 '이'(理)는 결코 '신'일 수 없으니, 결국 개체에 내재하는 '형상'(Form)에 불과할 뿐이라고 설명한다. 그러나 이것으로 중국의 신유학자들이 얼마나 설득될 수 있었는지는 의문이다.

리치는 무엇보다도 먼저 토미즘의 입장에서 출발하여 자연 이성이나 도덕성에 초점을 맞추어서, 천주교의 교리를 중국의 문인들이 잘 납득할 수 있게끔 설명했기 때문에, 유교적 토양에 천주교 교리의 조

---

9) P.A. Rule, 34쪽 참조.

화적 적응, 말하자면 천주교 교리에 "중국 옷을 잘 입힘"[10]으로써, 여하간 상당한 전교의 성과를 잠정적으로 크게 얻을 수 있었다고 하겠다. 그러나 계시 종교로서의 천주교의 특성은 인간의 원죄에 의한 유한한 자기 한계와, 그로 인한 하느님에 대한 절대적 귀의와 신앙을 강조한다. 따라서 이런 계시 종교로서의 천주교 교리는 결국 '자기 계발'에 의한 자기의 인격과 도덕의 완성("爲己之學")이라는 중국인들(특히 新儒學)에게 고유한 자율적 학문 경향과 배치되기 때문에, 리치는 『천주실의』에서 계시 종교로서의 천주교 교리의 특성에 대하여는 별로 언급하지 않거나 타율 신앙적 성격을 상당히 변조하여 중국인들을 설득하는, 말하자면 그리스도교 신학 중심의 입장에서 볼 때, 무시될 수 없는 '결정적인' 자기 한계를 안고 있다.

그러나 동서 세계관의 기본적 차이에서 오는 이런 문제점은 리치와 그의 뒤를 이은 예수회 선교사들의 잠정적인 선교 노선의 문제라기보다는, 본질적으로 동양적 전통과는 다른 뿌리에서 출발한 계시 종교로서의 그리스도교의 토착화라는 근본 문제와 심각히 관련된다고 하겠다.

10) 같은 책, 54쪽 참조.

『천주실의』와 토착화의 의미

유교 문화에의 적응과 『천주실의』의 의미

『천주실의』(1603년 北京 출판)의 저자는 명말(明末)에 중국에 와서 중국 문화에 적응하여 로마의 카톨릭교회〔天主教〕의 도리를 본격적으로 전교하여 최초로 성공한 이탈리아의 마체레타(Macereta) 출신의 예수회 선교사 마테오 리치〔利瑪竇 1552-1610〕이다. 이런 그의 중국 전교의 시발점은 예수회의 동방 전교의 시발자인 프란치스코 사베리오(Franciscus Xaverius 1506-1552)에게서 비롯된 것이다. 사베리오는 1541년에 인도의 포르투갈 식민지인 고아(Goa)에 왔으며, 인도의 토착민들에게 열심히 기독교를 전교하였다. 그러나 더 큰 야망을 가진 그는, 당시 포르투갈 상인들로부터 얻은 중국과 일본에 대한 새로운 정보에 따라서, 우선 일본의 전교에 직접 나섰다. 1549년 일본의 가고시마(鹿兒島)에 도착한 이래 그는 많은 전교의 성공을 거두었다. 그러나 일본의 도착에서부터 그를 늘 당혹스럽게 만든 것은 다음과 같은 일본인들의 반박이었다. "기독교의 교리는 참일 수가 없습니다. 그것이 참이라면 중국인들이 분명히 오늘날까지도 모르고 있을 리가 없습니다."[1] 학문과 도덕을 숭상하는 일부 일본인들에게 중국 문화의 권위는 대단한 것이었다. 따라서 사베리오는, 이들 "서양의 구도승들과 상인들이 13세기 중엽 발견의 시대"(Age of Discovery) 이래 계속 꿈꾸

1) Hans Haas, *Geschichte des Christentums in Japan*, 1. Bd., 221쪽; René Laurentin, *Chine et Christianisme*, 115쪽.

어 온 기독교 "전세계군주국"(Universal Monarch)이나 "천 년 왕국(Millennial Kingdom)의 추구"의 마지막 완성은, 결국 이들 중국의 지식인들에 대한 전교 없이는 불가능하다는 결론에 도달하였다.[2] 그리고 일본이나 중국 같은 고급 문화를 상대로 하는 전교 사업에는 높은 학식과 인덕이 겸비된 선교사가 필요하다고 생각하게 되었다.[3] 그가 1552년 중국 대륙을 밟아 보지도 못하고 사망하자, 그로부터 약 25년 뒤에 발리냐노(Alessandro Valignano 1538-1606)는 그의 유지를 그대로 받들어 우선, 고아로부터 루지에리(Michele Ruggieri 1543-1607)를 1579년 마카오로 불렀다. 그로 하여금 삼여 년에 걸쳐서 중국어와 한문을 열심히 배우게 하면서 중국인들과의 몇 가지 예비적인 접촉 시도를 해 보게 하였다. 그리고 그는 또한 마침 당시 고아에 와 있던 젊은 마테오 리치 신부를 마카오로 불러서(1582. 8. 7), 이 둘로 하여금 중국 전교 사업을 맡게 하였다. 이런 교섭의 결과 루지에리와 리치는 기독교 사상을 전교하기 위하여 중국의 광동(廣東)성 조경(肇慶)에 도착할 수 있었다(1583. 9. 10).

마테오 리치는, 중국에 도착한 이래로 당시 중국 사회를 지배하고 있는 중국 문인〔儒林〕들의 정신적 바탕을 이해하고 그들의 협조와 이해를 통하여, 그들에게 기독교를 전파하기 위하여, 한편 중국의 언어와 관습, 그리고 중국의 유교 경전(四書, 六經 등)을 열심히 습득하고, 또 다른 한편 그가 유럽에서 습득한 학문적 지식〔세계 지도 및 천체의(天體儀) 제작, 수학과 천문역학에 대한 상당한 지식 및 서양의 신학, 철학, 문학 등에 대한 지식, 놀라운 기억술의 과시 등등〕의 전파를 통하여 줄곧 당대 중국의 탁월한 유림(儒林)들과 교류하였다. 이에 그는 "1594년 11월에 사서(四書)의 라틴어 번역을 끝내어" 그 번역본을 그의 뒤를 이어서 중국에 온 예수회 선교사들에게 중국의 사상을 이해하는 교과서로 사용하였다. 그 이후 "1년 간 집중하여 육경(六經)

---

2) John D. Young, *Confucianism and Christianity*, 10쪽과 22쪽.

3) 위의 책, 17쪽.

을 연찬"하였다.[4] 이런 과정을 통하여, 리치는 이들 중국 고전들로부터 천주교의 기본 교리에 중요한 개념들〔즉 하느님(上帝)의 존재, 영혼불멸, 천당과 지옥의 존재 등등〕에 관한 증명에 필요한 재료들을 충분히 확보하였다.[5] 또한 『천주실의』의 집필을 위한 대강의 집필 자료를 모은 것이 1595년 말경이며, 이 책의 부분적인 초고가 탈고된 것은 1596년 10월경이라고 보고 있다.[6]

리치는 우선 『천주실의』의 정식 출판을 위해, 이 초고의 라틴어 번역문을 당시 마카오에 있는 예수회의 동방 전교 책임자인 발리냐노에게 보냈다. 그리고 동시에 지난 13년 간 중국의 언어, 풍습, 문화를 습득하면서 교제해 온 자기의 현달한 문인 친구들에게 이 초고의 필사본들을 보내어 윤문을 부탁하였다. 따라서 1596년에서부터 드디어 마카오의 예수회로부터 정식 출판 허가를 받고(1601) 나서 북경에서 실제로 목각에 들어가 출판되기(1603)까지, 이 『천주실의』의 필사본은 중국 각지의 문인들의 손을 거쳐서 여러 곳으로 이미 퍼져 갔고 그 반향은 실로 대단하였다. 명말의 유명한 학자 서광계(徐光啓 1562-1633)는 이미 여러 해 전부터 마테오 리치와 상당한 교분이 있었고 천주교에 상당한 관심을 보이고 있었으나 미처 천주교에 귀의할 결심을 갖지 못하다가, 당시 남경(南京)에서 로차(羅如望, Johannes de Rocha) 신

4) D. Lancashire & Hu Kuo-chen(胡國禎) 공역, *The True Meaning of the Lord of Heaven*, 14쪽.

5) 胡國楨, 簡介「天主實義」, 『神學論集』, 五十六號, 256쪽.

6) Lancashire & Hu Kuo-chen 공역, 앞의 책, 15쪽. 그러나 이들의 주장과는 달리 林東陽은 상세한 고증을 통하여 『천주실의』가 1595년 10월부터 부분적으로 집필되어 1603년 8월에 목각 인쇄에 부쳐질 때에야 비로소 전체(上下卷 총 八編)가 완성되었다고 고증하고 있다. 그러나 그 중의 일부분, 즉 第七編은 1599년보다 조금 뒤에, 그리고 第三編과 第五編은 1601년 5월에서 부터 1603년 8월에 본격적인 판각에 들어가기 전에 이미 필사본 형태로 존재하고 있어서 중국 각지의 일부 문인들에 유통되어 읽혀졌다고 보고 있다(林東陽, 「有關利瑪竇所著『天主實義』與『畸人十編』的幾個問題」, 『大陸雜誌』, 第五十六卷 第一期, 39쪽).

부로부터 『천주실의』를 구득하여 읽어 보고는 마침내 영세 받기를 결심(1603)하였다.[7)]

리치는 중국에 입국한 지 18년이 지난 1601년에야 비로소 그와 그의 수도회가 그토록 갈망하던 북경에 마침내 안거할 수 있게 되었다. 북경에서 그는 우선 상당한 지위의 지방관(監察御使)을 지낸 풍응경(馮應京 1555-1606)에게 자신의 『천주실의』 필사본 초고를 보여 주었다. 풍응경은 즉석에서 서문의 집필을 약속하고 유려한 문체로 유명한 그의 서문을 써 주었다. 풍응경은 유교의 실학(實學)적 경세관에 서 있었기 때문에, 명말 당대 사회의 부패한 관료 정치와 허황된 공리공담의 유폐를 몹시 싫어하였다. 그는 『천주실의』 서문(1601)에서 다음과 같이 이 책을 소개하고 있다:

> 『천주실의』는 대서방국 이마두(利瑪竇, 마테오 리치) 및 그의 수도회원들이 우리 중국인과 문답한 글이다. 〔천주〕(天主)란 무엇인가? 상제(上帝, 하느님)이다. 〔실〕(實)이라 함은 공허하지 않은 것이다. …… 이 책은 우리 나라 육경(六經)의 말들을 두루 인용하여 그 사실됨을 증거하고 있으며, 〔공〕(空, 헛됨)을 논하는 잘못을 심하게 비판하고 있다. …… 이에 하느님의 보편성을 또한 매우 분명하게 밝히고 있으며, 〔사람의〕 본성〔性〕은 금수들과 크게 다름을 논하고 있다. 학문은 〔인〕(仁)을 행함에 귀결되니, 사욕을 버림〔去欲〕에서 시작된다고 하였다. 때로 어떤 것은 우리 나라에서 전혀 들어 보지 못한 〔이론〕이고, 일찍이 들어는 보았으나 힘쓰지 못한 것이 열 중에 아홉이나 된다.
>
> 리치 선생은 8만 리(萬里)를 주유(周遊)하며 위로 우주〔九天, 중앙과 八方〕, 그리고 가장 깊은 바닷물〔九淵〕을 측정하였으나 모두 조금도 틀림이 없었다. 우리가 미처 헤아리지 못한 것을 일단 다 헤아려서 확실한 증거를 대었다. 그의 신기한 이치는 받아들이기에 합당하며 속임이 없다. 우리들은 생각은 가졌어도 논술하지 못하고 논술해도

7) D. Lancashire & Hu Kuo-chen 공역, 앞의 책, 17쪽.

> 논변하지는 못한다. 일찍이 이해했으나 실천에 힘쓰지 못한 것이라면, 어찌 각성하여 깨닫고 숙연히 반성하여 근실하게 〔다시〕 실천해 볼 마음이 나지 않겠는가!
>
> 못난 나는 〔이제〕 만년이 되었고 이 지역〔중국〕도 다 다니지 못했으니 식견은 하늘을 우물〔만하게 보는 개구리와 같도다.〕 다만 공리공담의 유폐를 목격하고 무릇 사람들이 〔실〕〔實핵심〕을 말함을 즐거워하니, 삼가 그 실마리를 적어서 명백히 통달한 이〔리치〕와 함께 〔참뜻을〕 논하도다![8]

1603년 초판 발행 이후로 『천주실의』는 중국인들 스스로의 손에 의해 여러 번 출판되었다.[9] 따라서 이 출판 수입은 때때로 리치에게 의외의 큰 수익이 되었다.[10] 이지조(李之藻 1565-1630)는 『천주실의』의 재판〔重刻〕 서문에서 또한 다음과 같이 말하고 있다.

> 옛날 우리의 공자 선생님은 수신(修身)을 말하였다. 먼저 어버이를 섬기고 미루어 나가서 하느님〔天〕을 아는 것이다. 맹자(孟子)의 "〔도심을〕 보존하고 〔본성을〕 길러서 하늘을 섬긴다"〔存養事天〕는 논의에 이르러 이 뜻이 크게 갖추어졌다. 지식이나 일에서 하늘 섬김과 부모 섬김은 같은 한 가지 일이니, 하늘〔天〕은 섬김의 대 근원이다. ……
>
> 이 〔리치〕의 책을 일찍이 읽어 보니, 〔그 뜻이〕 종종 근세의 유학자〔성리학자〕들과 같지 않으나, 〔중국의〕 상고 시대의 〔자연과학적 고전들〕: 「소문」(素問), 「주비」(周髀). 「고공」(考工), 「칠원」(漆園) 등 편들과 소리 없이 서로 통하니, 순수하여 올바름에 거짓이 없다. 리치

---

8) 『天主實義』, 臺北(國防研究員/中華大典編印會編), 영인본(1967)에서 인용.

9) D. Lancashire & Hu Kuo-chen의 조사에 의하면, 『天主實義』의 제1판은 北京, 1603; 제2판은 廣東, 1605; 제3판은 杭州, 1607, 그리고 이어서 정확한 연대의 고증 없이 杭州, 福建 등에서 출판되었다. 그리고 20세기에 들어와서 上海에서, 1904, 1930, 1935년, 그리고 홍콩(1939) 등등에서 출판되었다. D. Lancashire & Hu Kuo-chen 공역, 앞의 책, 473쪽 참조.

10) Jonathan D. Spence, *The Memory Palace of Matteo Ricci*, 196쪽.

> 가 자신을 단속하고 마음을 섬김에 엄격하여 조금도 나태하지 않으니, 세상의 높으신 학자라도 그보다 앞섰다고 볼 수 없다! 진실로 동양과 서양은 마음도 같고 이치도 같은 것이다! 다른 것은 다만 언어 문자뿐이다. …… 내가 주제넘게 몇 마디 머리말을 적는 것은 이방인의 책을 과장하려는 것이 아니다. 이해하지 못했던 점은 그것을 듣고서 진실로 그것을 높게 높게 추겨 세우며 그 요점을 흠숭하는 것이고, 혹 익히 알고 있는 것이나 힘쓰지 못했던 것은 이 기회에 반성하게 되는 것이다. 「도심을 보존하고 본성을 기르는 학문」(存心養性之學)[11]에 마땅히 도움이 되는 바 없지 않을 것이로다![12]

이와 같이 『천주실의』를 통하여, 당시 유교적 훈습을 받고 그것에 따라 생활하는 중국의 진보적인 지성인들에게 리치가 말하는 '천주에 대한 도리와 실천' 이란 오히려 유교적인 윤리 이상(理想)보다도 더욱 새롭고 충격적인, 또 하나의 〔도심을 보존하고 본성을 기르는 학문〕(存心養性之學), 말하자면 기독교의 신앙과 인간 윤리가 유교의 그것과는 격을 달리하는, 또 하나의 높고 새로운 윤리 이상으로 받아들여지고 평가받고 있는 것이다.

『천주실의』의 내용 구성

루지에리와 마테오 리치는 1583년 광동(廣東)성 조경(肇慶)에 도착하자마자, 「십계명」, 「천주경」, 「성모송」과 「사도신경」을 한문(漢文)으로 번역하여 좋은 반응을 얻었다. 그리고 불교승이 대접을 받고 있는 일본에서의 예수회(특히 푸란치스코 사비에르)의 전교 경험을 토대로 이들도 스스로를 서방에서 온 승려로 자처하며, 불교의 승려처럼 머리를 깎고 승복을 입었다. 그들이 최초로 중국에 세운 천주교회의 이름도 '선화사'(僊化寺)라고 하였다. 그리고 이들은 곧바로 로마에

11) 存心養性之學은 전형적인 新儒學적 용어이다. 그 뜻을 직역하자면, "道心을 溫存하여" 순연한 "本然之性을 기르는 학문"이라는 뜻이다.

12) 『天主實義』, 위와 같다.

서 사용하는 라틴어본 천주교 교리서를 기본으로 하여 그것을 당시 중국인의 도움을 얻어서 한문 번역하여 「**새로 편찬된 서쪽 인도**〔西竺, **즉 서양**〕**의 천주실록**」(新編西竺國天主實錄)이라는 이름으로 조경(肇慶)에서 출판(1584. 11)하였다. 총 16장으로 구성된 이 『천주실록』(후에 『天主聖教實錄』으로 개칭되었다)의 요점은 "1) 천주 유일신의 존재 증명(서문과 1장), 그의 성격과 신비성(2, 3장), 2) 그리고 천지의 창조자(4장), 천사들과 인간의 창조자(5장)와 죽지도 없어지지도 않는 영혼의 창조자(5, 6과 7장)로서의 천주, 3) 인간을 창조하고 양심을 부여하였을 때; 시나이 산에서 모세에게 십계명을 주었을 때; 인간으로 육화(肉化)하여 신약(新約)을 선포하였을 때(8, 9, 10과 11장)라는 〔모두〕 세 시기에, 바로 인간을 훈계하신 심판관으로서의 천주, 4) 십계명(12, 13과 14장), 그리고 5) 죄인을 벌주고 의인을 상주시는 천주; 도덕 수양과 천당에 오름(15장), 그리고 죄를 씻어 주는 영세성사(16장)"[13] 등을 설명해 주고 있다. 물론 이 『천주실록』도 삼위일체설이나 6성사(세례성사 이외)를 설명하고 있지 않다. 그러나 육화(肉化, Incarnation), 속죄(Redemption) 등과 같은 계시 신학의 내용을 전해 주고 있기 때문에, 이 책은 분명히 **천주교 교리서**라고 볼 수 있다. 그러나 송명의 신유학이 팽배하게 지배하고 있던 당시의 중국에서는 — 일본과는 달리 — 불교의 교리나 불교 승려들은 하잘것 없는 멸시의 대상이었다. 이러한 중국의 문화적인 풍토를 아직 잘 파악하지 못한 채, 급박하게 작성된 『천주실록』은 "불교 용어가 많고", 중국인들에게는 이해하기 힘든 "순전한 (기독교) 교리서이며", 또한 문장의 앞뒤의 연결이 "분명치 못하고", 단어들의 해석에 "견강부회"가 많으며, "유가사상과의 연관"을 전혀 "인증(引證)해 내지 못하고" 있다. 따라서 이 책은 문인들에게 전혀 "환영을 받지 못하였으며", 출판 부수도 겨우 "천 여부"에 머물고 말았다.[14]

마테오 리치는 점차 중국의 문물을 습득하고 잦은 문인들과의 교류

---

13) Lancashire & Hu Kuo-chen 공역, 앞의 책, 12-13쪽.

14) 林東陽, 앞의 글, 36쪽.

를 통하여, 당시 중국의 문화 풍토를 보다 잘 이해할 수 있었기 때문에, 그는 1595년부터는 "유자"(儒者)의 복장을 하고 자신을 더 이상 "승려"가 아니라 "서양에서 온 유자"(西儒)로서 소개하였고 또한 그렇게 받아들여졌다. 그리고 이들 유교적 전통에 서 있는 중국 지식인들에게 기독교의 내용을 이해할 수 있도록 설명하기 위하여, 우선 신비적인 '계시적 신앙 내용'은 일단 설명에서 보류하였다. 따라서 상당한 문화 수준과 강한 인문주의적 전통에 서 있는 유교적 지식인들에게 이해될 수 있는 새로운 기독교 입문서의 내용을 — 『천주실록』의 그것과는 크게 달리 — 주로 "자연 이성"(*natural reason*), 즉 "이성의 빛"(*light of reason*)에 기반을 두고 작성하고자 하였다.[15] 이에 『천주실록』을 대폭적으로 수정한 그의 『천주실의』(上下권, 전체 8편)가 완성을 보게 된 것이다.

마테오 리치는 우선 『천주실의』의 제1편에서는 당시 서방 교회에서 통용되는 — 자연 이성에 입각하는 아퀴나스의 신학에 나타나 있는 — 신의 존재 증명을 소개함과, 동시에 중국의 고전 유교 경전, 『서경』(書經), 『시경』(詩經), 『역경』(周易) 등에 보이는 인격신, 즉 상제(上帝)와 천(天) 개념을 확인하고서, 그와 연관지어서, 기독교의 천주(天主)가 곧 중국 고대인들이 공경하고 제사를 지냈던 바로 "하느님"(上帝), 또는 "천"(天) 이외에 다름이 아님을 말하고 있다.

제2편에서는 리치가 우상론으로 분류한 불교와 도교에 대하여, 불교의 "공"(空)이나 도교의 "무"(無)를 절대적인 "허무"(*emptiness*)나 "부재함"(*non-existentence/nothingness*)으로 치부하여 극단적인 부정적 비판을 하고 있으며, 또한 — 리치가 보기에, 무신론으로밖에 보이지 않는 — 성리학의 "이"(理)와 "태극"(太極) 개념을, 자립적 능동적 '실체'〔自立者, *Substance*〕가 될 수 없으며, 따라서 사물들이 있고 난 뒤에 그들에 기착하여 종속하는 속성〔依賴者, *Accidents*〕으로 치부하여 비판하고 있다.

---

15) George H. Dunne, *Generation of Giants*, 96-97쪽.

제3편에서는 아리스토텔레스의 '만물유혼'(萬物有魂)설을 원용하여, 인간의 영혼(靈魂, *intelligent soul*, 추리 능력)은 무형적 정신체〔神的〕로서 불멸하다고 말하고 있다. 식물의 생혼(生魂, *vegitative soul*)과 동물의 각혼(覺魂, *sentient soul*)은 물체에 종속되어서 있어서 그 물체와 함께 소멸하지만, 인간의 무형적인 영혼(immaterial soul)은 불멸하기 때문에, 인간이 금수와 다름을 설명하고 있다.

제4편에서는 육체〔身形〕와 결합되어 있는 인간의 영혼과 '무형적(*incorporeal/immaterial*)인 귀신의 혼'의 다름을 말하며, 또한 창조주인 「천주」와 피조물인 「만물」은 범주가 다르기 때문에 「만물일체설」을 부정하고 있다.

제5편에서는 불교의 전생설과 윤회설 및 「살생계」를 비판하고, 또한 기독교의 「재계」(齋戒)의 참뜻을 죄의 통회와 연관하여 설명하고 있다.

제6편에서는 인간은 이성적 존재이기 때문에, 인간의 행동에는 「이성적 욕구」〔意, *rational appetite*, 즉 *will*〕가 있으며, 의지의 자유로운 선택에 의하여 비로소 선행과 악행이 판별됨을 말하고, 따라서 이에 대하여 "천주"로부터의 '상벌'이 반드시 따름을, 각각 서양 고전(토미즘)과 중국 경전을 인용하여 설명하고 있다. 그리고 또한 영혼의 선행과 악행의 결과에 대한 공정한 심판 때문에 천당과 지옥이 반드시 있어야 하는 천당과 지옥의 존재의 필연성을 설명하고 있다.

제7편에서는 인간의 도덕 수양론을 본격적으로 논하고 있다. 인간의 태어난 '본성의 선'〔性之善〕은 가능태일 뿐, 인간은 이성적 존재이기 때문에, 이것을 잘 닦아 계발하는 '본성수양'〔習性〕의 필연성을 말하고 있다. 이에 통회의 필요성과 천주에 대한 기도와 예배를 통한 자기 인격의 완성을 말하고 있다.

끝으로 제8편에서는 부연하여, 예수회 신부들이 독신하는 이유를 바로 천주를 공경하고 수신에 전념하기 위함에 있음을 길게 설명하고, 아주 짤막하게 기독교의 구원사(즉 천주의 천지 창조와 인간의 타락과 예수의 구원을 위한 강생과 승천의 역사 등)를 소개하고, 끝으로 아주 간단하게 통회와 세례를 통한 입교의 형식을 언급하고 있다.

이 『천주실의』에서는, 천주교에 대하여는 전혀 무지하며 오직 전통적인 유교적 세계관과 도덕 이상을 가진 중국의 유교적 지식인들의 여러 가지 질문들에 대하여 — 서양 선비의 입을 통하여 — 마테오 리치가, 하느님〔天主〕의 존재의 필연성, 그에 대한 경배와 기독교적인 인간 수양, 즉 하느님을 믿고 사람을 사랑하며 그로 인해 자기 자신을 완성해 나가는 기독교 도덕론을 중국 경전을 거의 자유자재로 인용하면서 탁월하게 전개하고 있다고 하겠다. 그러나 전체적으로는 기독교의 본질적 내용인 **계시 신학의 부분이 빠져 있기 때문**에, 우리는 이 책을 일단 기독교의 내용을 가르치는 "교리서"(Catechism)로서는 볼 수 없고, 유교적 문화 풍토에서 기독교 신앙을 수용하고 그것에 입문을 하게 할 수 있는 훌륭한 **"전교예비대화록"**(傳敎豫備對話錄 Pre-evangelical Dialogue)[16]이라고 평가할 수 있다.

『천주실의』의 논증들을 이해하기 위한 전제적 지식 — 아퀴나스의 철학 사상과 유교적 윤리와의 융합적 발전 —

『천주실의』에서 개진되고 있는 논증들은 그 내용면에 있어서, 크게 두 가지 측면에서 현대의 독자들(기독교의 토착화를 연구하는 전문학자들이나 그에 관심을 갖고 있는 기독교인들을 포함)에게 중요한 의미를 던져 주고 있다고 본다. 그 하나는 무신론적 사상이 지배하는 유교적 세계관, 특히 송명 이학(理學)의 순수한 존재론적 도덕형이상학에 맞서서, 어떻게 하느님의 존재 증명을 설득하려고 했는가에 대한 리치의 천주 증명에 대한 소개론이고, 또 다른 하나는 『천주실의』의 3편에서 8편에 걸쳐서 그가 유교 윤리에서 강조되는 '인간의 자기 완성' 또는 '도덕적 자기 계발'을 의식하면서, 기독교의 신앙에 바탕을 둔 인간 수양론, 또는 기독교 윤리 이상론을 어떻게 전개하고 있는가 하는 점이다. 당시 중국의 지식인들에게, 전혀 생소한 토마스 아퀴나

16) 胡國楨, 앞의 글, 257쪽; Lancashire & Hu Kuo-chen 공역, 앞의 책, 15쪽.

스의 철학과 신학의 개념에 바탕을 두고 자기의 논지를 이끌어 가면서도, 고전 유교 경전과 연관하여 "하느님의 존재 증명"을 설득하고 있는 리치의 노력은 과연 그 당시 중국의 지식인들, 그리고 오늘날 우리의 전통적 사고와 정말 얼마나 잘 융합할 수 있는 것인가에 대하여 많은 논의와 시사점, 그리고 또한 그만큼 많은 문제점들을 제공하고 있다고 하겠다. 왜냐하면 아리스토텔레스의 '사원인설'(四原因說)과 지나친 "목적론적 세계관", 그리고 "결과로부터 원인의 역추리"에 지나치게 의존하고 있는 마테오 리치의 신의 존재 증명은 과연 그 당시나 오늘날 우리들에게 얼마나 설득력을 지닐 수 있겠는가? 하는 의구심이 여전히 있을 수 있기 때문이다. 그러나 두 번째의 유교를 넘어서는 기독교의 윤리이상론의 개진은 정말 독창적인 면이 많다고 하겠다. 물론 정신과 물질, 또는 영혼과 육신의 과도한 대립과 이분법을 전제하고서 전개되고 있지만 — 그러나 그런 서양적 형이상학으로부터 이끌어 낸 기독교의 윤리의 진지성과 참뜻을 유교적 지성인들에게 설득력 있게 제시하고 있는 — 마테오 리치의 이런 '동서 사상의 융합'의 독창성은 과연 "유교 문화와 융합하는 기독교의 토착화"(the Enculturation of Christianity in Confucian Culture)라는 측면과 관련하여 정말 중요한 의미와 시사점을 제시해 주고 있다고 생각된다.

여하튼, 지금부터 거의 400년 전에 중국에 소개된 서양 철학과 신학의 면모를 이해하기 위하여도, 그리고 또한 『천주실의』에 대한 정확한 독해를 보증하기 위해서도 우리는, 아퀴나스의 기본 철학 개념과 그의 '신의 존재' 증명을 적어도 간단하게나마 이해하는 것이 필요하다고 생각된다. 왜냐하면 '동서 사상의 융합' 또는 "유교 문화와 융합하는 기독교의 토착화"와 관련된 리치의 독창성의 보다 정확한 이해를 위해서도, 아퀴나스의 형이상학과 윤리학에 대한 확실한 기본적 이해가 필수적으로 전제될 수밖에 없기 때문이다. 특히 『천주실의』의 제6편의 전반부의 상당 부분은 아퀴나스 윤리학의 핵심이 되는 인간의 이성적 욕구(*the ratinale appetite*)로서의 '의지'(意, *will*), '자유 의지', 이에 따른 '선악'의 가능성 등등을 이해하지 않고서는 제대로 이해될 수 없다고 본다. 여기에 우리는, 대만의 "리치 연구소"(The Ricci Institute, Taipei, Taiwan)의 협조로 최근년(1985)에 출판되어 나온, 상당히 주목할 만한 『천주실의』의 영역본에서 '의'(意)를 동기(motive)로 번역한 Lancashire와 Hu Kuo-chen(胡國楨)의 결정적인 오역을 지적하지 않을 수 없기 때문이다.[17] 따라서 『천주실의』의 정확한 독해를 위해서는, 아퀴나스 철학의 기본 개념(목적론적 세계관, 인간관, 영혼론, 윤리관 등등)에 대한 기본적인 이해가 필수적으로 전제된다고 하겠다.

1) 형이상학과 천주의 존재 증명

플라톤에 의하면, 개개의 사물들은 현실적 경험 세계에서는 수시로 변화 · 변동하고 있기 때문에 그들 자체에 대한 직접적인 보편적 인식은 불가능하다. 이런 경험적 사물들로부터 **추상화되어** 그들에 대한 보편성과 불변성을 보증해 주는, 이성적 사유의 대상을 플라톤은 "관념"(Ideen)으로 정의하고 있다. 이런 플라톤적 관념들은 — **경험적 물질 세계에서 추상화되어 있는 한** — '물질'(matter)이 아니기 때문에, 경험 세계의 시공(時空)간 안에 존재하고 있는 것이 아니다. 바로 플라톤의 이러한 관념론을 아리스토텔레스와 아퀴나스(1225?-1274)는 모두 비판하고 있다. 왜냐하면 플라톤의 이데아설에 의하면, 모든 지식은 결국 비물질적인 "관념들"에 대한 것이기 때문에, 그렇다면 "물질과 변화"에 대한 보편적 지식은 확보될 수 없기에, 경험 세계에서의 "물질적 가변적" 운동 원인을 설명하는 "자연철학"은 성립될 수 없기 때문이다.[18] 따라서 개개 사물〔物〕을 바로 그 사물이게끔 인식시켜 주는 그 사물의 "보편성"과 "불변성", 즉 그 '원리' 또는 '형상'(形相)은 아리스토텔레스나 아퀴나스에 의하면, 바로 가변적인 경험 세계 속의 이런 개별화된 개개 사물〔物〕들 속에 내재할 수밖에 없다는 것이다. 이런 관점에서 리치는 송명 이학(理學)에서 말하는 '이'(理)를 개

---

17) Lancashire/Hu Kuo-chen 공역, ch. 6, 285쪽 이하.

18) Anthony Kenny, *Aquinas on Mind*, 45쪽.

체의 '형상인'〔模者, *form*〕으로 이해할 수밖에 없었기 때문에, 그의 『천주실의』에서 결코 자기 스스로에 의해 독립적 주체적으로 존재하는 '실체'〔自立者, *Substance*〕가 아니라 사물에 종속되어 있는 '속성'〔依賴者, *Accident*〕으로 치부하여 주장할 수밖에 없었다. 이 현실적 경험 세계의 개개 사물들은 요컨대 자체 안에 그 자신을 구성하고 있는 물질적 재료로서의 '질료'(質者, *matter*)와 동시에 그 구성의 원리로서의 '형상'〔模者, *form*〕만을 가지고 있다.

이런 '질료'와 '형상'으로 구성되어 있는 만물들은, 그것이 생명체이건 무생명체이건, 중세의 자연관에 의하면, 모두, 의식적이든 무의식적이든, 자기 밖에 있는 '궁극적 원인'(the Ultimate End)을 실현하기 위하여 이끌려 가고 있다는 것이다. 따라서 해, 달, 별들과 같은 천체들의 변화 현상, 중력(重力)에 인한 '만유인력'(萬有引力) 현상, 또는 녹색식물들의 '향광성'(向光性, *phototropism*) 등등까지도 자기 존재 밖의 궁극적 존재에 의하여 궁극적 목적의 실현이라는 차원에서 설명하는 목적론적 세계관이 지배적이었다. 그렇다면 이들 존재들을 생성시키고 움직이게 하는 '운동인'〔作者, *efficient Cause*〕이나 그 운동의 목적을 정하는 '목적인'〔爲者, *final Cause*〕은 절대로 이 개체 자체에 있을 수 없고, 그 개체 밖에 있는 다른 존재에게 있을 수밖에 없다는 것이다, 이러한 아리스토텔레스의 '사원인' 설에 기반하여 아퀴나스는 그의 『신학대전』(*Summa Theologiae*, Ia. 2. 3)에서 유명한 "신의 존재 증명에 관한 다섯 가지 길"을 다음과 같이 설명해 주고 있다. 1) 사물(A)은, 자기 밖의 다른 사물(B)에 의해 움직임을 당했거나, 자신이 다른 그 사물(B)을 움직이고 있지, 동시에 두 가지 운동을 할 수 없다는 것이다. 바꿔 말해, A의 운동은 B운동의 결과이든지, 아니면 B운동의 원인이지, 동시에 A는 B의 결과도 되고 원인도 될 수는 없다는 것이다. 그러나 천하 만물들의 운동이 가능하기 위해서는, '모든 운동의 궁극적 원인자'(the Ultimate Cause of Movement)를 필연적으로 설정할 수밖에 없다. 그리고 그 존재는 오직 자신이 모든 운동의 최초의 원인자일 수밖에 없으며 동시에 결코 자기 밖에 다른 존재 운동의 결과일 수 없는 필연적으로 "특수한 존재"일 수밖에 없다. 따라서 기초의 다른 존재에 의해 움직여진 결과가 아닌 운동자(the Unmoved Mover)가 바로 "하느님"〔神, 즉 天主〕의 존재라는 것이다. 2) 모든 사물들이 존재하고 있는 현실적인 결과를 따져 보면, 반드시 시간적으로 이들보다 앞서는 — 이들과는 다른, 그러나 이들 자신을 존재할 수 있게끔 하는 원인을 제공한 — '운동인'〔作者〕의 존재를 필연적으로 전제할 수밖에 없다는 것이다. 따라서 이 현실 세계의 우주 만물의 존재는 궁극적으로 이들 천하 만물들의 원초의 운동인, 즉 "만물의 창조주"(하느님의 존재)를 상정할 수밖에 없다는 것이다. 3) 경험 세계의 만물들은 끊임없는 변화 · 변동 중에 있기 때문에, "생성"하면서 동시에 "소멸"해 가고 있다. 즉 이들은 "존재"할 수도 있고, "존재 안 할" 수도 있다. 그러나 이 우주 만물은 필연적으로 존재하고 있을 수밖에 없는 것이라면, 요컨대, 우주 삼라만상의 항구적 존재를 보증하기 위해서는, '존재'와 '비존재'의 잠재성(potentiallity)만을 가지고 있는 천지 만물과는 — 존재론적 범주가 다른 — "필연적 존재"(a necessary being)가 반드시 존재하고 있어야만 한다는 것이다. 자기의 존재 필연성 이외에 어떤 것에도 의존하지 않고 있는 — 오직 만물의 존재적 필연성을 확보해 주기 위해서만 존재하는 — 특수한 존재를 상정하지 않을 수 없다는 것이다. 이 존재적 필연성만을 갖고 있는 특수한 존재가 바로 하느님이라는 것이다. 4) 진선미(眞善美)라는 가치론적 또는 존재론적 차원에서 보자면, 경험적 현실 세계에 존재하는 만물들은, 상대적인 차이가 있을 뿐, 모두 절대적 완전성에서 보자면 불완전할 수밖에 없다. 따라서 개개 사물들을 그 해당 "부류"(*genus*)에서 최대의 완전성에 가깝게 이끌어 줄 수 있는, 진선미의 차원에서의 궁극적 원인자를 상정하지 않을 수 없다는 것이다. 이런 궁극적 '인도자' 또는 '원인자'가 "하느님"이라는 것이다. 5) 지능(intellect)이 없는 존재들은 자신들의 합리적인 목적(the rational end)을 가질 수 없다. 그러나 우주의 만상들이 자신들의 '궁극적 원인'〔爲者, final Cause〕에 따라서 합리적으로 운동하고 있다는 사실〔목적론적 세계관〕에 비추어서 본다면, 이들 "무지한"한 존재들(특히 생명도 없는 물체들)은 이들의 존재 밖에서 이들을 이끌어 가고 있는 "절대적 이성적 존재", 즉 "하느님"

의 존재를 상정하지 않을 수 없다는 것이다.[19)]

우리가 이상의 논술을 검토해 보면, 마테오 리치는 『천주실의』의 제1편에서 주로 아퀴나스의 제1, 2번과 5번에 의거하여 "천주"의 존재 증명을 전개하고 있음을 알 수 있다.

2) 인간론과 윤리학

(1) 영혼론: 아리스토텔레스나 아퀴나스에 의하면, 생물과 비생물을 구분해 주는 기본적인 전거는 '혼'(魂, *anima*)이다. 어떤 존재를 살아 있게끔 만들어 주는 것이 혼이기 때문에, 혼이 바로 "생명의 제일원리"(*the first principle of life*)[20)]라는 것이다. 생물의 발전 단계에 따라서 식물, 동물과 인간의 혼은 각기 다른 능력을 가지고 있다. 식물은 단지 성장할 수 있는 능력인 생혼(生魂, *vegetative soul*)만을, 그리고 동물〔禽獸〕들은 생장할 뿐만 아니라, 또한 외부의 사물들을 지각할 수 있는 능력인 각혼(覺魂, *perceptive soul*)을 갖고 있는 반면에, 인간은 생장하고〔生魂〕, 지각하며〔覺魂〕, 또한 지각된 인식들을 추론할 수 있는 이성 능력인 '영혼'(靈魂, *intellectual soul*), 모두를 가지고 있다. 따라서 인간을 다른 존재들과 구별해 주는 인간의 본성, 또는 '본질적 형상인'(substantial form)이란 다름 아닌 인간의 영혼이 가지고 있는 이성적 추리 능력, 즉 시비(是非)와 선악(善惡)을 변별할 수 있는 이성 능력〔*intellect*, 靈才 또는 靈心〕에 있는 것이다.

인간은 물질적인 육체〔*material body*〕와 정신적인 영혼〔*spiritual soul*〕이 결합되어 있는 특수 존재이다. 식물의 '생혼'이 식물이라는 물체를 떠날 수 없다면, 동물이나 인간에게 고유한 '각혼'의 활동(즉 감각적 인식) 또한 감각 기관이라고 하는 물리적 대상을 떠나서 실행될 수 없다는 것이다. 따라서 시각 능력은 눈을, 청각은 귀를, 후각은 코를 떠

19) John F. Wippel, "Metaphysics", *Aquinas*, Kretzmann/Stump, ed., 113-116쪽.

20) A. Kenny, 앞의 책, 129쪽.

나서 독립적으로 작동할 수가 없다. 따라서 식물의 '생혼'과, 동물과 인간의 '각혼'은 그것을 지니고 있는 유형한(*corporeal*) 물질적 존재가 소멸하면 동시에 그와 함께 소멸될 수밖에 없다. 그러나 인간의 추리 능력인 영혼은 무형한(*incorporeal*) 정신적〔*spiritual* 神的〕 존재이기 때문에 유형적인 물질로부터 독립하여 자유롭게 사유할 수 있는 것이다. 따라서 조그마한 인간의 마음〔心, mind〕 속에 우리는 우주의 삼라만상들을 '관념화'〔脫形而神之〕[21] 하여 수용할 수가 있는 것이다.

인간의 영혼은 정신적인 것이지만 육체〔身形〕와 결합해 있다는 점에서, 그것은 **오직 정신으로만 이루어진 천사나 귀신**들처럼 모든 사물들에 대하여 언제나 **"철저하게 분명한 지식"**〔**明達**〕을 갖고 있는 존재가 아니다. 따라서 언제나 계발되어야 한다는 점에서, 인간 이성 능력의 잠재성과 계발성은 인간 존재를 항상 완전히 물질성을 떠나 있는 '이성적 존재'(예 천사나 귀신 등)들과 구별시켜 주고 있다. 그러나 인간의 본질적 특성이 '비물질적'인 정신성, 즉 천부적으로 주어진 이성 능력에 있기 때문에, 얼마든지, 정신적인 것〔神的〕, 즉 하느님의 본성 자체를 이해하고 공경하는 방향으로 자신을 계발해 나갈 수 있다는 것이다. 그리고 바로 인간 영혼은 물질이 아닌 무형적 정신적 존재이기 때문에, 인간의 사후, 즉 물질적 육체의 생명 활동이 정지된 이후에도, 영혼은 그대로 영속할 수 있다는 것이다. 리치는 여기서 개진된 위와 같은 영혼 불멸에 관한 논증 이외에도, 『천주실의』에서 한편 자유자재로 중국 고전들을 인용하고, 다른 한편 유교적 인생관과 융합하는 측면에서 다음과 같은 논증을 더욱 추가하고 있다. "1) 사람들은 모두 후세에까지 이름을 남기고자〔死後所遺聲名〕[22] 하고; 2) 영생을 누리고, 죽기를 바라지 않으며; 3) 현세에서 되어진 일로는 사람의 마음을 다 만족시킬 수 없고; 〔영생을 못 얻고〕 죽은 사람을 두려워하며; 이 현세에서는 사람들이 행한 선행과 악행에 대하여 공정한 상벌을 내릴 수 없다"[23]라는 몇 가지의 논증을 추가함으로써, 리치는 영혼

---

21) 『天主實義』, 앞의 영인본(臺北), 上卷, 第三編, 31b.

22) 『天主實義』, 앞의 영인본(臺北), 上卷, 第三編, 32b.

의 불멸과 내세의 존재를 유교적 중국 지식인들에게 더욱 설득력 있게 호소하고 있다.

(2) 의지론과 윤리론: 인간의 마음〔無形之神〕에는, 감각적 인식을 통하여 얻은 인식의 자료들을 정리하여 저장하는 "기억 활동"〔司記含, *intellectus possibilis*; receptive intellectual〕과 이들을 변별하고 추리하여 보편적이고 확실한 진리〔眞〕를 확보해 주는 "이성 활동"〔司明悟, *intellectus*; understanding〕, 그리고 이런 이성적 판단에 의거하여 그것을 실제 행위로 실천하려는 "이성적 의지 활동"〔意 또는 司愛欲, *the intellectual appetite*, 즉 *will*〕이라는 세 가지 작용을 생각해 볼 수 있다. 여기에서 특히 이성적 인식〔司明悟〕에 의해 확보되는 인간의 추구해야할 — **목적을 실현하는** — **"인간적 행위"**(*actus humani*), 즉 도덕적 행위가 비로소 가능하게 되는 것이다.[24] 물론 인간은 동물과 마찬가지로 육체를 가지고 있기 때문에 육체적 욕망을 충족시키려는 동물적 욕구(*animal appetition*)를 가지고 있다. 그러나 인간은 동시에 이성적 동물이기 때문에, 이러한 감각적 욕구에 대하여 "즉각적인 대응을 하지 않고", 보다 더 높은 욕망, 즉 "이지적 욕구"(*intellectual appetition*)의 "명령"을 기다릴 수 있다.[25] 이런 보다 더 높은 '이지적 욕구'를 특히 아퀴나스는 "의지"〔意, *will*〕라고 불렀다. 도덕적 행위란 바로 이런 '의지'〔意〕에 따른 행동을 말한다. 여기에서 리치는 인간의 마음〔心, *mind*〕이 정상적 일 때는, 우리의 '의지'를 발동시키어 도덕적인 선을 택하도록 하지만, 마음이 사욕에 가리어 과다한 욕심〔情〕에 사로잡히게 되면, 이와 반대로 악행에 빠지게 된다는 것이다. 여기에서 선행과 악행 중 그 어느 하나를 택하게 하는 '의지의 선택' 또는 '의지의 자유' 문제가 등장하게 된다. 아퀴나스에서도 리치에서도 "자유 의지"(*freedom of will*)라는 현대적 전문명사는 보이지 않지만, 의지의 결정,

23) 岳雲峯, 「『天主實義』的 靈魂論」, 『神學論集』, 56號, 앞의 책, 285쪽.

24) Ralph McInerny, "Ethics", *Aquinas*, 앞의 책, 197쪽.

25) Kenny, 앞의 책, 65쪽.

선택의 문제는 뚜렷이 나타나고 있다. 의지의 자발적인 선택이 없다면, 우리는 우리의 행동에 대하여, 그것을 선과 악으로 판별할 수도 없고, 따라서 "군자와 소인의 구별도 할 수 없게" 된다. "무릇 세상일에 의지가 있다고 해야만, 그런 뒤에야 그 의지를 따를 수도 그만둘 수도 있다. 그런 뒤에야 덕과 부도덕, 그리고 선과 악이 있을 수 있다."[26] 따라서 의지가 없는 무생물이나 짐승들의 행위 결과에 대하여는 우리는 도덕적 책임을 물을 수 없으며, 따라서 그들에 대하여 상도 벌도 내릴 수 없다는 것이다.

목적론적 세계관에 따라서, 아퀴나스는 인간의 '이성'이나 '의지'가 추구하는 것은 바로 인간의 선, 즉 인간 자체를 완전하게 완성해 내는 일이라고 보았다. 따라서 "우리의 선은 우리를 실현하고 완성하는 것이다."[27] 인간의 본성이 바로 "하느님"이 자기의 무형적 정신성을 모방하여 인간에게 부여한 '무형한 정신성'에 있는 것이기 때문에 요컨대 인간 안에 있는 이런 '신성'(神性)의 완성이 바로 인간이 추구해야할 최고의 선이라는 것이다.

3) 유교 윤리의 변용과 기독교 윤리 이상

(1) 양선(良善)론과 습성(習性)론: 리치는 이제 유교 윤리의 핵심 주제인 인간의 도덕적 자기 완성이라는 주제와 관련하여, 유교의 정통 이론인 성선(性善)설과 연관하여 그것을 더욱더 **기독교적으로 변용하여 발전시키는** 논지를 펴 나간다. 우리는 일단, 송명 이학(理學) 수양론의 핵심 논지가 결국 인욕에 의해 가려진 인간의 천부적인 선성(善性)을 부단한 사려와 실천을 통하여 될수록 인욕을 제거함으로써 가려져 있는 본래의 '선성'(善性)을 다시 회복하려는 '복성'(復性)설에 있다고 말할 수 있다. 따라서 송명의 이학(理學)에서는 자기의 본질에 대한 **자기 각성, 또는 본성의 깨달음〔本性自覺〕이 특히 강조**되고 있다. 그러나 이런 중국적 전통과는 달리, 인간의 '이성적 의지'와 '자

26) 『天主實義』, 앞의 영인본(臺北), 下卷 第六編, 18a.

27) Ralph MaInerny, "Ethics", *Aquinas*, 앞의 책, 200쪽.

유 의지'에 따른 '선행과 악행'의 현실적 선택과 책임을 묻는 서양적 윤리 전통에서는 단지 인간의 본성적 선만의 강조만으로는 도대체 인간의 행위에 대하여 선악의 책임을 물을 수 없기 때문에, — 유교적 윤리 구도와는 상당히 다른 — 서양적 또는 기독교적 윤리 구도를 마테오 리치는 그의 『천주실의』에서 보여 주고 있다. 인간의 본성이 선〔性善〕하다는 주장은 바로 "천주"(하느님)에 의해 인간의 마음〔心〕에 부여된〔銘之〕 '양지'(良智) '양능'(良能)을 일컬음이라는 것이다. 따라서 이것은 하느님으로부터 인간이 태어나면서부터 받은 양선(良善)인 것이다. 이런 '양선'이란 어디까지나 인간이 선으로 나아갈 수 있는 잠재적인 가능성(potentiality)만을 제시한 것뿐이지, 현실적인 악행의 존재와 그것에 대한 제재, 즉 「권선징악」(勸善懲惡)의 효과적 방책으로는 부적절하다고 리치는 말하고 있다. 따라서 인간은 자기의 이성적인 의지〔正志〕의 실현을 통하여, 잠재적인 성선(性善)을 계발시킬 수 있는 실천적 결단과 실천 행위, 즉 '본성적 선(善)의 계발'이라는 각도에서의 **습성(習性)의 필연성을 강조**하고 있다. 이에 또한 도덕적 '습성'을 촉진시키기 위하여 그는 또한 참회와 재계를 지키는 기독교교리의 올바른 뜻을 부가하여 설명하고 있다.

(2) 기독교적 인〔仁, 즉 천주에 대한 사랑과 인간에 대한 사랑〕을 통한 자아의 완성: 아퀴나스에 있어서, '이성'〔*intellect*, 司明者〕의 기능은 바로 추론을 통하여 사물이나 사태에 대한 시비(是非)와 선악(善惡)을 변별을 해 주는 인식 능력이라면, '이성적 욕구'(*intellectual appetite*), 즉 '의지'〔*will*, 司愛〕의 역할은 인간의 도덕적 선의 구현에 있다. 리치는 이런 아퀴나스의 생각을 중국적으로 변용하여 이제 중국 선비를 향하여 다음과 같이 말하고 있다.

> 이성의 큰 공능은 〔사회적〕 의(義)의 〔인식에〕 있고, 의지의 대본(大本)은 인(仁)을 〔실천함에〕 있다고 하겠습니다. 따라서 군자(君子)는 '인'과 '의'를 중하게 여기는 것입니다. 이 둘은 서로 필요한 것이니 하나라도 없어서는 안 됩니다. 그렇습니다. 오직 이성만이

'인'의 선함이 〔어디에 있는지를〕 인식할 수 있습니다. 그 다음에 의지〔司愛者〕가 그것을 욕구하여 지키고자 하는 것입니다. 의지는 의(義)의 덕을 욕구합니다. 그 다음에 이성〔司明者〕이 그것을 추구하는 것입니다. 그러나 인(仁)은 또한 '의'의 최고의 핵심입니다. '인'이 지극하면, 이성〔의 활동〕은 더욱 분명해집니다. 따라서 군자(君子)의 배움은 '인'을 위주로 하는 것입니다.[28)]

여기에서 리치는 인간의 이성이 추구하는 것이 사회적 객관적인 의(義)요, 또한 이성적 의지가 추구하는 것이 도덕적인 인(仁)이라고 말함으로써, 자신이 말하고 있는 기독교의 인간 윤리가 바로 중국인들이 추구하는 윤리 이상 — 즉 인(仁)과 의(義)의 추구 — 와 결코 본질적으로 다르지 않음을 말하고 있다. 이 중에서도 인간과 인간의 상호 관계에 있어서 서로를 올바르게 융합시킬 수 있는 '인간다운 사랑의 실천', 즉 '인'이 더욱 중요하다고 말함으로써, 더욱더 기독교의 윤리 이상이 유교의 그것과 본질적으로 '동일함'을 역설하고 있는 것이다. 그렇다면 리치가 말하는 '인'(仁)의 핵심적 메시지는 무엇인가?

덕의 종류는 많으니, 다 말씀드릴 수는 없습니다. 저는 지금 선생님을 위하여 그 대강을 말씀드리자면, 인(仁)이 그 핵심입니다. 대강을 얻고 나면 나머지는 부수되어 나옵니다. 따라서 『주역』(周易)에 "'원'(元)이란 선(善)의 으뜸이다. 〔……〕 군자는 '인'을 체현(體現)하였으니 사람들의 으뜸이 될 만하다."〔『周易』, 「乾卦」, 「文言」〕고 하였습니다. '인'이란 바로 두 마디로 그 뜻을 다 말할 수 있습니다:

"천주를 사랑하라! 천주를 사랑하는 것보다 더 높은 것은 없다.
천주를 사랑하는 사람은 남을 자기처럼 사랑하라!"[29)]

---

28) 『天主實義』, 앞의 영인본(臺北), 第七編, 43a/b.

29) 『성경』, 「마태복음」 22:34-40; 「마가복음」 12:28-34; 「루가복음」 10:25-28 참조.

> 이 두 가지를 실천할 수 있으면 모든 행동이 다 이루어진 것이겠습니다. 그러하니 둘이지만 또한 하나일 뿐입니다. 누가 한 사람을 지극히 사랑한다면 그 사랑하는 사람이 사랑하는 〔모든〕 것을 받들어 사랑할 것입니다! 천주가 인간을 사랑합니다. 우리들이 진실로 천주를 사랑한다면 사람을 사랑하지 않을 수 있겠습니까?[30)]

여기서 리치가 말하는 '인'이란 궁극적으로 만유의 창조주인 〈천주에 대한 사랑〉을 의미하며, 그것은 또한 '천주가 사랑하는 인간에 대한 기독교적 인간 사랑' 외에 다름이 아님을 말하고 있다. 이런 '하느님에 대한 사랑' — 즉 기독교적 '인' — 이란, 바로 구체적 상황에서 고통을 받고 있는 사람들에 대한 실질적 사랑의 실천 행위에 있음을 리치는 또한 다음과 같이 말하고 있다.

> 천주를 사랑하는 공효에는 사람을 사랑하는 것보다 더 진실된 것이 없습니다. 〔『論語』에〕 이른바 〔인(仁)이란 사람을 사랑하는 것〕이라 했습니다. 사람을 사랑하지 않으면서, 어떻게 진실되게 하느님〔上帝〕을 섬긴다고 증명할 수 있겠습니까? 사람을 사랑하는 것은 공허한 사랑이 아닙니다. 누가 배고파 하면 먹여 주고, 갈증을 느끼면 물을 먹여 주고, 옷이 없으면 입혀 주고, 집이 없으면 재워 주고, 우환이 있으면 동정하고 위로해 주고, 어리석으면 가르쳐 주고, 죄를 지으려면 올바른 말로 말리고, 우리를 모욕해도 용서해 주고, 죽으면 장사 지내 주고 그를 위해 대신 하느님께 기도 해 주며, 또한 살아서나 죽어서나 하느님을 잊어서는 안 되는 것입니다.[31)]

이와 같은 '기독교의 천주의 사랑과 인간 사랑의 도리'를 다 듣고 난 중국의 선비들은, 자기네들의 '가족 윤리'와 그에 기초하는 대인관과 국가관 속에서 자기의 도덕 계발을 말하는 유교적 윤리 이상보다

10:25-28 참조.

30) 『天主實義』, 앞의 영인본(臺北), 下卷, 第七編, 46a/b.

31) 『天主實義』, 앞의 영인본(臺北), 下卷, 第七編, 48b.

더 포괄적인, 새로운 윤리 이상을 접하고서 상당한 호기심과 관심을 쏟지 않을 수 없었을 것이다.

『천주실의』에 대한 평가와 남은 과제

1) 동서 사유 구조의 차이와 "유럽중심주의"와 "중화중심주의"로부터의 비판

마테오 리치가 『천주실의』에서 상당한 설득력을 보이면서, 일부 진보적인 중국인들의 호기심을 이끌어 낸 것이 사실이다. 그러나 불교, 도교, 그리고 성리학의 비판에 있어서, 그는 동양의 형이상학을 제대로 이해하지 못한 채 너무나 졸속하게 비판을 서둘렀다. 유교를 인격적 신의 존재가 나타나고 있는 "고전적 유교"와 무신론적 도덕형이상학이 지배적인 "후대의 유교"〔즉 송명의 理學〕로 양분하여, 전자에만 긍정성을 보이고 있는 반면, 그는 후자의 형이상학적인 배경을 전혀 이해하지 못한 채 그것에 대하여 자신의 스콜라 철학적 이해의 지평안에서 가차없이 부정하고 있다. 그리고 또한 도교나 불교의 형이상학을 전혀 이해하지 못한 채, 그들의 "무"(無)나 "공"(空)을 단순히 "공허", "허무"(즉 *emptinees* 또는 *nothingness*)로 치부하고 일방적인 비판을 하고 있는 것은 그의 품격을 조야하게 만들 뿐인 것이다. 바로 스콜라 철학에서 하느님의 존재에 관하여, 그것이 적극적으로 "이런 것〔是〕이다", 또는 "무슨 특성을 가지고 있다"〔有〕로는 설명될 수 없고, 단지 "이러이러한 것이 아니다"〔非是〕, 또는 "어떠어떠한 것이 없다"〔無〕라고밖에 말할 수 없다[32]는 "부정적 설명법"(*via negativa*)[33]이 요청되는 것처럼, 또한 동양적 사유에서도 궁극적 실체를 "무"(無), '공'(空), 또는 '무극이면서 태극'(無極而太極)이라고 설명하고 있다. 오직 '궁극적 진실체'란 언어적 규정 너머에 있기에 언어적 개념으로는 다 파악될 수 없다고 하는 "부정적 설명법"(*via negativa*)을 하

32) 『天主實義』, 앞의 영인본(臺北), 上卷, 第一編, 10a-11a.

33) 胡國楨, 「『天主實義』的 天主論」, 앞의 책, 269쪽.

고 있다는 차원에서는 동서양이 크게 다를 바 없는 것이다.

그러나 우리는 동양과 서양의 형이상학적 사유에는 다음과 같은 본질적인 차이가 있음을 간과할 수 없다. 요컨대 서양의 형식논리적인 사고, 즉 동일률과 모순율, 그리고 감성적인 현상 세계와 오직 이성에 의해 파악되는 관념적 실재 세계의 이분법적 구분, 그리고 ― 그리스-라틴어의 문법 구조와 깊이 연관된 ― 부차적인 가변적 속성(형용사)들과 그것들이 귀속되는 실체(명사) 사이의 범주적 구별 등등의 이분법적 사고 구조와는, 전혀 다른 동양의 상대주의적, 현실 중심의 사고에 우리는 우선 주목해야만 한다. 한문(漢文)에서는 어미 변화에 의한 단어들 사이의 범주적 구별이 없고, 오직 문장 내의 우연한 배열 순서에 의하여 그때그때의 상황에 상대적인 임시적 구분이 있을 뿐, 고정불변한 문법적 품사의 구별이 있을 수 없다. 따라서 어떤 문장에서 한 단어가 그 때의 위치에서 우연히 명사의 기능을 했다고 해서, 그것은 영구 불변하게 명사일 수 없으며, 다른 배열에서는 그 때의 상황에 따라서 그것은 동사일수도, 또는 형용사, 부사일 수도 있기 때문인 것이다. 따라서 **형식상 절대로 구분되는 범주 개념이나, 실체와 속성의 구별, 감성적 현상 세계와 이성적 관념 세계의 이분법적 구분을 '한문' 문화권의 의식 구조에서는 생각하기가** 힘든 것이다. 시(時), 소(所), 위(位)에 따른 의미의 상대적 변화와 발전이 동양적 사유의 특질을 이루고 있다. 따라서 송명의 이학(理學)에서 문제되는 주요 개념인 '이'(理)의 개념은, 감성적 현상 세계와 본질적으로 구분되는 관념적 실재로서의 형상(*form*)의 개념과는 차이가 난다. 기(氣) 또한 자체 안에 운동성을 지니고 있기 때문에 수동적으로 주어진 질료(*matter*)가 아니고, 끊임없이 무한하게 변화 변동하는 우주적 실체이다. 가볍고 맑아서 그것이 어떻게 변화 변동하는지를 도무지 언어적 이성적으로 파악할 수 없는 신묘하고 맑은 기(氣)가 정신일 뿐이다. 또한 탁하고 무거워서 아래로 내려앉아 굳은 땅이 되거나 운동성이 덜한 물체로서의 '기'로도 나타날 수 있다. 따라서 '기'와 범주적 차원을 달리하는 '영구 불변하는 영혼(靈魂)' 또는 '정신'(精神)이라는 또 다른 실체는 없는 것이다. '이'(理)란 바로 개개의 '기'(氣) 속에 내재하는 것이며,

바로 그 '기'(氣)가 마땅하게 변화 발전해 나가는 당위적 질서, 즉 '기'를 주재하는 존재론적 근거이다. 그러나 그 '이'는 끝임없이 조화 생성되어 나가는 현실 세계 안에서 개개체 안에서만이 아니라 또한 이미 전체적인 구도 안에도 존재하고 있다(理一分殊). 따라서 개개체는 그것이 사람이건 물체이건 각각 전체 우주적 발전 과정에서 그 전체와 연관하여 그때그때에 드러나는 상대적인 자기 의미〔理〕의 파악과 그 실현을 통하여 개개체들의 자기 완성을 지향하는 세계관과 윤리관은 확실히 서양의 그것과는 다르다. 서양의 형이상학적 사유 구조는 본질적으로 — 생명적 현실 변화의 전체 구도와 연관된 개체의 생명적 본질적 의미를 현장적으로 따지기보다는 — 처음부터 감성적 현실과는 분명한 거리를 두고 있다. 서양적 사유 구조는 감성적 현상계의 배후에 초리(超離)되어 원자(原子)적으로 하나하나 고립되어 고정 · 불변하게 존재하는 "관념"(이데아)들의 파악에 우위를 두고, 이들 하나하나를 합리적 이성적으로 짜맞추어서 얻어 낸 이성적 보편적 법칙들을 가지고 인간의 자연 지배 또는 그에 의존하는 인간의 이성적 가치의 실현을 추구하는 것이라고 볼 수 있다. 요컨대 경험적 세계와 이성적 세계, 또는 정신과 물질의 대립적인 이원 구도에 입각하는 서양적 사유 구조는, 분명히 전체 속의 개체, 개체 속의 전체, 또는 경험 세계와 이성 세계를 하나로 통합하고 있는 보다 직관적이고 생명적(역동적)인 일원론적 사유 구조, 즉 동양의 그것과는, 분명히 다른 것이다.

사실 우리는 이제까지 서양의 사유 구조에 떠밀리어 우리의 고유한 사유 구조를 서양의 그것에 대비하여 대립적으로 설명하기가 힘들었다. 이제 서구의 사고틀에 기반을 둔 이성(*raison*) 중심의 자연 지배, 대상 지배의 철학과 기술은 상당한 물질 문명의 진보를 가져왔지만, 동시에 전체와 개체, 자연과 인간 사이의 상보적 조화의 입지점이 없기 때문에, 이런 인간 문명의 발전은 동시에 또한 우리 인류 전체를 위협할 수 있는 폭력(terror)으로 비쳐질 수 있는 것이다. 이제 포스트모더니즘이 바로 '현대성의 해체'를 외치고 있다면, 바로 서구적 사유틀 속의 이분법적 구조가 갖는 '합리성의 폭력'에 대한 고발과 깊은 자성의 외침이라고 하겠다.

물론 이와 같은 동서형이상학의 근본적인 차이를 마테오 리치는 제대로 파악할 수 없었다. 그의 문제점과 한계는 결국 그의 개인적인 능력 부족에서 오는 문제라기보다는 동서 문명의 근본적인 차이에 대한 근본적인 성찰과 상호의 이해의 부족에서 오는 어쩔 수 없는 상황적인 한계라고 이해해 볼 수 있다. 그러나 인간의 궁극적인 자아 실현을 문제삼는 윤리학이나 인생관의 문제에 있어서, 마테오 리치는 자기와는 형이상학적 구도를 달리하는 중국 지성인들에게 강한 설득력을 가지고 다가갔으며, 서로의 공감을 얻기 위하여 서로의 진지한 대화를 시작했다는 점을 간과할 수 없다.

그러나 리치의 이런 동서 사상 문화적 융합의 노력은 모두 동서의 보수적인 세력들에 의하여 거세게 도전을 받을 수밖에 없었다. 서양이 특히 근세 이후에 "유럽중심주의"(Europeanism)[34] 속에서 서양 문명과 기독교 신앙의 우월성이 전면적으로 부각되고, 다른 이질 문화에 대하여 그것의 파괴와 유럽 문화에의 동화가 인류 이성의 보편적 실현이라는 오도된 역사 의식을 갖게 되었다. 19세기 이후 이런 오도된 배타적인 역사 의식은 결국 세계 식민지화라는 제국주의의 확산과 함께 유럽 문화와 기독교 정신의 수용을 일방적으로 강요하게 되었다. 서양의 로마 천주교회나 개신교회는, 마테오 리치가 거의 계시신학을 말하지 않고 중국적 관습과 문화 풍토를 포용한 것은 결국 "탈-기독교화", 즉 "우상 숭배와의 타협"이라고 비판을 하였다. 실제로 강희(康熙) 황제(1621-1722) 시대에는 마테오 리치와 예수회 신부들이 중국에서 중국 문화에 순응하여 발전시킨 천주교회의 선교 정책에 관하여, 서양의 고정 관념에 맞추어, 그것의 정당성 유무를 논쟁하는, 소위 "전례 논쟁"이 본격화되었으며, 로마 교황 클레멘스 11세(Clement XI)는 중국에서의 공자나, 조상이나 "하늘"〔天〕에 대한 숭배를 우상 숭배로 간주하고 금지(1704)시켰다.[35] 이런 보수적인 자만성은 결국 1773년 로마

34) George H. Dunne, 앞의 책, "Prologue", 특히 6-12쪽.

35) Columba Cary-Elwes, *China and the Cross*, 152-153쪽.

교황 클레멘스 14세에 의한 예수회의 해체 명령으로 끝이 났다.[36] 그로부터 더 이상 중국적인 천주교의 자발적인 발전은 있을 수 없었다. 그 뒤 아편전쟁(1842-1844) 이후 중국에서의 기독교 전교의 발전은 본질적으로 서양 제국주의 세력의 중국에의 침투 역량의 확산과 그 궤를 같이할 수밖에 없었다. 그것은 진정한 대화가 아니라, 무기와 문명을 앞세운 강제적 포교 이상이 아니었다.

또한 강한 "중화중심주의"에 충직한 중국의 보수주의자들은 중국의 형이상학과 근원적 차별성을 보이는 기독교의 중국화를 시종 의심과 비판으로 몰아치며, 중국적 형이상학에 입각하여, 천주교의 이론들을 비판하였다. 그 대표적인 문집이 명말(明末)에 편집되어 나온 『파사집』(破邪集)이다. 이들은 마테오 리치의 중국 형이상학에 대한 몰이해를 비판할 뿐만 아니라, 그의 인생론도 새로운 윤리 이상도 모두 거부하는 것이다. 유명한 강희(康熙) 황제가 서거하자 곧바로 천주교에 대한 박해(1724)가 시작되었다. 보수적인 적대적 배타성이 도도하게 노출되기 시작한 것이다.

2) 오늘에 있어서의 동서 문화 화합의 과제

동서 문화의 형이상학적인 세계에 있어서의 대치 상황은 300년 전에 리치의 업적에 부정적인 낙인을 찍었던 17-18세기의 상황이나 지금이나 큰 차이가 없다고 본다. 그것은 본질적으로 동양에서의 기독교의 역할이 양대 문화의 자연스런 대화에 의하여 자발적으로 이끌려 간 것이 아니기 때문이다. 궁극적으로 동서 양진영의 극한적 배타성이 서로의 서로에 대한 평등한 이해의 가능성을 미리 차단해 버린 것이다. 사실 아시아에서 오늘의 기독교 활동의 파장은 결국, 많은 경우, 기독교의 해당 지역 문화에의 적응이나 그것과의 융합이기보다는 서양 제

36) 예수회에 해체 결정이 내려지게 된 주요한 이유는 "이 수도회가 존속하는 동안 '로마 카톨릭' 교회가 진정하고 공고한 평화를 누린다는 것은 불가능하다"는 논거였다. Thomas J. Campbell, *The Jesuits 1534-1921*, ch.18 "Instrument", 특히 563쪽.

국주의의 문화적 식민지적 지배의 합리화와 무관하지 않다. 그러나 16세기 말에 중국에 왔던 마테오 리치 및 그의 뒤를 이은 대부분의 예수회의 선교사들의 전교 입장은 일단 이것들과는 구분이 된다. 이들이 중국의 문화적 풍토를 염두에 두고서 그것에의 적응을 통한 기독교 교리의 설명과 대화의 노력과 정신은 바로 "기독교 신앙을 지구상의 다양한 문화에 적합하게 표현하라는 제2차 바티칸공회(The 2nd Vatican Council, 1962-1965)의 정신과 목적에 잘 부합하는 것"[37]이기 때문이다.

마테오 리치는 『천주실의』 출판(1603) 뒤에 또 다른 전교 대화록을 집필하였다. 그것이 『기인십편』(畸人十編, 1608)이다. 이 중의 일부는 『천주실의』와 중복되기도 한다. 이 책의 특징은 다른 종파에 대한 부정과 비판이 일체 없다는 점이다. 오직 허심하게 인생론과 기독교의 윤리 이상을 말하고 있다. 이 책은 문체면에서 더욱 유려하기 때문에 그만큼 더 설득력이 강하다. 이것은 리치 자신이 그만큼 더 중국적 문화에 익숙하여 중국 지식인들의 심리적 정서를 더 잘 이해하였다는 뜻이기도 하다. 『천주실의』, 『기인십편』, 그리고 『교우론』(1595) 등이 그 유명한 건륭(乾隆 1736-1795)년 간에 수집 · 정리된 방대한 양의 『사고전서총목』(四庫全書總目)에 수록되어 있다. 『교우론』은 본질상 우정과 관련하여 서양의 격언들을 모아 놓은 격언집이다. 따라서 이 중에서 직접 기독교의 전파와 관련하여, 전통적인 중국 문화권의 지식인들에게 가장 널리 읽혀졌으며, 가장 영향력이 큰 저술은 『천주실의』와 『기인십편』이다. 『사고전서총목』에 특히 『기인십편』에 관하여 다음과 같은 해제가 실려 있다. "열 편이 모두 문답식으로 천주교의를 전개하고 있다. 1편 사람들은 지나간 나이〔세월〕가 아직 있다고 잘못 생각한다; 2편 현세는 잠시 머물다 갈 뿐이다; 3편은 늘 죽을 때를 생각하고 좋은 일을 함이 길하다; 4편 늘 죽을 때를 생각하고 죽음의 심판에 대비하라; 5편 군자는 말수가 적고 무언(無言)하고자 한다; 6편 금식의 본뜻은 살생을 금하는 것이 아니다; 7편 스스로 반성하고 스스로 책임을 물어 허물이 없게 하라; 8편 선악의 보응은 죽고 난 다음

37) Lancashire & Hu Kuo-chen 공역, 앞의 책, 47쪽.

(영혼이 받는 것이다); 9편 미래를 헛되이 찾으면 갑자기 불행을 만나 죽게 된다; 10편 부자이면서 인색한 것은 가난한 것보다 더 괴롭다. 언론 전개가 장대하며 거침없는 달변이어서 자못 설득력이 있다."[38]

강희(康熙) 황제는 '전례 논쟁'과 관련하여, 이 문제에 대한 결말을 내기 위하여, 특히 마테오 리치의 "『천주실의』를 6개월 간 연구"한 뒤에, 오직 리치식의 천주교의 전파만을 허용하는 칙령을 반포(1692. 3)하였다.[39] 조선에서는 이미 이수광(李睟光 1563-1628)이 그의 『지봉유설』(芝峯類說, 1616)에서 마테오 리치의 세계 지도와 그의 저작 『천주실의』와 『교우론』 등을 소개하였다. 이런 과정 속에서 18세기에 일부 유학자들에 의한 자발적인 천주교 수입이 시작되었다. 그러나 과연 오늘 한국 천주교리와 전례들은 어느 만큼 토착화되었을까? 여기에 대하여 우리는 깊이 반성하지 않을 수 없다. 마테오 리치의 중국 도착 400주년을 기념하는 "국제리치연구학술회의"가 리치의 고향인 이탈리아의 마체레타(Macereta) 대학과 로마 교황청의 그레고리안 대학에 의해서 1982년에 공동 개최되었다. 그 자리에서 현 교황 요한 바오로 2세는 다음과 같은 결론적인 말(1982. 10. 25)을 하였다.

> 기독교와 희랍 문화〔와의 융합〕과 관련하여, 교부들이 생각했던 것과 꼭 마찬가지로, 마테오 리치도 기독교 신앙이 중국 문화에 어떠한 해를 끼치는 것이 아니라 오히려 중국 문화를 더욱 풍부하고 완전하게 할 수 있다는 올바른 확신을 가지고 있었다."[40]

따라서 『천주실의』의 독서와 연구를 통하여 얻을 수 있는 것은 이와 같은 동서 문화 융합과 화합의 정신이고, 그것을 더욱 오늘의 시대에 맞게끔 발현하는 것이 우리의 남은 과제인 것이다.

---

38) 『四庫全書總目』, 上卷, 1080쪽.

39) Lancashire & Hu Kuo-chen 공역, 앞의 책, 39쪽.

40) Lancashire & Hu Kuo-chen 공역, 앞의 책, 52쪽에서 인용.

유교와 기독교의 충돌과 대화의 모색
『천주실의』의 분석을 중심으로

1. 기독교와 유교의 대화와 『천주실의』의 의미

유교적 문화권 안에서의 최초의 본격적인 기독교와 유교와의 대화[1]는 일찍이 1583년 30세의 나이로 '짜오칭'〔肇慶, 廣東省〕에 온 이래 중국의 문인들에게 최초로 상당히 성공적인 반향을 일으킨 마테오 리치〔利瑪竇, Matteo Ricci 1552-1610〕의 저술 활동에서 비롯된다고 하겠다. 특히 그가 당시에 성리학적인 학문 바탕 위에 서 있었던 여러 문인들과의 대화에 기초하여 작성한 『천주실의』(天主實義, 1603년 北京 출판)[2]는 과거 17세기 이래의 유교적 문화권 안에서 이런 동서 철학 사상, 또는 유교와 기독교 사상의 교섭과 교류에 결정적인 영향력

---

1) 기독교가 중국에 처음 들어온 것은 이미 唐의 貞觀 9년(635)에 景教의 전래로부터 시작된다. 그 후 景教는 唐宋 때까지 영향을 미쳤다. 그리고 또한 大元 제국에서는 프란치스코회 교단들이 당시의 수도 北京에 와서 크게 활동하였다. 그러나 이들은 그 뒤 元의 멸망과 함께 그 영향력을 완전히 상실하였다. 마테오 리치의 중국 전교 이전의 중국에서의 기독교 활동에 대한 연구로는 우선 佐伯 好郎, 『支那基督教の研究』, 1권과 2권, 東京, 1944; A.C. Moule, *Christians in China before the Year 1550*, London, 1930 및 그것의 중국어 번역판(阿 · 克 · 穆爾, 『1550年前的中國基督教史』, 北京: 中華書局, 1984) ; Christopher Dawson, *The Mongol Mission: Narratives and Letters of the Franciscan Missionaries in Mongolia and China in the Thirteenth and Fourteenth Centuries*, New York, 1955 등 참조.

2) 『天主實義』에 대한 자세한 해설과 그 의미에 대하여는, 이 책에 실린 송영배의 『천주실의』의 해제 참조.

을 주었다. 필자는 그 영향력과 의미를 두 가지 점에서 보고 있다.

1) 『천주실의』는 이미 400년 전에 중국의 전통 문화 속에 서양의 철학 사상, 특히 아리스토텔레스의 철학과 그에 근거하는 토미즘을 체계적으로 소개한 최초의 전문 서적이다.

2) 중국 선비〔中士〕의 질문에 대하여 서양 선비〔西士, 즉 마테오 리치〕가 대답하는 형식으로 이루어진 『천주실의』의 서술 체계에서,[3] 기본적으로 중국 문인들이 제기하는 질문의 대부분은 전형적으로 송명(宋明) 이학(理學)의 철학적 문제 의식과 떼어 놓고 생각할 수가 없는 반면에, 이에 대답하는 마테오 리치의 철학적 · 신학적 해설은 기본적으로 아리스토텔레스의 철학 체계와 토마스 아퀴나스의 신학 사상에 바탕을 두고서 전개되고 있기 때문에 『천주실의』의 텍스트 분석은 동서 형이상학의 세계관적 대립을 이해하고, 더 나아가서 그것을 지양하여 유교와 기독교 사상이 서로 융통할 수 있는 새로운 지평 모색의 근거를 찾는 데 더없이 중요하다.

『천주실의』를 편찬하면서, 마테오 리치는 기독교의 중요한 개념, 특히 '기독교의 하느님'을 바로 유교의 고전 속에 등장하는 '천'(天)이나 '상제'(上帝)와 동일한 존재로 본다는 기본 전제를 하고 있다. 따라서 『천주실의』에서는, 인격 신적인 의미를 띠고 있는 '천'이나 '상제'에 대한 제사와 숭배의 사상이 드러나고 있는 고대 중국의 본래의 유교 사상은 기독교의 상제 숭배(上帝崇拜)와 본질적으로 다르지 않다고 말함으로써, 중국의 유교적 문화 전통을 일단 긍정적으로 평가하는 대담한 접근성[4]을 시도하고 있다. 다만 후대의 유학사상, 특히 송

3) 물론 이들의 질문 모두는 "중국 선비가 말하였다:"(中士曰: ……)의 형식에 대하여 "서양 선비가 대답한다."(西士曰: ……)로 이어지고 있기 때문에, 실제로 이들 중국 선비가 도대체 누구인지를 하나하나 따로 따로 규명해 내기는 힘들다.

4) 유럽인들이 그리스 고대 사회 이래 가지고 있던 "유럽중심주의"(*europeanism*)의 맥락에서 일탈하여, 중국 문화의 의의를 일단 긍정하고

명(宋明) 이학(理學) 사상의 무신론적 특성, 특히 이기론(理氣論)에 기초하는 우주의 생성발전론이란 결국 이교, 특히 불교와 도교라는 우상 숭배의 나쁜 영향을 받아서 왜곡된 것이라는 점을 아리스토텔레스의 기본적인 철학적 개념의 틀과 토미즘의 신학 사상에 기초하여 신랄하게 비판하고 있다.[5] 요컨대 마테오 리치는 한편 유교와 기독교 사상 사이의 근원적인 동일성(同一性)을 강조하면서도, 또 다른 한편 송명(宋明) 이학(理學)의 형이상학적 구도를 근본적으로 부정해 버리고 있다. 따라서 이와 같은 마테오 리치의 기독교와 유교에 대한 해석과 송명 이학에 대한 비판은 17세기 초『천주실의』가 출판된 이래로 동북아시아의 여러 지역에 심대한 영향을 끼쳤다.[6] 성리학에 비판적인 일부 지식인들에게『천주실의』가 신선한 자극제가 되었다면, 또한 성리학의 형이상학적 체계를 강력하게 묵수하려는 정통적인 성리학자들에게는 비판의 표적이 되었다.

필자는 이 글에서『천주실의』의 분석을 통하여 첫째, 유교와 기독교 간의 근본적인 사유의 구조적 차이, 다시 말해 동서철학 간의 형이상학적인 전제의 차이는 도대체 무언인가를 밝혀 보고, 둘째, 이런 차이에도 불구하고 마테오 리치는 어떻게 기독교의 면모를 중국인들에게 제시함으로써 이들로 하여금 기독교를 흥미롭게 바라보고 그것에로 다가가게 하였는지를 살펴볼 것이다. 끝으로 필자는 결론에서 다시 한 번 이들의 상충(相衝)을 검토해 봄으로써 다시금 서로의 대화로 나갈 수 있는 새로운 지평을 조심스럽게 제시해 보고자 한다.

서 그 문화에 대한 적응주의 노선을 채택한 16세기 말 예수회의 문화적응주의적 전교의 노력에 대하여는, 특히 George H. Dunne, *Generation of Giants* 참조.

5) 특히『天主實義』, 第2, 4 및 7篇 참조.

6)『천주실의』는 17세기 이래 이례적으로 일본어, 몽고어, 만주어, 월남어 및 조선어로 번역이 되어서, 그 역본들이 유교 문화권에 속한 이들 나라에서 널리 퍼져서 읽혔음을 또한 확인할 수 있다.

2. 마테오 리치의 심신(心身) 이원론의 지나친 강조와 현세(現世)의 인생 가치(人生價値)에 대한 지나친 경시(輕視)

마테오 리치의 해석에 따르면, 인간은 육체〔形〕와 정신〔神〕이 결합된 생명체이다. 그러나 사람의 본성은 "정신성"〔神性〕에 있다고 보고 정신과 물질의 이원론을 지나치게 과장하고 있다. 이에 근거하여 그는 사람들에게 내세에서 영혼(靈魂)이 받을 영원한 행복의 추구를 권장하고 있다. 그 결과 현세에서의 인생의 가치가 어처구니없이 부정되고 있다:

> 현세라는 것은 우리들이 잠시 머무르는 곳이요 오래 사는 곳이 아닙니다. 우리들의 본집은 현세에 있지 않고 내세에 있습니다. 인간 세상에 있지 않고 하늘에 있습니다. 〔우리는〕 마땅히 그 곳에서 〔우리들의〕 본업을 이루어야 합니다! 현세는 짐승들의 세상입니다. 따라서 짐승들 각각의 부류들의 모습은 땅으로 향하여 엎드려 있습니다. 사람들은 하늘의 백성들이기에 머리를 들어서 하늘을 향하여 순종하고 있는 것입니다. 현세를 본래의 〔삶의〕 처소로 여기는 것은 짐승들의 무리들입니다. 천주께서 〔현세의〕 사람들을 각박하게 대하시는 것은 진실로 괴상한 일이 아닙니다![7]

마테오 리치가 강조하는 인생의 가치는 현세에서의 삶 자체에 있는 것이 아니다. 현세는 단지 내세의 영복을 추구하기 위하여 잠시 쉬어가는 임시 장소에 불과한 것이다. 왜냐하면 **인간의 본질은 바로 '정신성'〔神性〕**이요, 그것의 추구는 육체에 얽매어 있는 영혼〔또는 정신〕이 현세에서의 육체의 속박을 떠나서, 다시 말해 **죽고 난 뒤에 내세에 가**

---

7) "現世者, 吾所僑寓, 非長久居也. 吾本家室, 不在今世, 在後世; 不在人, 在天; 當于彼創本 業焉! 今世也, 禽獸之世也. 故鳥獸各類之像, 俯向於地. 人爲天民, 則昻首向順于天. 以今 世爲本處所者, 禽獸之徒也. 以天主爲薄於人, 固無怪耳!" (『天主實義』, 上卷, 第三篇, 26下 쪽.) 이하에서 『天主實義』의 인용은 卷, 篇 및 쪽수만을 밝힌다.

서야 완성된다고 보고 있기 때문이다. 그러나 이와 같이 정신과 육체의 이원론을 지나치게 강조하고 있는 내세 지향적인 사고, 요컨대 현세 부정적인 사고는 유교적 문화 전통에서는 제대로 이해되어서 자연스럽게 받아들여지기가 어려운 것이다. 왜냐하면 공자가 "일생 동안 고심한 것은 바로 현세의 '인간'과 '삶'의 문제"[8]이기 때문이다.

> 자로가 귀신 섬기는 일에 대하여 물었다.
> 〔공자가〕 말했다. "사람 섬길 줄도 모르면서 어찌 귀신을 섬길 수 있겠는가?"
> 〔자로가 또〕 죽음을 물었다.
> 〔공자가〕 말했다. "삶도 아직 모르면서 어찌 죽음을 알겠는가?"[9]

이와 같이 유교적 전통에서는 현세에서의 삶 속에서 인간과 인간들 사이의 교제, 또는 교류, 요컨대 그들 간의 원숙한 '실천적 의지'가 제일차적인 관심인 것이다. 따라서 사후의 귀신에 대한 문제는 부차적인 것으로 치부될 수밖에 없었다. 공자는 다음과 같이 말하였다.

> 귀신은 공경하되 멀리하여야, 〔君子로서〕 지식〔知〕이 있다고 할 수 있다.[10]

이렇기 때문에, 현세 중심의 인문주의 정신에 강하게 뿌리 박고 있는 중국의 문인들에게 지나친 현세 부정의 논리는 그렇게 큰 설득력을 가질 수 없다고 필자는 생각한다.

---

8) 송영배, 『중국사회사상사』, 107쪽.

9) "季路問事鬼神. 子曰: 未能事人, 焉能事鬼? 敢問死. 曰: 未知生, 焉知死?, 『論語』, 「先進」 11.

10) "子曰: …… 敬鬼神而遠之, 可謂知矣.", 『論語』, 「雍也」 20.

3. 실체〔自立者, *substances*〕와 속성〔依賴者, *accidents*〕의 범주적 구별과 太極〔곧 理〕은 사물의 존재 근거〔物之原〕가 아니요 마음〔心〕이나 사물〔物〕의 속성이라는 주장

천리(天理)를 기본 바탕으로 하여 구성된 송명(宋明) 이학(理學), 즉 성리학적인 도덕형이상학 체계에서는 천지 만물의 근원을 대극(太極), 또는 이(理)로서 설명하고 있다. 따라서 유럽에서와 같은 천지의 창조자로서의 인격신적인 개념은 성리학적 전통에서는 쉽게 받아들여지지 않는다. 주희(朱熹 1130-1200)는 다음과 같이 인격신의 천지 만물의 지배를 명백히 부정하고 있다:

> 저 푸른 하늘은 운행을 계속하고 멈추지 않는 바로 그것이다. 지금 저 하늘에 인격적인 존재가 있어서 죄악을 심판한다고 말한다면 〔그것은〕 진실로 말이 안 되는 것이다. 그러나 그것을 주재하는 것이 없다고 한다면 그것 또한 말이 안 되는 것이다.[11]

주희는 이와 같이 죄악을 심판하는 인격적인 하나님의 존재를 부정한다. 그러나 그에 의하면 소가 말을 낳을 수 없고 복숭아나무에서 오얏꽃이 필 수 없으며, 오직 소가 소를, 말이 말을 낳고, 복숭아나무에서는 오직 복숭아꽃이 필 수밖에 없는 이치를 생각해 본다면 천지 만물의 무궁한 변화 발전에는 반드시 그것을 주재하는 객관적인 이치, 즉 '이'(理) 또는 '천리'(天理) — 그것을 도(道) 또는 태극(太極)이라고 부름 — 가 선험적으로 존재한다는 것이다.

> 일단 사물이 존재하면, 그 사물로서 존재하게 하는 이치는 각각 그 존재의 당연한 법칙을 갖지 않는 것이 없으니 스스로 그만둘 수 없는 것이다. 이런 〔이치는〕 모두 하늘〔天, 자연〕이 부여한 것이요 인간이 만들 수 있는 것이 아니다."[12]

---

11) 『朱子語類』 卷 一, "蒼蒼之謂天, 運轉周流不已, 便是那個. 而今說天有個人在那裡批判罪惡, 固不可. 說道全無主之者, 又不可."

주희가 말하는 '이' 개념은 이와 같이 ① 사물의 존재론적 근거(所以然之故)와 ② 그것의 당연한 법칙(所當然之則)과 ③ 개체의 자의적 임의성을 배제하는 객관적 필연성(自不容已)이라는 3측면의 의미를 함축하고 있다. 요컨대 주희는 현실 세계의 주체적인 경험적 대상(사물)들로부터 그 사물들의 존재론적 근거와 그것의 당연한 법칙 — 인간을 포함한 모든 생물의 존재 법칙 — 을 일단 추상적으로 분리시킴으로써 그는 모든 사물(인간 및 모든 생물)을 주재하고 있는 존재론적 근본 원리를 이(理)로 규정하고 그 '이'의 객관적 필연성에 제일차적인 철학적 의미를 부여하고 있는 셈이다. 따라서 주희의 '이'는 — 플라톤의 '이데아' 개념과 유사한 — 관념적 실재성(*ideelle Realität*)이라는 철학적 범주로서 이해될 수 있다. 따라서 '이'는 만물의 선험적인 존재론적 근거일 뿐이므로 개체의 주체적인 감각적 경험적 내용을 가질 수가 없는 것이다.

> '이'란 〔선험적으로〕 하늘에 있는 것으로 소리도 없고 냄새도 없지만, 실로 모든 변화의 핵심이요 만류의 뿌리이다.[13)]

이와 같이 구체적인 역사 · 사회 · 자연 현상으로부터 유리되어 오직 그것의 선험적인 존재론적 근거로서의 의미를 지니는 '이'가 영원히 초역사적으로 타당한 천지 만물의 주재자로서 등장하는 것이다.

그러나 오직 아리스토텔레스와 토미즘적 세계관에만 익숙한 마테오 리치에게는 이와 같은 송명 이학의 형이상학적 체계는 전혀 정당하게 이해될 수가 없었다. 오직 유일신의 천지 창조를 믿고 있는 그에게는 태극〔太極, 곧 理〕이 천지 만물의 근원〔天地萬物之原〕이 된다는 성리학적인 형이상학적인 체계는 도저히 수용될 수가 없었다. 그는 우선

12) 『大學或問』, "旣有是物, 則其所以爲是物者, 莫不各有其當然之則, 而自不容已. 是皆得於天之所賦, 而非人之所能爲也."

13) 『太極圖說解』, "上天之載, 無聲無臭, 而實造化之樞紐. 稟匯之根柢也."

아리스토텔레스의 사물에 대한 실체와 속성에 대한 범주적 구별을 원용하여 "태극〔즉 理〕이 만물의 근원"이 될 수 없음을 다음과 같이 주장하고 있다:

> 태극이라는 것이 단지 이(理)라고 해석된다면, 〔그 태극은〕 천지 만물의 근원이 될 수 없을 것입니다. '이'는 역시 속성〔依賴者〕의 부류이니 스스로 자립할 수가 없는 데, 어떻게 다른 사물들을 존재케 할 수 있겠습니까? 중국의 문인들이나 학자들이 '이'를 따져서 말할 때는 오직 두 경우가 있습니다. 〔理는〕 사람의 마음〔人心〕 속에 있거나 혹은 〔마음 밖의〕 사물들 안에 존재하고 있습니다. 사물의 정황이 사람의 마음 속의 이치와 합치하면 그 사물은 비로소 참으로 실재한다고 말합니다. 사람의 마음이 사물 속의 그 이치〔理〕를 끝가지 캘 수가 있어서 그것을 다 인식하는 것을 '사물에 나아가 인식함'〔格物〕이라고 합니다. 〔理가 오직〕 이 두 경우〔或在人心, 或在事物, 필자〕에 의거한다면 '이'는 진실로 속성〔依賴者〕인 것이니 어떻게 사물의 근원이 되겠습니까? 두 경우 〔理는〕 모두 〔이미 현존해 있는〕 존재물〔곧 人心이나 事物〕보다 뒤〔後〕에 있는 것이니, 〔시간적으로〕 뒤에 〔기탁된〕 것〔後, 속성〕이 어떻게 〔이미 시간에서〕 앞서 있는 것〔先者, 실체〕의 근원이 됩니까? 또한 저들〔宋明 理學者〕은, 〔우주 발생론적으로〕 태초에 아무것도 없었던 〔때보다도〕 앞서서 반드시 '이'(理)가 존재하였다고 말합니다. 〔그렇다면〕 그 '이'는 어느 곳에 존재하였던 것입니까? 어느 존재물에 종속되었던 것입니까? 속성〔依賴者〕이라는 것은 스스로 존재할 수가 없습니다. 따라서 자신을 의탁할 실체〔自立者〕가 없다면 속성〔依賴者〕은 존재할 수가 없습니다. 만약 공허〔空虛, *nothingness*〕에 의탁했다고 말한다면 아마도 '공허'는 의탁할 만하지 못하니 '이'는 떨어져 나감을 면하지 못했을 것입니다. 한 번 물어 봅시다: 반고〔盤古, 중국의 신화에 나오는 우주의 창조자〕보다 이전에 이미 '이'가 존재했었다면 왜 〔그 때는〕 한가롭게 있기만 했지, 활동하여 만물을 창생하지 않았습니까? 나중에 누가 그것〔理〕을 격동시켰습니까? 더욱이 '이'는 본래 동정(動靜)이 없는 것입니다. 그런데 하물며 스스로 작동을 했단 말입니까? 〔理가〕 원초에는 만물을 창생하

> 지 않았다고 말한다면 바로 나중에야 만물의 창생을 원하게 된 셈입니다. 그렇다면 '이'가 어찌 의지가 있는 것이겠습니까? 어찌하여 〔나중에는〕 만물을 창생하려고 하기도 하고, 〔원초에는〕 만물을 창생하지 않으려고 하였던 것입니까?[14)]

여기에서 마테오 리치는 우선 송명 이학에서 말하는 '이'를 자기 나름대로 충실하게 파악하여, 바로 그 점을 아리스토텔레스에서 기원하는 1) 실체와 속성의 범주적 구별과, 2) 사물 생성의 시간적 순서에 기반 하는 인과 법칙에 입각하여 다음의 세 가지 관점에서 '이'가 천지 만물 창조의 근원이 될 수 없음을 밝히고 있다.

그가 이해하기로는 첫째, '이'는 오직 다음의 두 경우에만 존재한다. "〔理는〕 사람의 마음〔人心〕 속에 있거나 혹은 〔마음 밖의〕 사물들 안에 존재"하고 있다. 그렇다면 '이'란, 마테오 리치가 보기에는, 실제로 경험적 세계에 자립적으로 존재하는 천하 만물, 즉 실체〔自立者〕들이 아니고, 다만 이들 실체들에 내재하여 이들로 하여금 그러한 존재로 이름지어 〔규정해〕 주는 개개체들의 '형상인'〔形相因, *formal cause*〕에 불과할 뿐인 것이다. 그렇다면 '이'란 결국 만물 개개체, 즉 실체〔自立者, *substances*〕도 못 되는 것이요, 단지 그들에 종속되어 있는 속성〔依賴者〕일 뿐이라는 것이다.[15)] 이와 같이 실체에 예속될 수밖

14) "若太極者止解之以所謂理, 則不能爲天地萬物之原矣. 蓋理亦依賴之類, 自不能立. 曷立他物 哉? 中國文人學士講論理者, 只謂有二端, 或在人心, 或在事物. 事物之情, 合乎人心之理, 則事物方謂眞實焉. 人心能窮彼在物之理, 而盡其知, 則謂之格物焉. 據此兩端, 則理固依賴,奚得爲物原乎? 二者, 皆物後, 而後豈先者之原? 且其初無一物之先, 渠言必有理存焉. 夫理在何處? 依屬何物乎? 依賴之情, 不能自立. 故無自立者以爲之託, 則依賴者了無矣. 如曰賴空虛耳, 恐空虛非足賴者, 理將不免于偃墜也. 試問: 盤古之前, 旣有理在, 何故閑空不動而生物乎? 其後誰從激之使動? 理本無動靜. 自動乎? 如曰昔不生物, 後乃願生物, 則理豈有意乎? 何以有欲生物, 有欲不生物乎?"(上卷, 第二篇, 16上/下 쪽)

15) 사물에 내재하는 '형상인'을 그 사물의 '속성'으로 파악하는 마테오 리치의 이런 주장은 그러나 아리스토텔레스가 본래 지적하고 있는 속성들

에 없는 속성에 불과한 '이'가 도대체 "어느 곳에 존재"하였으며 "어느 존재물에 종속"된 것인가를 마테오 리치는 따져 묻는다. 만약 '이'가 "공허(空虛, *nothingness*)에 의탁했다고 말한다면 아마도 '공허'는 의탁할 만하지 못하니 '이'는 떨어져 나감을 면하지 못했을 것"이라고 말함으로써 '이'가 만물의 근원이 될 수 없음을 밝히고 있다.

둘째로 리치는 사물 생성의 인과 법칙에 따라서 결과가 원인보다도 시간상 앞설 수 없다는 관점에서 다음과 같이 말하고 있다. '이'는 먼저 인간의 마음〔人心〕이나 (마음 밖의) 사물이라는 실체들이 있고 난 다음에, 그 곳에 종속되어 있는 것이기에, 시간상으로 뒤〔後〕가 시간상으로 앞서 있는 것〔先者〕의 존재 원인이 될 수 없기에, '이'는 만물의 근원이 될 수 없다고 반박한다.

셋째로 리치가 파악한 송명 이학의 '이'는 '동정'(動靜)도 없고 의지〔志, *will*〕도 없는 것이다. 따라서 '이'는 도대체 "스스로 작동"하여 태초에 "천지 만물의 창생"할 의지를 가진 존재가 아니기 때문에 — 기독교의 하느님과 같은 — 천지 만물을 창제한 근원이 될 수 없음을 말하고 있다.

여기에서 우리들은, 마테오 리치의 '이'에 대한 이러한 반박과 비판들은, 결국 — 중국의 그것과는 — 완전히 다른 아리스토텔레스적 형이상학의 기본 구조에서 비롯된 것임에 주목하지 않을 수 없다. 사물의 존재 근거를 설명하는 아리스토텔레스의 사원인설이나 인과율적인 설명에 의하면, 우리가 마주 대하고 있는 **우주〔世界, *Welt*〕**는 궁극적으로 **하나의 물체**이기 때문에 그것들은 스스로를 움직일 수 없고 그 **운동의 유발은 근원적으로 그 사물의 밖에 있는 운동인**에서 비롯될 수밖에 없다고 본다. 그리고 이런 천지 만물의 운행은 맹목적인 것이 아니라 이런 운동을 야기시킨 **초월자의 목적에 따라서 합리적 규칙적으**

에 대한 아홉 개의 범주: 즉 사물의 1. 크기; 2. 관계; 3. 상태; 4. 능동태; 5 수동태; 사물이 있는 6. 시간; 7. 장소; 8. 모양〔자세〕; 사물을 9. 얻거나 사용함, 그 어디에도 해당하지 않음에 우리는 주목해야 한다.

로 **움직이고 있다는 목적론적 세계관**이 또한 기본적으로 전제되어 있다. 따라서 이런 형이상학적인 구도에 의하면, 천지 만물은 생명이 없는 존재물, "혼(*anima*)도 지각도 없는",[16] 요컨대 **주체적인 생명 활동이 없는 죽은 물체**(*dead objects*)일 뿐인 것이다. 자기들을 초월해 있는 외재적 존재가 이들을 이끌어 주지 않는 한, 이들은 스스로를 주체적으로 움직여서 운동을 하고 자신을 변화 발전시킬 수 있는 능동적인 힘, 즉 운동인〔作者, *efficient cause*〕이 없다는 것이다. 그러므로 현재 끊임없이 자생하고 변화하고 있는 천지 만물들의 운동의 원인을 궁극적인 원초로 거슬러 가면 이들을 만들어 내고 운동을 하게끔 한 최초의 운동인이나 그 운동의 목적을 규정한 목적인〔爲者, *final cause*〕의 존재를 상정하지 않을 수 없다는 것이다. 이런 운동인과 목적인은 결코 이들 개체들의 내부에 있는 것이 아니고 이들 개체들을 초월하여 존재하는 외재자, 곧 하느님에게 있다는 것이다. 이와 같이 본다면, 세계 만물을 창조하고 주재하는 초월적인 절대자 하느님과 그에 의하여 창조된 삼라만상의 천지 만물들은 존재론적인 범주에서는 전혀 상이한 것이기 때문에 중국인들이 주장하는 "만물일체"(萬物一體)설이 성립될 수 없음을 마테오 리치는 강하게 변론하고 있다.[17]

하지만 아리스토텔레스의 형이상학적 전통과는 전혀 다른 — 중국의 전통적인 유교적 세계관에서 보자면, 우주 만물은 결코 자기 운동도 못하고 죽어 있는 무생명체가 아니다. 우주는 생명력으로 충만하여 언제나 "생명이 끊임없이 연속되고 쉬임이 없는"(生生不息) 생명체〔活物〕인 것이다. 우주를 바로 생명체로 보는 유교적 세계관은 『주역』(周易), 『중용』(中庸) 이래로 중국의 고전 문헌의 도처에서 언급되고 있다.[18] 이와 같이 우주 삼라만상을 모두 "생명이 이어지고 이어져서

---

16) "無魂無知覺"(上卷, 第一篇, 3下쪽).

17) 萬物一體說에 대한 마테오 리치의 반론에 대해서는 특히 『天主實義』 上卷, 第四篇을 참조.

18) 예로 든 다음의 구절들을 참조하시오:
"天地之大德曰: 生"(易, 繫辭下)

끊임이 없는"〔生生不息〕 생명적 유기체로 파악한다면, 이들은 스스로를 움직이게 하기 위하여 결코 이들 밖에 초월해 있는 최초의 운동인, 요컨대 이들을 초월해 있는 '하느님'의 배려를 필요로 하지 않을 것이다. 중국인들은 자연계의 산천 초목이나 계절의 변화란 "스스로에 의하여 저절로 움직이는"〔自然〕 것으로 파악했을 뿐이다. 그리고 이들 삼라만상의 무한한 생명적 전개의 **존재론적인 원인**을 특히 송명 이학에서는 — 앞서 언급했듯이 — 특히 '이'라고 불렀던 것이다. 따라서 우리들이 만약 송명 이학에서 말하는 '이' 개념을 아리스토텔레스의 사원인설(四原因說)에 억지로라도 대비하여 설명한다면, '이'는 확실히 아리스토텔레스가 말하는 형상인(*formal cause*)과 비슷한 측면을 가지고 있다. 그러나 '이'는 단순히 개개 사물들을 그렇게 이름지어 주는 형상인일 뿐만이 아니라 그 사물들 안에 내재하면서 이들을 움직이게 하는 운동인(*efficient cause*)이요 동시에 그 운동의 합당한 당위성과 목적을 규정하고 있는 목적인(*final cause*)으로 필자는 보고 싶다.[19] 여기에서 우리는 '이'에 대한 주희(朱熹 1130-1200)의 언급들을 간략하게나마 개괄해 볼 필요가 있다.

> 세상 만물은 각기 반드시 그렇게 되어진 이유〔所以然之故〕와 마땅히 그렇게 〔행해야 할〕 법칙〔所當然之則〕을 가지고 있다. 〔그것을〕 이(理)라고 말하는 것이다.[20]

"元, 亨, 利, 貞."(易, 乾卦)
"天行健, 君子以自强不息"(易, 乾卦)
"大哉乾元! 萬物資始, 乾道變化, 各正性命, 保合太和, 乃利貞."(易, 乾彖)
"詩云: '維天之命, 於穆不已.' 蓋曰: 天之所以爲天."(中庸)
"誠則形, 形則著, 著則明, 明則動, 動則變, 變則化, 唯天下至誠爲能化."(中庸)

19) 이 점에 대하여는 牟宗三, 「四因說」演講錄, 鵝湖月刊, 第二十卷, 第三期(總號第231), 5쪽을 참고하라. "照亞里士多德四因說, 靜態的分析就是質料, 形式兩面. 質料因是一面, 動力因, 目的因, 形式因這三因又是一面, 是同屬於理的一面."

〔사람의〕 몸과 마음의 본바탕과 정감의 덕, 사람들의 일상 생활의 규범, 그리고 〔인간 세상 밖의〕 천지와 귀신들의 조화〔變〕며 짐승들과 초목들의 합당한 모습〔宜〕에 이르기까지, 그 각각의 개체 안에는 그가 그렇게 행해야 할 뿐이요 그만둘 수는 없는 당위〔其當然而不容已〕와 그렇게 될 수밖에 없으며 달리 바뀔 수 없는 〔존재〕 이유〔其所以然而不可易者〕를 드러내지 않는 것은 아무것도 없다.[21)]

우주 사이에는 한결같이 '이'만 있을 뿐이다. 하늘은 그것을 얻어서 하늘이 되고 땅은 그것을 얻어서 땅이 된다. 무릇 하늘과 땅 사이에서 생겨난 것은 또한 그것을 얻어서 본성으로 삼는다. 그것을 펼쳐 놓으면 삼강(三綱)이 되고 그것을 규범으로 삼으면 오륜(五倫)이 된다. 모두 이런 '이'가 통용된 것이니 가서 있지 않은 곳이 없다. 〔모든 것이〕 쇠하고 성하고 차고 비게 되면서 순환 반복하여 끊임이 없다는 〔理에 의한 이런 변화와 운동은〕 아직 사물들이 생겨나기 이전부터 인류가 사라지고 만물이 다 없어진 뒤에까지 끝나면 다시 시작하고 시작하면 다시 끝나 가는 것이니, 또한 혹시 한 순간이라도 멈춘 적이 없다.[22)]

그러나 뜻으로 헤아려 보면 아마도 기(氣)는 이 이(理)에 의지하여 움직이는 것이다. 이런 '기'가 모이게 되면 '이' 또한 그 곳에 있는 것이다.[23)]

---

20) "至于天下之物, 則必各有所以然之故, 與所當然之則, 所謂理也."(大學或問, 經文)

21) "使于身心性情之德, 人倫日用之常, 以至天地鬼神之變, 鳥獸草木之宜. 自其一物之中, 莫 不有以見其當然而不容已, 與其所以然以不可易者."(大學或問, 第五章)

22) "宇宙之間, 一理而已. 天得之而爲天, 地得之而爲地. 而凡生於天地之間者, 又各得之以爲性. 其張之爲三綱, 其紀之爲五常, 蓋皆此理之流行, 無所適不在. 若其消息盈虛, 循環不已, 則未始有物之前, 以至人消物盡之後, 終則復始, 始復有終, 又未嘗有頃刻之或停也."(讀大紀, 朱子文集, 七十)

23) "然以意度之, 則疑此氣是依傍這理行. 及此氣之聚, 則理亦在焉."(語類, 一)

이상과 같은 주희의 말들을 종합해 보면, '이'는 개개 사물들의 존재 근거(*raison d'être*)로서 일종의 **관념적 실재**(*idelle Realität*)이다. '이'는 개개의 사물들 속에 내재하면서 그들 각각을 그러한 개체로서 성립시켜 주는 존재 근거〔所以然之故〕이며 동시에 이들 존재의 당위성〔所當然之則〕, 말하자면 형상인이요 동시에 목적인이 될 뿐만 아니라, 그 개개체들을 움직이게 하여 변화 · 발전시키는 생명적 힘, 즉 운동인인 셈이다. 따라서 이와 같은 형이상학적인 구도를 가진 중국의 지식인들에게는 개개 사물들을 초월하여 있으면서 이들을 움직이게 하는 외재적 운동인을 생각할 수가 없었다. 따라서 이런 형이상학 체계를 가진 중국 문인들에게는, 마테오 리치가 그에게 익숙한 아리스토텔레스와 토미즘적인 사유 체계에 입각하여 '이'란 자립적 존재가 될 수 없으며 단지 속성에 불과하다는 반박은 도무지 이해되기 힘들었을 것으로 보인다.

4. 유교의 도덕이상주의와 기독교의 상선벌악의 도덕공리론

성리학은 천리(天理)를 기초로 하는 도덕형이상학이다. 그것에 의하면, 천지간에 존재하는 모든 개개 사물들은 모두 각각 자기 내부에 자신의 이상적 완전성, 즉 '천리'(天理, 또는 理, 즉 性)를 간직하고 있다. 따라서 우주의 삼라만상은 성리학적 도덕존재론의 차원에서 보자면 모두 지극히 선하고 또한 지극히 아름다운 것이다. 그러나 사람이든지 사물이든지 이들 개개체들이 경험적 현실 세계에 존재하려면 그들 각각을 구성해 주는 물질적 재료, 즉 기(氣)와 융합하지 않을 수 없다. 그 결과 개개 존재물 자체 안에 존재하는 각각의 이상적 완전성, 즉 '이'는 많건 적건 바로 '기'에 의하여 가려져 있다는 것이다. 따라서 문제의 요점은 바로 이렇게 **은폐된 '이'를 어떻게 하면 다시 복원시키느냐** 하는 인간의 **순수 도덕적 의지**와 **실천 공부**에 달려 있는 것이다. 이에 사람들에게 "천리를 온존(溫存)하고 사욕을 없애라!"(存天理, 滅人欲) 하고 권면하면서 사람들이 추구해야 할 최상의 목표는 바로 사욕을 제거하고 본래 '천리'로서 부여된 본성, 즉 **이상적 완**

전성의 회복〔復性〕에 있는 것이다. 요컨대 사람들이 은폐된 자신의 본성, 즉 이상적 완전성을 회복하려고 '결심하느냐 아니하느냐' 하는 것은 순전히 도덕 실천의 문제인 것이다. 이런 순전한 도덕 문제에는 결코 선행에 대한 포상이나 악행에 대한 벌을 면하려는 공리 타산적인 이해 관계가 개입될 여지가 없는 것이다. 따라서 중국 문인들은 천주(天主)의 상선벌악(賞善罰惡)에 근거를 두고서 인간에게 선행을 유도하고 악행을 막아 보려는, 다분히 공리 타산적인 기독교의 도덕공리론에 결단코 쉽게 동의할 수가 없었다. 이에 중국 선비〔中士〕는 다음과 같이 말하고 있다:

> 천당 지옥으로 말씀하신다면 아마도 천주의 가르침은 아닌 것 같습니다. 이로운 것을 쫓아가고 해로운 것을 피하려고 하기 때문에 선을 행하고 악을 금하려고 한다면 이것은 바로 이로움을 좋아하고 해로움을 미워하는 것이니, 〔그것은〕 선을 〔선 그 자체 때문에〕 좋아하고 악을 〔악 그 자체 때문에〕 미워하는 〔중국 본래의〕 바른 뜻이 아닙니다. 우리 〔중국의〕 옛 성현들이 세상을 교화함에는 이(利)는 언급하지 않고 오직 인의(仁義)만 말할 뿐입니다. 군자가 선을 함에는 아무런 의도〔無意〕도 없습니다. 하물며 이해〔利害得失〕를 따지려는 뜻이 있을 수 있겠습니까?[24)]

그러나 마테오 리치가 보기에는 성리학에서 말하는 '천리에 근거하는 성선설'만으로는 인간의 악행을 막고 선행을 유도하기에는 대단히 미흡한 것이다. 왜냐하면 송명의 이학(理學)에서는 자기의 본질에 대한 **자기 각성, 또는 본성의 깨달음〔本性自覺〕이 특히 강조될** 뿐이고, — 서양적 윤리 구도에서처럼 인간의 '이성적 판단'과 '자유 의지'에 따른 '선행과 악행'의 현실적 선택〔인간의 선택〕과 그에 따른 책임을 묻는 것〔하느님의 상벌〕이 아니고 — 단지 인간의 본성적 선만의 강조

24) "以天堂地獄爲言, 恐未或天主之教也. 夫因趣利避害之故, 爲善禁惡, 是乃善利惡害, 非善善惡惡正志也. 吾古聖賢教世, 弗言利. 惟言仁義耳! 君子爲善, '無意'. 有利害之意耶?" (下卷, 第六篇, 16下 쪽)

만으로는 도대체 인간의 행위에 대하여 선악의 책임을 물을 수 없기 때문이라는 것이다. 유교적 윤리 구도에서, 인간의 본성이 선하다는 주장〔性善說〕은 바로 "천주"(하느님)에 의해 인간의 마음〔心〕에 부여된〔銘之〕 '양지'(良智), '양능'(良能)을 일컬음이라는 것이다. 이것은 어디까지나 인간이 선으로 나아갈 수 있는 잠재적인 가능성(*potentiality*)만을 제시한 것뿐이지, 현실적인 악행의 존재와 그것에 대한 제재, 즉 **권선징악(勸善懲惡)의 효과적 방책으로는 부적절**하다고 리치는 보고 있다. 따라서 인간은 자기의 이성적인 의지〔正志〕의 실현을 통하여, 잠재적인 성선(性善)을 계발시킬 수 있는 실천적 결단과 실천 행위, 즉 '본성적 선(善)의 계발'이라는 각도에서의 지속적인 선행의 축적, 즉 구체적인 **습선(習善)의 필연성을 강조**하고 있다. 그리고 이런 습선(習善)의 과정은 결코 선천적으로 주어진 것이 아니고, 마테오 리치에 의하면, 바로 천부적으로 부여된 자유 의지에 따라서 어떤 행동을 선택했느냐에 달려 있다는 것이다. 이에 그는 기독교의 도덕공리론을 다음과 같이 말하고 있다:

> 무릇 세상의 존재물이 일단 자기의 의지를 가지고 있고, 또한 그 의지를 따를 수도 그만둘 수도〔곧 자유 의지가〕 있어야 그 다음에 〔비로소〕 덕(德)도 부덕(不德)도, 선도 악도 있게 됩니다. 의지는 마음에서 발동하는 것입니다. 쇠나 돌이나 초목들은 마음이 없으니 의지가 없습니다. 때문에 막야〔鏌鄒, 고대의 명검〕가 사람을 해쳤어도 복수하려는 사람은 '막야'를 분질러 버리지 않습니다. 바람에 날리는 기와가 사람의 머리를 다치게 했다 해도 원통한 사람은 날아온 기와에는 화를 내지 않습니다. 그렇습니다. '막야'가 자르고 절단을 〔잘〕 한다고 해서 그에게 공로가 주어지는 것이 아닙니다. 〔지붕 위의〕 기와가 비바람을 막아 주어도 사람들은 그것에 보답하고 감사하지 않습니다. 한 일이 마음에서도 의지에서도 〔우러나온〕 바가 없기 때문에 덕도 부덕도 없고 선도 악도 없어서 이들을 상줄 수도 벌줄 수도 없는 것입니다. 짐승이라면 짐승의 마음과 의지가 있다고 하겠습니다. 그러나 옳은지 그른지를 변별할 수 있는 이성〔靈心, *intellect*〕이 없으니 느낀 바에 따라서 멋대로 즉시 반응하는 것이며 이치를 따져서 자기가 할 바

를 절제하지 못합니다. 이것이 예(禮)가 되는지 비례(非禮)가 되는지를 분간하지 못할 뿐만 아니라 또한 역시 스스로 알 턱이 없습니다. 어떤 것이 선인지 악인지를 따질 수 있겠습니까? 〔……〕 오직 사람만은 그와 같지 않아서 밖으로 일을 거행하고 안으로는 마음을 다스려서, 〔하는 일이〕 옳은지 그른지, 합당한지 아니한지를 〔압니다.〕 지각할 수도 있고 〔그에 따라서 할 일을〕 할 수도 그만둘 수도 있습니다. 비록 수심(獸心)이 있다 해도 이치로 마음을 주재하면 '수심'이 어찌 주재하는 우리들의 마음의 명령을 어길 수가 있겠습니까? 따라서 우리가 도리에 따라서 의지를 발동하면 곧 덕을 행하는 군자가 되는 것이니, 천주께서는 그런 사람을 돕습니다. 우리의 의지가 수심(獸心)에 빠져 들어 바로 죄짓는 소인이 되면 천주께서는 또한 이들을 내쳐 버립니다. 〔……〕 이렇다면 **의지가 선과 악의 근원**임이 명백히 드러난 셈입니다. 〔……〕 세속에서도 대개 명예와 덕망의 득실을 중하게 여기고 개인적인 재물의 손익은 가볍게 여깁니다. 때문에 〔맹자에서는〕 "『춘추』(春秋)가 이루어지니 반역하는 신하들이나 〔부모에게〕 못된 자식들이 두려워하게 되었다."[25]고 말하였습니다. 반역하는 신하와 못된 자식들이 무엇을 두려워합니까? 악명의 폐해됨이 끝이 없음을 두려워하는 것이 아니겠습니까? 맹자는 우선 인의(仁義)를 〔담론의〕 주제로 삼았으나 그 뒤 당시의 군주를 만날 때마다 〔그가〕 인정(仁政)을 베풀기를 권하고는 오히려 〔그렇게 하고서도〕 "〔천하를 통일하는 최고의〕 왕이 되지 않은 일은 아직은 없었다."[26]는 말로 말끝을 맺고 있습니다. '천하에 왕이 되는 일'이 이득이 되지 않는 일이겠습니까? 사람이라면 누가 친구들을 이롭게 하고 어버이와 인척들을 이롭게 하는 것을 기뻐하지 않겠습니까? 이득을 마음 속에 떠올리지 않았다면 왜 그것을 친구나 어버이에게 주려고 하겠습니까? 인(仁)을 실현하는 방도는, (『논어』에) "자기가 갖고자 하지 않는 것을 남에게 하지 말라!"[27]는 〔데 있다고〕 말했습니다. 자기를 위해서 이득을 바라는 것은

25) 『孟子』, 「滕文公」 下(6:9) 참조.

26) 『孟子』, 「梁惠王」 上(1:5) 참조.

27) 『論語』, 「衛靈公」(15:23)에 나오는 "己所不欲, 勿施於人!"을 리치는 글자만 "不欲諸己, 勿加諸人!"으로 바꾸어 같은 뜻을 표현하였다.

옳은 일이 아니라 해도, 이득을 넓혀서 다른 사람을 위하는 것이 오히려 꼭 합당한 것이 아니겠습니까! 이득을 말해서는 안 된다는 것은 바로 그 이득이 거짓되었고 그것이 의(義)에 위배되었기 때문입니다. 『주역』에 "이로움〔利〕은 의(義)와 화합한다."[28]고 했고, 또한 "이로움의 용도는 몸을 편안히 함으로써 덕(德)을 높임에 있다."[29]라고 하였습니다. 〔……〕 내세의 이득을 중시하는 이는 반드시 현세의 이득을 경시합니다. 현세의 이득을 경시하면서, 윗사람을 범하고, 뺏으려 다투고, 아비를 죽이는 일들을 좋아한다는 것을 아직 듣지 못했습니다. 사람들로 하여금 내세의 이득을 바라게 하는 것이 정치를 함에 무슨 어려운 문제가 되겠습니까?[30]

---

28) 『周易』, 「乾卦」, "文言曰: 元者善之長也, 亨者嘉之會也, 利者義之和也, 貞者事之幹也." 참조.

29) 『周易』, 「繫辭」下, "精義入神, 以致用也. 利用安身, 以崇德也." 참조.

30) "凡世物旣有其意〔sic! 利瑪竇意謂 '意志', *will*〕, 又有能縱止其意者, 然後有德有慝, 有善有惡 焉. 意者, 心之發也. 金石草木無心, 則無意, 故鏌鎁傷人, 復讐者, 不折鏌鎁. 飄瓦損人首, 心者, 不怒飄瓦. 然! 裁斷, 無與其功者. 瓦蔽風雨, 民無酬謝. 所爲, 無心無意. 是以, 無德無慝, 無善無惡, 而無可以賞罰之. 若禽獸者, 可謂有禽獸之心與意矣. 但無靈心〔sic! *rational intelligence*〕, 以辯可否, 隨所感觸, 任意速發, 不能以理爲之節制其所爲. 是禮非禮, 不但不得已, 且亦不自知. 有何善惡之可論乎? …… 惟人不然. 行事在外, 理心在內; 是非當否, 嘗能知覺, 兼能縱止. 雖有獸心之欲, 若能理心爲主, 獸心豈能違我主心之命? 故吾發意從理, 卽爲德行君子. 天主祐之. 吾溺意獸心, 卽爲犯罪小人. 天主且棄之矣. …… 則意爲惡之原, 明著矣! …… 世俗大概重名聲之利害, 而輕身財之損益. 故謂: '春秋成, 而亂臣賊子懼.' 亂臣賊子, 奚懼焉? 非懼惡名之爲害不已乎? 孟軻首以仁義爲題. 厥後每會時君, 勸行仁政, 猶以' 不王者未之有也' 爲結語. 王天下, 顧非利哉? 人孰不悅利于朋友, 利于親戚? 如利不可經心, 則何以欲歸之友親乎? 仁之方, 曰: '不欲諸己, 勿加諸人!' 旣不宜望利以爲己, 猶必當廣利以爲人? 以是知利無所傷于德也. 利所以不可言者, 乃其僞, 乃其悖義者耳. 『易』曰: '利者, 義之和也.' 又曰: '利用安身, 以崇德也.' …… 重來世之益者, 必輕現世之利. 輕現世之利, 而好犯上, 爭奪, 弑父, 弑君, 未之聞也. 使民皆望後世之利, 爲政何有?" (下卷, 第六篇, 18下-22下쪽).

인간이 다른 만물과 구별되는 인간의 특성은 바로 인간이 가진 이성적 추리 능력〔靈才, *rational inference*〕에 있으며 인간의 선행과 악행은 이런 시비 선악의 판단에 따라서 행동을 결정하는 인간의 자유 의지에서 비롯된다고 보는 마테오 리치의 인간관과 윤리관에서 보자면 유교의 순수 도덕적인 복성설(復性說)은 권선징악을 효과적으로 도모하기에 너무나 미흡한 것으로 보였을 것이다. 그로서는 인간의 **자유 의지의 선택** 결과에 따른 하느님의 상벌이 무엇보다도 핵심적인 사항이었기 때문에 내세에서의 복락의 취득이라는 그러한 '이득'의 추구는 얼마든지 정당화될 수 있다는 논의를 펴고 있는 것이다.

그러나 마테오 리치가 말하는 이와 같은 기독교의 도덕공리론은 순수도덕이상론의 영향을 받고 있는 중국 문인들에게는 상당히 천박한 것으로 보였다. 마테오 리치는 그의 다른 저작 『기인십편』(畸人十篇)에서 인간의 사후에 하느님이 내리는 상벌의 공리론에 거부감을 보이는 중국의 문인 공대참〔龔大參, 본명 道立〕의 유가적 도덕수양론을 소개하고 있다. 공대참은 현세에서 실제로 살고 있는 사람들의 양심의 판단을 강조하면서 현세에서의 양심에 따른 선행 공부를 더욱 의미 있게 권장하고 있다. 공대참은 마테오 리치에 대하여 다음과 같이 자기 의견을 개진하고 있다:

> 선생께서는 사람〔이 저지른 행위〕에 대한 보응을 논하셨습니다. 사람들의 선행과 악행, 고통과 쾌락〔의 차이〕는 아주 작아서 서로 서로 걸맞을 수가 없습니다. 이런 아주 작은 것 중에는 또한 법률로 따져 물을 수 없는 그런 것이 있습니다. 그러나 다른 사람〔의 눈〕이나 법률이 미치지 못하는 것도, 우리 작은 가슴 속의 임금인 양심은 옳고 그른 것을 지각하여 철저하게 보응합니다. 보응은 자기 자신에게 하는 것이요 지금〔당장〕에서 하는 것입니다. 죽은 뒤를 기다리지 않습니다. 덕을 베푸는 사람〔仁人〕은 천당, 곧 본심(本心)을 가지고 있습니다. 그 본심이 평안한 땅이요 낙원입니다. 저절로 마음이 흡족해지고 저절로 기뻐서 보상을 받는 것입니다. 당신이 만약 덕스런 마음을 한 번 베풀었으면 바로 복락(福樂) 한 개를 더 추가한 셈입니다. 모든 덕을

갖추게 되면 곧 모든 복락을 다 갖춘 셈입니다. 따라서 '인'을 이룬 사람〔仁者〕은 정신의 즐거움을 크게 이루어 내었다고 말합니다. 나쁜 생각이 마음 속에 생기면 그 마음이 곧 고해(苦海)입니다. 죄가 마음 속에 생겨나면 수백 수천의 재앙의 기회가 수시로 멋대로 나타납니다. 그렇다면 나쁜 마음은 스스로가 낭패를 당하고 스스로가 벌받은 셈입니다. 우리가 계명을 한 번 어기면 스스로 재앙 하나를 불러오는 것입니다. 멋대로 하고 법도가 없으면 그것이 지옥의 중벌입니다. 왜냐고요? 내가 일단 천명(天命)을 어겼으면 곧 내 스스로 수치심이 들어서 나를 고발하고 내 죄를 따져서 정죄하니, 내가 무슨 변명을 할 수 있습니까? 곧 내 스스로 두려워하는 마음이 나를 죄이고 옥에 가두어 두는데, 내가 어찌 도망칠 수가 있겠습니까? 본성의 천리(天理)로 부터 심판하여 내가 한 짓에 따라서 벌주니 내가 뇌물을 주고 벗어날 수 있겠습니까? 주님의 자비스런 용서를 바랄 수 있겠습니까? 그렇다면 애통과 참회와 참담함 등등 여러 감정들이 사방에서 내 속을 공격하고 재앙과 독기는 〔정해진〕 방향이 없으니 내 어찌 피할 도리가 있겠습니까? 남의 〔눈을〕 가린 사람도 자기는 가릴 수 없으며 남의 〔눈을〕 피한 사람도 자기는 피할 수 없습니다. 때문에 '어려운 환란을 당하면 현자나 못난이나 크게 다를 바 없으니, 대개 고생과 즐거움은 다 같은 것이다'라고 말합니다. 그러하니 〔사람의〕 피부만 보지 말고 그 속을 보십시오. 얼굴만 보지 말고 그 마음 속을 보십시오! 군자는 밖의 환난으로 자기의 〔수양을 닦는〕 즐거움을 바꿔서는 안 되며 소인도 밖의 화려함으로 〔군자가 되지 못한〕 자기의 근심을 멈추어서는 안 됩니다. 이렇다면 덕행과 부덕에 대한 보상은 내 몸〔의 양심〕 안에 있는 것이요, 몸 밖에서 오는 것이 아닙니다. 어찌 이를 믿지 못하시겠습니까?[31]

---

31) (龔)大參曰: "子論人之報. 人善惡苦樂, 眇小, 不能相稱. 小之中, 又有法律所不能窮究者, 是則然矣. 然人與法律所不暨者, 吾方寸中具有心君, 覺是覺非, 切報之. 則報仍在已在今, 不俟身後也. 仁人有天堂, 卽本心. 是心眞爲安土爲樂地, 自然快足, 自然欣賞矣. 汝若辦一德心, 卽增福祿一品. 備全德, 卽備全福樂. 故謂仁者集神樂大成也. 慝生於心, 心卽苦海. 罪創於內. 百千殃械, 應時肆陳, 則慝自 自罰矣. 吾犯一戒, 自招一孼. 放恣無法,

5. 마테오 리치의 유교 윤리의 개조와 기독교 윤리 이상 — 기독교적 인〔仁, 즉 천주에 대한 사랑과 인간에 대한 사랑〕을 통한 자아의 완성 —

토마스 아퀴나스(1225?-1274)에 있어서, '이성'〔*intellect*, 司明者〕의 기능은 바로 추론을 통하여 사물이나 사태에 대한 시비(是非)와 선악(善惡)을 변별을 해 주는 인식 능력이라면, '이성적 욕구'(*intellectual appetite*), 즉 '의지'〔*will*, 司愛〕의 역할은 인간의 도덕적 선의 구현에 있다. 리치는 이런 아퀴나스의 생각을 중국적으로 변용하여 이제 중국 선비를 향하여 다음과 같이 말하고 있다.

> 이성의 큰 공능은 〔사회적〕 의(義)의 〔인식에〕 있고, 의지의 대본(大本)은 인(仁)을 〔실천함에〕 있다고 하겠습니다. 따라서 군자(君子)는 '인'과 '의'를 중하게 여기는 것입니다. 이 둘은 서로 필요한 것이니 하나라도 없어서는 안 됩니다. 그렇습니다. 오직 이성만이 '인'의 선함이 〔어디에 있는지를〕 인식할 수 있습니다. 그 다음에 의지〔司愛者〕가 그것을 욕구하여 지키고자 하는 것입니다. 의지는 의(義)의 덕을 욕구합니다. 그 다음에 이성〔司明者〕이 그것을 추구하는 것입니다. 그러나 인(仁)은 또한 '의'의 최고의 핵심입니다. '인'이 지극하면, 이성〔의 활동〕은 더욱 분명해집니다. 따라서 군자(君子)의 배움은 '인'을 위주로 하는 것입니다.[32)]

則是地獄重刑也. 何者? 吾旣違天命, 卽吾自羞恥心, 告訐證我, 我胡得辭乎? 卽我自 惴懼心, 桎梏囚我, 我胡能遁乎? 自性天理審判, 按我罪我. 我可以賄賂脫乎? 可望主者慈宥乎? 則哀痛悔慘, 種種諸情, 四向內攻, 殃毒無方, 我何能避哉? 朦人者, 不得朦己. 逃人者, 不得逃己. 故曰: 逢艱患, 賢不肖, 無大異, 蓋苦樂均也. 則請無睹其膚, 視其臟矣. 請無睹其面, 視其心矣. 君子不因外患改其樂, 小人不據外榮輟其憂也. 若然, 德慝之償, 在身內, 不由身外. 豈不信夫?"(『畸人十編』 卷下, 第八篇, 224-226쪽, 『天學初函』(一), 臺北, 學生書局影印本, 1965)

32) "司明〔*reason*, 卽理性〕之大功在義. 司愛〔*will*, 卽意志〕之大本在仁. 故君子以仁義爲重焉. 二者 相須, 一不可廢. 然! 惟司明者明仁之善, 而後司愛者

여기에서 리치는 **인간의 이성이 추구**하는 것이 **사회적 객관적인 의(義)**요, 또한 **이성적 의지가 추구하는 것이 도덕적인 인(仁)**이라고 말함으로써, 자신이 말하고 있는 **기독교의 인간윤리**가 바로 **중국인들이 추구하는 윤리 이상 — 즉 인(仁)과 의(義)의 추구 — 과 결코 본질적으로 다르지 않음**을 말하고 있다. 이 중에서도 인간과 인간의 상호 관계에 있어서 서로를 올바르게 융합시킬 수 있는 '인간다운 사랑의 실천', 즉 '인'이 더욱 중요하다고 말함으로써, 더욱더 **기독교의 윤리 이상이 유교의 그것과 본질적으로 '동일함'**을 역설하고 있는 것이다. 그렇다면 리치가 말하는 '인'(仁)의 핵심적 메시지는 무엇인가?

> 덕의 종류는 많으니, 다 말씀드릴 수는 없습니다. 저는 지금 선생님을 위하여 그 대강을 말씀드리자면, '인'이 그 핵심입니다. 대강을 얻고 나면 나머지는 부수되어 나옵니다. 따라서 『주역』(周易)에 "'원'(元)이란 선(善)의 으뜸이다. …… 군자는 '인'(仁)을 체현(體現)하였으니 사람들의 으뜸이 될 만하다."〔『周易』, 「乾卦」, 「文言」〕고 하였습니다. '인'이란 바로 두 마디로 그 뜻을 다 말할 수 있습니다.
>
> "천주를 사랑하라! 천주를 사랑하는 것보다 더 높은 것은 없다. 천주를 사랑하는 사람은 남을 자기처럼 사랑하라!"[33]
>
> 이 두 가지를 실천할 수 있으면 모든 행동이 다 이루어진 것이겠습니다. 그러하니 둘이지만 또한 하나일 뿐입니다. 누가 한 사람을 지극히 사랑한다면 그 사랑하는 사람이 사랑하는 〔모든〕 것을 받들어 사랑할 것입니다! 천주가 인간을 사랑합니다. 우리들이 진실로 천주를 사랑한다면 사람을 사랑하지 않을 수 있겠습니까?[34]

愛而存之. 司愛者愛義之德, 而後司明 者察而求之. 但仁也者, 又爲義之至精. 仁盛則司明者滋明. 故君子之學, 又以仁爲主焉."(下卷, 第七篇, 43上/下쪽)

33) 『성경』, 「마태복음」 22:34-40; 「마가복음」 12:28-34; 「루가복음」 10:25-28 참조.

34) "夫德之品衆矣. 不能具論. 吾今爲子惟揭其綱, 則仁其要焉. 得其綱, 則餘者隨之. 故『易』云: '元者善之長. 君子體仁, 足以長人.'(周易, 乾卦, 文言) 夫仁之說可約, 而以二言窮之.

여기서 리치가 말하는 '인'이란 궁극적으로 만유의 창조주인 '천주에 대한 사랑'을 의미하며, 그것은 또한 '천주가 사랑하는 인간에 대한 기독교적 인간 사랑' 외에 다름이 아님을 말하고 있다. 이런 '하느님에 대한 사랑' — 즉 기독교적 '인' — 이란, 바로 구체적 상황에서 고통을 받고 있는 사람들에 대한 실질적 사랑의 실천 행위에 있음을 리치는 또한 다음과 같이 말하고 있다.

> 천주를 사랑하는 공효에는 사람을 사랑하는 것보다 더 진실된 것이 없습니다. 〔『論語』에〕 이른바 〔인(仁)이란 사람을 사랑하는 것〕이라 했습니다. 사람을 사랑하지 않으면서, 어떻게 진실되게 하느님〔上帝〕을 섬긴다고 증명할 수 있겠습니까? 사람을 사랑하는 것은 공허한 사랑이 아닙니다. 누가 배고파 하면 먹여 주고, 갈증을 느끼면 물을 먹여 주고, 옷이 없으면 입혀 주고, 집이 없으면 재워 주고, 우환이 있으면 동정하고 위로해 주고, 어리석으면 가르쳐 주고, 죄를 지으려면 올바른 말로 말리고, 우리를 모욕해도 용서해 주고, 죽으면 장사 지내 주고 그를 위해 대신 하느님께 기도해 주며, 또한 살아서나 죽어서나 하느님을 잊어서는 안 되는 것입니다.[35]

이와 같은 '기독교의 천주의 사랑과 인간 사랑의 도리'를 다 듣고 난, 중국의 선비들은, 자기네들의 '가족 윤리'와 그에 기초하는 대인관과 국가관 속에서 자기의 도덕 계발을 말하는 유교적 윤리 이상보다 더 포괄적인, 새로운 윤리 이상을 접하고서 상당한 호기심과 관심을 쏟지 않을 수 없었을 것이다.

曰: '愛天主! 爲天主無以尙. 而爲天主者, 愛人如己也!' (參看, 聖經, 馬太, 22:34-40; 馬加, 12:28-34; 路加, 10:25-28)
行斯二者, 百行全備矣. 然, 二亦一而已. 篤愛一人, 則 愛其所愛者矣. 天主愛人, 吾眞愛天 主者, 有不愛人者乎?" (下卷, 第七篇, 46上/下쪽.)

35) "愛天主之功效, 莫誠乎愛人也. 所謂仁者, 愛人. 不愛人, 何以驗其誠敬上帝歟? 愛人, 非虛 愛. 必將渠饑則食之, 渴則飮之, 無衣則衣之, 無屋則舍之, 憂患則恤之慰之, 愚蒙則誨之, 罪 過則諫之, 侮我則恕之! 旣死則葬之, 而爲代祈上帝! 且死生不敢忘之!" (下卷, 第七篇, 48下쪽)

6. 결론: 기독교와 유교의 대화의 새로운 지평

『천주실의』에서 개진된 많은 철학적인 문제들 중에서 필자는, 위에서 살펴본 바와 같이, 특히 다음의 두 가지 측면에 초점을 맞추었다.

그 하나는 형이상학적인 "관념적 실재"로서의 천리(天理)에 기초하고 있는 송명 이학(理學)이라는 일종의 도덕형이상학에 맞서서 — 기독교의 핵심적 교리인 천주의 만물 창조와 주재(主宰), 인간 영혼의 내세에서의 상벌의 도리 등을 밝히기 위하여 — 마테오 리치가 설명하고 있는 1) 극단적인 심신(心身) 이원론, 2) 특히 송명 이학의 핵심개념인 '이'〔또는 太極〕의 만물근원설에 대한 부정, 그리고 3) 기독교의 도덕공리론에 대한 논의의 개략적인 소개이다. 이들에 대하여 필자는 각각의 주제에 대하여 성리학적 세계관에서 출발하는 비판적인 대비적 고찰을 하였다. 또 다른 하나는 마테오 리치가 — 성리학 메시지의 핵심인 '인간의 자아 회복'〔復性說〕 또는 '도덕적 자기 계발'을 의식하면서 — 이것에 대한 보다 낳은 대안으로서 제시한 — 기독교의 신앙에 바탕을 둔 — 인간 수양론, 즉 기독교 윤리 이상론에 관한 논의의 흥미로운 전개이었다.

첫번째 문제와 관련하여 말하자면, 당시 중국의 지식인들에게 전혀 생소한 토마스 아퀴나스의 철학과 신학의 개념에 바탕을 두고 자기의 논지를 이끌어 가면서도, 때때로 고전 유교 경전과 연관하여 기독교 이론을 설득하고 있는 리치의 진지한 노력은 경이롭게 보인다. 그러나 그의 이런 논의들이 과연 그 당시 중국의 문인들이나 오늘날 우리들의 전통적 사고와 정말 얼마나 잘 융합할 수 있는 것인가에 대하여 비판적인 반성을 해 보지 않을 수 없다. 따라서 필자가 본문(2, 3장과 4장)에서 이미 동서형이상학의 구조적 차이점을 대비해 보았듯이, 아리스토텔레스의 "사인설"(四因說)과 지나친 "목적론적 세계관"에 의존하고 있는 마테오 리치의 성리학적 이론틀에 대한 일방적인 비판은 성리학적 소양을 가진 당대의 지식인들에게 설득력 있게 받아들여질 수 없었다고 필자는 생각한다.

두 번째의 유교를 넘어서는 기독교의 윤리이상론의 개진은 그러나 독창적인 면이 많다고 하겠다. 물론 정신과 물질, 또는 영혼과 육신의 과도한 대립과 이분법을 전제하고서 전개되고 있으나, 그런 서양적 형이상학으로부터 이끌어 낸 기독교의 윤리의 진지성과 참뜻이 — 마테오 리치에 의해 한편으로 유교적 윤리적 개념과 융합하면서, 그리고 또 다른 한편으로 기독교적인 새로운 내용을 부가함으로써 — 유교적 지성인들에게 설득력 있게 제시되고 있다. 마테오 리치의 이런 '동서사상의 융합'의 독창성은 **유교 문화와 융합하는 기독교의 토착화**(*the Enculuration of Christianity in Confucian Culture*)라는 측면과 관련하여 정말 중요한 의미와 시사점을 제시해 주고 있다고 필자는 생각한다.

그러나 앞서 공대참(龔大參)의 의견 개진에서 살펴보았듯이, 성리학적인 세계관에서는 인간의 마음 속에 있는 내면적 양심의 판단과 그 양심에 의해 파악되는 천리(天理)의 발양이 무엇보다도 문제가 된다. 여기에서 우리는 유교적 도덕형이상학에서는 인간의 양심에 근거하는 인본주의적인 도덕론이 뚜렷이 각인되어 있음을 보게 된다. 이런 인본주의적인 관점에서 보자면, 기독교에서 말하는 '하느님'(天主) 또한 우리 마음 속에 내재하는 양심 이상이 아닌 것이다. 따라서 『천주실의』에서 중국 선비〔中士〕는 하느님〔上帝〕의 덕이나 능력에 대비될 수 있는 인간 내심 속에 있는 양심의 중요한 역할이 크게 강조되고 있다. 이들에 의하면 인간에게 주어진 본연의 양심이 다름 아닌 하느님, 즉 "천주 상제"(天主上帝)라고 말하고 있다. 따라서 유교적 세계관에서는 하느님이 외재적 초월자가 아니라 바로 "내심의 하느님"(內心之上帝)[36]인 것이다.

> 하느님의 덕은 진실로 크십니다. 그러나 우리 인간들 역시 지극한 덕을 갖추고 있습니다. 하느님은 진실로 무한한 능력을 가지고 계십

---

36) "其性一體, 則曰天主上帝, 卽在各物之內, 而與物爲一. 故勸人勿爲惡而 己之本善焉, 勿違義以犯己之本理焉, 勿害物以侮其內心之上帝焉."(上卷, 第四篇, 46下-47上쪽)

> 니다. 그러나 우리 인간의 마음도 모든 일에 대응할 수 있습니다. 한번 옛 성인들을 시험삼아 보자면 〔그들은〕 근원과 조화하여 사물〔의 이치〕를 열었고 가르침을 세웠으며 인륜〔의 도리를〕 밝혔습니다. 쟁기와 끌과 옷 짜는 틀로 백성들을 양육하였으며 배와 수레와 재물로 백성들을 이롭게 하였습니다. 그들은 세상을 다스리는 기틀을 만들었고 만세 불변의 큰 법도를 내려서 온 세상이 그것에 의해 영원토록 안정되었습니다. 옛날 성인이 없었는데, 하느님 스스로 작업을 하고 스스로 일을 수립하여 지극한 정치에 이르렀다는 말은 아직 듣지 못했습니다. 이것으로 따져 보면 사람의 덕과 재능은 비록 하느님이라 해도 뛰어넘어 설 수 없는 것입니다. 어떻게 천지의 창조가 오로지 하느님만이 할 수 있다고 말할 수 있겠습니까? 세상〔사람들〕은 이런 자기 마음〔良知良能〕의 묘용(妙用)을 다 이해하지 못합니다. …… 이 마음〔良知良能〕은 멀어서 가지 못할 곳이 없고 높아서 못 오를 곳이 없으며 넓어서 담지 못할 것이 없으며 작아서 들어가지 못할 곳이 없으며 딱딱하여 〔속을〕 재어 보지 못할 것이 없습니다. 때문에 이해력이 있는 사람은 네모난 한 치의 〔심장〕 속에 〔마음이〕 엄연한 천주(天主)처럼 계심을 잘 아는 것입니다. 하느님〔天主〕이 아니고서 어떻게 이와 같을 수 있겠습니까?[37]

이와 같이 천리(天理)를 도덕형이상학의 기초로 삼고 있는 송명 이학(***eine auf den innerweltlichen tianli***〔天理〕 *aufgebaute Moralmetaphysik des Neu-Konfuzianismus*)에서는 하느님이란 결국 현세 인간의 양심의 반성과 통찰을 떠나서는 달리 생각해 볼 수 없는 것이다. 이들에게는 하느님이란 외재적 초월자인 것이 아니라 개개의 사물들 속에 잠재해

---

37) "上帝之德, 固厚, 而吾人亦具有至德. 上帝固具無量能, 而吾人心亦能應萬事. 試觀先聖, 調元開物, 立教明倫. 養民以耕鑿機 , 利民以舟車財貨. 其肇基經世, 垂萬世不易之鴻猷, 而天下永賴以安. 未聞蔑先聖, 而上帝自作自樹, 以臻至治. 由是論之, 人之德能, 雖上帝罔或踰焉. 詎云云造天地, 獨天主能乎! 世不達己心之妙. …… 是心無遠不逮, 無高不昇, 無廣不括, 無細不入, 無堅不度. 故具識根者, 宜知方寸之間儼若天主. 非天主, 寧如是耶?" (上卷, 第四篇, 47下-48上쪽)

있는 천리(天理) 그 자체인 것이다. 특히 인간의 경우 양심이 곧 천주인 셈이다.

이와는 달리 기독교에서는 현상계를 초월하여 밖에서 이를 주재하고 보살피는 초월적 하느님이 문제가 되고 그 하느님의 의도와 목적에 의하여 천지 만물은 생성되고 발전하여 그 목적을 완성하는 것이다. 따라서 기독교의 본질은 바로 초현세적인 하느님에 의한 목적론(*die* ***ausserweltliche Teleologie*** *des Christentums*)의 추구에 있다고 정의해 볼 수 있다. 그러나 우리는 또한 어거스틴(St. Augustine 354–430) 이래의 기독교적 전통에서도 바로 천주의 존재 증명을 인간에게 주어진 양심에서 찾아왔다는 데 주목하지 않을 수 없다. 마테오 리치 역시 천주의 존재 증명을 무엇보다도 먼저 인간의 양심에서 찾고 있다.

> 세상에 이것보다 더 분명한 것은 없습니다. 누가 눈을 들어 하늘을 보면서 하늘을 바라볼 때 '이 가운데 반드시 주재하는 분이 계시는 구나!' 하고 가만히 감탄하지 않는 사람이 누가 있겠습니까? …… 우리들이 배우지 않고서도 할 수 있는 것이 양능(良能)입니다. 지금 천하의 모든 나라 〔만민들〕에게는 각기 스스로 주어진 참 마음이 있어서 — 서로 말해 주지 않았어도 — 모두 천상의 유일한 지존자를 공경하고 있습니다. 고난을 당한 사람은 슬픔을 애소하고 인자한 부모에게 그러하듯이 〔그에게〕 도움을 바라는 것입니다.[38)]

따라서 필자는 기독교와 유교 사상 사이의 보다 더 깊은 **대화의 새로운 지평**은 바로 이와 같이 기독교에서나 유교에서도 함께 논의될 수 있는 **인간의 양심의 소리에 대한 깊은 성찰에서 다시 모색되어야** 한다고 생각한다.

---

38) "予謂天下莫著明乎是也. 人誰不仰目觀天, 觀天之際, 誰不默自嘆, 曰: 斯其中必有主之者哉! …… 吾不待學之能, 爲良能也. 今天下萬國, 各有自然之誠情, 莫相告諭, 皆敬一上尊. 被難者, 哀望救, 如望慈父母焉."(上卷, 第一篇, 3上쪽)

중국적 사유와 서양적 사유
언어의 차이와 사유의 차이*

쟈끄 제르네(Jacques Gernet)

> 인도, 그리스, 그리고 독일적 철학적 사유에서 이상하리만치 눈에 드러나는 모든 친근한 유사성은 자체적으로 충분히 설명된다. 바로 언어의 친근성이 존재하므로, 문법이라는 공통의 철학적 사유 — 말하자면 동일한 문법적 기능의 주도와 운용의 묘 — 덕분에 처음부터 철학 체계의 비슷한 발전과 연속 과정을 위한 모든 것이 마련되어 있다는 사실을 전혀 피할 수 없다. 마찬가지로 세계를 해석해 내는 일정한 다른 가능성으로 통하는 길조차 차단되어 있다고 하겠다. 〔주어 개념이 거의 발달되지 못한〕 우랄-알타어권의 철학자들은 다분히 인도 게르만인이나 회교도들과는 아주 다르게 "세계"를 바라볼 것이며, 아주 다른 길을 통해 그 세계를 찾을 것이다.
>
> 니체, 『선악의 피안』(Nietzsche, *Par-delà le bien et le mal*)[1]

〔예수회〕 선교사들의 논저나 강론들에 대한 중국인들의 반응이란

---

* 이 글은 Jacques Gernet가 16-17세기 중국에서 마테오 리치를 정점으로 하는 예수회 선교사들의 천주교 교리 전도에 대한 중국인들의 반응을 체계적으로 정리해 낸 그의 명저, 『중국과 그리스도교』(*Chine et Christianisme*, éd. Gallimard, Paris, 1982)의 마지막 장 「언어와 사유」("Langage et Pensée", pp.322-333) 부분이다. 이 부분은 유교 사상과 그리스도교 사상과의 극명한 대조를 보이기 위하여 송영배가 번역하여, 원래 『종교신학연구』, 제5집(서강대학교 종교신학연구소 발행, 1992), 275-288쪽에 실렸던 것인데, 독자들의 편의를 위하여 이 곳에 다시 전재(轉載)하는 것이다.

1) éd. Gallimard, 1971, p.38.

그들이 때때로 〔서구인들과는〕 다른 차원의 범주와 사고의 틀 속에서 어떻게 사고를 펼치고 있느냐 하는 것과 깊은 관련이 있다. 말하자면 중국인들이 생각하고 있는 정치와 종교와의 관계, 반성적〔철학적〕 사유의 작용, 또는 자발적인 도덕 의식, 정신적 존재에 대한 관념, 그리고 〔대상〕 세계와 모든 존재물들에 내재하는 천리(天理) 관념 등등이 문제가 된다. 이 모든 것들에 중국적 사고의 근원적 특성이 언제나 항상 분명하게 나타나고 있다. 무엇보다도 〔서양과 다른〕 중요한 차이점은 중국인들은 〔우리가 경험하고 있는 이 감각적 실재로서의〕 이 현상 세계를 초월해 있는 영원한 진상(眞相)의 세계를 상상하지 않는다는 점이다. 그리고 그들은 결코 이성적인 것과 감성적인 것을 〔질적으로 다른 것으로〕 구분하고 있지 않다.

우리는 이제 중국과 서양의 이와 같은 상이한 사고 전통의 형성에 언어의 특성이 얼마만큼 기여했느냐 하는 문제를 한 번 논구해 보고자 한다. 우리는 당장 한문(漢文)과 같은 언어 구조로부터 희랍 철학이나 중세의 스콜라 철학과 같은 철학이 또한 발전할 수 있었겠는냐 하는 문제를 제기할 수 있다. 우리는 그 문제에 우선 '아니오'라고 대답한다. 이런 즉흥적 대답이 어떻게 논리적으로 입증될 수 있을까?

19세기와 20세기 초의 개신교 선교사들은 기독교의 논점들을 한문으로 번역하여 해설하기가 매우 어렵다는 사실에 대하여 투덜대고 있다. 이들 중의 어떤 이는, "한문이란 정신적 진리를 표현하기에는 매우 불완전하고 어색한 도구이다."[2]라고 말하고 있다. 다른 이는, "우리가 지적한 대로, 이 언어 구조 자체가 새로운 진리를 알리는 데 매우 부적합한 도구이다."[3]라고 했다.

예를 들자면, 구체적-개별적인 것이 어느 점에서 추상적-보편적인

2) "In What Form Shall We Give the Bible...", in *Chinese Recorder*, 1890, p.454, Arthur F. Wright에 의해 인용됨; "The Chinese Language and Foreign Ideas", in *Studies in Chinese Thought*, A.F. Wright 지도로 편찬됨; Chicago, 1953, p.287.

3) S. Wells William, *The Middle Kingdom*, New York, 1888, II, p.370. A.F. Wright, art. cit., p.302, note 4.

것과 우연하게가 아니라 본원적으로 구별되는지를 한문 구조에서 찾아서 설명하기는 지극히 어려운 것이다. 희랍어, 라틴어 또는 범어(梵語, *Sanskrit*)처럼 어형이 변하는 언어들에서 얻어진 개념들을 〔지난 몇 세기 동안의〕 역사 흐름 속에서 한문으로 번역해 보고자 했던 사람들은 어느 누구나 큰 어려움을 겪지 않을 수 없었다. 언어 구조의 문제는 필연적으로 사유 형식의 문제와 연관되는 것이다. 〔예수회〕 선교사들은 그들에게 익숙한 사고의 전형들을 중국인들에게서 찾아볼 수 없었기 때문에 매우 당황하였다. 그리고 그들은 중국인들에게는 논리(*logique*)가 없다고 몰아세웠다. 〔그들이 말하는〕 논리는 말하자면 로고스(*logos*)에서 연유하는 것이다.

"사유가 언어 구조와 합치할 때, 비로소 우리는 사상〔생각〕을 포착하는 것이다."라고 방브니스뜨(Benveniste)는 말하고 있다. "…… 우리가 무엇을 말할 수 있느냐 하는 것이, 우리가 무엇을 사유할 수 있는가하는 한계와 그 규칙을 질서 지운다. 언어는, 정신이 대상적 사물에서 인식해 내는 특성들의 기본 구도를 제시하고 있다."[4] 아리스토텔레스의 10개의 범주는 희랍어에 특유한 동사와 명사의 유형에 해당함을 방브니스트는 논증하고 있다. "아리스트텔레스가 우리에게 보편적-영원 불변한 것의 조건표로서 제시하고 있는 것은 〔희랍어 안에〕

4) émile Benveniste, "Catégories de pensée et catégories de langues", in *Etudes philosophiques*, IV, 1958, 10-12월호; *Problèmes de linguistique générale*, Gallimard, 1966, pp.63-74에 재수록.
방브니스뜨보다는 덜 철저하지만, 그의 지적과 같은 의미로는 S. Ullmann, *Précis de sémantiques française*, Berne, A. Francke, 1952, p.300 참조: "모든 언어 체계는, 다른 언어들의 분석과 구분되는, 오직 자기 언어에만 고유한, 외부〔대상〕 세계에 대한 해석을 자체 안에 가지고 있다."; 그리고 Cassirer, "Pathologie de la conscience symbolique", in *Journal de Psychologie*, 1929, p.29 참조: "세계는 언어에 의해 이해되고 사유되어질 뿐만 아니라 인간의 세계관, 그 세계관을 바탕으로 살아가는 방식이 이미 언어에 의해 규정된 것이다."; 또한 이상의 인용문들의 출처인 Georges Mounin, *Les Problèmes théeoriques de la traduction*, Paris, Gallimard, 1963, pp.43-58 참조.

담겨 있는 언어 상태를 관념적으로 반영한 것에 불과한 것이다." 그리고 그는, 중국과 서양적 세계관이 〔근본적으로〕 구분되는 지점을 상당히 밝혀 내는 다음의 언급을 하고 있다. "아리스토텔레스가 쓰고 있는 용어를 넘어서서, 즉 〔그의〕 범주론 위에는 모든 존재자〔만물〕를 포괄하는 '존재'(être) 개념이 나타나고 있다. 희랍어에는 — 모든 언어에 결코 필연적으로 꼭 존재할 수 없는 — 이 '존재'(être) 동사가 있을 뿐만 아니라, 그 동사가 또한 아주 독특한 방식으로 쓰여지고 있다. …… 희랍어에 의하면 바로 이 '존재' 동사가 객관성을 갖는 개념으로 될 수 있으며, 이 〔객관화된〕 철학적 '존재' 개념은 어떠한 다른 개념들을 조절 · 분석 · 확정지을 수 있는 것이다."[5)]

방브니스트의 분식은 희랍적 사유 — 좀더 일반화하여 말한다면, 희랍어와 라틴어의 구조와 밀접한 연관이 있는 — 서양적 사유의 두 가지 특성을 잘 조명해 주고 있다. 첫째로 자명하고 논리필연적인 범주들이 언어 사용을 통해 이미 무의식적으로 전제되어 있다는 점과, 둘째로 서양의 철학적 종교적 사유에서 '존재' 개념이 갖는 결정적인 중요성이다. 사실 서양은 전 역사를 통하여, 눈앞에 나타나 있는 현상〔즉 假象〕들 너머에 있는 '존재'를 끊임없이 추구하였다. 여기에서 우리는, 다시 방브니스트의 말로 결론을 끌어 낼 수 있다. "다양한 철학적 · 정신적 체험들이란, 바로 만물을 바라보는 구분법 자체가 언어이며, 언어가 바로 그것을 상징하고 있기 때문에, 이 구분법에 무의식적으로 의존되어 있다."[6)]

우리는 인도적 사유와 그 사유의 표현인 범어(梵語)와의 관계에 대해서도 똑같은 사실을 말할 수 있다. 범어 또한 인도유럽 언어에 속하며 일반적 구조에 있어서 희랍어와 라틴어와 매우 유사하다. 인도 사회에서는 문법가, 논리학자, 철학자가 서로 밀접한 관계를 맺고 있다.

---

5) émile Benveniste, ibid., p.71.

6) émile Benveniste, "Tendances réecentes en linguistique générale, *Journal de Psychologie*, 1954, 1-2호. 여기서는 *Problèmes de linguistique génerale*, p.6에서 인용.

인도적 사유가 물론 희랍적 사유와는 다른 길을 택했지만, 인도적 사유 역시 언어에서 기원하는 범주들에 기반을 두고 있으며, 범어 또한 '존재' (être) 개념에 중요한 의미를 부여하고 있다. 범어에도 역시 존재동사〔어근 *as-*〕와 그 동사의 파생어: *'sant-'* 〔실재하는, 진정한, 올바른, 좋은〕와 'satya' 〔진정한, 실재하는〕와 *'sattva'* 〔존재, 실재, 정신〕가 있다. *'âstikya'* 는 신령적 존재에 대한 믿음을, *'nâstikya'* 는 존재의 부정, 허무주의, 무신앙을 뜻한다.

세련된 철학적 사고를 전하고 있으며, 그것을 인도유럽적 언어 방식으로 표현하지 않은 유일한 문화가 있다면, 그것이 바로 중국 문화이다. 우리는 한문 모델보다 더 철저하게 희랍어, 라틴어 또는 범어와 다른 언어 모형을 생각할 수 없다. 한문의 특성은 아주 독특하여, 어형에 의하여 체계적으로 구분되는 문법적 범주가 전혀 없다. 외형상으로 동사는 형용사와, 부사는 그 보조사와, 주어는 술어와 조금도 차이가 없다. 말하자면 한문에서는 이런 문법적 범주들이란, 그런 범주를 가진 언어를 매개로 함축적이고, 그리고 다소 임의적인 비교 언급을 통해서만 말할 수 있을 뿐이다. 한문에는, 희랍어에서 명사 'ousia' 또는 동사 'to on' 과 무리 없이 잘 표현되는 '존재' (être)나 '본질' (essence) 개념들로 번역될 수 있는 '존재' 동사가 없다. 따라서 중국인들에게는 〔눈앞에 보이는〕 현상들 너머에 〔그것들과 질적으로 구분되는〕 영구불변한 항상적 〔초험적〕 실재로서의 존재 개념이란 없다. 중국 철학자 량쑤밍(梁漱溟)은 바로 이 점을 지적하였다. 그는 1921년 출판된 그의 책에서 중국의 철학 사상을 바로 이 점에서 서양뿐만 아니라, 인도와도 대립시키고 있다:

> "중국의 형이상학적 문제는 서양이나 인도와 전연 다르다. 서양 고대와 인도 고대에서 제기된 문제는 중국에는 실재하지 않는다. 그들 두 문화권의 문제도 본래 다 같은 것은 아니겠지만, 그러나 그들이 우주의 실상을 추구한 그 점에는 확실히 일치한다. 그들이 일치하는 그 점이 바로 중국이 그들과 전혀 다른 점이다. 여러분들은 중국 철학자 중 한 부류는 〔우주의〕 일원을 주장하고 다른 부류는 이원 또는 다원

> 을 주장하고, 그리고 한 부류는 관념론을 주장하고 다른 부류는 유물론의 논변을 편 사실을 일찍이 보고 들은 적이 있는가? 중국인들은 이와 같이 부동하고 변환하지 않는 실체를 전혀 문제삼지 않았다. 먼 옛날부터 전해 내려온 중국의 형이상학, 즉 크거나 작거나 높은 수준이거나 낮은 수준이거나 모든 학문의 근본 사상은 전적으로 조화(造化) 변화를 논구한 것이지, 결코 변하지 않는 실체를 문제삼은 것이 아니다."[7]

중국인들에게 유일한 실재는 도(道), 즉 모든 변화를 주도하는 자연스런 질서라는 말을 더 보탤 수 있겠다. 언어적 특성의 주요 내용을 고려해 보면, 서구 사상, 특히 단순화되고 도식화된 마르크스주의 형식에 영향을 받은 대부분의 현대 중국 역사가들의 주장을 부정하고 있는 량쑤밍의 주장이 옳다고 하겠다. 좌우간 중국의 마르크스주의자들은 중국의 철학자들을 관념론자와 유물론자로 구분하는 데 상당한 애를 쓰고 있다.[8] 서양적 범주는 중국적 상황에 그대로 적용될 수 없는 것이다. 한문에는 어떤 행태의 어형 변화도 없다.[9] 아주 제한된 일정 수의 품사, 유사한 뜻을 가진 개념들의 집합, 반대의 뜻을 나타내는 개념들의 대조, "단어들", 즉 '의미 단위'들의 음절, 병렬, 위치, 그리고 이들 단어들이 서로 관계를 맺는 방식을 통하여, 문장의 뜻이 이해 소통된다. 여하튼 두 개의 의미 단위들의 무한한 조합 배열이 써도 써

7) 梁漱溟, 『東西文化及其哲學』, 上海, 商務印書館, 1929, 112쪽. W.T. de Bary, *Sources of Chinese Tradition*, New York: Columbia University Press, 1960, p.851에서 인용.

8) 중화인민공화국의 역사가들은 중국의 사유를 다음과 같은 마르크스와 레닌의 테제를 따라서 분류하고 해석하고 있다: "관념론과 유물론이라는 오직 두 개의 철학만이 존재한다. 전자는 반동에, 후자는 혁명에 기여한다. 하나는 주관주의와 개체주의에로 낙착되며, 다른 하나는 객관적이고 집체적이다."

9) 口語體에서 9세기 이래 입증되는 聲調의 차이나 극소수의 명사적 부가어의 사용을 예외로 보고,우리는 여기서 오직 漢文文言體만을 말하는 것이다.

도 바닥이 나지 않는 말뜻의 보고(寶庫)를 마련하고 있다. 모든 수준에서 의미를 낳는 것은 조합 연결인 것이다. 의심할 나위없이 중국적 사고에서는 대립하는 짝들의 상호 보완적 상관 관계가 결정적인 역할을 하며 따라서 상대주의적 사고가 기본적 특징을 이루고 있다.[10] 모든 것은 〔한 쌍을 이루는〕 자기와 대립하는 반대 짝과의 대조를 통하여 의미를 갖게 된다. 모든 것의 의미는 〔자기 밖에 것과의 상대적 대립과 상보적 관계를 통하여, 즉 그들과의 관계에서 자기가 차지하는〕 그 시점〔時〕에서의 위치〔位〕에 따라[11] 〔즉 그시그시 각각의 위치에서 잠정적 상대적으로〕 결정될 뿐인 것이다. 우리는 바로 이런 형태의 사고를, 중국의 철학적 사유를 가장 오랫동안 길러 내온 고전인 『역경』(易經) 속에서 찾아볼 수 있다. 『역경』의 64 괘(卦)는 마치 정치하고 절묘한 언어와 같은 것이다. 이들 괘의 변화는 중국인들에게 〔만물 상호간의〕 상대적 의미와 적시성(適時性)의 의미를 또렷이 각인시켜 주었다.

그런데 "일정한 문법적 기능들에 의해 제시된 의미들"[12]과 상당한 연관이 있는 서양의 철학적 전통은 보편 타당한 범주들에 기초하고 있다. 서양의 철학적 작업은 〔무시로 변화하는 현상들로부터 본질적으로 유리된〕 추상(*abstractions*)과 고정 불변한 개념들을 통해 진행된다. 그러나 중국적 사유는 기능적 특성에 따른 대립과 구분만을 고려할 뿐이다. 〔무엇이 절대 보편적으로〕 옳으냐 그르냐, 또는 〔절대 보편 타당한 것이〕 있느냐 없느냐를 문제삼지 않고, 서로 연결되고, 조합하고, 보완하는 대립 관계만을 문제삼는다. 중국적 사유에는 〔가변적 현

10) 이런 상대주의적 사고는 기원전 4-3세기의 道家와 名家 철학자들에 의해 특히 발달하였다. 5세기부터는 불교 中觀(Mâdyamika) 학파의 영향을 또한 언급해야 할 것이다. 그러나 일련의 긍정과 부정들을 대립시키고 있는 중관 학파의 변증법은, 대립물이 서로를 배제하지 않는 중국의 전통적 변증법과 분명히 다른 것이다.

11) 13세기 중국 수학자들의 방정식에는 숫자의 위치를 통해서만, 무엇이 미지수이며, 그 미지수가 몇 개이고, 그것이 〔또한〕 제곱수인지, 정수인지 음수인지를 알 수 있다.

12) Nietzsche, *Par-dèla le bien et le mal*, éd. Gallimard, p.38.

상들의 배후에 있는〕 영구 불변한 실재가 아니라, 〔이런 현상 자체들에 자연적으로 생겨나면서부터 부여된 자기 발전의〕 잠재성과 경향성, 생성과 소멸의 단계적 과정들이 문제가 된다. 불변하는 보편적 법칙성을 찾기보다는 생성 발전의 모형과 도식에 더 관심을 두는 것이다.

〔서구적 사유 방식의 경우처럼〕 이성적 추리에 기초하는 정신적 범주들이 중국인들에게 결여되어 있다는 사실은, 결코 그들의 사유 방식이 서양보다 열등하다는 것을 의미하지 않는다. 〔중국인들의 경우에는〕 확실히 〔서양과는〕 다르게, 사고력과 유연성 면에서 상당한 장점을 가진다고 볼 수 있는 또 〔다른〕 하나의 사유 방법이 문제된다고 하겠다. 한문을 쓸 경우 자연히 〔서양과는〕 다른 정신 활동을 할 수밖에 없으며, 서구적 사유의 장점과는 또 다른 특기를 가질 수밖에 없다. 〔개념들을〕 논리적으로 명료하게 구분짓고 분석해 내는 일보다는, 〔중국적 사유에서는〕 개념들을 서로 접근시켜서 결합해 내는 일이 중요한 것이다.

학교 교육을 통해 스콜라 철학에만 익숙했던 선교사들은 중국인들에게는 사변적 · 논리적 추리가 부족하다고 판단하였다. 사실 마테오 리치는, "중국인들에게는 논리가 없고, 그리고 도덕적 선과 자연 상태의 선을, 또한 마찬가지로 후천적으로 획득한 선과 자연에 의해 부여된 선을 구별할 줄 모르기 때문에, ……"[13]라는 식의 말을 하고 있다. "중국 사람들 대부분은 머리는 꽤 좋지만, 세련된 변증법적 사유를 할 수 있는 사람은 별로 없다."[14]고 후께(Foucquet) 신부는 자기 나름대로 중국 사람들을 평가하였다.

중국 사람들이 그들의 입장에서 바라보았을 때, 그들은 선교사들이 너무나 "종목 종목마다 갈라놓고", "이해할 수 없는 수만 가지 추론을 한다"[15]고 힐난하였다.

---

13) *Fonti Ricciane*(마테오 리치 전집), Vol. 2, p.77.

14) Foucquet 신부의 편지, 1701년 南昌 발신, LEC(예수회宣教師書簡集), V, p.165.

15) 「佐辟」, 9頁.

『천주실의』에서 마테오 리치는 중국인들에게 실제로 스콜라 철학의 규칙에 따라 추론하는 방법을 가르치고자 하였다. 그 책에서 그는 서로 배타적이며, 따라서 서로 융합할 수 없는 실재적 존재들(*réalités*)이나 고유 성질들(*qualités*)을 대비적으로 열거하였다: 생명이 있는 존재와 없는 존재, 지각할 수 있는 존재와 못하는 존재, 몸체가 있는 존재와 없는 존재, 유기체적 존재와 무기체적 존재, 이성을 가진 존재와 없는 존재, 영혼과 육신, 실체와 속성 …… 이러한 온갖 〔대립적〕 구분은 세상의 만물을 분류하는 '포르피르의 나무〔만물분류도〕 안에 포착된다.[16] 리치는 고전 시대와 중세 스콜라 철학에서 전승된 모든 논리 기반을 그대로 쓰고 있다: 아리스토텔레스의 사인설(四因說),[17] 세 부류의 영혼〔식물적 生魂, 동물적 覺魂, 이성적 靈魂〕론,[18] 고급 존재의 하급 존재 포용의 세 유형〔물체의 경우: 무한히 큰 것이 자체 안에 작은 것을 포용하고; 본성의 경우: 〔인간의〕 이성적 영혼은 〔동물의〕 지각적 영혼을 혼연히 포용하고; 고유 기능(*vertues*)의 경우: 천주는 자체 안에 만물의 본성을 포용한다.〕[19] '같음'(同)의 3유형[20]: 시작과 끝이 있는 존재〔소멸적 물체〕, 시작은 있으나 끝이 없는 존재〔천주에 의해 창조된 인간의 영혼〕, 시작도 없고 끝도 없는 존재〔천주, 하느님〕 …… 서양의 정신사에서 실체와 속성의 대립적 파악은 너무나 기본적인 것이기 때문에 그런 사고의 틀에서 벗어나려면, 상당한 애를 먹지 않을 수 없다. 이런 대립적 파악은 인도유럽어에서 당장 눈에 드러나는 명사와 형용사의 대조적 관계〔차이〕에서 잘 드러나고 있다. 이런 〔서양〕 언어의 사용은 틀림없이, 감각적 〔현상〕 세계의 늘 불안정하게 변하는 모호하고 다양한 현상들〔즉 다양한 형용사로 표현되는

16) 『天主實義』, 「第四篇」, 43b쪽 참조.
17) 위의 책, 上卷, 第一篇, 7b쪽 참조.
18) 위의 책, 上卷, 第三篇, 37b쪽 참조.
19) 위의 책, 上卷, 第二篇, 18b쪽. 또한 리치가 포용의 다른 4종류를 말하고 있는 上卷, 第四篇, 53a/b쪽 참조.
20) 위의 책, 「第四篇」, 54a/b쪽 참조. 여기서 제르네는 〈'같음'의 3 유형〉을 〈7유형으로〉 誤讀하였다.

속성들]과 〔그것들과 근원적으로 다르며〕 독립적으로 구분되는 **영구불변한 관념적 실재의 존재**(*l'existence de réalités permanantes et idéales*)들〔간의 구별을〕 쉽게 믿게끔 하였다. 그러나 중국인들의 경우 — 명사와 〔그것을 수식해 주는〕 형용사가 조직적으로 구별되는 서양 언어를 쓰며 유구한 스콜라 철학적 전통의 유산을 이어받고 있는 — 17-18세기 〔중국에 온〕 선교사들과는 전혀 사정이 달랐다. 어형의 변화가 없는 한문(漢文)을 쓰는 중국인들에게는, 그들 선교사들만큼, 추상적 실재의 개념이 그렇게 강한 논리적 필연성을 가질 수 없는 것은 당연하였다. 그러나 〔중국인들과는 달리〕 이들 선교사들은 실체와 속성의 개념적 구별 없이는 어떤 정확한 사유의 표현도 불가능하다고 여기고 있었기 때문에, 그리스도교의 참뜻〔진리〕을 증거하기 위하여 실체와 속성의 개념 구별을 매우 중요시할 수밖에 없었다. 그런 개념 구분을 분명하게 표현하기 위해 마테오 리치는 우회적인 표현법을 썼다. 그는 실체를 "자립적 존재"(自立者)로, 속성을 "타물에 의존적 존재"(依賴者)로 번역하였다. 그러나 〔주어와 종속어 간의 형태상의 구별이 없는〕 한문은 그런 명확한 개념 구분을 나타내 주지 못하기 때문에, 〔리치의 자의적인〕 그런 개념 구분은 중국인들의 눈에는 근거 없는 허구적 조작으로 보였다.

이런 개념 구분, 즉 범주를 정확히 증명하기 위해서, 리치는 사고의 도식은 결국 언어 표현에서 연원한다는 것을 잘 보여 주는 다음의 한 예를 들고 있다: "'희다'와 '말'이라는 낱말로 구성된 '흰말'이라는 표현을 살펴보자! 말은 실체〔自立者〕이고 흼은 속성〔依賴者〕이다. 비록 그 흰색이 없어도, 말은 존재한다. 만약 말이 없다면, 그 흰색은 반드시 있을 수 없으니, 따라서 속성〔依賴者〕인 것이다. 이 두 범주〔부류〕를 비교하면, 무릇 실체가 우선이요 귀한 것이고, 속성은 그 다음 가는 것이요 천한 것이다."[21)]

'흰말'〔白馬〕의 예는, 틀림없이 "흰말은 말이 아니다"〔白馬非馬〕[22)]

21) 『天主實義』, 上卷, 第二篇, 15b쪽 참조.

22) 『公孫龍集』, 卷一. Ignace Kou Pao-koh(顧保可), *Deux sophistes chinois,*

라는 유명한 역설을 늘어놓았던 명가(名家) 철학자 공손룡(公孫龍, 기원전 약 320–250)을 상기시켜 주기 때문에, 리치나 혹은 그의 중국인 협력자들에 의해 채택되었을 것이다. '흰'〔白〕과 '말'〔馬〕이라는 이 두 낱말은 모두 똑같이 한문에서: "하나는 색깔에 속하고, 다른 하나는 형체에 속함"으로, 공손룡은 그의 추론에서 이 두 낱말에 같은 지위를 부여하고 있음을 우리는 주목하지 않을 수 없다. 〔한문의 경우〕 형체〔形〕와 색깔〔色〕은 실체와 속성의 개념 구분처럼 서로 〔종속적인 관계로〕 대립해 있지 않다. 공손룡은 말한다: "말은 아직 흰색과 결합하지 않은 말이고, 흰색은 아직 말과 결합하지 않은 흼이다〔馬未與白爲馬, 白未與馬爲白〕." 우리들에게 비논리적으로 보이는 이 추론 — 즉 중국 소피스트들이 일찍이 제기한 바 있는 — 이 어색하고 잘 맞지 않는 추리는, 그러나 우리가 〔서양적〕 사유 범주를 더 이상 염두에 두지 말고 오직 중국인들이 사용하는 언어의 특성만을 고려해 볼 때, 자명하게 그 의미가 이해될 수 있다.

마테오 리치는, 자기 눈에는 논박할 여지없이 자명한, 정신의 절대적 자율성과 이성적 추리 능력을 가진 영혼의 존재를 증명해 줄 물증을 찾자면, 실체와 속성의 개념 구분이 절대적으로 필요하다고 보았다. 그 증거물이란 바로 정신의 추상능력인 것이다: 오직 정신〔神〕만이 정신적인 것〔神〕을 파악할 수 있다고 리치는 말하고 있다. "우리가 어떤 것을 이해하려면, 자기의 마음으로 그것을 받아들여야 한다. 그것이 형체를 가지고 있으면, 우리는 반드시 그 형체를 떠나서 그것을 정신화시킨 다음에, 그것을 마음에 간직할 수 있다. 만일 여기에 황소가 있고, 우리가 그 황소의 본성적 실체〔性體, 즉 **소의 개념**, idée du boeuf〕를 파악하려고 한다고 하자. 그런데 〔감각적 대상인〕 소의 황색만 본다면, 그것은 소〔의 본성적 실체〕는 아니고, 소의 색깔일 뿐이다. 소리만 들어 본다면, 소〔의 실체〕는 아니고 소의 소리일 뿐이다. 소의 고기 맛만 본다면, 소〔의 실체〕는 아니고 소의 고기 맛일 뿐이다. 그런즉 무릇 소〔의 본성적 실체〕란 스스로 소의 소리, 색깔, 맛 등의 형체적 〔즉 감각적〕 양태를 떠나서 그것을 정신화한 것 〔즉 추상적 관념 *idée*〕에 있음을 알 수 있다."[23] 실체(*substance*)의 개념과 소(*boeuf*)

라는 하나의 플라톤적 관념(une idée platonicienne)에 대한 이런 그의 설명은 〔당시〕 적지 않은 〔중국〕 문인들에게 그들의 어안을 벙벙하게 만들었을 것이다.

이런 중국과 서양적 사유의 기본 특성들의 비교에 의해 바로 방브니스뜨의 분석은 확증된 셈이다: 인도유럽 언어의 구조는, 〔현상적 경험 세계의〕 감성적 가변적 실재에 대하여, 〔그것과 질적으로 다른〕 초험적으로 불변하는 관념적 실재들이 대립하고 있다는 기본 생각을 희랍적, 그리고 기독교적 사유의 근저에 형성시켰다.

쟝-피에르 베르낭(Jean-Pierre Vernant)은 다음과 같이 기술하고 있다. "중국이나 인도 철학자들의[24] 세계와는 반대로, 희랍 철학자들의 세계는 존재〔*l'être*〕와 생성〔변화, *le devenir*〕, 이성적으로 파악되는 것〔*l'intelligible*〕과 감성적으로 느껴지는 것〔*le sensible*〕 사이의 근본적인 이분법을 전제하고 있다. 그들은 단지 **반(反)명제적 술어**들〔*termes antithétiques*〕 간에 존재하는 일련의 대립 관계만을 제시할 뿐만이 아니다. 선명한 대조를 이루고 있는 이들 대립 개념들은 개념의 짝으로 분류되어 이율 배반의 완전한 체계를 이루며, 상호 배타적인 실재들의 두 층면을 나타내고 있다: 한쪽은 존재, 일자(一者), 불변, 유한(有限), 정확하게 확정된 인식의 영역이고; 다른 한쪽은 생성, 다수(多數), 불안정, 무한, 부정확하고 유동적인 생각〔想念〕의 영역이다."[25]

플라톤은 말하였다.[26] "영혼은 신과 같은, 불사적, 이성으로 파악되는, 단일한 모습의, 불가분의, 자기 자신과 언제나 똑같고 언제나 비슷한 그런 존재와 매우 유사하다. 육체는 인간적인, 사멸적, 이성으로는 알 수 없는, 여러 모습의, 가분적인, 그리고 자기 자신과 결코 비슷할 수 없는 그런 존재와 매우 유사하다."

---

23) 『天主實義』, 上卷, 第三篇, 31a쪽 참조.

24) 인도와 중국의 상호 접근성이라는 주제는 〔철저한〕 검증이 필요한 주제이다.

25) Marcel Detienne et Jean-Pierre Vernant, *Les Ruses de l'intelligence: la métis des Grecs*, Paris, Flammarion, 1974, p.11.

26) Phédon, éd. Garnier, 1965, p.134.

희랍인들은 순수하고 영원한 관념의 〔높고 완전한〕 세계가 있고, 인간 세계는 바로 그 〔완전한〕 세계의 매우 조잡하고 일그러진 모습일 뿐이라고 상상하였다. 기독교적 사유는 그 뒤를 이어 여러 세기를 지나면서 이런 대립적 사유를 더욱 심화시켰다: 신의 왕국과 이 〔현실 인간의〕 사바 세계; 이성 능력을 가지고 영구 불멸하는 영혼과 다시 먼지로 되돌아가는 육체; 창조적인 정신과 단순한 물질.

생성이나 감성적 존재와 대립하는 존재(*être*)나 실체(*substance*)에 관한 〔서양적〕 생각들이 결단코 〔절대〕 보편적인 것일 수 없다. 우리가 한 문명권에서 다른 문명권으로 자리를 옮기면, 이런 개념들의 자명성은 사라지고 만다. 한문의 낱말들이란 **고정 불변하는 추상**(*immobiles abstractions*)이 아니라, 〔끊임없이 상호〕 **변화 율동하는 관념**들(*des notions dynamiques*)을 제시해 주고 있다. 이 율동적 관념들은 오직 상보적 대립과 상호 작용을 통하여 〔그시그시 상대적으로 다르게〕 규정될 뿐이다. 중국의 철학자들은, 이성과 로고스(*logos*)를 통해서만 밝혀진다는, 영구 불변의 실재〔또는 眞相〕를 밝히는 일이 아니라, 〔이 경험적-감성적인 현실 세계 안에서〕 성장 발전하고 다시 소멸해 가는 현상들 그 자체와 씨름하고 있는 것이다. 인간 본성〔性〕에 대한 중국인들의 생각은 바로 〔인간이〕 자연〔본성〕과 합치하는 성장 발전의 당위성〔또는 당위적 질서〕을 일깨워 주고 있다. 이것이 바로 맹자(孟子)가 "자기의 본성을 다하라"〔盡性〕: 즉 '인간은 자기에게 부여된 〔도덕적〕 선의 잠재성을 다 이루어 내야 한다.' 라고 말한 이유인 것이다. 이와 마찬가지로 아주 중요한 개념인 '이' (理) 또한 결코 개체적 존재들이나 세계를 떠나서 그들 밖에 존재하는 불변 법칙을 말하는 것이 전혀 아니다: '이' 란 그와 정반대로 〔구체적인 개개의 존재들이나 세계 안에〕 내재적인 구성적 조직이나 전개 발전의 원칙을 의미하는 개념이다. 우리는 이제 마테오 리치가 〔성리학의〕 '이' (理) 개념을 〔서양의〕 '실체' 개념의 일종으로, 또는 플라톤 철학의 '에이도스' (*eidos*, 관념적 실재)와 동등한 개념으로 이해함으로써 생겨난 오류를 파악하게 되었다.

마테오 리치는 원래 중국인들의 〔그가 보기에 엉성한〕 개념 추리를 조소하기 위하여 다음과 같이 말하였다. "예를 들어 지금 여기에 수레 만드는 사람이 있고, 그의 머릿속에 수레의 '이치'〔理〕가 갖추어져 있다고 가정한다면, 왜 그는 〔자기 머릿속의 이치〔理〕로부터〕 당장 수레를 만들어 내지 못하는가? 그는 반드시 질료가 되는 목재, 도끼와 톱 같은 도구, 기술자의 솜씨가 갖추어진 뒤에야 비로소 수레를 만들어 낼 수 있다. 어찌하여 〔太極, 즉 理의〕 신묘한 이치가 처음에는 거대한 온 천지를 조화(造化)시켜 낼 수 있으면서, 이제는 힘이 미약하여 작은 수레 하나를 만들어 내지 못하는가?" 이 논박적 질문에 대하여, 리치의 각본에 의해 등장한 〔중국〕 선비는, 중국의 전통적 관점에 따라서 대답하였다. "내가 이해하는 '이' (理)는 먼저 음양(陰陽)과 오행(五行)[27]을 낳고, 그런 다음에 천지 만물을 조화 생성한다. 따라서 만물의 생성에는 순서가 있다."[28]

마테오 리치는 이 중국인의 대답을 대수롭지 않게 생각하며, 그대로 옮겨 적어 놓았던 것이다. 왜냐하면 이런 주장은 리치의 눈에는 너무나 황당하여, "자연 예지의 섬광"이 조그만 큼이라도 번뜩이는 — 즉 《이 세상 만물이 존재하는 데는 반드시 그 원인이 있어야만 한다. 그 원인이 유일한 창조주 하느님〔*Dieu*, 天主〕일 것이다.》라는 — 단순한 추론을 통해서도 충분히 논박될 수 있다고 여겼기 때문이다. 그러나 정반대로, 이 세상 만물이 하느님에 의해 창조되었을 수 있다는 생각은, 바로 중국인들에게는 매우 익살스런 사고 발상으로 보였음에 틀림없을 것이었다. 사실 자연 현상이란 〔그 현상과 분리될 수 없는 자체 안에 고유한 원인, 즉 道의 무한한 변화 변동에 따라〕 자연스럽게 일어난다고 생각하는 중국인들은, 단순한 자연적 메커니즘의 운동 변화가 자기 밖에 있는 〔외부〕 작동자의 촉매에 의해 추진된다는 가상

---

27) 五行은 나무〔木〕, 불〔火〕, 쇠붙이〔金, 청동〕, 물〔水〕과 흙〔土〕로 상징된다.

28) 『天主實義』, 上卷, 第四篇, 17a쪽. 틀림없이 서양철학의 영향을 상당히 받은 馮友蘭도 理氣를 아리스토텔레스의 형상과 질료 개념과 접근시킴으로써, 똑같은 오류를 범하고 있다. Feng Youlan, *History of Chinese Philosophy*, Derk Bodde 번역, Princeton, 1953, Vol. II, p.547.

을 할 수가 없었다. 중국인들은 이 세계를 움직이는 원동력을 이 세계 자체로부터 분리시키는 이분법을 거부하였다: 그들에게는 〔세계의〕 질서는 자연에 내재적인 것이었다. 여기에서 또한 언어적 특수성이 〔배경이 되어〕 미치는 암시적 영향력이 다시 문제가 될 수 있다. 어형 변화를 통해 동사의 주어와 목적어가 명확히 구별되고, 능동형과 수동형적 표현이 가능한 언어를 가진 〔서양〕 문화권에서는, 행위자와 행위의 대상 간의 대립 구분의 발달, 신의 인격성과 여러 권능들에 대한 매우 엄격한 개념 규정의 형성, 그리고 능동적으로 활동하는 정신과 수동적으로 주어진 물질의 구분 등등이 훨씬 수월하였다. 이제 중국 사람의 입장에서 볼 때, 적어도 여기 〔서양 문화권에 존재하는〕 언어와 사고 간의 낯설은 대칭적 평행선이 눈에 띄지 않을 수 없다. 한문에서는 어떤 말을 겨냥한 언명이 있는 경우, 그 말이 〔그 경우 우연적으로〕 주어가 된다. 그리고 주어, 동사, 보어를 연결해 주는 어형 변화의 확정된 형식, 즉 어떠한 〔문법적 어형변화에 의한〕 필연적인 연결관계가 없다. 모든 한문 문장에는 일반적으로 비인격적인 색채가 〔말하자면 인칭적 표현 형태가 될수록 적게〕 나타난다. 중국인들이 상상하고 있는 그대로라면, 자연의 운행은 비인격적 〔즉 인간의 주관적 의지와는 무관한 것〕이며 〔인간을 포함한 모든 세상 만물들에게 모두 똑같이〕 공평무사한 것이다. 하늘〔天, 자연〕은 무심(無心)하게 움직일 뿐인 것이다.

언어의 구조와 형식들이 명백히 중국과 서양의 사유를 각각 다른 방향으로 이끌어 왔으며 서로 각각 독립적인 거대한 체계를 이루는 지성적 종교적 전통의 형성 발전에 초석이 되었다. 물론 이것은 이 두 문명권 사이의 상호 의사소통이 불가능하다는 말은 아니다. 마테오 리치는 16세기 스콜라 철학을 완전히 반대적 독창성을 가진 언어〔즉 漢文〕로 성공적인 번역을 하기 위하여 대단한 노력을 하였다. 마찬가지로, 그보다 훨씬 앞서서 불경의 번역자들은 인도의 심리학과 형이상학의 정화(精華)를 한문으로 표현하였다. 7세기의 인도학과 범어학의 거장인 현장(玄奘)은 그 당시 인도의 가장 저명한 대가들과 같은 수준이었다. 그러나 이국의 사고 형식을 꿰뚫고 들어가 자기 것으로 만드는 일은 소수의 사람들만이 해 낼 수 있다. 몇몇 개별적인 예외적 경우들이 있기는 하지만, 그것들이 〔이질 문화권 간의〕 총체적 대립이라는 엄연한 특징을 치지 도외할 수는 없는 것이다. 서구 언어의 문법이 〔절대〕 보편적 일 수 없듯이, 또한 〔서구의〕 이성적 추론 역시 더 이상 보편 타당한 것일 수가 없는 것이다.

이들 〔예수회〕 선교사들은 천국과 현세, 영원불멸한 영혼과 사멸하는 육체, 초월적 진리〔또는 眞相〕와 감성적 현상들 간의 〔이분법적〕 대립 구도를 통하여 세계와 도덕과 철학의 의미를 아주 깊게 이해하였다. 그리고 그들은 유라시아 대륙의 다른 끝에 있는 〔중국이라는 다른〕 하나의 고도로 발달된 문명 세계와 접촉을 갖게 되었다. 이 〔중국〕 문명은 개별적인 관점에서뿐만이 아니라, 오랜 전통의 과정을 통하여 총체적 근본적으로 다른 기초 위에서 발전되어 온 것이다. 그것은 그리스도교 사상이 말하고 있는 이분적 층차로 구분되는 세계 대신에, 모든 것이 하나로 융합〔회통〕되는 일종의 포괄적인 세계를 제시해 주고 있다. 모든 것들 — 주도적인 관념, 도덕, 종교, 정치 등등 — 이 서로 밀접히 연관되어 있고 상호 반향을 일으켜 주고 있기 때문에, 다른 것과 연관 없이 어느 하나를 〔추상화하여 그것만을〕 배타적으로 파악할 수 없는 세계인 것이다. 이들 〔서양〕 선교사들은 말하자면 아주 다른 인문주의적 전통을 가진 〔중국〕 세계에 발을 들여놓았던 것이다.

1700년을 전후로 한 전례(典禮) 논쟁에서 이들 유럽인들은, **'중국의 의례들은 미신이기 때문에 기독교와 합치할 수 없다'**는 주장, 아니면 **'이들 예식들은 전혀 세속적이고 정치적인 것이기 때문에 기독교 사상과 융합할 수 있다'**는 주장들을 둘러싸고 매우 격렬한 논쟁을 벌였다. 사실 그 논쟁에서는 매우 폭넓게 제기되어야 할 문제가 아주 부당하게도 오직 유럽인〔즉 카톨릭교회의 선교 정책 입안자〕들의 사고의 틀 속에서만 의미를 갖는 간단한 문제로 축소되었다고 하겠다. **그리스도교 사상은** — 정말 그리스도교 신앙이 배태 발전되어 왔으며, 원하든 원치 않든, 그 신앙이 귀속해 있는 — **〔서양〕 세계와는 전혀 다른 구조를 가지고 있는, 〔중국의〕 정신적, 그리고 사회정치적 체제와**

과연 융합〔회통〕될 수 있는가 하는 크고 본질적인 문제가 제기되었어야 했을 것이다.

〔중국의 경우〕 개별적인 몇몇 사람들의 기독교로의 귀의가 아무리 〔선교사들의 눈에〕 합당하고 훌륭하게 보였다고 할지라도, 문제의 핵심은 변함이 없다고 하겠다. 천주의 교리〔즉 그리스도교 사상〕가 결국 중국의 매우 소중한 전통, 즉 사회, 도덕, 국가 질서를 위협한다고 생각하는 중국인들의 숫자가 여전히 너무나 많이 있을 수밖에 없다고 한다면, 그것에는, 서양 사람들이 자주 들먹이는 것처럼, 중국인들의 단순한 외국인 적대 감정의 반응이 문제가 되는 것이 아니다. 따라서 중국인들의 주장을 미리 차단하고 막지 말고, 차라리 그들의 생각에 귀를 기울이고 그것을 알아보는 데 힘든 수고를 하는 것이 보다 더 합당한 도리였을 것이다.

참고문헌

1. 중국 원전

『詩經』, 『十三經注疏』 본, 藝文印書館, 臺北.
『尙書』.
『周易大傳今注』, 濟南(齊魯書社), 1979.
『莊子』.
『大學』.
『禮記』.
『春秋左傳』.
『論語』.
『孟子』.
『中庸』.
『春秋繁露』.
『史記』.

2. 기독교 원전

『성경』(공동 번역)
St. Ignatius of Loyola, *Spiritual Exercises*, *Constitutions of the Society of Jesus*.

3. 마테오 리치의 저작과 한문 문헌

『천주실의』(天主實義), 공역, 서울대학교 출판부, 1999.

李之藻 편, 『天學初函』, 총 6권, 특히 제1권, 臺北, 臺灣: 學生書局, 영인본, 1965.

北京大學圖書館藏明刻天學初函本, 『四庫全書存目叢書』(臺南의 莊嚴文化事業有限公司, 1995년 發行) · 子部九三.

劉俊餘/王玉川 공역, 『利瑪竇全集』, 총 4권, 臺北, 臺灣: 光啓出版社, 1986.

『利瑪竇中國札記』, 利瑪竇, 金尼閣著, 何高濟, 王遵仲, 李信譯, 北京: 中華書局, 1990;
(China in the Sixteenth Century: the Journal of Matteo Ricci 1583-1610, tr. from the Latin by Louis J. Gallagher, S.J., New York: Random House, 1953의 중국어 번역본).

『利瑪竇評傳』, 上/下冊, (프랑스) 裴化行著, 管震湖譯, 北京: 商務印書館, 1993;
(R. P. Henri Bernard, Le Père Mattieu Ricci et la Société Chinoise de son Temps(1522-1610), la Procure de la Mission de Sienhsien(獻縣), 1937의 중국어 번역본).

リッチ, セメート 『中國キリスト教布教史』(大航海時代叢書), 第二期, 第8卷(川名 公平, 矢澤 利彦, 平川祐弘 번역); 第9卷(川名 公平, 矢澤 利彦 번역), 東京: 岩波書店, 1993.

『利瑪竇傳』, 羅光著, 臺北: 輔仁大學出版社, 1982.

『破邪集』(1639), 1855년 일본판의 영인본.

〔清〕永瑢 등 편, 『四庫全書總目』, 총 2권, 中華書局出版, 北京: 영인본(제4판), 1987.

4. 현대 연구서

크로닌(V. Cronin), 이기반 역, 『서방에서 온 현자』, 분도출판사, 1989.

徐宗澤, 『明清間耶蘇會士譯著提要』, 北京: 中華書局, 1989(영인본).

孫尙揚, 『明末天主教與儒學的交流和衝突』, 臺北: 文津出版社, 1992.

陳榮捷, 『宋明理學之概念與歷史』, 中央研究院文哲研究所(臺北), 1996.

佐伯 好郎, 『支那基督教の研究』, 1권과 2권, 東京, 1944.

阿 · 克 · 穆爾, 『1550年前的中國基督教史』, 北京: 中華書局, 1984.

方豪, 『李之藻研究』, 臺灣商務印書館, 1965.

方豪, 『中國天主教史人物傳』(三冊), 北京: 中華書局, 1988.

張奉箴, 『利瑪竇在中國』, 臺北: 聞道出版社, 1983.

王欣之, 『明代大科學家徐光啓』, 上海人民出版社, 1985.

5. 논문류

C. Spalatin, “Matteo Ricci's Use of Epictetus' *Encheiridion*”, in: *Gregorium*, no, 56/3, Roma: Pontificia Universitas Gregoria, 1975.

胡國楨, 「『天主實義』的 天主論」, 『神學論集』, 56號, 臺北: 輔仁大學附設神學院, 1983.

胡國楨, 「簡介『天主實義』」, 『神學論集』, 56號, 臺北: 輔仁大學附設神學院, 1983.

岳雲峯, 「『天主實義』的 靈魂論」, 『神學論集』, 56號, 臺北: 輔仁大學附設神學院, 1983.

林東陽, 「有關利瑪竇所著 『天主實義』與『畸人十編』的 幾個問題」, 『大陸雜誌』, 第56卷, 第一期, 臺北, 1978年 1月.

牟宗三, 「'四因說' 演講錄」, 『鵝湖月刊』, 第20卷, 第三期(總號 第231), 1994.

6. 서양서

Bernard, H., *Le Père Mathieu Ricci et la société chinoise de son temps*, 2 tomes, Tientsin 1937.

Bettray, J., *Die Akkomodationsmethode des P. Matteo Ricci, S.J. in China* (AnalGreg 76; 1955).

Campbell, Thomas J., *The Jesuits 1534-1921*, Boston(Milford House), 1971.

Cary-Elwes, *Columba.*, *China and the Cross*, New York: Kenedy and Sons, 1957.

Dawson, C., *The Mongol Mission: Narratives and Letters of the Franciscan Misionaries in Mongolia and China in the Thirteenth and Fourteenth Centuries*, New York, 1955.

D'Elia, P. M.(ed.), *Fonti Ricciane*, 3 v. Rome 1942-1949.

Dunne, George H., *Generation of Giants*, Univ. of Notre Dame Press, Indiana, 1962.

Epictetus, *The Discourses of Epictetus with Encheridion and Fragements*, tr. George Lpng, New York: Thomas Y. Crowell & Co., 1912.

Franke, W., *Dictionary of Ming Biography, 1369-1644*, 2 v. New York, 1955.

Gernet, J., *Chine et Christianisme*, Paris: éd. Gallimard, 1982.

Haas, Hans., *Geschichte des Christentums in Japan*, 1. Bd., Tokyp, 1902.

Kenny, Anthony., *Aquinas on Mind*, New York: Routledge, 1994.

Lancashire, D., "Anti-Christian Polemics in Seventeenth Century China, *Church History* 38(1969).

Laurentin, René., *Chine et Christianisme*, Bar le Duc(Descl e de Brouwer), 1977.

McInerny, Ralph., "Ethics", *Aquinas*, Kretzmann/Stump (ed.), Cambridge University Press, 1993.

Moule, A. C., *Christians in China before the Year 1550*, London, 1930.

Needham, J., *Chinese Astronomy and Jesuit Mission: An Encounter of Cultures*, London, 1958.

Peyrefitte, Alain, *The Collison of Two Civilizations: The British Expedition To China in 1792-1994*, (원본: *L'Empire Immobile ou Le Choc des Mondes*, Paris, 1989), London: Harvill, 1993.

Rule, Paul A., K'ung-tzu or Confucius: The Jesuit Interpretation of Confucianism, Sidney: Allen & Unwin, 1986.

Spence, Jonathan D., *The Memory Palace of Matteo Ricci*, New York: Penguin Books, 1984.

Wippel, John F., "Metaphysics", *Aquinas*, Kretzmann/Stump (ed.), Cambridge University Press, 1993.

Young, John D., *Confucianism and Christianity*, Hong Kong Univ. Press, 1983.

7. 사전류

『가톨릭교리사전』, 서울: 가톨릭출판사, 1987.

Der Kleine Pauly(Lexikon der Antike), 5 Bde, Deutscher Taschenbuch Verlag, Müchen, 1975.

Lexion der Alten Welt, 5 Bände, Zürich-München: Artemis Berlag, 1990.

New Catholic Encyclopedia, Vol. 1-16, New York: McGraw Hill, 1967-1974.

『漢語大詞典』, 총 13권, 上海: 上海辭書出版社, 1986.

『望月佛教大辭典』, 총 10권, 東京: 世界聖典刊行協會, 1973.

찾아보기

ㄱ

건안왕(建安王) 6, 404
걸(桀)임금 325
경전(經典) 180
공(空) 250
공 보좌관〔龔某〕 255
공자〔孔氏〕 65, 97, 180, 325, 327, 414, 436, 439
괴외(蒯聵) 54
구여기(瞿汝夔) 406
군자(君子) 55, 59, 69, 257, 266, 277, 291, 335, 388, 417
금릉(金陵) 5

ㄴ

나일〔泥羅河〕 123
남오(南奧) 341
노자〔老氏〕 97, 325
『논어』(論語) 180

ㄷ

단주(丹朱) 443
「대고」(大誥) 364
덕을 베푸는 사람〔仁人〕 275
데모크리토스〔德牧〕 99, 450
도교(道教) 432
도심〔道心〕 287
도척(盜跖) 317, 442
디오니시우스〔的吾泥削〕 261

ㄹ

라케드몽〔辣責得滿〕 132
란대석실〔蘭臺石室〕 414

ㅁ

마테오 리치 402, 405
모니스(默泥氏〕 395
모워피〔墨臥皮〕 35
무(無) 250
무왕(武王) 364
『묵자』(墨子) 436
문왕(文王) 65, 173, 322
미다스 왕〔彌大〕 193, 194

ㅂ

바르나바스〔邦伴氏〕 189, 190, 454

바오로〔羅祿〕 성인 128, 332
방융(房融) 405
백(魄) 138
백읍고(伯邑考) 443
백하(白下) 241
별난 사람(畸人) 427, 431, 432, 445
복희씨(伏羲氏) 64
본성(性) 62, 64, 65, 182, 204, 226, 228, 277, 285, 405, 433
부처 221, 306, 308, 315, 452, 458
분서(焚書) 444
불교(佛敎) 221, 250, 255, 432, 445

ㅅ

사대부(士大夫) 109
사마천(司馬遷) 317
『사십이장경』(四十二章經) 414
살라딘〔沙辣丁〕 158
삼대(三代) 221, 323
상제(上帝) 105, 391
생사의 주인(生死之主) 165
서강(西江) 115
『서경』(書經) 323
서 선생(徐子) 112, 116, 172
서태사(徐光啓) 109, 141
석가모니〔釋氏〕 97
『성경』 105, 111, 153, 181, 186, 287, 300, 302, 309, 321, 330, 421
성리〔性理〕 287
성명(性命) 65
성인 111, 149, 178, 179, 200, 202, 248, 250, 251, 253, 286, 313, 314, 316, 321, 402, 403, 405, 413, 433, 434, 435, 443
『성인전』 310
소크라테스〔瑣格刺得氏〕 183, 197, 198, 454
솔론〔束亂氏〕 182
순(舜)임금 326, 439
스띠아〔是的亞〕 34
『시경』(詩經) 322
시칠리아〔樓濟里亞〕 261
싼눠〔善諾〕 30
싼토스〔藏德氏〕 202, 203

ㅇ

아켈라오스〔亞入西勞氏〕 166
아테네 187, 188
안회(顔回) 317, 327, 442
알렉산더 대왕 30, 31, 162, 284
야고보〔雅哥般〕 119, 120, 121, 452
야오씨〔藥氏〕 264
어진 이〔仁者〕 280
어짊〔仁〕 52, 54, 180
『여지총지』(輿地總誌) 123
『역』(易) 65, 66, 363
연성공(衍聖公) 443
영표(嶺表) 5
예(禮) 218
예장(豫章) 5
오목(五木) 344
오 보좌관〔吳大參〕 241
오 선생 243, 245, 250, 253
올림포스〔阿林波山〕 166
올바른 선비〔君子〕 51, 86, 223, 228, 233, 246, 253, 257, 266, 374

『왕회』(王會) 401
외병(外丙) 443
요(堯) 439
우산(牛山) 196
유절재(劉節齋) 403
유학 65
육도윤회(輪廻六道) 255, 256
육중학(陸仲鶴) 404
은(殷)나라 323
의(義) 218, 226
이루(離婁) 224
이부상서(吏部尚書) 77, 78, 79, 80, 81
이 선생 237
이성 능력〔靈才〕 279
이솝〔阨瑣伯氏〕 202, 204, 206
이(李) 수부(水部) 220
인(仁) 218, 251
인을 이룬 사람〔仁者〕 276
『일귀잠』(日晷箴) 82

ㅈ

자유(子遊) 414
자하(子夏) 414
제논〔責煖氏〕 187, 454
조(曹) 감찰관 178
조물자 361
조물주 56, 104, 164, 266, 270, 279, 394
조 선생〔曹子〕 180, 218
주공(周公) 65, 173, 324, 325, 364, 401, 439
주관 403
주님 277
『(주)역』(易) 64
주임금 325
주재자〔천주〕 111
『중용』 287, 326
중임(仲壬) 443
지인(至人) 85, 427, 431
진(秦)나라 322
진실한 선비〔君子〕 123, 131, 168, 185

ㅊ

창오(蒼梧) 442
천국 303
천리(天理) 277, 285
천명(命) 64, 65, 292, 276, 290, 405
천사 111, 273, 286, 310, 314, 391
천주 52, 84, 85, 101, 102, 105, 123, 139, 165, 167, 174, 176, 180, 181, 223, 225, 232, 253, 256, 272, 273, 279, 304, 305, 306, 307, 315, 326, 334, 347, 361, 365, 366, 416, 452, 454, 455, 457, 459, 460
천주 경전 288, 332
천주교 77, 222, 250, 335, 354
천주교의 경전 286
천주 교회 220
『천주실의』(天主實義) 269, 427
첩(輒) 54
『춘추』(春秋) 363

ㅋ

커리쒀〔客力所〕 34

ㅌ

탄타로스〔但大氏〕 376
테베〔特伯國〕 130

ㅍ

페레크라테스〔裴羅谷氏〕 143
풍기(馮琦) 103
풍(馮) 선생 90
풍수지리 366
풍응경(馮應京) 420
풍호(角鎬) 173
프란치스코〔芳齊〕 44, 45
프르그〔非里雅〕 193

ㅎ

하느님 55, 205, 223, 244, 269, 324, 349, 351, 388, 391, 403, 418, 428
하느님〔上帝〕 48, 52, 53, 103, 139, 157, 243, 268, 283
하느님〔帝天〕 428
하늘〔天〕 52, 81, 167, 172, 174, 175, 176, 255, 256, 257, 269, 270, 273, 280, 288, 296, 301, 303, 304, 323, 324, 358, 406, 411, 428, 431, 434
하늘 나라(天上) 52, 298
하늘의 천사들〔天神〕 233
헤라클레이토스〔黑蠟〕 99, 450
헬로트〔黑入多〕 119, 452
현자(賢者) 182
혜백(惠伯) 363
호목화살〔餞矢〕 404
호씨 부인 452
혼(魂) 138
홍범(洪範) 363
희헌(希憲) 403
흰꿩〔白雉〕 404

송영배(宋榮培)

서울대학교 철학과를 졸업하고 동대학원 철학과에서 석사학위를 취득, 이어서 대만대학교 철학과(대학원)에 유학하여 석사학위를 재취득하였다. 그 뒤 벨기에의 루벵 가톨릭 대학교와 독일 튀빙겐 대학교의 철학과에서 수학하였고, 독일 프랑크푸르트 대학교 철학과에서 박사학위를 획득하였다. 1982년에 귀국하여 한신대학교 철학과에 재직하였다. 1988년부터 서울대학교 철학과 교수(동양철학 전공주임)로 재직하였고, 현재는 서울대학교 철학과 명예교수로 있다. 저서로는 『중국사회사상사』(증보판, 1998), 『해석학과 사회철학의 제문제』(공저, 1990), 『대화의 철학』(공저, 1992), 『제자백가의 사상』(1994), 『인간과 자연』(공저, 1998), 『천주실의』(공역, 1999) 등이 있고, 논문으로는 「제자백가의 다양한 전쟁론과 그 철학적 문제의식」, 『시대와 철학』 4호(1992), 「홍대용의 상대주의적 사고와 변혁의 논리」, 『한국학보』 74집(1994) 등이 있다.

마테오 리치 저작

『교우론』(交友論)

『스물다섯 마디 잠언』(二十五言)

『기인십편』(畸人十篇)

— 연구와 번역

초판 1쇄 발행 2000년 2월 10일
초판 5쇄 발행 2019년 6월 10일

역주자 송영배
펴낸이 오세정
펴낸곳 서울대학교출판문화원

출판등록 제15-3호

주소 08826 서울 관악구 관악로 1
대표전화 02-880-5252 팩스 02-889-0785
도서 주문 02-889-4424, 02-880-7995
이메일 snubook@snu.ac.kr
홈페이지 www.snupress.com

ISBN 978-89-521-1562-1 93230